沙特人眼中的
文化中国

·

CULTURAL
CHINA

IN THE EYES OF SAUDIS

关世杰　著

社会科学文献出版社

SOCIAL SCIENCES ACADEMIC PRESS (CHINA)

关世杰

　　北京人，祖籍辽宁沈阳市，1983 年于北京大学历史系获得硕士学位，1988~1990 年作为哈佛－燕京学社的访问学者到哈佛大学访学。曾在北京大学国际关系学院任副教授，后到北京大学新闻与传播学院任教授、博士生导师。中国传播学会终身荣誉理事，曾任哈佛北京校友会副会长、中国跨文化交际学会副会长，现任国家社会科学基金专家组评审人员、教育部评审专家。主要研究方向为跨文化交流、国际传播和中华文化国际影响力研究。著有《中华文化国际影响力调查研究》（2020 年获第八届教育部人文社会科学研究优秀成果一等奖）、《跨文化交流学》（1996 年获北京市第四届哲学社会科学优秀成果二等奖）、《国际传播学》（2006 年获北京大学第十届人文社会科学研究优秀成果二等奖）等专著。承担过国家社科基金的"九五"重点项目、两项重大项目、一项后期资助项目以及文化部多项课题研究。2008 年获北京大学学生会和研究生会授予的北京大学第十三届"我爱我师——最受学生爱戴的老师"暨"十佳教师"荣誉称号。

前　言

伊斯兰文明是世界上重要的文明之一。当今以伊斯兰教为国教和多数居民信奉伊斯兰教的共计有 57 个国家和 2 个地区。地球村中有 19 亿穆斯林，占世界总人口的 1/5，大约 18% 的穆斯林生活在阿拉伯世界。季羡林先生认为："世界上历史悠久、地域广阔、自成体系、影响深远的文化体系只有四个：中国、印度、希腊、伊斯兰，再没有第五个。"① 伊斯兰国家民众对文化中国的认知和态度如何呢？准确回答这个问题，有助于更好地进行中国与伊斯兰国家的交流互鉴。

沙特阿拉伯王国（简称"沙特"）在伊斯兰国家中最具代表性。麦加是伊斯兰教创始人穆罕默德的诞生地，麦加和麦地那是伊斯兰教的圣地，沙特是伊斯兰的心脏地带，是穆斯林虔诚和祈祷的中心。现在每年伊斯兰教历 12 月，有 200 万~400 万的穆斯林聚集在麦加，参加一年一度的朝觐。在沙特，伊斯兰教是国教，《古兰经》是国家宪法，国旗以绿色为底色，上面以白色字体书写阿拉伯语的"万物非主，唯有真主；穆罕默德是真主的使者"。伊斯兰教不仅指导民众的生活，而且还指导政府的政策和职能。全民信仰伊斯兰教（逊尼派占 85%，什叶派占 15%）。沙特民众是很虔诚的伊斯兰教徒，禁忌较多，一天礼拜五次。沙特社会在过去几十年里经历了很大的发展变化，是阿拉伯国家联盟 22 个成员国中唯一的 G20 国家。在国际上，沙特是伊斯兰世界联盟和伊斯兰合作组织总部所在地。因此，沙特民众对文化中国的看法，在伊斯兰国家特别是阿拉伯国家中具有重要的参考价值。

自 1990 年 7 月 21 日中国和沙特建交以来，两国友好合作关系全面、快速发展。2008 年 5 月，四川汶川特大地震灾害发生后，沙特第一时间向灾

---

① 季羡林：《敦煌学、吐鲁番学在中国文化史上的地位和作用》，《红旗》1986 年第 3 期。

区捐款 5000 万美元现金并提供 1000 万美元物资援助，是当年中国收到的最大一笔海外单项援助。2008 年 6 月，两国建立战略友好关系。2010 年，沙特投入 1.5 亿美元修建上海世博会沙特馆，该馆被评为"最受欢迎展馆"。世博会结束后，沙特将该馆赠送中方①。2016 年 1 月，习近平主席访问沙特，两国建立全面战略伙伴关系，并决定成立中沙高级别联合委员会。双方发表的联合声明指出，在人文领域，"双方强调，不同文明都是人类智慧的结晶，应当相互尊重、相互包容，实现人类不同文明和谐共处。中方赞赏沙方积极促进不同文明和宗教间的对话与交流。双方愿本着包容互鉴的精神共同维护文明多样性"。2016 年 12 月 20 日至 2017 年 3 月 19 日，"阿拉伯之路——沙特出土文物展"在中国国家博物馆展出，这是近年来沙特在东亚地区举办的最大规模文物展。2017 年 2 月，由中沙两国联合制作历时 3 年完成的首部动画片《孔小西与哈基姆》首映式在沙特广播电视局剧场举行。2017 年 3 月 15 日至 18 日，沙特阿拉伯国王萨勒曼·本·阿卜杜勒-阿齐兹陛下对中国进行了国事访问。访问期间，萨勒曼国王出席阿卜杜勒·阿齐兹国王图书馆北京大学分馆落成典礼，并接受北京大学授予的名誉博士学位。访问结束后发表的中沙联合声明②指出，双方愿共同努力，拓展两国在政治、安全、军事、经济、投资以及卫生、教育、矿业等领域的合作，进一步提升中沙全面战略伙伴关系水平。双方一致同意，把中沙关系放在各自对外关系中的优先位置。

鉴于沙特在伊斯兰世界的重要性和中沙文化交流日益增进，2017 年我们在沙特进行了问卷调查，以期了解沙特民众心目中的中华文化和中国形象。常言道，有比较才有鉴别。为深入了解沙特民众对文化中国的看法，对调查数据与同期在中国、美国、德国、俄罗斯、印度、日本调查的数据进行了对比，为扩大比较范围，还列出了 2013～2014 年在韩国、越南和印尼相关调查的数据。

调查依据"中华文化国际影响力评估体系"设计了适合沙特和中国国情的"中华文化印象调查问卷"，2017 年初通过调查公司（北京益派数据有

---

① 《中华人民共和国与沙特阿拉伯王国关于建立全面战略伙伴关系的联合声明》，中央政府门户网站，http：//www.gov.cn/xinwen/2016-01/20/content_5034541.htm，2016 年 1 月 20 日。

② http：//www.chinaembassy.org.sa/chn/zsgx/zzwl/t1446849.htm。

限公司与法国益普索咨询有限公司），使用"在线可访问样本库"的调查方法，同时在沙特和中国进行大样本的问卷调查，分别获得有效样本852份和1235份，运用SPSS数据分析软件对有效问卷数据进行统计分析，通过数据展示沙特民众心中的文化中国。

这是中国学者利用自己设计的调查问卷首次在沙特和中国进行大样本的问卷调查，用数据展示两国民众对文化中国的认知、态度和行为。笔者曾委托北京大学图书馆的老师用中文和阿拉伯文进行文献检索，中文以"沙特阿拉伯"与"中国文化"为关键词，阿拉伯语以"المملكة العربية السعودية"（即沙特全称：沙特阿拉伯王国）与"الثقافة الصينية"（即中国文化）、"السعودية"（即沙特简称：沙特）与"الثقافة الصينية"查阅中国知网、中国国家图书馆和北京大学图书馆，用阿拉伯语查阅了沙特阿拉伯国家图书馆（法赫德国王国家图书馆），尚未查阅到这类研究文献，因而本书展现的研究成果对中沙两国人民相互理解各自的文化、包容互鉴具有实用价值，对国际跨文化传播学的学科建设具有一定学术价值。

研究沙特民众心中的文化中国，涉及中沙双方的文化、经济、政治、外交、科技等多变量复杂关系和相互作用，是个大系统，需要采取系统科学的方法来分析，给出科学的答案。本书尝试钱学森所倡导的"定性定量相结合的综合集成方法"解答所研究的问题。具体而言，本书以问卷调查法为主，以文献法、比较研究法、访谈法为辅，将理论研究与实证调查相结合，将国内研究与国外研究相比较，采用传播学、社会学、国际关系学、心理学、统计学等相关学科的方法和原理，重点从跨文化传播学的视角，用实证的方法，通过数据分析和中沙比较，展现沙特民众心中的文化中国，研究哪些因素影响了沙特民众对中华文化和中国形象的评价，改进哪些因素有利于提升沙特民众对中华文化和中国形象的评价。

本书有12章。第1章介绍了调查的评估体系、数据搜集过程和样本基本分布以及人群分析和相关分析。第2~11章，依照中华文化影响力评估体系的二级指标（文化符号、文化产品、价值观、思维方式、媒体、文化团体/企业、中国民众与名人、经济和科技、文化、国家形象）次序，对各指标中的诸因素对沙特受访者的影响进行定量比较分析研究。每章内容大致为：在"问卷设计"部分，介绍要调查的相应二级指标各因素的原因；在"数据分析"部分，通过频率分析呈现各因素对受访者影响的基本情况和特点；在"人群分析"部分，展示不同年龄、性别等变量的受访者对文化中国看法的差异；在"相关分析"部分，找出各因素与中华文化评价、中国形象评价、中沙关系评价的相关关系；在"结果分析与思考"部分，尝试从数据分析结果中探讨中沙文化交流的规律性问题，对未来文化交流趋势进行预测，对提升文化中国在沙特的魅力提出建议。第 12 章对全书内容进行了总结，在 200 多种因素中，找出了在沙特与提升中华文化吸引力、提升中国形象魅力相关性最大的因素，与中沙关系评价相关性最大的因素。各章具体内容和观点如下。

第一章 问卷设计及数据搜集 介绍了根据沙特和中国国情设计的"中华文化印象调查问卷"（问卷包括 6 个一级指标：文化的物化形式、文化的精神内核、文化传播渠道、中国非文化领域发展状况、中华文化整体形象、中国整体形象，一级指标下有 12 个二级指标，二级指标下有 57 个三级指标）、在两国的数据搜集过程、两国的样本分布、百分比误差边际和数据可比性、人群分析和相关分析的内容、如何看待相关关系与因果关系。

第二章 中华文化符号在沙特 比较分析了受访者对 28 种中华文化符号（不包括中国名人，名人在第八章中论述）的认知和态度，对其中的汉语、中餐、中医、武术、春节进行了行为调查。数据分析显示，伊斯兰文化影响沙特人对不同文化符号的喜爱度，高铁类新文化符号具有传播潜力，受宗教影响较少的文化符号（中餐和中医）的魅力有提升空间。

第三章 中国文化产品和服务在沙特 调查了受访者对 8 种中国文化产品的兴趣和接触概况，购买中国文化产品数量、购买渠道、购买意愿、对中国文化产品品牌的认知和态度。数据分析显示：中沙文化产品贸易的"文化折扣"并非表现在各种产品上。沙特人对 3 项产品（电子游戏、动漫、时尚设计）的兴趣率略高于中国人，对电子游戏的兴趣率（60.0%）比中国人（43.0%）高 17 个百分点。8 种产品中只有动漫游戏产品两国的购买率相差无几，动漫游戏产品在沙特的购买率（33.9%）在整体排名中名列第二，而在中国（34.7%）则排名倒数第一。中国文化产品在沙特的销售有提升空间，针对中国文化产品的品牌知名度和美誉度出现 4 种情况：知名度高、美誉度高，知名度低、美誉度高，知名度高、美誉度低，知名度低、美誉度低，宜采取相应措施。

第四章 中国价值观在沙特的共享性 调查了 11 项中华核心价值观、

中国社会主义核心价值观、中国梦在沙特的共享性。调查结果显示，多数上述价值观在沙特具有不同程度的共享性。对 11 项中华核心价值观的赞同率平均数和 12 项社会主义核心价值观的赞同率平均数都高于美国、德国、日本、韩国，低于印尼、越南、俄罗斯、印度。结果分析与思考部分探讨了上述价值观具有共享性的原因：这同信仰、宗教、价值观 3 个概念的逻辑层次不同有关。中国价值观在沙特的共享性提示，这些价值观在伊斯兰世界的共享性值得进一步探讨。为使沙特民众更好地理解文化中国，宜重视"集体主义"和"共同富裕"价值观的解释和传播。

第五章　对中华思维方式的认同度　中华思维方式是中华文化的基因之一，体现于中华文化的所有领域，辩证思维有利于克服"零和博弈"的思维偏见。辩证思维和综合思维方式在沙特得到不同程度的赞同。今后宜在传播内容中加入辩证思维和综合思维元素，从深层次传播中国文化。中医和太极阴阳图 ☯ 是中华思维方式形象精辟的体现，在沙特有较高认知度和喜好度，可充分发掘利用。

第六章　中国媒体在沙特传播状况　沙特受访者对中国传统媒体和网络新媒体使用率普遍偏低，还没有形成习惯性的接触，黏度不强。对中国政府媒体的信任度偏低。中国宜积极运用网络原生新媒体，进一步加强与沙特媒体的合作，充分发挥中餐馆传播中国文化信息的作用，提高中国传统媒体的接触率，打造传播中国信息的品牌网站，进一步加强我国媒体在沙特民众中的公信力和自信心。

第七章　中国文化团体与企业的影响　分析了沙特受访者对中国在沙特举办文化交流活动的认知、态度和行为，对中国 16 家著名企业的认知和态度，使用中国产品的情况。受访者未参与中沙文化交流活动的 10 个原因中，"未获得演出信息"位居第一（71.6%），远高于其他原因。孔子学院尚需解疑释惑。受访者对中国在沙特企业的知晓度差异较大；受访者对中国在沙特企业整体印象较好；66.2%的受访者经常使用中国产品，中国产品价格不高、有吸引力、有创新。中国宜加大对文化交流活动的前期宣传营销力度，中国企业在沙特的社会效益值得注意，应改进中国产品的质量和售后服务。

第八章　沙特人看中国民众与名人　沙特受访者对中国人印象好于、

约等于、差于中国受访者对中国人印象的有 3 种情况。好于的有 7 项：创造性、平等性、诚信性、教养性、勤劳性、幸福感、自信性。约等于的有 3 项：义勇性、和善性、强健性。差的有 2 项：和平性、谦逊性。两国受访者的看法大体持平。中国各界名人中，知名度排在第一位的是成龙。喜欢率排前四位的是成龙、章子怡、景海鹏和屠呦呦。受访者偏爱影星、科学家等。数据显示，充分发挥影视和名人的作用，加大介绍中国科技精英的力度，改进对外宣传手段都有益于提升中国人的形象。

第九章　对中国经济和科技发展的看法　沙特受访者中，78.4%不知道2010 年以来中国 GDP 世界排名第二，61.2%不知道中国科技发展水平处于世界前五名，85.1%对中国经济发展道路评价良好。数据分析显示：对中国GDP 排名认知越准确，对中国经济发展道路评价越高；对中国经济发展道路评价越高，中华文化就越有吸引力。中国宜加大传播改革开放以来经济和科技成就的力度。

第十章　中华文化在沙特的吸引力　沙特受访者对中华文化有吸力之外的 8 项评价（百分制）从高到低为：生命力（74.4 分）、有用性（74.4分）、成就性（73.7 分）、和平性（72.4 分）、和谐性（72.0 分）、宽容性（70.7 分）、创新性（70.6 分）、多样性（68.1 分）。喜欢中华文化胜过西方文化。在列出的 13 种文化中，沙特受访者喜欢率（可多选）排名前五位的是：沙特文化（58.2%）、日本文化（38.4%）、中国文化（33.1%）、印度文化（21.4%）、法国文化（20.9%）；33.1%的受访者喜欢中国文化，名列第二。对比 2013 年调查印尼民众喜欢哪国文化的结果：60.4%的受访者喜欢中国文化，在 15 个国家中排名第三，比对沙特文化喜欢率（23.1%）高 37.3 个百分点。两国受访者喜欢中国文化的比例都超过了欧美文化。因此，应对中华文化与伊斯兰世界文化的交流互鉴充满自信。

第十一章　中国在沙特的整体国家形象　沙特人对中国整体形象的印象良好，8 项指标得分（百分制）如下：可靠可信（59.3 分）、令人愉悦（64.2 分）、有领导力（65.6 分）、充满活力（71.1 分）、颇具魅力（67.6分）、坚定不移（64.3 分）、不断发展（71.3 分）、有创新力（69.7 分）；这些指标与中华文化吸引力均显著相关。对中国形象评价越高，中华文化吸引力越高，反之亦然。对沙特受访者喜欢 G20 各国人数的调查数据显示：852 名受访者中有 96 名（11.3%）选中国为自己最喜欢的国家，在 18 个

G20国家（不包括欧盟和沙特本国）中排名第二，低于伊斯兰国家土耳其（24.3%），高于美国（5.6%）、英国（4.9%）、德国（6.7%）、法国（5.4%）。

第十二章 影响文化中国形象的关键因素 对全部可与文化中国作相关分析的因素进行总结性比较，分别找出与中华文化评价、与中国形象评价、与中沙关系评价相关性最大的因素。找出对提升中华文化评价、中国形象评价、中沙关系评价可以有所作为的潜在因素，对本书要回答的主要问题作简要总结。以综合评价系数都大于0.07、各单项评价系数均为显著相关为标准，200多个因素中，与中华文化评价和与中国形象评价都密切相关的双料因素有58个。

做好中华文化在沙特影响力调查研究，研究者掌握阿拉伯文是重要条件，而笔者不懂阿拉伯文，这是一大短板。笔者力图通过大量阅读中文文献和请教国内外专家来弥补。力图对数据统计结果进行深入分析，得出科学的结论。

愿本书有益于中沙民众加强对彼此的理解，增进友谊，促进中华文明和阿拉伯文明的交流互鉴，助力中沙两国合作与发展。同时，在学术研究上，也希冀在中华文化海外传播的受众调查研究方法上，在探讨诸因素与中华文化形象、中国形象、中沙关系的因果关系上，为传播学学术同人提供一点参考；调查结果对研究沙特的专家学者能提供一些实证研究资料。

在沙特问卷的修改和译成阿拉伯文过程中，中国国际广播电台原副总编马为公先生及北京大学外国语学院廉超群副教授提供了大量支持。初稿写就后，承蒙北京大学新闻与传播学院刘德寰教授、北京大学外国语学院林丰民教授、北京大学国际关系学院王锁劳副教授、北京语言大学中东学院涂龙德教授、浙江大学外国语学院马晓霖教授、外交部领事司郭华龙先生、北京外国语大学阿拉伯学院李世骏博士生、沙特阿拉伯王国驻华使馆文化参赞阿蒙博士以及阿卜杜勒·阿齐兹国王图书馆北京大学分馆副馆长阿贝德·阿里·艾哈迈德·沙利夫博士、馆员阿卜杜拉·费萨尔·阿司力博士，审读了书稿，提出了宝贵的修改建议，在此一并致谢。从更宏观的视角看，调查问卷设计修改汇集了集体的智慧。本书能够出版，还要衷心感谢参与问卷设计修改的所有老师和同学们，他们是新闻与传播学院的教授王异虹、王秀丽、刘德寰、许静、肖东发、陈开和、杨伯溆、胡泳、徐泓、徐金灿、程曼丽，北京大学国际关系学院的教授尚会鹏、梁云祥，北京大学外国语学院的李玮教授；感谢原文化部外联局的局处领导们：朱琦、李立言、周勇、郑文、欧阳安、项晓玮、蔡山帝；感谢我的博士后王丽雅副教授，博士生古俊伟、刘澜、李宇、权玹廷、巩向飞、陈曦、何明智和硕士生们以及上述教授众多的研究生们①；感谢所有为问卷设计作出贡献的同事和朋友！书稿交付出版社后，曹长香编辑认真审校，提出了中肯的修改意见，对她给予的热情帮助，致以诚挚的谢意！

---

① 很多人对问卷的评估体系作出有益的贡献，可参考关世杰著《中华文化国际影响力调查研究》第四章第二节到第四节的相关注释。

目　录

第一章　问卷设计及数据搜集

探讨沙特民众心中的文化中国是什么样子的，是个复杂巨系统问题，用什么方法是个关键问题。我国著名科学家钱学森等学者认为，"实践已经证明，现在能用的、唯一能有效处理开放的复杂巨系统（包括社会系统）的方法，就是定性定量相结合的综合集成方法"。"定性定量相结合的综合集成方法，就其实质而言，是将专家群体（各种有关的专家）、数据和各种信息与计算机技术有机结合起来，把各种学科的科学理论和人的经验知识结合起来。"[①] 研究复杂巨系统也要引用统计方法，这样才能透彻地看到局部到整体的过渡，才能避开不必要的细节，把握主要现象[②]。本书尝试用定性定量相结合的综合集成法，探讨沙特人心中的文化中国。有比较才有鉴别，本书还通过对比法，比较沙特与中国等 9 个国家民众对文化中国的看法，进一步探讨沙特人眼中的文化中国问题。

一　问卷设计

本书的研究对象是民众（而非政府、精英或媒体）心中的文化中国，因而大样本的问卷调查是最适宜的方法。问卷设计参考了《中华文化国际影响力调查研究》第四章[③]的相关内容，并根据沙特和中国的国情作了相应修改。中国国际广播电台原副总编马为公先生（阿拉伯语专家）和北京大学外国语学院阿拉伯语系廉超群副教授对沙特问卷提出了修改建议。

---

① 钱学森、于景元、戴汝为：《一个科学新领域——开放的复杂巨系统及其方法论》，《自然杂志》1990 年第 1 期。转引自卢明森编《钱学森思维科学思想》，科学出版社，2012，第 83 页。

② 钱学森：《系统科学、思维科学与人体科学》，《自然杂志》1981 年第 1 期。转引自卢明森编《钱学森思维科学思想》，科学出版社，2012，第 20 页。

③ 关世杰著《中华文化国际影响力调查研究》，北京大学出版社，2016，第 145~156 页。

（一）对中华文化因素影响力的测量

"中华文化影响力"的内涵是指具有中国特色的文化要素，即中国的文化符号、文化产品、民众与名人、文化团体/企业、大众传媒、价值观、思维方式、信仰，对民众的思想或行动所起的作用。可以从认知、态度、行为三个层次测量作用的大小，认知、态度、行为分别是影响力的初级、中级、高级阶段。本书从微观角度即文化的各个要素，分析受访者对中华文化的认知、态度和行为。人类社会中，文化是个复杂的社会现象，微观分析可能会遗漏一些中华文化影响力的文化因素。为此，需要从宏观角度，调查受访者对中华文化的整体印象。作用的方向可以从赞同（正向力）和反对（负向力）测量；作用点可以从文化要素的各个方面加以测量；作用力的大小，可用 0（不知道）和 1（知道）测量认知；可用 3、5、7、11 等多种等级量表测量态度，用 0（无行为）和 1（有行为）测量有无行为，用 1（从不）、2（偶尔）、3（经常）测量行为的频率，用 1、2、3、4、5……自然数或次数段（例如，1 代表 1~5 次、2 代表 6~10 次、3 代表 11~20 次、4 代表 21~30 次、5 代表 31 次及以上）测量行为的次数。

（二）对影响中华文化海外传播整体社会环境的测量

国际文化交流中，影响交流效果的不仅仅是文化因素，还会受到两国关系好坏，以及受访者对他国的经济、科技、外交、政治、军事、国家整体形象等看法的影响。双边关系状况会较大程度上影响受访者对一国文化的态度，关系好时，会增加对一国文化的好感度，爱屋及乌；关系不好时，会降低对一国文化的好感度，恶其余胥。受访者对文化信息发出国的经济、科技、外交、政治等看法都会与其对一国文化的看法相互影响。文化的影响力以一国的物质为基础，一国经济发展欣欣向荣，受访者常会对该国文化产生正面评价，一国经济发展每况愈下，受访者常会对该国文化产生负面评价。对一国社会制度和政治制度的认知与态度会对一国文化的评价产生一定影响，特别是对后者的评价与本人所持价值观有密切联系。因而，评估体系中加入了测量受访者对中国经济发展、科技发展、社会制度、政治制度的认知和态度的测量，增加了中国对外政策态度的测量，用 0（不知道）和 1（知道）及等级量表（如 1 为非常不了解，7 为非常了解）测量认知，用 5、

7、11 等多种等级量表测量态度。

以上从经济、科技、政治、双边关系等方面分析了受访者对中国的认知和评价，然而，对中国的认识是个复杂的心理过程，上述分析可能遗漏了一些对中国整体印象的影响因素。为此，本书从宏观角度设计，探测受访者对中国的整体印象，表明受访者的态度，并用 7 级和 11 级量表测量其态度。

（三）评估体系的细化

1. 文化影响力评估体系

根据沙特国情，中华文化影响力评估体系包括 6 个一级指标、12 个二级指标，二级指标下包括 57 个三级指标、221 个测量点[1]。具体内容见表 1-1。中国问卷内容根据中国国情作了微调。

表 1-1 中华文化国际影响力评估体系（沙特问卷）

| 目标 | 中华文化影响力要素 | | | | 影响力 | | |
| | 概念的分解 | | | | 认知 | 态度 | 行为 |
	一级指标	二级指标	三级指标	测量点	是否知道	是否喜欢	有无/程度/次数
测评出中华文化影响力	一、文化的物化形式	1. 文化符号	（1）建筑类	长城	√	√	—
				布达拉宫	√	√	—
			（2）神兽与动物类	龙	√	√	—
				大熊猫[2]	√	√	—
			（3）生活类	烹饪	√	√	√
				茶	√	√	—
				春节	√	√	√
				中国丝绸	√	√	—
				旗袍/唐装	√	√	—

---

① 社会主义核心价值观中的"富强"和中国梦中的"国家富强"为同一价值观，故（21）中国梦中未列出国家富强。

② 严格来讲，大熊猫是中国符号，不是中华文化符号。

续表

目标	中华文化影响力要素				影响力		
	概念的分解				认知	态度	行为
	一级指标	二级指标	三级指标	测量点	是否知道	是否喜欢	有无/程度/次数
测评出中华文化影响力	一、文化的物化形式	1. 文化符号	（4）体育类	功夫或太极拳	√	√	√
			（5）艺术类	书法	√	√	—
				瓷器	√	√	—
				京剧	√	√	—
				中国画	√	√	—
				中国园林	√	√	—
				兵马俑	√	√	—
				中国民乐	√	√	—
			（6）哲学思想类	儒家思想	√	√	√
				道教	√	√	√
				太极阴阳图	√	√	—
			（7）教育类	北京大学	√	√	—
				清华大学	√	√	—
			（8）语言文学类	汉字/汉语	√	√	√
				诗词	√	√	—
			（9）科技类	中华医药	√	√	—
				中国高铁	√	√	—
			（10）农耕文明类	红河哈尼梯田	√	√	—
			（11）游戏	中国围棋	√	√	—
		2. 文化产品与服务	（12）中国艺术商品	对时尚设计产品感兴趣	—	√	√
				对书法作品感兴趣	—	√	√
				对绘画作品感兴趣	—	√	√
				对手工艺品感兴趣	—	√	√
				中国字画购买数	—	—	√
				中国工艺品购买数	—	—	√

续表

目标	中华文化影响力要素				影响力		
	概念的分解				认知	态度	行为
	一级指标	二级指标	三级指标	测量点	是否知道	是否喜欢	有无/程度/次数
测评出中华文化影响力	一、文化的物化形式	2. 文化产品与服务	（13）中国娱乐商品	对中国电子游戏感兴趣	—	√	√
				对中国音乐感兴趣	—	√	√
				中国音乐制品购买数	—	—	√
			（14）中国书刊商品	对中国图书感兴趣	—	√	√
				中国图书购买数	—	—	√
			（15）中国影视商品	对中国电影感兴趣	—	√	√
				对中国纪录片感兴趣	—	√	√
				对中国动漫感兴趣及接触	—	√	√
				对中国电视剧感兴趣及接触	—	√	√
				电影音像制品购买数	—	—	√
				动漫游戏产品购买数	—	—	√
				电视剧音像制品购买数	—	—	√
			（16）中国玩具	原创玩具购买数	—	—	√
			（17）中国文化服务	对文化展览感兴趣	—	√	√
				对文化演出感兴趣	—	√	√
				对文化旅游感兴趣	—	√	√
				对中华医药感兴趣	—	√	√
				对中华烹饪感兴趣	—	√	√
				对功夫或太极拳感兴趣	—	√	√
				对广告感兴趣	—	√	√
			（18）文化品牌	北京同仁堂	√	√	—
				中国—阿拉伯国家博览会	√	√	—
				北京故宫博物院	√	√	—
				北京全聚德烤鸭	√	√	—
				华为手机	√	√	—
				景德镇瓷器	√	√	—
				淘宝	√	√	—

续表

目标	中华文化影响力要素				影响力		
	概念的分解				认知	态度	行为
	一级指标	二级指标	三级指标	测量点	是否知道	是否喜欢	有无/程度/次数
测评出中华文化影响力	二、文化精神内核	3. 价值观	(19) 中华核心价值观	仁	—	√	—
				恕	—	√	—
				孝	—	√	—
				礼	—	√	—
				义	—	√	—
				和而不同	—	√	—
				天人合一	—	√	—
				共同富裕	—	√	—
				和谐世界	—	√	—
				集体主义	—	√	—
				以民为本	—	√	—
			(20) 中国社会主义核心价值观	富强	—	√	—
				民主	—	√	—
				文明	—	√	—
				和谐	—	√	—
				自由	—	√	—
				平等	—	√	—
				公正	—	√	—
				法治	—	√	—
				爱国	—	√	—
				敬业	—	√	—
				诚信	—	√	—
				友善	—	√	—
			(21) 中国梦	民族振兴	—	√	—
				人民幸福	—	√	—
		4. 思维方式	(22) 辩证思维	文字叙述的辩证思维	—	√	—
				太极阴阳图的辩证思维	—	√	—
			(23) 综合思维	文字叙述的综合思维	—	√	—
				中华医药的综合思维	—	√	√

续表

目标	中华文化影响力要素				影响力		
	概念的分解				认知	态度	行为
	一级指标	二级指标	三级指标	测量点	是否知道	是否喜欢	有无/程度/次数
测评出中华文化影响力	三、文化传播渠道	5. 中国人	名人				
			(24) 当今明星	成龙	√	√	—
				章子怡	√	√	—
				姚明	√	√	—
				郎平	√	√	—
				周杰伦	√	√	—
			(25) 当今文学艺术家	莫言	√	√	—
				郎朗	√	√	—
				梅兰芳	√	√	—
			(26) 古代文学家	李白	√	√	—
				曹雪芹	√	√	√
			(27) 当今科学家	屠呦呦	√	√	—
			(28) 当今航天员	景海鹏[①]	√	√	—
			(29) 古代医学家	张仲景	√	√	—
			(30) 古代哲学家	孔子	√	√	√
				老子	√	√	√
			(31) 古代航海家	郑和	√	√	—
			(32) 当代政治家	毛泽东	√	√	—
				邓小平	√	√	—
				孙中山	√	√	—
			(33) 当今企业家	马云	√	√	—
			普通民众				
			(34) 对中国人持中华传统价值观的看法	仁	—	√	
				恕	—	√	
				孝	—	√	
				礼	—	√	

① 问卷调查前,恰逢 2016 年 10 月 17 日~11 月 8 日景海鹏与陈冬执行神舟十一号飞船任务,并担任指令长,任务获得圆满成功,国内外媒体对此都有报道,所以选择景海鹏作为中国航天英雄群体的代表列入调查对象。在以前及之后的调查中曾以杨利伟、王亚平作为航天员代表进行了调查。

续表

| 目标 | 中华文化影响力要素 | | | | 影响力 | | |
| | 概念的分解 | | | | 认知 | 态度 | 行为 |
	一级指标	二级指标	三级指标	测量点	是否知道	是否喜欢	有无/程度/次数
测评出中华文化影响力	三、文化传播渠道	5. 中国人	（34）对中国人持中华传统价值观的看法	义	—	√	—
				和而不同	—	√	—
				天人合一	—	√	—
				共同富裕	—	√	—
				和谐世界	—	√	—
				集体主义	—	√	—
				以民为本	—	√	—
			（35）对中国人思维方式的看法	辩证思维	—	√	—
				综合思维	—	√	—
			（36）对中国人的亲近感	博加德斯量表	—	√	—
			（37）与中国人的接触	中国朋友个数	—	—	√
				来过中国的情况	—	—	√
			（38）对中国人的整体印象	创造性	—	√	—
				平等性	—	√	—
				诚信性	—	√	—
				教养性	—	√	—
				勤劳性	—	√	—
				幸福性	—	√	—
				和平性	—	√	—
				谦逊性	—	√	—
				自信性	—	√	—
				义勇性	—	√	—
				和善性	—	√	—
				身体强健性	—	√	—
				对中国游客印象	—	√	—

续表

目标	中华文化影响力要素				影响力		
	概念的分解				认知	态度	行为
	一级指标	二级指标	三级指标	测量点	是否知道	是否喜欢	有无/程度/次数
测评出中华文化影响力	三、文化传播渠道	6. 文化团体/企业	(39) 文化团体	喜欢"欢乐春节"	√	√	—
				喜欢文化交流活动	√	√	—
				参加文化交流活动次数	—	—	√
				看文化演出次数	—	—	√
				参观文化展览次数	—	—	√
			(40) 教育团体	孔子学院	√	√	—
			(41) 体育团体	中国体育国际赛事表现	—	√	—
			(42) 中国企业及产品	对中国企业的评价	—	√	—
				使用中国制造的产品	—	—	√
				产品评价　质量好坏	—	√	—
				有无创新	—	√	—
				善用资源	—	√	—
				价格高低	—	√	—
				吸引力大小	—	√	—
				售后服务优劣	—	√	—
				声誉高低	—	√	—
				中国风格	—	√	—
				看中国产品广告次数	—	—	√
				对中国产品广告态度	—	√	—
		7. 大众传媒	(43) 沙特媒体	报道中国信息倾向	—	√	—
			(44) 对中国传统大众传媒的接触与态度	图书接触次数	—	—	√
				电影接触次数	—	—	√
				央视阿语节目接触次数	—	—	√
				央视中文节目接触次数	—	—	√
				国际广播电台节目接触次数	—	—	√
				对央视的认知与态度	√	√	—

续表

目标	中华文化影响力要素				影响力		
	概念的分解				认知	态度	行为
	一级指标	二级指标	三级指标	测量点	是否知道	是否喜欢	有无/程度/次数
测评出中华文化影响力	三、文化传播渠道	7. 大众传媒	（44）对中国传统大众传媒的接触与态度	对图书的态度	—	√	—
				对电影的态度	—	√	—
				对央视阿拉伯语节目的态度	—	√	—
				对央视中文节目的态度	—	√	—
				对中国国际广播电台节目的态度	—	√	—
			（45）中国传统媒体网络版和网络新媒体浏览次数	人民网	—	—	√
				新华网	—	—	√
				中国网	—	—	√
				中国日报网	—	—	√
				央视网	—	—	√
				中国国际广播电台	—	—	√
				网络孔子学院	—	—	√
				中国文化产业网	—	—	√
				中国文化网	—	—	√
				百度	—	—	√
				新浪	—	—	√
			（46）对中国媒介的信任度	新闻出版业	—	√	—
				电视台	—	√	—
				网络新媒体	—	√	—
				政府媒体	—	√	—
				公共媒体	—	√	—
				商业媒体	—	√	—
	四、中国非文化领域发展状况	8. 经济与科技	（47）经济影响力	中国 GDP 世界排名	√	—	—
				中国经济发展道路	—	√	—
				中国经济发展前景	√	—	—
			（48）科技影响力	中国科技发展世界排名	√	—	—

续表

目标	中华文化影响力要素				影响力		
	概念的分解				认知	态度	行为
	一级指标	二级指标	三级指标	测量点	是否知道	是否喜欢	有无/程度/次数
测评出中华文化影响力	四、中国非文化领域发展状况	9. 社会制度与政治制度	(49) 政治影响力	中国社会制度认知	√	—	—
				中国政党制度认知	√	—	—
				对中国政治制度的评价	—	√	—
		10. 外交与军力建设	(50) 外交影响力	中国外交对世界和平发展的影响	—	√	—
				对构建人类命运共同体的态度	—	√	—
				对"一带一路"的态度	√	√	—
			(51) 两国关系	对中沙关系的判断	—	√	—
				中国发展对沙特利弊	—	√	—
			(52) 军事影响力	中国军力建设对世界和平的作用	—	√	—
	五、中华文化整体形象	11. 中华文化整体形象	(53) 中华文化各方面评价	有吸引力	—	√	—
				生命力	—	√	—
				有用性	—	√	—
				成就性	—	√	—
				和平性	—	√	—
				和谐性	—	√	—
				宽容性	—	√	—
				创造性	—	√	—
				多样性	—	√	—
			(54) 全球排名	在 12 种文化中排名	√	—	—
	六、中国整体形象	12. 中国整体形象	(55) 对中国的整体评价	可靠可信	—	√	—
				令人愉悦	—	√	—
				有领导力	—	√	—
				充满活力	—	√	—

目标	中华文化影响力要素				影响力		
	概念的分解				认知	态度	行为
	一级指标	二级指标	三级指标	测量点	是否知道	是否喜欢	有无/程度/次数
测评出中华文化影响力	六、中国整体形象	12. 中国整体形象	(55) 对中国的整体评价	颇具魅力	—	√	—
				坚定不移	—	√	—
				不断发展	—	√	—
				有创新力	—	√	—
			(56) 在全球排名及原因	在 G20 国家中排名	√	—	—
				选择喜欢中国的原因	√	—	—
			(57) 对中国的亲近度	对中国的亲近度	—	√	—

注：√表示测量，—表示未测量。

前三个一级指标是关于中华文化各因素影响力的测量。将文化要素的概念分成三个一级指标：一是文化的物化形式，包括两个二级指标——文化符号、文化产品与服务；二是文化精神内核，包括两个二级指标——价值观、思维方式；三是文化传播渠道，包括三个二级指标——中国人、文化团体/企业、大众传媒。在测量中华文化的影响时，有两方面需要说明。其一，上述二级指标体现中国特色，文化符号必须是体现中华文化的符号，如长城、故宫、国画之类，而不能是其他文化的文化符号。其二，这些指标的测量要适合传播目的地的国情，如茅台酒是中国的重要文化产品，但伊斯兰国家禁止饮酒，茅台酒就不能作为文化产品出现在调查问卷中；中国信仰自由、多样化，可以不信仰宗教，但在沙特这样的国家，单一信仰伊斯兰教，所以宗教信仰问题出现在沙特问卷中会比较敏感。

第四个一级指标是对中国非文化领域发展状况影响力的测量。中国非文化领域发展状况作为一个一级指标，也要体现中国特色。该一级指标包括三个二级指标——经济与科技、社会制度与政治制度、外交与军力建设。

第五个一级指标是对中华文化整体形象的测量。中华文化各个要素和中国非文化领域发展状况会使受访者形成对中华文化的整体印象：这是个概括性指标，一级和二级指标均为中华文化整体形象。

第六个一级指标是对中国整体形象的测量。各方面的因素会使受访者形成对中国的整体印象：这是个概括性指标，一级和二级指标均为中国整体形象。

2. 文化影响力的测量

文化影响力的测量分成三个层次：认知、态度、行为。认知是指是否知道，态度是指好感度，行为分成三种情况——有无、程度、次数。对认知、态度、行为，运用定类变量、定序变量和定比变量进行测量，具体内容见文化影响力的测量方法表（见表1-2）。

表1-2　文化影响力的测量方法

影响力的三个维度	变量类型	测量方法	表示含义	测量值
认知	定类变量	知道与否	不知道	0/88/77
			知道	1
态度	定序变量	11/7/5/4/3级态度等级量表（如右边为5级态度等级量表）	很不喜欢	1
			较不喜欢	2
			中立	3
			较喜欢	4
			很喜欢	5
行为	定类变量	有无行为	无行为	0
			有行为	1
	定序变量	行为频率	从不	1
			偶尔/很少	2
			经常	3
	近似定比变量（需转化为定序变量处理）	行为次数	1、2、3、4、5……次	1、2、3、4、5……
			次数段（例如，1代表1~5次、2代表6~10次、3代表11~20次、4代表21~30次、5代表31次及以上）	1、2、3、4、5

因而，文化影响力可以通过调查中国文化各要素和文化传播的整体环境对民众思想或行为的作用获得，具体通过设计调查问卷对民众的大样本

抽样调查加以测量，获得基本数据，然后进行统计评估，计算出中华文化影响力大小。

（四） 评估体系转变成调查问卷

将中华文化国际影响力评估体系转变成调查问卷中的问题，加入受访者人口统计特征：年龄、性别、收入、国籍、省籍、受教育程度、职业（中国问卷中还加入了政党倾向、婚姻状况）。同时，依据各国的国情和形势发展变化进行微调，形成了各国的"中华文化印象调查问卷"。

沙特问卷有 53 个问题，并译成阿拉伯文，由沙特受访者填答。翻译过程如下：先将问卷中文版交给北京大学外国语学院廉超群副教授，由他翻译成阿拉伯语初稿；然后由中国国际广播电台原副总编（阿拉伯语专家）马为公先生进行审校修改，根据马先生提出的修改意见，对问卷进行相应修改；最后由中国国际广播电台的外籍阿拉伯语专家审定后定稿。中国问卷（中文）有 48 个问题，由中国受访者填答。在正式调查前，中文问卷曾经进行了 20 余人的预调查，根据受访者答卷出现的问题对问卷进行了修改。沙特问卷见附录 1。美国、德国、俄罗斯、印度、日本问卷分别翻译成了英文、德文、俄文、英文、日文，详情从略。

二　数据搜集过程

数据搜集的过程关系到调查数据的信度和效度，有必要在数据分析之前予以明确。

（一） 样本来源

北京大学课题组（以下简称"北大课题组"）将中华文化印象调查问卷交给北京益派数据有限公司（以下简称"益派"）①负责数据搜集。中华文化印象调查项目是北大课题组与益派联合发起的一个连续性国际民意调查项目，自 2011 年开始已历时多年，调查样本覆盖美国、德国、俄罗

---

① 北京益派数据有限公司（益派）成立于 2006 年 3 月，是中国最早的在线样本调研公司之一。益派是以调研和在线调查系统为主营业务的国家级高新技术企业。拥有调研应用智能数据采集平台——云调查（www.epanel.cn）和覆盖中国、对接全球的在线样本库资源，拥有"二维码调查方法及系统"国家发明专利及在线样本库招募、维护和运营 （转下页注）

斯、印度、日本、韩国、越南、印尼等多个国家。2017年，为进一步验证和丰富中华文化国际影响力理论，北大课题组进行了第三次七个国家（沙特、中国、美国、德国、俄罗斯、印度、日本）的中华文化印象调查。为确保项目的稳定开展，益派继续承担本项目的统筹管理和中国区的数据采集工作。沙特的调查样本由法国益普索咨询有限公司提供，中国的调查样本由益派提供，美国、德国、俄罗斯、印度、日本的调查样本由光速调研公司（Lightspeed Research）提供。益派将问卷录入成为网上问卷后，阿拉伯文问卷由马为公先生审校，中文问卷由笔者审校，审校无误后，由益派在海外和中国（大陆）进行网络问卷调查，采集样本数据。

（二）执行流程

为使调查结果客观、严谨和真实，在符合市场研究行业规范标准的前提下，益派项目组对调查对象、调查方法、数据清理各环节进行了严格设计并制订了详细的执行规范，具体如下。

样本抽样　北大课题组根据沙特和中国的样本需求，制订了调查样本总量、年龄、性别、教育程度、国籍/民族、收入等条件标准。采用定额抽样方法，以两国样本库会员总量①和配额条件进行随机抽取。

程序编制　在线程序的编制过程中，北大课题组与益派程序编制人员经过多次深入沟通和紧密配合，对问卷的逻辑表达、题目的视觉呈现、语言的描述方式、文字的排版格式等进行了修改与完善，为此次调查的最终完成提供了良好条件。

（接上页注①）管理等方面的三十多项软件著作权。建立了高度自动化的在线调查系统和样本管理系统，并全力推进可访问样本库调查在国内的发展。秉承"品质、速度、创新"的服务理念，为企业、媒体、政府等众多机构提供高质量的数据采集、数据洞察、品牌研究等多类型服务。

①　沙特在线样本库的样本量30万份。其中年龄分布：15~24岁占14%（20%，括号中数字为人口实际占比，下同）、25~34岁占45%（25%）、35~44岁占31%（27.0%）、45岁以上占10%（28%）；国籍分布：本国人占69.%（59%）、外籍占31.0%（41.0%）；性别分布：男性占52%（60%）、女性占48%（40%）；地区分布：中部占37%（30%）、东部占19%（15%）、北部占4%（9%）、南部占7%（13%）、西部占33%（33%）；婚姻状况分布：未婚占35%、已婚/离异占65%。线上问卷调查由受访者本人在线上完成，没有采访者介入。问卷填写完成之后，受访者通常会收到一份小奖励。在中东和北非，多数受访者是通过移动设备参与在线问卷调查。

样本回收 益派项目组利用多元样本整合系统在与益普索和光速研究公司的对接过程中，通过 IP 地址、Cookie 参数和设备标识等有效验证手段防止相同用户的参与。系统邀约发送的网页链接，同一会员特征只能完成一次作答，从而确保了调查参与的唯一性。为保证目标样本均能在计划时间成功回收，益派项目组对整个数据回收过程进行实时监控。监控中如发现响应速度低的数据样本情况，会及时进行人工催收或增加抽样样本的方式，来保障计划样本的完整性。

质量控制 益派项目组依托自有的质量控制体系，对驳杂样本进行了严格把控；对样本条件缺失或不符的不合格样本，一经发现立即进行追加补充工作；及时与北大课题组交流沟通，为最终数据质量提供了有效保证。

（三） 数据整理

调研数据回收后，益派项目组对其进行 100% 的有效性检查。按照既定的样本筛查和清理条件对异常数据进行追踪、确认或清除，如确认该条数据无效，则会替换为备份数据样本。样本清理条件：根据逻辑陷阱（问卷设计者提供）设定的错误条件，如超过错误情况达到 20% 或者数据质量合格率低于 30%，对样本进行清除。根据系统记录的问卷填答时长，对低于 10 分钟的样本进行清理。

（四） 数据验收

2017 年 1 月 6 日至 2017 年 2 月 26 日在沙特调查期间，邀约数量 25400 份，回收率 3.6%，合格率 94.5%。受访者平均填答问卷的时间为 32.4 分钟。2017 年 1 月 6 日至 2017 年 3 月 5 日在中国调查期间，邀约数量 38500 份，回收率 3.3%，合格率 97.3%。受访者回答问卷时间平均 33.8 分钟。益派项目组 2017 年 3 月 20 日提供给北大课题组 852 份沙特受访者填写的问卷（SPSS 格式）原始数据、1235 份中国受访者填写的问卷原始数据。北大课题组对获取的问卷数据再一次进行了检验，发现沙特样本中有一个问题（V51）有错录，经与益派项目组沟通后确认了录入错误，并加以改正。中国样本未发现问题。同期，分别获得美国、德国、俄罗斯、印度、日本的有效问卷 1011 份、1004 份、1010 份、1013 份、1007 份。

三 样本分布

样本的构成关系到能否以抽样样本推及整体。问卷调查中，不同样本收集的数据有差异。例如，2020 年 5 月在美国黑人弗洛伊德被警方压颈致死后几个星期内，美国盖洛普开展的调查显示，56%的白人成年人表示对警察信任度"很高"或"相当高"，持相同观点的黑人成年人比例则低至 19%，说明样本对调查结果的影响较大[①]。因而，很有必要分析本次调查样本的人口统计特征，但限于篇幅，只分析沙特和中国的样本分布情况。

（一）年龄

沙特 2016 年沙特人口 3215 万人。本次调查样本中，15~24 岁、25~34 岁和 35~44 岁的样本均占 23%左右。45~54 岁占 19.8%，55 岁以上的比例较小，仅占 9.9%。全体样本平均 36.05 岁，众数为 45 岁，岁数最小者 15 岁，最大者 67 岁。本次样本的年龄分布与沙特人口普查的年龄分布比例最多相差 3 个百分点，受访者的年龄比例基本与沙特全国人口各年龄段的相同（见表 1-3）。

表 1-3 沙特受访者年龄段分布

单位：%

年龄	15~24 岁	25~34 岁	35~44 岁	45~54 岁	55~64 岁	65 岁及以上
本次调查	24.2	23.0	23.1	19.8	8.7	1.2
人口普查	23	26	26	25		

中国 2016 年中国有 13.8 亿人口。本次样本中年龄最低的 17 岁，最高的 71 岁，各年龄段所占比例与《中国统计年鉴 2017》[②] 相比，相差最多的是 17~24 岁的样本（20.1%），比年鉴的比例（12.2%）多 7.9 个百分点，总体上 17~24 岁、35~44 岁的偏多（见表 1-4）。

---

① 甄翔：《美民调：美国人对警察信任度降至近 30 年来最低点》，《环球时报》2020 年 8 月 14 日，https://world.huanqiu.com/article/3zSQ04rV2gs。
② 国家统计局编《中国统计年鉴 2017》，中国统计出版社，2017，第 31、37 页。

表 1-4　中国受访者年龄段分布

单位：%

年龄	0~14 岁	17~24 岁/14~24 岁	25~34 岁	35~44 岁	45~54 岁	55~64 岁	65 岁及以上
本次调查	—	20.1	19.4	22.6	19.0	9.5	9.4
《中国统计年鉴 2017》	16.4	12.2	16.8	15.1	17.5	11.0	10.9

（二）性别

沙特　样本中女性占 41.3%，男性占 58.7%。与 2017 年沙特人口普查显示的性别比例女性 42.5%、男性 57.5%，差别不大。

中国　样本中女性占 49.8%，男性占 50.2%，与《中国统计年鉴 2017》的性别比例女性 48.8%、男性 51.2%，差别不大。

（三）家庭收入

收入水平是非常重要的社会经济变量，对于分析样本的基本状况有重要参考价值，但同时收入也是问卷调查中较难准确测量的变量之一。

沙特　样本家庭税前年收入少于 5 万里亚尔（2016 年 1 里亚尔约等于 1.8 元人民币）的受访者在整体样本中所占的比例最大（38.6%），其次是 5 万~50 万的，占 29.7%，50 万~100 万的占 11.7%，100 万~200 万的占 15.5%，多于 200 万的占 4.5%。

中国　对照《中国统计年鉴 2017》2016 年中国人均年可支配收入 2.3821 万元人民币，样本中，1 万元以下者占 2.3%、1 万~3 万元的占 2.8%、3 万~8 万元的占 13.3%、8 万~12 万元的占 18.8%、12 万~20 万元的占 24.0%、20 万~30 万元的占 19.5%、30 万~100 万元的占 9.3%、100 万~1000 万元的占 10.0%、1000 万元以上的占 0.2%。2020 年李克强总理在回答记者问时说，中国"有 6 亿人月收入也就 1000 元"的情况在本次调查样本中体现不明显。本次调查样本中家庭年收入较高者占比明显较高，人均年可支配收入 3 万~30 万元人民币的占 75.6%。

（四）受教育程度

沙特　受过高等教育的受访者占 67.1%，高中毕业占 27.3%，初中毕业占 3.9%，小学毕业占 1.6%。

中国　与《中国统计年鉴 2017》的数据比较，本次样本大学本科占 60.7%，大学本科及以上合计占 74.0%，整个样本受访者受教育程度明显偏高（见表 1-5）。

表 1-5　中国受访者受教育程度

单位：%

	小学及以下	初中	高中	大专	大学本科	硕士	博士
本次调查	0.1	0.6	4.6	20.6	60.7	11.6	1.7
《中国统计年鉴 2017》	31.3	38.8	16.9	6.9	5.5	0.54	

（五）职业

现实社会生活中，职业既是个人为了取得经济收入作为生活资料来源的劳动，也是一个集合了个人受教育水平、经济状况等的综合指标，人们平时从事什么工作能够反映人们生活的环境，同时职业的存在和职业活动构成了人类社会的存在和社会活动，为社会的存在和发展奠定物质基础。

沙特　样本中受访者职业占比依次为：专家或行业带头人占 26.5%，无职业或自由职业占 23.2%，学生占 13.5%，服务业、店铺与市场工作人员占 9.7%，专业技术人员占 9.3%，军警占 5.3%，立法人员、领导人和管理人员占 4.2%，其他行业技术工人占 3.8%，办公室职员占 3.5%，农、渔业技术工人占 0.5%，宗教人士占 0.5%。

中国　样本中职业占比依次为：专业技术人员占 38.4%，办事人员和有关人员占 22.3%，商业、服务业人员占 14.4%，国家机关、党群组织、企业事业单位负责人占 9.2%，不便分类的其他从业人员占 7.4%，生产、运输设备操作人员及有关人员占 4.0%，农、林、牧、渔、水利业生产人员占 1.5%，在校大学生占 1.5%，在校研究生占 0.7%，在校高中生占 0.4%，军人占 0.2%。

（六）居住区域

沙特　样本中受访者居住区域占比依次为利雅得省占 30.0%、麦加省占 25.9%、东部省占 17.6%、麦地那省占 6.2%、阿西尔省和塔布克省各占 4.3%、盖西姆省占 4.1%、吉赞省占 2.2%、哈伊勒省占 1.8%、北部边疆省占 1.4%、焦夫省占 0.9%、巴哈省占 0.7%、奈季兰省占 0.4%。

中国 除港澳台外，各省、自治区、直辖市都有样本分布，对照《中国统计年鉴 2017》的数据①，北京、上海、新疆的样本占比较多，河南、湖南、安徽、四川占比偏小（见表 1-6）。问卷调查了受访者户口的类型，城镇户口占 73.4%，农村户口占 26.6%，与《中国统计年鉴 2017》的相应比例 57.3%、42.7% 有较大差距。

表 1-6 中国受访者的居住区域分布

单位：%

区域	样本/年鉴	区域	样本/年鉴	区域	样本/年鉴	区域	样本/年鉴
北京	7.6/1.6	河北	3.6/5.4	西藏	0.8/0.2	湖南	1.9/4.9
上海	7.6/1.8	河南	2.4/6.9	青海	0.9/0.4	江西	1.1/3.3
天津	2.3/1.1	山东	6.6/7.2	四川	3.6/6.0	福建	2.9/2.8
重庆	3.1/2.2	山西	1.7/2.7	贵州	1.3/2.6	浙江	4.4/4.0
黑龙江	2.0/2.7	陕西	2.8/2.8	云南	1.4/3.5	广西	1.7/3.5
吉林	2.2/2.0	甘肃	1.0/1.9	江苏	6.8/5.8	广东	6.6/8.0
内蒙古	0.5/1.8	宁夏	0.8/0.5	安徽	2.0/4.5	海南	0.9/0.7
辽宁	5.6/3.2	新疆	9.3/1.7	湖北	4.6/4.3		

（七）国籍/民族

沙特 沙特人由本地阿拉伯人和旅居外籍人两部分构成。样本中本地人占 78.8%，旅居外籍人占 21.2%。与 2016 年实际相应的比例 63.7%、36.3%②相比，本地人比例偏高。

---

① 各省份人口占全国人口的比例，由笔者根据各省份人口与中国总人口（13.8271 亿）计算得出。

② 沙特驻美大使馆网站，Embassy of Kindom of Saudi Arabia, Facts and Figures, https：//www. saudiembassy. net/facts-figures，最后访问日期：2020 年 2 月 1 日。

中国 样本中中国主要少数民族壮族、回族、满族、蒙古族、藏族、维吾尔族均有分布，为了解维吾尔族的情况，在样本配比时有计划地增大了其样本比例。样本中各民族比例与 2010 年人口普查数据相比[1]，除维吾尔族和其他外，相差不大（见表 1-7）。

表 1-7 中国受访者的族裔情况

单位：%

民族	汉族	蒙古族	回族	藏族	壮族	满族	维吾尔族	其他
本次调查	86.2	0.3	0.9	0.6	0.3	1.1	9.7	0.8
2010 年人口普查	91.5	0.4	0.8	0.5	1.2	0.8	0.7	4.1

（八）上网率

沙特 2016 年 7 月，沙特总人口数 3215 万人，其中互联网用户 2081 万人，占总人口的 64.7%[2]。截至 2017 年第三季度，其网民规模已超过 2450 万，98% 的用户通过智能手机上网，互联网普及率高达 77%[3]。

中国 据中国国家统计局 2017 年 2 月 28 日在官网发布的数据，2016 年中国互联网上网人数 7.31 亿人，其中手机上网人数 6.95 亿人，互联网普及率达到 53.2%，其中农村地区互联网普及率达到 33.1%[4]。

（九）小结

沙特 样本分布照顾了人口统计的各项指标。年龄比例、性别比例与人口实际情况相差不大；家庭中低等收入的比例偏多；受教育程度上，受过高等教育的比例偏高；职业上，专家或行业带头人占比较大；

---

① 国家统计局编《中国统计年鉴 2017》，中国统计出版社，2017，第 834 页。

② 刘梦婕、夏鸿：《沙特阿拉伯互联网发展与治理研究报告（2017）》，http://www.doc88.com/p-9955664515608.html，最后访问日期：2020 年 1 月 30 日。

③ 《沙特信息通信技术产业发展现状及投资展望报告——沙特产业系列调研之六》，2018 年 8 月 22 日，驻沙特阿拉伯使馆经商处，http://sa.mofcom.gov.cn/article/ztdy/201808/20180802778229.shtml，最后访问日期：2020 年 1 月 30 日。

④ 人民网-传媒频道，2017 年 3 月 1 日，http://media.people.com.cn/n1/2017/0301/c120837-29115680.html，最后访问日期：2020 年 1 月 30 日。

省籍上，与实际情况大致相同；国籍上，本地人占比偏高；上网率为77%。运用"在线可访问样本库"在沙特调查，邀约数量为25400人，回收率3.6%，回收的答卷中，对中国或对中国文化感兴趣者的比例可能较大。

中国 样本分布照顾了人口统计的各项指标。年龄比例17~24岁、35~44岁的偏多；性别比例与人口实际情况相差不大；家庭收入上，收入较高的人占比明显较高；受教育程度上，受过高等教育的比例明显偏高；职业上，专业技术人员最多；省籍/区上，没有港澳台样本，除北京、上海、新疆的样本比例偏高，河南、湖南、安徽、四川占比偏小外，与实际情况相差不大；在户籍上城市人口样本量偏多；民族上，除维吾尔族占比偏高、其他少数民族占比偏小外，各民族样本占比与实际情况相差不大；上网率53.2%。运用"在线可访问样本库"在中国调查，邀约数量为38500人，回收率3.3%，回收的答卷中，对中国文化感兴趣者的比例可能较大。

总之，从受访者人口统计特征来看，本次调查的沙特样本和中国样本基本代表了沙特和中国人口的大致情况，显示了本次调查是概率抽样调查。虽然不是严苛的概率抽样，但大致可以以抽样样本推及整体，反映能上网的沙特人和中国人的基本情况。第2~11章均列出了人群分析内容，从中可以看到不同人群对调查问题回答的差异。

四　百分比误差边际与数据可比性

（一）百分比误差边际

本次调查研究的精度如何？需要衡量调查百分比的误差范围，估计在给定置信度和样本容量下最大可能的误差。这就是最大误差边际。利用误差范围的计算公式 $ME = Z \times \dfrac{0.5}{\sqrt{n}}$ 计算各种不同样本量和置信水平的误差边际，其中 Z 可根据置信度由标准正态分布表查得，n 为样本量。在95%的置信度下，Z 的数值为1.96。在95%的置信度下，沙特852份问卷（7国中最少）误差边际为3.36%，即误差范围为±3.36%；中国1235份问卷（7国中最多）误差范围为±2.79%。

（二）各类数据的可比性

对沙特、中国等国数据进行比较，不同文化进行统计比较要满足三个条件：构念等同，即在不同的目标文化中，研究考察的心理学构念必须有完全相同的意义；测量等同，即不同目标文化中的被试对测试问题的回答必须能够在同等程度上表示隐含的构念；样本对等，即不同文化样本中的被试必须是从可比较的抽样总体中选取的[①]。鉴于本书要比较的 7 国数据出自同一份基本问卷，海外 6 国问卷是中文版的翻译版，7 国数据在构念等同、测量等同上不存在问题。当然，在跨文化翻译中，将具有中国特色的概念译成阿拉伯文和其他外文很难做到意义完全相同。在样本对等方面，7 国中，沙特样本最少（852 份），中国样本最多（1235 份），在 95% 的置信度下，误差范围前者为±3.36%，后者为±2.79%，两者相差 0.57 个百分点。因而各国数据具有可比性。

在沙特受访者或中国受访者中进行子群分析，如不同年龄段、不同性别、不同受教育程度、不同国籍/民族等，通常要求样本容量必须保证需要分析的子群样本量至少为 30 个、最好达到 68 个（即置信度为 90% 时最大误差 10%）。样本量多少会影响数据比较的误差，样本量越大误差越小。例如，沙特本地人 671 份问卷的误差边际是±3.78%，外籍人 181 份样本的误差边际是±7.29%，两者相差 3.51 个百分点。如果样本量只有 30 个，那么误差边际就更大了。不同子群数据具有可比性，但样本量不同，误差范围有异。当样本少于 30 个时，数据误差较大仅供参考。这种情况在全书数据比较分析中需要注意。

五 人群分析和相关分析

（一）本书中的人群分析

本书中的人群分析针对不同年龄段、不同收入、不同受教育程度、不同性别、不同省籍、不同国籍（沙特本地人和旅居沙特的外籍人）、不同职

---

① 〔美〕赵志裕、康萤仪著《文化社会心理学》，刘爽译，方文校，中国人民大学出版社，2010，第 334 页。

业的受访者，调查他们心中的文化中国是否不同、有何特点。

（二）本书主要关注的三类相关关系问题

本调查研究核心有 3 个问题：了解沙特人心中中华文化形象是什么，哪些变量与中华文化形象相关；中国国家形象是什么，哪些变量与中国国家形象（以下简称"中国形象"）相关；对中华文化因素的认知、态度和行为是否与对中沙关系的看法相关。

中华文化形象　形象是指能引起人的思想或感情活动的形状或姿态。中华文化形象是能引起人对中华文化的思想或感情活动的形状。问卷中设一问题：请受访者从 9 个方面评价中华文化，1 个为中华文化有无吸引力的概括性问题，8 个为中华文化特征的具体性问题，内容如下。

总体来说，您如何评价中华文化？【循环出示，行单选】

1. 没吸引力的　　　1　2　3　4　5　6　7　　富有吸引力的
2. 排外的　　　　　1　2　3　4　5　6　7　　包容的
3. 衰落的　　　　　1　2　3　4　5　6　7　　有活力的
4. 平淡无奇的　　　1　2　3　4　5　6　7　　灿烂的
5. 单一的　　　　　1　2　3　4　5　6　7　　多元的
6. 侵略性的　　　　1　2　3　4　5　6　7　　爱好和平的
7. 无价值的　　　　1　2　3　4　5　6　7　　有价值的
8. 守旧的　　　　　1　2　3　4　5　6　7　　创新的
9. 不和谐的　　　　1　2　3　4　5　6　7　　和谐的

中国形象　中国形象是中国的国家形象简称，什么是国家形象？学术界对其定义没有共识[1]。本书采纳刘小燕的界定："国家形象是指国家的客观状态在公众舆论中的投影，也就是社会公众对国家的印象、看法、态度、评价的综合反映，是公众对国家所具有的情感和意志的总和。"[2] 问卷中设有一问题：请受访者从 8 个维度对中国形象进行评价，1 个为中国有无魅力

---

① 林伟江：《国家形象与传媒的研究综述》，《今传媒》2013 年第 11 期。
② 刘小燕：《关于传媒塑造国家形象的思考》，《国际新闻界》2002 年第 2 期。

的全面性概括问题，7 个为中国形象特征的具体问题，内容如下。

下面有一些关于中国的说法，请用 0~10 的数字表明你对这些说法的认同程度。【循环出示，行单选】

评价内容	0 = 0，1 = 10%，2 = 20%，3 = 30%，4 = 40%，5 = 50%，6 = 60%，7 = 70%，8 = 80%，9 = 90%，10 = 100%										
1. 中国可靠可信	0	1	2	3	4	5	6	7	8	9	10
2. 中国令人愉悦	0	1	2	3	4	5	6	7	8	9	10
3. 中国有领导力	0	1	2	3	4	5	6	7	8	9	10
4. 中国充满活力	0	1	2	3	4	5	6	7	8	9	10
5. 中国颇具魅力	0	1	2	3	4	5	6	7	8	9	10
6. 中国坚定不移	0	1	2	3	4	5	6	7	8	9	10
7. 中国不断发展	0	1	2	3	4	5	6	7	8	9	10
8. 中国有创新力	0	1	2	3	4	5	6	7	8	9	10

中沙关系　调查问卷中设有一问题，调查了受访者对中沙关系的看法。

您认为目前中国与贵国的关系如何？
1. 很不好　2. 较不好　3. 不好不坏　4. 较好　5. 很好　88. 不知道

从本章开始到第 12 章都有相关变量与中华文化、中国形象、中沙关系态度的相关分析，探讨哪些因素与中华文化、中国形象、中沙关系最为相关。

（三）本书中的统计分析

本书中的人群分析和主要关注的三类问题涉及统计学的相关分析、一元方差分析和卡方检验。相关分析是统计学中的术语，表明两组数值之间共同变化的程度，并以相关系数（r）表示这种程度，相关系数的数值变化从最大的+1（表明两组数值变动方式完全一致）经 0（表示两组数值无关）

到最小值−1（表明两组数值变动方式完全相反）。同时，其相关程度强弱用显著性差异检验（p 值）来表示，样本量越大，需要达到显著相关的相关系数就会越小。如果样本超过 300 个，往往得出的相关系数较小，如 0.2，因为样本量的增加造成了差异的增大，但显著性检验却认为两者显著相关。本次研究总样本量 852 个，所以本书在行文中将相关标准分为 5 类：显著相关时，强相关（$r > 0.35$）、中（上）相关（$r = 0.25 \sim 0.35$）、中（下）相关（$r < 0.25$），弱相关（较显著相关）、不相关（显著性小于 0.05）。本次调查问卷要分析的变量多为定序变量，不是定距变量，所以本书中相关系数均用肯德尔相关系数，不用测量两个定距变量间的皮尔逊相关系数，全书确定显著性检验的为双尾检验。

各类人群的样本量不一，鉴于在 95% 的置信度下，30 个、50 个、100 个样本的误差范围分别为 ±17.9%、±13.8%、±9.8%，因而本书设定：在不知道率之间或正确率之间都以相差 ±10% 以下为没有显著差异的参考值，±10%~20% 为有较显著差异的参考值，相差 ±20% 以上为有显著差异的参考值。全书各章均同。

（四）相关关系与因果关系

1. 相关与因果

讨论数据时，讲得最多的是数据的相关性，而社会科学研究中，更希望得到的是各变量间的因果关系。相关性是统计上的概念，数据多了，A 发生时 B 发生的概率，足够显著，那么 A 和 B 就是相关的。例如，儿童发育期内，受教育优劣与智力发展情况是相关的。而因果性是逻辑上的概念，A 发生导致 B 发生，原因在先，结果在后，前者的出现导致后者。儿童发育期内，受教育优劣是因，智力发展情况是果。

统计数据相关关系不等于因果关系，由于事物往往是复杂的，如果 A 和 B 相关，至少有五种可能性：3 种因果关系（A 导致 B，B 导致 A，A 和 B 互为因果），C 导致 A 和 B（两个相关变量可能直接受到一些潜在因素的影响），小样本引起的巧合（相关是偶然的）。

比如，若受访者喜欢中华医药与认为中华文化有吸引力显著正相关，谁是因谁是果呢？由于本次调查是大样本，可以排除小样本引起的巧合。所以这种正相关有 4 种可能：由于喜欢中华医药而认为中华文化有吸引力；由于认为中华文化有吸引力而喜欢中华医药；喜欢中华医药和认为中华文化有吸引力互为因果；由于其他原因（第三个隐含变量）而喜欢中华文化符号和认为中华文化有吸引力。是哪一种？需要更加严密的实证来说明。

相关性和因果性之间的联系，从统计学教材到大数据著作，都有广泛的探讨，甚至争议不断。迈尔—舍恩伯格在《大数据时代——生活、工作与思维的大变革》里说，在大数据时代，有相关，就够了。"大数据时代对我们的生活，以及与世界交流的方式都提出了挑战。最惊人的是，社会需要放弃它对因果关系的渴求，而仅需关注相关关系。也就是说只需要知道是什么，而不需要知道为什么。""寻找因果关系是人类长久以来的习惯。即使确定因果关系很困难而且用途不大，人类还是习惯性地寻找缘由。相反，在大数据时代，我们无须再紧盯事物之间的因果关系，而应该寻找事物之间的相关关系，这会给我们提供非常新颖且有价值的观点。相关关系也许不能准确地告知我们某件事情为何会发生，但是它会提醒我们这件事情正在发生。在许多情况下，这种提醒的帮助已经足够大了。""知道'是什么'就够了，没有必要知道'为什么'。在大数据时代，我们不必非得知道现象背后的原因，而是要数据自己'发声'。""在大数据的背景下，相关关系大放异彩。通过应用相关关系，我们可以比以前更容易、更快捷、更清楚地分析事物。""相关关系可以帮助我们捕捉现在和预测未来。"① 《大数据时代——生活、工作与思维的大变革》译者之一周涛对上述关联和因果的理解持保留态度，认为放弃对因果关系的追寻，就是人类的自甘堕落。认为迈尔—舍恩伯格"抓住了方法论变革的重要特征，但是对于其中的风险缺乏冷静的判断"。"寻找因果关系是人类科学发展的永恒目标。如果没有明确的因果关系，仅仅是利用少量关联关系进行预测，其结果是非常不可信的。与此同时，关联关系又是我们寻找因果关系的利器，因为强关联的背后，有可能存在因果关系。"②

大数据多使用相关关系而不是因果分析。在越来越多的情况下，快速

---

① 〔英〕维克托·迈尔—舍恩伯格、肯尼思·库克耶著《大数据时代——生活、工作与思维的大变革》，盛杨燕、周涛译，浙江人民出版社，2013，第 9、18～19、67、71、72 页。

② 周涛著《为数据而生：大数据创新实践》，北京联合出版公司，2016，第 88、75 页。

清晰的相关关系分析甚至比慢速的因果分析更有用和更有效。慢速的因果分析集中体现为通过严格控制的实验来验证的因果关系，而这必然是非常耗时耗力的。一般来说，在小数据时代，研究者会假想世界是怎么运作的，然后通过收集和分析数据来验证这种假想。在大数据的指导下探索世界，不再受限于各种假想。研究始于数据，也因为数据，研究者发现了以前不曾发现的联系。事实上，就是因为不受限于传统的思维模式和特定领域隐含的固有偏见，大数据才能为我们提供很多新的深刻洞见。这就是大数据舍弃因果关系的原因。

在辩证法看来，原因和结果在一定条件下会交换位置。恩格斯说，"在形而上学者看来，事物及其在思想上的反映，即概念，是孤立的、应当逐个地和分别地加以考察的、固定的、僵硬的、一成不变的研究对象。他们在绝对不相容的对立中思维；他们的说法是'是就是，不是就不是；除此以外，都是鬼话'。"（圣经《马太福音》第5章第37节）在他们看来，一个事物要么存在，要么就不存在；同样，一个事物不能同时是自己又是别的东西。正和负是绝对相互排斥的；原因和结果也同样是处于固定的相互对立中。""原因和结果这两个概念，只有在应用于个别场合时才有其本来的意义；可是只要我们把这种个别场合放在它和世界整体的总联系中来考察，这两个观念就汇合在一起，融化在普遍相互作用的观念中，在这种相互作用中，原因和结果经常交换位置；在此时或此地是结果的，在彼时或彼地就成了原因，反之亦然。"[1] 毛泽东在论及矛盾诸方面的同一性和斗争性时说："一切对立的成份都是这样，因一定的条件，一面互相对立，一面又互相联结、互相贯通、互相渗透、互相依赖，这种性质，叫做同一性。""一切矛盾着的东西，互相联系着，不但在一定条件之下共处于一个统一体中，而且在一定的条件之下互相转化，这就是矛盾的同一性的全部意义。"[2] 在辩证法看来，原因和结果在一定条件下可以互相转化。贾非和内本扎尔在合著的《国家形象与竞争优势》中就提出国家形象和产品销售的辩证关系："在消费者对产品尚无'有意义的经验'时，国家形象就可以起到'光环'

---

① 恩格斯：《社会主义从空想到科学的发展》，《马克思恩格斯选集》第三卷，人民出版社，1972，第418、419页。

② 毛泽东：《矛盾论》，《毛泽东选集》第一卷，人民出版社，1968，第302、303、304页。

作用，影响他们对某一品牌或产品的态度。同时，使用产品后对产品来源国的想法可能会发生改变，但矫正后的国家形象还是会再次影响消费者对产品的品质期待、态度或信念。"[1]

2. 诸因素与中华文化、中国形象、中沙关系是何种因果关系

本书认为：因果关系很重要，在人文科学和社会科学研究中却难被轻易证明。海外民众心中文化中国的形象形成，受到多种传播主体、传播媒介、传播内容、中国国情，受众本身的政治、经济、社会、文化等状况，以及国际环境等多种因素的综合影响，因果关系复杂。本调查涉及的变量较多，在不能明确因果关系的情况下，先分析其相关性。至于因果关系，下面作一初步的判断（见表1-8），不作全面分析，它们之间的因果关系留待今后研究者的智慧来解决。

表1-8 若相关，诸因素与中华文化、中国形象、中沙关系的因果关系

一级指标	二级指标	三级指标	与中华文化评价关系	与中国形象评价关系	与中沙关系评价关系
一、文化的物化形式	1. 文化符号	11类	互为因果	互为因果	果因
	2. 文化产品与服务	7类	互为因果	互为因果	果因
二、文化精神内核	3. 价值观	3类	互为因果	互为因果	因果
	4. 思维方式	2类	互为因果	互为因果	因果
三、文化传播渠道	5. 中国人	名人（10类）	互为因果	互为因果	果因
		普通民众（5类）	互为因果	互为因果	果因
	6. 文化团体/企业	文化团体（3类）	互为因果	互为因果	果因
		企业及产品（1类）	互为因果	互为因果	果因
	7. 大众传媒	各类媒体（4类）	互为因果	互为因果	果因
四、中国非文化领域发展状况	8. 经济与科技	经济影响力（1类）	因果	互为因果	果因
		科技影响力（1类）	因果	互为因果	因果
	9. 社会制度与政治制度	政治影响力（1类）	因果	互为因果	果因

[1] Jaffe, E. D. & Nebenzahl, D. *National Image and Competitive Advantage: The Theory and Practice of Country-of-Origin Effect*, Copenhagen Business School Press, 2006.

续表

一级指标	二级指标	三级指标	与中华文化评价关系	与中国形象评价关系	与中沙关系评价关系
四、中国非文化领域发展状况	10. 外交与军力建设	中国外交影响力（1类）	因果	互为因果	互为因果
		两国关系（1类，2个问题：好坏判断和利益判断）	因果	互为因果	利益判断决定好坏判断
		军事影响力（1类）	因果	互为因果	互为因果
五、中华文化整体形象	11. 中华文化整体形象	对中华文化总体评价（2类）	—	互为因果	果因
六、中国国家整体形象	12. 中国整体形象	对中国的整体评价（3类）	互为因果	—	互为因果

（1）各因素与中华文化

中华文化国际影响力评估体系中，一级指标文化的物化形式（其中包括中国文化符号和文化产品与服务2个二级指标，共18类三级指标）、文化精神内核（包括价值观和思维方式2个二级指标，共5类三级指标）、文化传播渠道（其中包括中国人、文化团体/企业、大众传媒3个二级指标，共23类三级指标）都是中华文化中的一部分，是部分与整体的关系。整体与部分的辩证关系原理：整体和部分是相互联系的，二者相互依存。整体是由部分构成的，离开了部分，整体不复存在；部分是整体中的部分，离开了整体，部分就不成为其部分，就要丧失其功能。二者相互影响，整体功能状态及其变化也会影响部分，部分的功能及其变化甚至对整体的功能起决定性作用。因而，沙特民众对中华文化的物化形式、文化精神内核、文化传播渠道（属于中华文化者）的态度若与对中华文化的态度相关，两者互为因果。文化传播渠道中不属于中华文化的因素（如拥有中国朋友数、来华次数不是中华文化的一部分）若与对中华文化的态度相关，互为因果的可能性大一些。

一级指标中国非文化领域发展状况（其中包括经济与科技、社会制度与政治制度、外交与军力建设3个二级指标，共6类三级指标）中诸因素都不是文化的一部分，它们与文化的关系不是部分与整体的关系，而是并列关系。根据辩证唯物主义，经济是基础，经济基础决定上层建筑，上层建筑反过来又对经济基础有反作用。民众对一国经济和科技的认知与对该国文化的态度，通常多数人是对一国经济基础的认知和态度，决定了对该国文化的态度，因而当它们与中华文化评价相关时，因果可能性大一些，前者为因后者为果。从常识讲，多数民众对一国社会制度与政治制度、外交与军力建设的认知、态度与对该国文化的态度，也是因果关系。

（2）各因素与中国形象

三个一级指标（文化的物化形式、文化精神内核、文化传播渠道）都是中华文化的一部分，是部分与整体的关系。中华文化是中国形象的一部分。因而三者与对中国形象的态度是部分与更大整体的关系。一级指标中国非文化领域发展状况与中国形象的关系都是部分与整体的关系，根据整体与部分的辩证关系，当民众对上述诸因素的认知和态度与对中国形象的态度相关时，两者互为因果。

（3）各因素与中沙关系

三个一级指标（文化的物化形式、文化精神内核、文化传播渠道）所有因素、第四个一级指标中国非文化领域发展状况中的经济与科技、社会制度与政治制度因素不是中沙关系的一部分，不是部分与整体的关系，而是并列关系。民众对这些因素的认知、态度与对中沙关系的态度相关时，其关系类似爱屋及乌（英文为"Love me，love my dog"）。根据常识，对中沙关系的态度类似对"屋"的态度，对中华文化符号的态度类似对"乌"的态度，更多的是对中沙关系的态度导致了对上述诸因素的态度，前者是因，后者是果。

需要说明的是，上述所说的互为因果、因果、果因关系只是大致情况（大概率的情况），其关系是辩证的。因果关系中，谁影响谁更大些？或谁是矛盾主要方面？在因果关系中，在什么情况下会倒果为因？在果因关系中，在什么情况下会反倒因为果？均有待深入研究。

第二章　中华文化符号在沙特

一　问卷设计

文化符号是指具有某种特殊内涵或特殊意义的标示，具有概括性强、内容丰富的特点。文化符号是一个地域、一个民族、一个国家独特文化的体现，是文化内涵的重要载体和形式。就国家而言，各国都有自己独特的文化符号。例如，印度的文化符号是泰姬陵、圣雄甘地，日本的文化符号是富士山、浮世绘，法国的文化符号是卢浮宫、埃菲尔铁塔。"中华文化符号"指能代表中国文化、突出且具高度影响力的象征性标示系统。通过调查外国受访者对中华文化符号的知晓和喜好情况，可以得知受访者如何把握、感知中国文化形象。检测中华文化符号对受访者的影响力，可为考察中华文化海外影响力状况提供一条可行途径。

在 2011 年和 2013 年调研问卷的基础上[①]，本次调查对符号选项进行了增删和调整。中华文化是以汉族为主的多民族共同创造的文化，因而增添了代表中华文化的少数民族文化符号（布达拉宫；红河哈尼梯田，以下简称"哈尼梯田"）、增加了符号类别：科技类符号、娱乐类符号、农业文明类符号，将功夫或太极拳从生活类符号中分离出来，单独列入新增的体育类中华文化符号，将中华医药从生活类符号中调出列入科技类符号。调整后分为 11 个类型：建筑类符号（长城、布达拉宫）、神兽与动物类符号（龙、大熊猫）、生活类符号（烹饪、茶、春节、丝绸、旗袍/唐装）、体育类符号（功夫或太极拳[②]，以下简称"功夫"）、艺术类符号（书法、瓷

---

① 见关世杰著《中华文化影响力调查研究》，北京大学出版社，2016，第 187~188 页。
② 我国传统的体育项目正式称谓为武术，其中一种以拳脚打斗的形式在海外被称为功夫，太极拳是功夫的一种。问卷设计时为使武术更加通俗易懂和统计更加准确，将功夫和太极拳并列。

器、京剧、中国画、中国园林、兵马俑、民乐）、哲学思想类符号（儒家思想、道教、太极阴阳图）、教育类符号（北京大学、清华大学）、语言文学类符号（汉语/汉字、唐诗宋词）、科技类符号（中华医药、中国高铁）、游戏类符号（围棋）、农业文明类符号（哈尼梯田）。为使受访者能更直观地理解各符号，问卷中在各符号的文字旁配添了彩色图片。

一个国家的杰出人物是该国的重要文化符号。中国杰出人物众多（孔子和毛泽东最为突出），对中国杰出人物的调查放在第八章"沙特人看中国民众与名人"。

二　对中华文化符号的认知和态度

（一）问卷内容

问卷在1个大问题中列出27种中国文化符号，调查了受访者对这些符号的认知率和喜欢率。基于龙在中华文化中的特殊地位，对龙设了两个问题进行专门调查。沙特问卷中该问题的编号和具体内容如下①。

V2. 以下都是中国文化符号，您知道吗？若知道，喜欢它们吗？【循环出示，单选】

中国 文化符号		0 没听 说过	听说过				
			1 很不喜欢	2 较不喜欢	3 中立	4 较喜欢	5 很喜欢
1. 长城		0	1	2	3	4	5
2. 布达拉宫		0	1	2	3	4	5
3. 红河哈尼梯田		0	1	2	3	4	5

① 以下问卷编号均为沙特问卷编号，同一问题的中国问卷编号略有不同。

中国文化符号		0 没听说过	听说过				
			1 很不喜欢	2 较不喜欢	3 中立	4 较喜欢	5 很喜欢
4. 中国园林		0	1	2	3	4	5
5. 兵马俑		0	1	2	3	4	5
6. 中国烹饪		0	1	2	3	4	5
7. 中华医药		0	1	2	3	4	5
8. 丝绸		0	1	2	3	4	5
9. 旗袍/唐装		0	1	2	3	4	5
10. 瓷器		0	1	2	3	4	5
11. 汉语		0	1	2	3	4	5
12. 唐诗宋词		0	1	2	3	4	5
13. 中国画		0	1	2	3	4	5
14. 中国民乐		0	1	2	3	4	5
15. 京剧		0	1	2	3	4	5
16. 功夫或太极拳		0	1	2	3	4	5

续表

中国 文化符号		0 没听 说过	听说过				
			1 很不喜欢	2 较不喜欢	3 中立	4 较喜欢	5 很喜欢
17. 道教		0	1	2	3	4	5
18. 儒家思想		0	1	2	3	4	5
19. 春节		0	1	2	3	4	5
20. 北京大学		0	1	2	3	4	5
21. 清华大学		0	1	2	3	4	5
22. 大熊猫		0	1	2	3	4	5
23. 茶		0	1	2	3	4	5
24. 太极阴阳图		0	1	2	3	4	5
25. 中国高铁		0	1	2	3	4	5
26. 书法		0	1	2	3	4	5
27. 围棋		0	1	2	3	4	5

中国人自称是龙的传人，龙是中国文化的代表符号。对阿拉伯的动物词组分析研究后发现，"似乎找不到与汉语中'龙'与'凤'的文化内涵相对应的动物词语"，"所以，阿拉伯语里也就找不到与汉语'龙'、'凤'对

应的动物崇拜"①。龙在阿拉伯语中有两种译法：**التنين**、**دراغون**，后者与英文dragon 的发音基本相同。英文的 dragon 就是《圣经》新约中的撒旦（恶魔），正是撒旦引诱亚当和夏娃犯了原罪，被上帝驱逐出伊甸园。阿拉伯语是沙特的通用语，在城区广泛使用英语。在基督教国家，龙是被圣乔治和圣米歇尔屠杀的对象，在欧洲国家的著名大教堂常常有他们屠龙的雕塑和绘画等艺术作品。《古兰经》中有类似亚当和夏娃犯原罪的内容（亚当在中文《古兰经》中翻译成阿丹）：主说："阿丹啊！你和你的妻子同住乐园吧，你们俩可以随意吃乐园里的食物。但不要靠近这棵树；否则，就要变成不义者。"然后，恶魔使他们俩为那棵树而犯罪，遂将他们两人从所居的乐园中诱出。"主说：'你们互相仇视地下去吧。大地上将有你们暂时的住处和享受。'"② 当今沙特民众对龙的印象和态度如何？目前尚没有实证调查给予说明。问卷首先调查了龙在沙特民众心目中的寓意，包括正反两方面的寓意：正面为吉祥，负面为邪恶。随后调查了受访者对龙的态度。

V3. 龙在贵国的寓意是什么？【单选】

邪恶　　1　2　3　4　5　6　7　吉祥

V3-1. 您喜欢龙吗？【单选】

1. 很不喜欢　2. 较不喜欢　3. 中立　4. 较喜欢　5. 很喜欢

（二）数据分析

1. 认知

对 27 种文化符号的认知　受访者中知道中华文化符号的占整个受访者的比例为知晓率，沙特受访者（以下简称"沙特人"）的中华文化符号知晓率排名前五的是长城（97.1%）、大熊猫（96.0%）、茶（94.8%）、中华医药（以下简称"中医"，93.8%）、功夫（89.7%）；知晓率最低的三项是唐诗宋词（以下简称"诗词"，44.5%）、儒家思想（45.3%）、道教（50.4%）；

---

① 国少华：《阿拉伯—伊斯兰文化研究——文化语言学视角》，时事出版社，2009，第 304、305 页。

② 《古兰经》，马坚译，中国社会科学出版社，1996，第 116、117 页。

27 项平均为 72.8%。

对龙的认知　以 1 为"邪恶"的一端，以 7 为另一端的"吉祥"，4 为中立，请受访者在 1~7 中选择龙寓意的位置。852 名受访者中 48.1% 认为龙的含义为正面（选择 5、6、7 选项比例 15.1%、13.3%、19.7% 之和），37.6% 为中立，14.2% 为负面（选 3、2、1 选项比例 7.0%、2.9%、4.3% 之和），众数为 4。7 级量表中均值为 4.69。

2. 喜欢率与喜欢均值

统计对 27 种文化符号的态度时，去除不知道者，对第 28 种文化符号龙的表态者则是全体受访者。用两种方法计算知晓者对中华文化符号的态度：一是计算喜欢率（将回答"较喜欢"和"很喜欢"的百分比相加），喜欢率对读者更直观；二是计算喜欢均值，将选择"很不喜欢"赋值 1，"较不喜欢"赋值 2，"中立"赋值 3，"较喜欢"赋值 4，"很喜欢"赋值 5，计算各选项的喜欢均值，均值越接近 5 喜欢程度越高，均值表达得更精准。沙特人对中国 28 种文化符号的认知与态度见表 2-1。

表 2-1　沙特人对中国文化符号的认知和态度

文化符号	认知		知道者的态度							
	知晓率（%）	排名	很不喜欢（%）	较不喜欢（%）	中立（%）	较喜欢（%）	很喜欢（%）	喜欢率（%）	排名	均值
中国园林	74.6	13	2.2	3.5	13.2	31.6	49.5	81.1	1	4.23
中国高铁	85.7	10	2.6	3.6	13.8	27.3	52.7	80.0	2	4.24
茶	94.8	3	2.5	5.0	13.9	29.8	48.9	78.7	3	4.18
大熊猫	96.0	2	2.7	5.5	13.2	29.3	49.3	78.6	4	4.17
瓷器	86.2	9	4.1	4.9	15.1	34.5	41.4	75.9	5	4.04
长城	97.1	1	12.5	5.1	8.6	21.5	52.4	73.9	6	3.96
功夫	89.7	5	5.4	3.8	17.3	30.5	43.1	73.6	7	4.02
中医	93.8	4	4.3	6.6	17.1	33.3	38.7	72.0	8	3.95
丝绸	88.7	6	4.0	6.2	18.8	29.9	41.1	71.0	9	3.98
红河哈尼梯田	51.4	24	3.9	7.8	23.3	31.5	33.6	65.1	10	3.83
布达拉宫	54.0	21	5.9	5.9	24.1	30.0	34.1	64.1	11	3.81
中国烹饪	87.8	7	11.0	10.0	20.6	29.0	29.0	58.4	12	3.55
旗袍/唐装	71.8	14	5.2	8.5	29.1	35.0	22.2	57.2	13	3.60

文化符号	认知		知道者的态度							
	知晓率（%）	排名	很不喜欢（%）	较不喜欢（%）	中立（%）	较喜欢（%）	很喜欢（%）	喜欢率（%）	排名	均值
中国画	71.7	15	7.2	6.9	30.4	28.5	27.0	55.5	14	3.61
北京大学	67.4	17	5.7	4.9	35.9	29.6	23.9	53.5	15	3.61
春节	66.7	19	10.4	10.4	27.3	26.4	25.5	51.9	16	3.46
清华大学	52.0	23	5.4	8.8	34.3	26.6	24.8	51.4	17	3.57
兵马俑	68.9	16	13.8	10.7	27.3	23.2	25.0	48.2	18	3.35
太极阴阳图	67.3	18	8.0	9.8	34.4	24.8	23.0	47.8	19	3.45
龙	—	—	13.3	9.7	30.6	30.0	16.3	46.3	20	3.26
围棋	60.2	20	10.7	11.9	33.7	25.5	18.1	43.6	21	3.28
诗词	44.5	27	11.3	12.1	36.1	21.4	19.0	40.4	22	3.25
京剧	52.9	22	14.9	9.8	37.5	20.2	17.7	37.9	23	3.16
道教	50.4	25	14.0	10.5	38.0	20.0	17.5	37.5	24	3.17
中国民乐	74.9	12	17.6	14.3	30.9	20.4	16.9	37.3	25	3.05
儒家思想	45.3	26	18.9	16.3	28.2	19.2	17.4	36.6	26	3.00
书法	83.2	11	14.0	13.3	36.7	20.9	15.2	36.1	27	3.10
汉语	87.4	8	14.8	14.5	38.7	19.3	12.8	32.1	28	3.01
平均	72.8	—	8.8	8.6	26.0	26.8	29.9	56.6	—	3.60

（1）喜欢率

沙特人对艺术类"中国园林"的喜欢率达 81.1%，名列榜首，居第 2~5 位的是科技类"中国高铁"（80.0%）、生活类"茶"（78.7%）、神兽和动物类"大熊猫"（78.6%）、生活类"瓷器"（75.9%）。喜欢率最低的 5 项是语言文学类"汉语"（32.1%）、艺术类"书法"（36.1%）、哲学思想类"儒家思想"（36.6%）、艺术类的"中国民乐"（37.3%）、哲学思想类"道教"（37.5%）。28 项平均为 56.6%。

（2）喜欢均值

沙特人对中华文化符号的喜欢均值排名前五位即喜欢率排名前 5 位的符号，只是第一和第二的排序有变：中国高铁（4.24）、中国园林（4.23）、茶（4.18）、大熊猫（4.17）、瓷器（4.04），这五项基本为"较喜欢"。排名最低的五项是儒家思想（3.00）、汉语（3.01）、中国民乐（3.05）、书法（3.10）、京剧（3.16），这五项基本是中立。28 项平均为 3.60。

3. 知晓率和喜欢率的特点

知晓率　在 28 种文化符号（龙没有调查知晓率）中，只有两种知晓率在沙特没有超过 50%，它们是儒家思想（45.3%）和诗词（44.5%）。

儒家思想是中国传统文化的主流思想，诗词是中国文学史上的两颗明珠，两种符号的知晓率没有超过 50%，这反映了沙特民众对中华传统文化不很了解。

喜欢率　28 种文化符号喜欢率没有超过 50% 的有 11 种，3 种哲学思想类符号全部在内：太极阴阳图（47.8%）、道教（37.5%）、儒家思想（36.6%）。2 种语言文学类符号全部在内：诗词（40.4%）、汉语（32.1%）。7 种艺术类符号中有 4 个：兵马俑（48.2%）、京剧（37.9%）、中国民乐（37.3%）、书法（36.1%）。2 种神兽和动物类符号中有 1 种：龙（46.3%）。1 种游戏类符号：围棋（43.6%）。这显示：精神文化符号喜欢率较低，受意识形态影响不明显的物质文化符号喜欢率较高。具体情况如下。

第一，哲学思想类符号属于精神文化符号，3 种文化符号的喜欢率都没有超过 48%。28 种文化符号中，儒家思想喜欢率倒数第三，喜欢均值（3.00），均值排名倒数第一，态度为中立。道教知晓率倒数第三，喜欢率倒数第五，喜欢均值倒数第六。

第二，语言文学类符号属于纯精神文化符号，2 种文化符号的喜欢率都没有超过 41%。汉语的知晓率虽然高，但喜欢率排名倒数第一。诗词不仅知晓率排名倒数第一，而且喜欢率（40.4%）排名倒数第 7。诗歌对阿拉伯文化生活尤为重要，长期以来被认为是文学艺术的最高表现形式之一。《古兰经》将阿拉伯人对语言和诗歌的热爱提升到了一个新水平，它体现了阿拉伯语的完美运用，被认为是"最终"的文学模式。诗歌在沙特很流行，1985 年在沙特开创的杰纳迪里亚国家文化和遗产节上，有全国当代诗人吟诵历史诗词的诗歌比赛。还有一个受欢迎的电视诗歌比赛节目。在这种背景下，期望不懂中文的沙特人喜欢中国诗词不切实际。

第三，艺术类符号中有 2 种与物质生活直接相关，喜欢率高，分别是中国园林（喜欢率 81.1%，排名第一）和瓷器（喜欢率 75.9%，排名第五）。园林是人们为居住创造风景美化生活环境的一种艺术；瓷器有生活用瓷，如碗碟、茶具，可制作集艺术与实用于一身的艺术品。两种文化符号都和物质生活有关，相对受意识形态影响不明显。纯属精神文化的5种艺术符号喜欢率低，尤其是书法（36.1%）、中国民乐（37.3%）、京剧（37.9%）的喜欢率低于38%，排名倒数第二、四、六。在沙特有阿拉伯文的书法，书法在沙特是一门受人尊敬的艺术，被认为是伊斯兰艺术的精髓。让不懂汉字的沙特人喜欢汉字书法是不现实的，这与书法在日本和韩国等受汉字文化影响的东亚国家有很大差别。

第四，生活类符号喜欢率普遍较高。5项生活类符号（中国烹饪、茶、丝绸、旗袍/唐装、春节）的喜欢率均排在第3~16名。其中，茶的喜欢率（78.7%）排名第3，中国烹饪、丝绸、旗袍/唐装的喜欢率均超过57%，而春节的喜欢率（51.9%）在生活类符号中排名最低。春节属于节庆文化，它集中体现了中华民族的思想信仰、理想愿望、生活娱乐和文化心理，而且还是饮食和娱乐活动的集中展示，因而不仅有饮食这种物质性特点，更具有精神性特点。

第五，体育类符号。尽管中国武术蕴含中国文化的精神内涵，但主要目的是强身健体。意识形态表现不明显，所以功夫的喜欢率（73.6%）较高。

第六，教育类符号。大学中有理科、工科，属于自然科学，受意识形态影响不明显，而文科和社会科学受意识形态影响较明显。北京大学和清华大学喜欢率（53.5%、51.4%）排名居中，差异不大。

第七，科技类符号。中医属于人体科学，高铁属于自然科学，相对受意识形态影响不明显，两者的喜欢率都高于71%。然而中医受中国哲学思想影响较深，其意识形态属性明显强于中国高铁，其喜欢率（72.0%）低于中国高铁（80.0%）。

第八，建筑类符号。两个建筑类符号长城和布达拉宫均是物质类文化符号，其喜欢率都超过了64%。就受意识形态影响而言，长城是一种抵御入侵的军事建筑，受意识形态影响较小。而布达拉宫是政教合一的建筑，受藏传佛教影响较大。在沙特文化中，高耸的宣礼塔是最显眼的人造建筑，从每个城市中心的天际线伸出，从最小的村庄到最大的城市，都表明它是穆斯林社会与真主的纽带。布达拉宫作为带有佛教色彩的建筑，对于虔诚的穆斯林来说，吸引力会大打折扣。这或许是长城的喜欢率（73.9%）高于布达拉宫（64.1%）的原因之一。

　　第九，神兽和动物类符号。龙是中国独创的想象的神异动物，在沙特文化中没有中国的龙，伊斯兰教受《圣经》的影响，在《圣经》中诱惑亚当和夏娃偷吃智慧之果、犯下原罪的那个恶魔，被误译为龙。因而沙特人对龙的喜欢率（46.3%）远比大熊猫（78.6%）低。

　　第十，农耕文明类。红河哈尼梯田，是哈尼民众改造自然的创举，与意识形态无关，因而喜欢率（65.1%）较高。

　　第十一，游戏类符号。沙特人对围棋喜欢率（43.6%）不高。

　　简言之，中华文化符号中，与意识形态关系密切的喜欢率较低，与日常生活关系密切的物质文化符号的喜欢率较高。

4. 喜欢率与知晓率之比

　　受访者对中国文化各个符号的知晓率与喜欢率不同，喜欢率与知晓率比值较高的符号有扩大知晓率的空间，比值较低的符号还有扩大喜欢率的空间。喜欢率与知晓率之比从高到低依次是：红河哈尼梯田 1.27、布达拉宫 1.19、中国园林 1.09、清华大学 0.99、中国高铁 0.93、诗词 0.91、瓷器0.88、茶 0.83、大熊猫 0.82、功夫 0.82、儒家思想 0.81、旗袍/唐装 0.80、丝绸 0.80、北京大学 0.79、中医 0.77、中国画 0.77、长城 0.76、道教 0.74、京剧 0.72、围棋 0.72、太极阴阳图 0.71、兵马俑 0.70、中国烹饪 0.67、春节 0.60、中国民乐 0.50、书法 0.43、汉语 0.37。27 种符号平均 0.77。

三　人群分析和相关分析

1. 人群分析

　　去除不知道者，对年龄、收入、受教育程度三个定序变量与中华文化符号喜欢度作相关分析。对性别、国籍、省籍、职业等定类变量与中华文化符号喜欢度作交叉分析卡方检验。

　　年龄　将受访者年龄分为 15~24、25~34、35~44、45~54、55~64、65岁及以上等六个年龄段，与中华文化符号喜欢度的相关分析显示，只有 4 个符号较显著相关：大熊猫、中医与年龄呈弱正相关，相关系数分别为 0.08* 和 0.081*，即年龄越大越喜欢这两个符号。儒家思想、道教与年龄呈弱负相关，相关系数分别为 -0.112* 和 -0.115*，即年龄越大越不喜欢这两个符号。

　　收入　家庭税前收入分为少于 5 万、5 万~50 万、50 万~100 万、100

万~200万、200万及以上里亚尔等5个级别，与中华文化符号喜欢度的相关分析显示，有8个符号为显著或较显著正相关，相关系数由大到小依次是：道教0.240**、诗词0.227**、书法0.123**、布达拉宫0.122**、兵马俑0.120**、儒家思想0.104*、旗袍/唐装0.100*、中国画0.084*，显示收入越高越喜欢这些符号。

受教育程度 受教育程度分为小学、初中、高中、高等教育等4个级别，与中华文化符号喜欢度的相关分析显示，9个符号为显著或较显著正相关，相关系数由大到小依次是：兵马俑0.157**、大熊猫0.148**、布达拉宫0.135**、中国画0.128**、旗袍/唐装0.122**、中国高铁0.091*、瓷器0.080*、功夫0.076*、中医0.071*。受教育程度越高越喜欢这些符号。

性别 11项有显著差异。女性比男性更喜欢的符号有8项：长城、布达拉宫、中国烹饪、旗袍/唐装、诗词、儒家思想、书法、围棋。其中差别比较明显的有：儒家思想，女性喜欢均值3.30比男性2.79高0.51；女性对长城喜欢均值4.21比男性3.79高0.42；女性对旗袍/唐装喜欢均值3.86比男性3.42高0.44；女性对中国烹饪喜欢均值3.76比男性3.40高0.36。男性比女性更喜欢的符号有3项：中医、功夫、清华大学。差距最大的功夫，男性喜欢均值4.15比女性3.83高0.32。

国籍 本地人比外籍人更喜欢的符号有8项：布达拉宫、兵马俑、中国烹饪、旗袍/唐装、汉语、中国画、儒家思想、书法。差别最大的是中国画，本地人喜欢均值3.68比外籍人3.35高0.33。差距最小的为汉语，本地人3.01比外籍人2.99高0.02。外籍人比本地人更喜欢的符号有1项，为长城，外籍人4.31比本地人3.87高0.44，外籍人处于较喜欢和喜欢之间，本地人处于中立和较喜欢之间。

省籍 只有7个省的样本超过30个（利雅得省256个、麦加省221个、东部省150个、麦地那省53个、塔布克省37个、盖西姆省35个、阿尔西省37个），具有可比性，对受访者省籍与中华文化符号喜欢度的交叉分析显示，不同省籍受访者对长城、布达拉宫、大熊猫、旗袍/唐装、书法、兵马俑、儒家思想、道教、诗词的喜欢度有显著差异。利雅得省受访者对儒家思想喜欢的均值3.25比麦加省2.48和麦地那省2.82分别高0.77和0.43。

职业　9 种职业具有可比性（宗教人士和农渔业技术工人分别只有 4 个样本，不具有可比性），不同职业对兵马俑、中国烹饪、中医、诗词、中国画、功夫、道教、儒家思想、清华大学的喜欢度有显著差异。以立法人员、领导人和管理人员人群与服务业、店铺与市场工作人员为例，喜欢 9 种文化符号均值的平均数，前者 3.67 比后者 3.26 高 0.41。办公室职员喜欢儒家思想的均值 3.64 比专家或行业带头人 2.89 和学生 2.87 分别高 0.75 和 0.77。

2. 相关分析

（1）对中国文化符号态度与中华文化评价之间的关系

对中国 28 个文化符号态度的数据与中华文化 9 项评价的数据分别作相关分析，252 对相关显著水平分析中，有 83 对显著相关，占 32.9%，52 对较显著相关，占 20.6%，117 对不显著相关，占 46.4%。单个文化符号与中华文化 9 项评价相关系数的平均数，排名前 5 位的是：中国画 0.144、布达拉宫 0.134、兵马俑 0.119、中国烹饪 0.103、中医 0.098。单项中华文化评价与 28 个文化符号相关系数的平均数，前三名是：中华文化有吸引力 0.141、中华文化是多元的 0.125、中华文化是灿烂的 0.075。252 对相关系数分析中，相关系数超过 0.250 的有 7 个：中国画、中医、中国烹饪、布达拉宫与"有吸引力"相关系数分别为 0.300**、0.273**、0.255**、0.254**，中国画、布达拉宫、儒家思想与"多元的"相关系数分别是 0.303**、0.291**、0.275**（见表 2-2）。

表 2-2　沙特受访者喜欢中国文化符号与中华文化 9 项评价的相关系数

	有吸引力	包容的	有活力的	灿烂的	多元的	爱好和平	有价值的	创新的	和谐的	平均
长城	.079**	-.017	.058*	.066*	.018	.033	.099**	.077**	.107**	.058
布达拉宫	.254**	.130**	.086*	.102**	.291**	.095*	.096*	.111**	.037	.134
龙	.030	-.007	.050	.048	.020	.004	.010	.015	.042	.024
大熊猫	.167**	.098**	.078**	.045	.101**	.028	.070*	.076**	.028	.077
中国烹饪	.255**	.097**	.033	.079**	.208**	.086**	.029	.077**	.059*	.103
茶	.117**	.066*	.109**	.044	.075*	.088**	.063*	.057	.056	.075
春节	.081*	.057	.032	.060	.065	.044	.051	.117**	.084*	.066
丝绸	.064*	.089**	.065*	.078**	.070*	.021	.059*	.010	.054	.057
旗袍/唐装	.249**	.070*	.023	.057	.204**	.043	.058	.046	.035	.087

续表

	有吸引力	包容的	有活力的	灿烂的	多元的	爱好和平	有价值的	创新的	和谐的	平均
功夫	.199**	.046	.074*	.042	.154**	.076*	.083**	.038	.014	.081
书法	.196**	.092**	.043	.064*	.193**	.109**	.049	.040	.031	.091
瓷器	.116**	.095**	.074*	.112**	.072*	.084**	.112**	.044	.089**	.089
京剧	.001	.081*	.080*	.062	.050	.028	.017	.029	-.002	.038
中国画	.300**	.159**	.092**	.089**	.303**	.119**	.050	.089**	.096**	.144
中国园林	.098**	.063	.075*	.064	.078*	.052	.035	.082*	.069*	.068
兵马俑	.223**	.122**	.106**	.131**	.201**	.060	.055	.103**	.073*	.119
中国民乐	.097**	.064*	.079*	.075*	.068*	.047	.106**	.042	.076*	.073
儒家思想	.191**	.093*	.025	.079	.275**	.014	-.002	.110**	.050	.093
道教	.182**	.107**	.031	.065	.209**	.050	.018	.055	.040	.084
太极阴阳图	.044	.057	.037	.054	.028	.045	.054	.071*	.038	.048
北京大学	.148**	.051	.023	.127**	.073*	.102**	.045	.086*	.114**	.085
清华大学	.120**	.127**	.085*	.093*	.090*	.037	.103**	.076*	.099*	.092
汉语	.061*	.052	.065*	.096**	.049	.046	.051	.066*	.070*	.062
诗词	.215**	.057	-.011	.048	.202**	.058	-.024	.068	.015	.070
中医	.273**	.049	.038	.095**	.201**	.083**	.042	.057	.045	.098
中国高铁	.077*	.051	.050	.039	.073*	.085*	.042	.069*	.085**	.063
围棋	.076*	.008	.057	.128**	.053	.055	.023	.064	.038	.056
红河哈尼梯田	.048	.121**	.059	.071	.069	.083*	.049	.103**	.039	.071
平均	.141	.074	.058	.075	.125	.060	.052	.067	.056	.079

（2）对中国文化符号态度与中国形象评价之间的关系

对中国 28 个文化符号态度的数据与中国形象 8 项评价的数据分别作相关分析，224 对相关显著水平分析中，74 对显著相关，占 33.0%，47 对较显著相关，占 21.0%，103 对不显著相关，占 46.0%。单个文化符号与中国形象 8 项评价相关系数的平均数，前 5 名的是：春节 0.101、中国画 0.098、瓷器 0.095、清华大学 0.095、丝绸 0.088。单项中国形象评价与 28 个文化符号相关系数的平均数，前三名的是：中国颇具魅力 0.085、中国充满活力

0.079、中国不断发展 0.071。224 对相关系数分析中，虽然显著相关不少，但相关系数较小，没有超过 0.250，超过 0.140 的有 4 个：春节、瓷器、北京大学与中国颇具魅力的相关系数分别为 0.249＊＊、0.150＊＊、0.147＊＊，中国画与中国充满活力的相关系数为 0.156＊＊（见表 2-3）。

表 2-3　沙特受访者喜欢中国文化符号与中国形象 8 项评价相关系数

	可靠可信	令人愉悦	有领导力	充满活力	颇具魅力	坚定不移	不断发展	有创新力	平均
长城	-.021	.048	.061＊	.055	.120＊＊	.098＊＊	.040	.085＊＊	.061
布达拉宫	.105＊＊	.103＊＊	.055	.079＊	.041	.019	.052	.061	.064
龙	-.002	.017	.026	.053	.079＊＊	.040	.049	.086＊＊	.044
大熊猫	.065＊	.053	.024	.089＊＊	.067＊	.040	.040	.026	.051
中国烹饪	.079＊＊	.082＊＊	.029	.059＊	.063＊	.028	.064＊	.040	.056
茶	.123＊＊	.026	.075＊＊	.050	.055	.045	.058＊	.057＊	.061
春节	.136＊＊	.067＊	.063	.084＊＊	.249＊＊	.076＊	.080＊＊	.054	.101
丝绸	.099＊＊	.081＊＊	.129＊＊	.103＊＊	.074＊	.082＊＊	.069＊	.066＊	.088
旗袍/唐装	.069＊	.087＊＊	.064＊	.116＊＊	.097＊＊	.056	.088＊＊	.070＊	.081
功夫	.074＊	.068＊	.062＊	.098＊＊	.102＊＊	.033	.133＊＊	.030	.075
书法	.116＊＊	.072＊	.080＊＊	.032	.075＊	.038	.081＊＊	.050	.068
瓷器	.054	.114＊＊	.078＊＊	.128＊＊	.150＊＊	.061＊	.103＊＊	.072＊	.095
京剧	.032	.050	.081＊	.057	.032	.103＊＊	.101＊＊	.023	.060
中国画	.129＊＊	.066＊	.113＊＊	.156＊＊	.071＊	.081＊＊	.121＊＊	.050	.098
中国园林	.052	-.016	.024	.080＊	.113＊＊	.000	.055	.110＊＊	.052
兵马俑	.105＊＊	.137＊＊	.085＊＊	.062	.108＊＊	.029	.066＊	.048	.080
中国民乐	.076＊	.060	.109＊＊	.083＊＊	.062＊	.020	.066＊	.083＊＊	.070
儒家思想	.087＊	.064	.035	.012	.072	.038	.016	-.004	.040
道教	-.002	.079＊	.008	.050	.012	.032	.050	.017	.031
太极阴阳图	.039	.037	.073＊	.106＊＊	.063	.059	.028	.046	.056
北京大学	.028	.069＊	.045	.106＊＊	.147＊＊	.110＊＊	.082＊	.089＊＊	.085
清华大学	.092＊	.056	.100＊＊	.129＊＊	.134＊＊	.088＊＊	.106＊＊	.052	.095

	可靠可信	令人愉悦	有领导力	充满活力	颇具魅力	坚定不移	不断发展	有创新力	平均
汉语	.086**	.054	.041	.065*	.042	.024	.078**	.034	.053
诗词	.057	.077	.086*	.044	.023	.006	.009	-.019	.035
中医	.105**	.097**	.051	.092**	.102**	.050	.091**	.082**	.084
中国高铁	.032	.052	.102**	.080**	.099**	.088**	.054	.091**	.075
围棋	.020	.038	.037	.097**	.054	.036	.086*	.050	.052
红河哈尼梯田	.049	.031	.102**	.055	.076*	.005	.120**	.092*	.066
平均	.067	.063	.066	.079	.085	.049	.071	.055	.067

（3）文化符号对中国形象评价与对中华文化评价对比

魅力是指"很能吸引人的力量"，国家魅力是指一个国家有很能吸引人的力量。文化吸引力指的是一种文化有很能吸引人的力量。在国家形象和文化形象的语境下，魅力与吸引力是近义词。谈及一个国家颇具魅力，是对该国形象的总体概括。谈及一个国家文化有吸引力，是对该国文化的总体概括。在论述对一个中国文化符号态度与对中国形象评价和中华文化评价的影响时，用对该符号态度与中国"颇具魅力"的相关系数同对该符号态度与中华文化"有吸引力"的相关系数进行比较；同时，用对该符号态度与中华文化 9 项评价相关系数的平均数同对该符号态度与中国形象 8 项评价相关系数的平均数加以比较。用 2 种比较判别对该符号态度对中华文化影响和对中国形象影响的差异。对比显示有 3 种情况（见表 2-4）。

表 2-4　沙特受访者对中国文化符号态度与中华文化、中国形象相关系数对比

		中华文化有吸引力	中国颇具魅力	两者之差	中华文化9项平均	中国形象8项平均	两者之差
建筑类	长城	.079**	.120**	-.041	.058	.061	-.003
	布达拉宫	.254**	.041	.213	.134	.064	.070
动物类	龙	.030	.079**	-.049	.024	.044	-.020
	大熊猫	.167**	.067*	.100	.077	.051	.026

续表

		中华文化有吸引力	中国颇具魅力	两者之差	中华文化9项平均	中国形象8项平均	两者之差
生活类	中国烹饪	.255**	.063*	.192	.103	.056	.047
	茶	.117**	.055	.062	.075	.061	.014
	春节	.081*	.249**	-.168	.066	.101	-.035
	丝绸	.064*	.074*	-.010	.057	.088	-.031
	旗袍/唐装	.249**	.097**	.152	.087	.081	.006
体育类	功夫	.199**	.102**	.097	.081	.075	.006
艺术类	书法	.196**	.075*	.121	.091	.068	.023
	瓷器	.116**	.150**	-.034	.089	.095	-.006
	京剧	.001	.032	-.031	.038	.060	-.022
	中国画	.300**	.071*	.229	.144	.098	.046
	中国园林	.098**	.113**	-.015	.068	.052	.016
	兵马俑	.223**	.108**	.115	.119	.080	.039
	中国民乐	.097**	.062*	.035	.073	.070	.003
哲学思想类	儒家思想	.191**	.072	.119	.093	.040	.053
	道教	.182**	.012	.170	.084	.031	.053
	太极阴阳图	.044	.063	-.019	.048	.056	-.008
教育类	北京大学	.148**	.147**	.001	.085	.085	0
	清华大学	.120**	.134**	-.014	.092	.095	-.003
语言文学类	汉语	.061*	.042	.019	.062	.053	.009
	诗词	.215**	.023	.192	.070	.035	.035
科技类	中医	.273**	.102**	.171	.098	.084	.014
	中国高铁	.077*	.099**	-.022	.063	.075	-.012
游戏类	围棋	.076*	.054	.022	.056	.052	.004
农耕文明	红河哈尼梯田	.048	.076*	-.028	.071	.066	.005

与中华文化相关度明显大于与中国形象相关度　一文化符号与中华文化"有吸引力"相关度比该符号与中国"颇具魅力"相关度大的有 15 个，差距由大至小依次为：中国画 0.229（与中华文化有吸引力相关系数 0.300**、与中国颇具魅力相关系数 0.071*）、布达拉宫 0.213（0.254**、

0.041)、诗词 0.192（0.215**、0.023）、中国烹饪 0.192（0.255**、0.063*）、中医 0.171（0.273**、0.102**）、道教 0.170（0.182**、0.012）、旗袍/唐装 0.152（0.249**、0.097**）、书法 0.121（0.196**、0.075*）、兵马俑 0.115（0.223**、0.108**）、大熊猫 0.100（0.167**、0.067*）、茶 0.062（0.117**、0.055）、中国民乐 0.035（0.097**、0.062*）、儒家思想 0.119（0.191**、0.072）、围棋 0.022（0.076*、0.054）、汉语 0.019（0.061*、0.042）。一文化符号与中华文化 9 项评价相关系数平均数同该符号与中国形象 8 项评价相关系数平均数之差，排名前 5 位依次是：布达拉宫 0.070、儒家思想 0.053、道教 0.053、中国烹饪 0.047、中国画 0.046。

与中华文化相关度大体等于与中国形象相关度　这类文化符号分两类，一类符号与中华文化和中国形象都显著相关或较显著相关，这类文化符号有 7 个。一文化符号与中华文化"有吸引力"相关度比该符号与中国"颇具魅力"相关度，差距由小到大依次为：北京大学 0.001（0.148**、0.147**）、丝绸 -0.010（0.064*、0.074*）、清华大学 -0.014（0.120**、0.134**）、中国园林 -0.015（0.098**、0.113**）、瓷器 -0.034（0.116**、0.150**）、长城 -0.041（0.079**、0.120**）、功夫 0.097（0.199**、0.102**）。一文化符号与中华文化 9 项评价相关系数平均数比该符号与中国形象 8 项评价相关系数平均数相差最小的是北京大学（0）、清华大学（-0.003）。

另一类符号与中华文化和中国形象都不显著相关，这类文化符号有 2 个：京剧 -0.031（0.001、0.032）、太极阴阳图 -0.019（0.044、0.063）。

与中华文化相关度明显小于与中国形象相关度　一文化符号与中华文化"有吸引力"相关度比该符号与中国"颇具魅力"相关度小的有 4 个，差距由大至小（绝对值）依次为：春节 -0.168（0.081*、0.249**）、龙 -0.049（0.030、0.079**）、红河哈尼梯田 -0.028（0.048、0.076*）、中国高铁 -0.022（0.077*、0.099**）。一文化符号与中华文化 9 项评价相关系数平均数比该符号与中国形象 8 项评价相关系数平均数小的前 2 名，也最典型的是龙（-0.020）和春节（-0.035）。

简言之，有 4 种情况。只与中华文化显著相关的符号有大熊猫、中国烹饪、茶、书法、中国画、中国民乐、儒家思想、道教、诗词，提升这类符号的喜欢率只能提升中华文化影响力；对与中华文化和中国形象都显著相关的符号，即长城、旗袍/唐装、功夫、瓷器、中国园林、兵马俑、北京大学、清华大学、中医，提升这类符号的喜欢率可以一举两得，既提升了中华文化，又提升了中国形象；对与中华文化和中国形象都不显著相关的符号——京剧和太极阴阳图，提升这类符号的喜欢率既不能提升中华文化，也不能提升中国形象；只与中国形象显著相关的符号——春节、龙、中国高铁、红河哈尼梯田，提升这类符号的喜欢率只能提升中国形象。

（4）对中华文化符号的态度与对中沙关系态度相关分析

沙特受访者对中沙关系的态度　16.2%的受访者对中沙关系如何不了解。去除不知道者，714名受访者给出明确回答。认为中沙关系的良好率为86.8%（很好50.7%和较好36.1%比例之和），不好不坏为10.1%，不好率为3.0%（很不好0.8%和较不好2.2%之和），均值4.34，折合百分制为86.8分。

人群分析　对年龄、收入、受教育程度与中沙关系评价作相关分析，年龄和收入与中沙关系评价显著相关（0.115**、0.096**）。对性别、国籍、省籍、职业与中沙关系评价作一元方差分析，显示没有显著差异。简言之，年龄越大、受教育程度越高，对中沙关系的评价越高，其他人群对中沙关系评价没有显著差异。

对中华文化符号态度与对中沙关系态度的相关性　将受访者对中华文化符号的态度（去除不知道者）与受访者对中沙关系的态度（去除不知道者）作相关分析，显著相关的有两对：对中国画的态度与对中沙关系的态度（0.146**）、对中国烹饪的态度与对中沙关系的态度（0.122**）。较显著相关的有8对：大熊猫、春节、旗袍/唐装、中国园林、道教、儒家思想、北京大学、中国高铁分别与对中沙关系的态度，相关系数在0.069~0.107。其余18对不显著相关。

3. 沙特与9国比较

中国人要与沙特人进行交流，了解沙特人与中国人的差别才能更好地推进两国发展，当今中国人对中华文化的认知、态度和行为如何，与沙特人有何差异？为回答上述问题，本书对852名沙特受访者与1235名中国受访者对中华文化符号的认知和态度相关数据进行比较，以比较双方比例之差等于小于5%为没有显著差异、大于5%小于等于10%为有较显著差异、大于 10% 为有显著差异为标准。阿拉伯文化在本土文化基础上分别吸收了东西方文化，亦东亦西。通过比较同期调查过的美国、德国、俄罗斯、印度、日本的相关数据，可以更好地判断沙特民众心中的文化中国形象。各国问卷内容基本相同，内容有区别的，在比较时加以说明。为扩大比较范围，比较中还加入了前期 2013 年 12 月在韩国、越南、印尼调查（以下简称"前期调查"）① 的相关数据。前期调查问卷中的问题与对沙特同期调查的略有差异，因而有些问题各国间可以比较，有些问题无法比较。由于两期调查时间相差 4 年，这些数据仅供参考。为节省篇幅，只列美国、德国、俄罗斯、印度、日本、韩国、越南、印尼的相关数据，作简短评述，不作深入比较分析。尽管如此，也可以从 10 国数据对比中获取不少有价值的信息。

（1）总体情况

前期韩国、越南、印尼调查问卷的中华文化符号与沙特问卷略有差异，有些没有（没有调查的内容均在表中划—），3 个符号稍有不同：瓷器—青花瓷（前期）、汉语—汉字（前期）、唐诗宋词—诗词（前期）。

中沙对比 从知晓率看，15 种文化符号在沙特知名度明显低于中国。同一符号知晓率两国之差最大的为诗词（44.2%），第二至五名依次是布达拉宫（38.9%）、京剧（37.5%）、儒家思想（33.0%）、道教（30.3%）。3 种在沙特的知晓率明显比在中国高：中国高铁（21.2%）、茶（10.0%）、大熊猫（9.9%），9 种没有显著差异（相差小于等于5%）：长城、瓷器、中国烹饪、中医、丝绸、功夫、中国民乐、书法、哈尼梯田。27 种符号的知晓率平均数，中国人（84.0%）比沙特人（72.8%）高 11.2 个百分点。从喜欢率看，中国人对 28 种文化符号的喜欢率都比沙特人高。其中，有显著差异的有 23 项，前五名依次为：汉语（58.3%）、诗词（48.7%）、书法（48.2%）、中国民乐（46.6%）、龙（37.1%）。差异不大的有 3 种：大熊猫（8.7%）、长城（8.0%）、中国园林（5.5%）。几乎没有差异的有 2 种：功夫（4.1%）、中

① 调查委托北京益派市场咨询调查有限公司为中介，由美国国际抽样调查公司（SSI）2013 年 12 月至 2014 年 1 月使用在线可访问样本库通过网络对三国进行问卷调查。为保证通过样本推论整个国家可靠性，采用了概率抽样，兼顾了年龄、性别、家庭税前收入、个人税前收入、民族、省籍、职业、信仰、受教育程度、党派倾向等因素。印尼回收了 1398 份，经清理后获得 1024 份有效问卷，合格率 73.2%；越南回收问卷 1096 份，有效问卷 1023 份，合格率 93.3%；韩国回收问卷 1423 份，有效问卷 1038 份，合格率 72.9%。

国高铁（1.4%）。28 种符号的中国人喜欢率平均数（81.1%）比沙特人（57.0%）高 24.1 个百分点。

沙特与其他 8 国比较　以长城和儒家思想为例，长城在沙特的知晓率与各国大体持平，喜欢率低于越南、印尼、印度、俄罗斯，位居第五；儒家思想和道教在沙特的知晓率均倒数第一，喜欢率都低于印度和印尼，位居第三。海外 9 国各符号知晓率平均数相比，知晓率排名前三位的是长城（95.3%）、大熊猫（94.3%）、中国烹饪（93.7%），各符号喜欢率平均数相比，喜欢率排名前三位的也是大熊猫（72.0%）、长城（68.5%）、中国烹饪（67.2%）（见表 2-5）。

表 2-5　沙特与 9 国受访者对中华文化符号的认知和态度对比

单位：%

类别	符号		沙特	美国	德国	俄罗斯	印度	日本	韩国	越南	印尼	平均	中国
建筑	长城	知晓率	97.1	95.0	90.2	95.0	98.2	95.0	99.4	99.4	88.7	95.3	98.6
		喜欢率	73.9	66.1	56.4	79.3	86.8	26.2	51.5	89.4	87.0	68.5	81.9
	布达拉宫	知晓率	54.0	37.5	56.4	46.0	74.9	34.7	—	—	—	50.6	92.9
		喜欢率	64.1	47.7	18.9	62.8	62.8	26.5	—	—	—	47.1	77.7
动物	大熊猫	知晓率	96.0	96.2	69.0	98.3	96.3	97.7	98.2	98.8	98.5	94.3	86.1
		喜欢率	78.6	84.5	25.0	88.5	84.6	51.9	71.2	71.8	91.8	72.0	87.3
生活	中国烹饪	知晓率	87.8	93.1	92.4	86.6	93.5	96.1	99.3	96.3	98.0	93.7	82.8
		喜欢率	58.4	74.8	67.7	59.6	68.6	66.0	64.2	70.5	75.3	67.2	89.1
	茶	知晓率	94.8	85.9	83.5	96.0	90.7	93.2	—	—	—	90.7	84.8
		喜欢率	78.7	57.5	44.6	84.0	63.7	53.3	—	—	—	63.6	90.0
	春节	知晓率	66.7	60.6	76.7	65.9	88.5	69.9	88.7	99.8	97.6	79.4	89.1
		喜欢率	51.9	54.1	29.3	61.1	70.2	14.2	18.6	86.6	66.5	50.3	85.0
生活	丝绸	知晓率	88.7	83.3	87.5	90.2	91.0	85.3	90.0	97.5	91.2	89.5	87.2
		喜欢率	71.0	65.1	50.6	81.1	67.7	32.6	32.1	68.4	75.4	60.4	85.1
	旗袍/唐装	知晓率	71.8	80.2	83.9	76.2	91.7	89.8	78.0	92.0	86.6	83.3	87.3
		喜欢率	57.2	49.3	25.6	46.6	57.7	29.7	31.9	46.6	67.1	45.8	82.3
体育	功夫	知晓率	89.7	88.0	85.5	85.8	95.4	88.0	90.0	98.0	97.6	91.9	88.5
		喜欢率	73.6	52.3	33.8	59.1	74.3	15.5	38.6	78.7	85.2	56.8	77.7

续表

类别	符号		沙特	美国	德国	俄罗斯	印度	日本	韩国	越南	印尼	平均	中国
艺术	书法	知晓率	83.2	76.2	73.7	79.1	83.0	87.8	96.9	99.4	85.4	85.0	86.5
		喜欢率	36.1	54.0	29.2	50.2	46.6	25.5	29.4	61.8	62.5	43.9	84.3
	瓷器	知晓率	86.2	78.2	85.7	90.8	97.9	81.0	93.6	88.8	92.6	88.3	87.2
		喜欢率	75.9	60.2	38.8	79.2	69.3	27.5	26.8	50.0	74.6	55.8	86.6
	京剧	知晓率	52.9	55.2	70.2	56.3	78.1	64.3	92.2	87.8	80.5	70.8	90.4
		喜欢率	37.9	29.9	14.0	27.9	48.3	13.8	24.2	22.2	49.2	29.7	64.6
	中国画	知晓率	71.7	70.4	72.0	76.3	83.6	67.4	87.8	97.6	90.2	79.7	87.0
		喜欢率	55.5	57.6	26.2	56.7	61.4	17.8	16.8	57.3	67.0	46.3	89.0
	中国园林	知晓率	74.6	78.6	83.7	75.0	87.0	59.9	73.7	73.1	80.0	76.2	90.1
		喜欢率	81.1	70.4	56.2	82.0	70.5	21.9	27.6	32.1	67.2	56.6	86.6
	兵马俑	知晓率	68.9	66.2	80.4	75.1	81.0	68.7	63.1	92.5	78.2	74.9	92.7
		喜欢率	48.2	62.1	39.3	61.1	55.4	23.3	25.0	56.3	63.0	48.2	79.1
	中国民乐	知晓率	74.9	76.3	74.5	75.5	82.7	63.1	—	—	—	74.5	74.6
		喜欢率	37.3	29.9	8.9	31.0	45.8	17.9	—	—	—	28.5	83.9
哲学	儒家思想	知晓率	45.3	75.1	73.0	77.1	78.0	57.8	97.4	95.2	80.3	75.5	78.3
		喜欢率	36.6	33.5	24.4	33.5	46.5	13.8	20.2	32.7	44.0	31.7	68.1
	道教	知晓率	50.4	69.6	67.7	69.0	76.1	52.5	92.6	94.6	83.7	72.9	80.7
		喜欢率	37.5	35.1	18.9	33.1	43.6	13.5	17.2	34.1	44.3	30.8	67.0
	太极阴阳图	知晓率	67.3	88.4	82.7	86.0	80.2	59.5	91.9	97.2	95.7	83.2	75.4
		喜欢率	47.8	53.7	38.7	58.8	58.2	17.0	30.0	46.0	71.4	46.8	71.3
教育	北京大学	知晓率	67.4	50.5	65.2	52.6	77.5	58.5	94.7	91.0	80.1	70.8	78.6
		喜欢率	53.5	32.3	14.3	36.1	51.5	7.4	28.1	34.6	56.8	35.0	75.9
	清华大学	知晓率	52.0	37.4	56.8	40.3	72.5	29.6	69.6	78.3	75.6	56.9	76.3
		喜欢率	51.4	36.0	9.9	31.9	50.6	8.1	25.8	34.3	54.1	33.6	76.5
语言文学	汉语	知晓率	87.4	89.7	80.1	70.9	91.6	84.6	98.1	98.2	87.5	87.6	98.0
		喜欢率	32.1	34.5	15.6	25.4	34.4	7.0	25.9	41.1	56.8	30.3	90.4
	诗词	知晓率	44.5	66.0	67.1	41.0	75.2	51.1	72.0	98.3	85.2	66.7	88.7
		喜欢率	40.4	36.9	16.7	31.7	33.8	17.2	18.2	54.9	45.1	32.8	89.1
科技	中医	知晓率	93.8	84.9	87.9	84.8	90.9	93.3	94.3	99.1	97.1	91.8	91.8
		喜欢率	72.0	43.3	50.1	44.1	58.3	28.0	23.8	69.5	76.9	51.8	87.6
	中国高铁	知晓率	85.7	67.6	77.1	68.9	94.2	54.3	—	—	—	74.6	64.5
		喜欢率	80.0	56.7	28.1	72.1	78.5	6.4	—	—	—	53.6	81.4

续表

类别	符号		沙特	美国	德国	俄罗斯	印度	日本	韩国	越南	印尼	平均	中国
游戏	围棋	知晓率	60.2	47.5	48.5	47.3	70.4	86.2	—	—		60.0	75.5
		喜欢率	43.6	34.0	7.1	31.2	44.3	12.5	—	—		28.8	74.6
农耕	红河哈尼梯田	知晓率	51.4	41.4	60.2	48.2	68.4	28.4	—	—		49.7	53.4
		喜欢率	65.1	41.6	22.0	59.2	52.6	19.7	—	—		43.4	78.5
各项平均		知晓率	72.8	71.8	75.2	72.4	84.8	70.3	89.0	94.0	88.1	79.8	84.0
		喜欢率	57.0	50.1	30.0	54.4	58.7	22.7	30.8	54.2	65.8	47.1	81.1

（2）对龙寓意的理解与态度

沙特受访者理解龙的正面率（48.1%）比中国受访者（96.4%）低48.3个百分点，均值（4.69）比中国（6.49）低1.80。两国受访者对龙寓意的理解，前者为中立，后者为吉祥。沙特人对龙的喜欢率（46.3%）比中国人（83.4%）低37.1个百分点，均值（3.26）比中国人（4.21）低0.95，两国民众对龙的态度，前者为中立，后者为较喜欢。

沙特与其他海外8国相比，龙寓意的正面率低于东亚各国，高于美国8.2个百分点、印度8.6个百分点、德国19.3个百分点、俄罗斯23.6个百分点。对龙的喜欢率高于日本，低于其他国家（见表2-6）。

表2-6 沙特与9国受访者对龙寓意的理解和态度数据比较

		沙特	中国	美国	德国	俄罗斯	印度	日本	韩国	越南	印尼
寓意	正面率（%）	48.1	96.4	39.9	28.8	24.5	39.5	61.9	93.8	92.5	86.6
	均值（7级）	4.69	6.49	4.18	3.69	3.30	4.11	4.99	6.21	6.39	5.89
态度	喜欢率（%）	46.3	83.4	56.5	52.3	52.6	53.5	34.6	65.1	83.2	69.6
	喜欢均值（5级）	3.26	4.21	3.73	3.54	3.55	3.53	3.37	3.73	4.26	3.83

四 对春节、汉语、中餐、中医、武术的行为调查

春节、汉语、中餐、中医、武术在中华文化符号中居于重要地位，因而沙特问卷在调查了对这些符号的认知和态度后，增加了行为调查（中国问卷只调查了中医、武术）。

（一）春节

1. 问卷内容

春节是中国最重要的节庆活动，"欢乐春节"是 2010 年以来中国文化部力推的大型对外文化交流活动。问卷不仅对春节的认知和态度进行了调查，而且进一步调查了受访者参与春节活动的情况。问卷具体内容如下。

V4. 近五年中，您哪年参加过春节活动？（可多选）
1. 2012 年   2. 2013 年   3. 2014 年   4. 2015 年   5. 2016 年
6. 从未参加

2. 数据分析

前面已经分析，春节的知晓率 66.7%，喜欢率 51.9%。喜欢均值 3.46，介于中立和较喜欢之间。受访者参加春节活动的比例情况：2012 年为 8.3%、2013 年为 5.2%、2014 年为 5.3%、2015 年为 6.6%、2016 年为 7.6%。每年参与春节活动的受访者一半以上喜欢中国春节，平均每年春节活动参与率 6.6%，这和春节的非宗教性节庆性质有关。沙特主要的节庆活动有斋月（包括开斋节）、宰牲节、朝圣季和国庆日。春节活动与伊斯兰信仰不冲突。春节在中国是国家放假最多的节日，几乎人人参与，所以没有调查中国受访者参加春节活动的情况。

3. 与其他 5 国比较

沙特受访者曾经参加过春节活动的比例排名第二，比印度（33.4%）低 7.2 个百分点。2012 年参加过的比例最高（见表 2-7）。

表 2-7　沙特与 5 国受访者参加春节活动比例比较

单位：%

	沙特	美国	德国	俄罗斯	印度	日本	平均
参加过比例	26.2	17.7	9.2	12.6	33.4	8.8	18.0
2012 年参加过	8.3	6.6	1.9	4.6	5.7	2.1	4.7
2013 年参加过	5.2	7.3	2.2	3.3	6.8	3.1	4.7

续表

	沙特	美国	德国	俄罗斯	印度	日本	平均
2014 年参加过	5.3	8.0	3.8	3.8	10.4	3.7	5.8
2015 年参加过	6.6	8.9	2.0	3.1	10.5	4.2	5.9
2016 年参加过	7.6	6.9	0.7	1.7	3.9	4.2	4.2

（二）汉语

1. 问卷内容

汉语是中华文化符号系统中最重要的符号，也是传播中华文化的主要符号和主要媒介。沙特人掌握了汉语，有助于深入了解中国文化。在调查了认知和态度的基础上，又用 2 个问题调查了学习和使用汉语的情况。问题如下。

V5. 您学习过汉语吗？【单选】

1. 没学过，不想学　2. 没学过，但将来想学　3. 学过

V5-1. 若学过，您使用汉语的情况是：【单选】

1. 不使用　2. 偶尔使用　3. 经常使用　4. 每周使用　5. 每天使用

2. 数据分析

（1）认知、态度、行为

沙特受访者知晓汉语是中华文化符号的有 87.4%，知晓者喜欢率为 32.1%。喜欢均值 3.01，态度为中立。学过汉语者 26 人，占整个受访者的 3.1%。没学过的 826 人中，将来想学的 510 人，占 61.7%，不想学的 316 人，占 38.3%，想学的与不想学的之比为 1.61：1。学过汉语者使用汉语的比例为 73.1%，其中偶尔使用 26.9%、经常使用 19.2%、每周使用 15.4%、每天使用 11.5%。

（2）学过汉语者对汉语的态度与使用汉语的相关分析

学习过汉语的 26 个样本，其中有 19 个知道汉语是中国文化符号。对 19 个样本是否喜欢汉语的态度与使用汉语情况作相关分析显示，喜欢汉语和使用汉语不相关。使用汉语是因为谋生或工作需要，而与是否喜欢汉

语关系不大。

（3）是否学过汉语与对诗词的态度

知道诗词是中国文化符号且学习过汉语的有 17 个样本，数据分析显示，诗词喜欢率为 82.4%（非常喜欢 47.1%、较喜欢 35.3%），不喜欢率 17.7%（很不喜欢 11.8%、较不喜欢 5.9%）。均值 4.00。知道诗词是中国文化符号但没学过且不想学汉语的，共有 110 个样本，数据分析显示，诗词喜欢率为 16.4%（非常喜欢 8.2%、较喜欢 8.2%），中立 49.1%，不喜欢率 34.6%（很不喜欢 19.1%、较不喜欢 15.5%），均值为 2.71。比较显示：学过汉语者普遍喜欢诗词。这说明，在汉语教学中安排诗词是可行的。

3. 人群分析

对年龄、收入、受教育程度与学习汉语情况作相关分析显示，只有受教育程度和收入与学习汉语相关，相关系数分别为 0.073* 和 1.77**。简言之，受教育程度越高、收入越高，学习汉语的积极性越高。

对性别、国籍、省籍、职业与学习汉语情况进行交叉列表卡方检验显示，只有职业与学习汉语有较显著差异。例如，专家或行业带头人没学过也不想学的比例（29.2%）低于平均数（37.1%），而没学过但将来想学的比例（68.6%）高于平均数（59.9%）。军警没学过也不想学的比例（64.4%）比平均数高 27.3 个百分点，而没学过但将来想学的比例（35.6%）比平均数低 24.3 个百分点（见表 2-8）。

表 2-8　职业与学习汉语情况比较

单位：个，%

	样本量	没学过，不想学	没学过，将来想学	学过	合计
立法人员、领导人和管理人员	36	36.1	58.3	5.6	100
专家或行业带头人	226	29.2	68.6	2.2	100
专业技术人员	79	36.7	60.8	2.5	100
办公室职员	30	40.0	53.3	6.7	100
服务业、店铺与市场工作人员	83	38.6	61.4	0.0	100
农、渔业技术工人	4	75.0	25.0	0.0	100
其他行业技术工人	32	31.2	65.6	3.1	100

续表

	样本量	没学过，不想学	没学过，将来想学	学过	合计
军警	45	64.4	35.6	0.0	100
宗教人士	4	0.0	100.0	0.0	100
学生	115	41.7	53.0	5.2	100
无职业或自由职业	198	37.4	58.6	4.0	100
总数	852	37.1	59.9	3.1	100

4. 沙特与 8 国比较

沙特受访者学过汉语者比例（3.1%）排在倒数第二（仅高于德国），没学过者将来想学者比例（61.7%）排名第三（低于印度和印尼）。学过者常使用率（46.1%）排名第三（低于印度和美国）（见表2-9）。要补充说明的是，本次问卷调查 2 年后，2019 年 2 月沙特将中文教学纳入其所有教育阶段的课程中。

表 2-9 沙特与 8 国受访者学习和使用汉语情况比较

单位：%

		沙特	美国	德国	俄罗斯	印度	日本	韩国	越南	印尼
学过者		3.1	17.0	2.0	4.7	8.8	13.4	29.9	25.5	29.3
没学过者	不想学	38.3	58.9	81.3	41.8	25.0	67.2	21.4	19.6	7.4
	将来想学	61.7	24.1	16.7	58.1	66.2	19.4	48.8	54.9	63.3
学习过者使用汉语情况	1. 不使用	26.9	21.5	65.0	60.5	13.5	45.9	64.5	25.3	25.3
	2. 偶尔使用	26.9	27.9	20.0	26.3	30.3	37.8	32.3	67.4	61.0
	3. 经常使用	19.2	19.8	5.0	10.5	23.6	11.9	3.2	7.3	13.7
	4. 每周使用	15.4	11.0	10.0	2.6	18.0	1.5	—	—	—
	5. 每天使用	11.5	19.8	0	0	14.6	3.0	—	—	—
	6. 常使用率	46.1	50.6	15.0	13.1	56.2	16.4	3.2	7.3	13.7

（三）中餐

1. 问卷内容

在中国烹饪调查中增加 1 个食用中餐情况的问题。

V6. 在过去一年中，您吃过中餐吗？

　　1. 没有　2. 很少吃　3. 每月都吃　4. 每周都吃　5. 每天都吃

2. 数据分析

（1）认知、态度和行为

87.8%的受访者知晓中国烹饪是中华文化符号。知晓者喜欢率为58.4%，经常吃（每月、每周、每天都吃的比例之和）的比例（23.8%）比不知晓者（4.8%）高19个百分点。全体受访者中，一年中吃过中餐的占65.8%，经常吃的占21.5%，每周和每天都吃的占3.9%。众数为2（44.4%），属于"很少吃"（见表2-10）。

表 2-10　沙特受访者食用中餐情况

单位：个，%

	样本量	没有	很少吃	每月都吃	每周都吃	每天都吃	经常吃
知晓者	748	29.7	46.5	19.7	3.6	0.5	23.8
不知晓者	104	66.3	28.8	2.9	1.9	0	4.8
合计	852	34.2	44.4	17.6	3.4	0.5	21.5

（2）对中国烹饪的态度与用餐情况的相关分析

知晓者对中国烹饪的态度与食用中餐情况的相关分析显示为显著相关，相关系数为0.280[**]。这说明，越喜欢中国烹饪就越喜欢食用中餐，反之亦然。

3. 人群分析

年龄、收入、受教育程度与食用中餐情况的相关分析显示，只有收入与食用中餐显著正相关，相关系数0.167[**]，即收入越高食用中餐越频繁。性别、国籍、省籍、职业与食用中餐情况的交叉列表卡方检验显示，性别与食用中餐有显著差异，女性经常吃的比例（28.4%）高于男性（16.6%）。不同省籍受访者食用中餐有显著差异。例如，东部省受访者经常吃的比例（13.3%）低于平均数（21.5%），麦加省受访者经常吃的比例（29.9%）比平均数高8.4个百分点。不同职业受访者食用中餐有显著差异。例如，其他行业技术工人经常吃的比例（43.8%）比平均数（21.5%）高22.3个百分点，服务业、店铺与市场工作人员经常吃的比例 8.4%，军警经常吃的比例 13.3%，比平均数分别低 13.1 个百分点、8.2 个百分点。

4. 沙特与 8 国比较

与其他海外 8 国相比，沙特受访者一年中没有吃过中餐的比例最高。每周都吃的比例排在倒数第二（高于德国）（见表 2-11）。

表 2-11　沙特与 8 国受访者食用中餐情况比较

	每年食用情况（%）						每年食用情况			每月食用情况	
	沙特	美国	德国	俄罗斯	印度	日本	次/年	越南（%）	印尼（%）	次/月	韩国（%）
没有	34.2	14.8	16.1	13.2	15.2	6.4	0	17.4	8.1	0	12.9
很少吃	44.4	33.9	51.1	36.8	28.3	32.9	1~5	48.9	27.0	1~5	70.0
每月都吃	17.6	35.2	29.5	31.6	33.6	45.5	6~11	17.6	25.4	6~10	11.0
每周都吃	3.4	12.3	3.1	18.4	21.8	14.6	12~23	8.8	14.8	10+	6.6
每天都吃	0.5	3.8	0.2	0	1.1	0.7	24+	7.3	24.8	—	—

（四）中医

1. 问卷内容

中医中药在中国古老的大地上已经有几千年的历史。然而，面对现代西医的挑战，国内外对中医疗效都有争论。作为重点调查符号，沙特和中国的调查问卷在调查了认知和态度的基础上，用 2 个问题进一步调查了受访者对中医药疗效的态度和选择用中医中药的行为。

V7. 您认为中医药能治疗疾病吗？【单选】

1. 根本不能　2. 较不能　3. 中立　4. 较能　5. 很能　88. 不知道

V7-1. 您看过中医，或用过中药，或扎针灸/拔火罐吗？【单选】

1. 从不　2. 偶尔　3. 经常

2. 数据分析

（1）认知、态度

前文分析显示，93.8% 的受访者知晓中医是中国文化符号。知道者 799

人中，喜欢率为72.0%。众数为5（很喜欢）。均值为3.95，为较喜欢。

852名受访者中，不知道中医能否治病者98人，占11.5%，认为不能的（根本不能和较不能比例之和）占5.6%；中立占15.6%；认为能治病的（较能和很能的比例之和）占67.3%。众数为4（较能）（见表2-12）。对中医疗效评价的均值为3.97（较能治病）。

表2-12 沙特受访者对中医能否治病的态度

单位：个，%

	样本量	中医能否治病						
		不知道	根本不能	较不能	中立	较能	很能	能治病
知晓中医是中国文化符号者	799	11.5	2.8	2.1	15.4	40.6	27.7	68.3
不知晓中医是中国文化符号者	53	11.3	13.2	3.8	18.9	26.4	26.4	52.8
合计	852	11.5	3.4	2.2	15.6	39.7	27.6	67.3

是否喜欢中医和中医能否治病数据对比 受访者是否喜欢中医和认为中医能否治病两个问题有关联，喜欢中医的原因可能有多种，包括方便（如按摩和刮痧）、便宜、环保、能治病等，喜欢中医涵盖了中医能治病。是否喜欢中医和认为中医能否治病的数据比较显示：两者的认同率和均值大体相同（见表2-13）。

表2-13 沙特受访者是否喜欢中医和认为中医能否治病态度对比

	样本量（个）	1.很不喜欢/根本不能（%）	2.较不喜欢/较不能（%）	3.中立（%）	4.较喜欢/较能（%）	5.很喜欢/很能（%）	喜欢率/认同率（%）	均值
是否喜欢中医	799	4.3	6.6	17.1	33.3	38.7	72.0	3.95
中医能否治病	754	3.8	2.5	17.6	44.8	31.2	76.0	3.97
两者之差	45	0.5	4.1	-0.5	-11.5	7.5	-4.0	-0.02

对是否喜欢中医与中医能否治病的相关分析 将不知晓中医是中华文化符号者及不知晓中医能否治病者排除后，共有707个样本。对这些样本是否喜欢中医与中医能否治病作相关分析，显示为显著相关，相关系数为0.153**，即越喜欢中医越认为中医能治病，反之亦然。

（2）行为（就医情况）

852 名受访者看过中医或用过几次中药或针灸的情况如下："从不"占 61.2%，就医率（选择偶尔看和经常看比例之和）占 38.8%，其中"偶尔"占 35.2%，"经常"占 3.6%。

对中医态度与就医的相关分析　知晓中医是中国文化符号者（799 个样本）对中医的态度与就医为显著相关，相关系数为 0.083*。越喜欢中医越会选择用中医药，反之亦然。

对中医能否治病与就医的相关分析　将不知晓中医能否治病者排除，有 754 个样本，将这些样本对中医能否治病与就医情况作相关分析，为显著相关，相关系数为 0.251**。越认为中医能治病越会选择用中医药，反之亦然。

3. 人群分析

（1）中医能否治病

去除不知道中医能否治病者，年龄、收入、受教育程度与对中医能否治病的态度的相关分析显示均不显著相关。将性别、国籍、省籍、职业与中医能否治病作交叉列表卡方检验，只有国籍有较显著差异。本地人认为很能治病的比例（33.6%）比外籍人（22.2%）高 11.4 个百分点。

（2）就医情况

年龄、收入、受教育程度与看中医情况均不显著相关。对性别、国籍、省籍、职业与选择中医情况作交叉列表卡方检验，显示均没有显著差异。

4. 沙特与 9 国比较

中沙对比　对于中医能否治病，沙特人的不知道率（11.5%）比中国人（0.5%）高 11.0 个百分点。去除不知道中医能否治病者，沙特人认为能治病的比例（76.0%）比中国人（91.2%）低 15.2 个百分点，均值（3.97）比中国人（4.50）低 0.53，沙特人的态度为较能治病，中国人的态度处于较能治病和很能治病之间。沙特人的就医率（38.8%）比中国人（96.1%）低 57.3 个百分点，均值（1.42）比中国人（2.30）低 0.88。双方差异显著，前者在从不看到偶尔看之间（当地本就没有几个中医，自然看得少），中国在偶尔看到经常看之间。

与其他 8 国比较　对于中医能否治病，沙特人的不知道率排名第二（与俄罗斯相同），认为中医根本不能治病占比排名第四（低于日本、韩国和美国）；从来不看中医者占比排名第三（低于韩国和美国）（见表 2-14）。沙特及海外 8 国不知道率平均 8.3%，回答知道者认为中医根本不能治病平均比例

3.0%，对中医能治病的认同率平均为67.1%，从不看中医者占55.7%。需要说明的是，韩国、越南、印尼问卷的就医情况中，从不为0次、偶尔为1~5次、经常为6次以上。

表2-14　沙特与9国受访者对待中医情况比较

单位：%

		沙特	美国	德国	俄罗斯	印度	日本	韩国	越南	印尼	平均	中国
	不知道	11.5	12.8	8.4	11.5	11.3	9.8	5.3	2.0	1.7	8.3	0.5
回答知道者	1. 根本不能	3.8	5.0	2.2	0.4	1.8	7.1	5.1	1.4	0.3	3.0	1.1
	2. 较不能	2.5	8.7	3.2	2.0	2.7	8.2	11.0	3.8	0.9	4.8	1.7
	3. 中立	17.6	31.5	27.5	21.5	21.2	27.5	42.0	13.9	13.6	24.0	5.9
	4. 较能	44.8	35.3	46.3	54.5	45.7	31.3	34.4	52.4	53.9	44.3	29.0
	5. 很能	31.2	19.5	20.9	21.6	28.6	16.0	7.5	28.5	31.3	22.8	62.2
	认同率	76.0	54.8	67.2	76.1	74.3	47.3	41.9	80.9	85.2	67.1	91.2
就医情况	1. 从不	61.2	61.6	57.9	38.8	41.7	49.0	85.8	53.4	51.7	55.7	3.9
	2. 偶尔	35.2	30.2	33.8	55.5	43.4	36.5	11.6	37.0	35.6	35.4	62.3
	3. 经常	3.6	8.2	8.3	5.6	14.9	14.5	2.6	9.6	12.8	8.9	33.8

（五）武术

1. 问卷内容

中华武术是中国传统体育项目，它结合中国传统哲学、中医学、伦理学、兵学、美学、气功等多种传统文化思想和文化观念，注重内外兼修，逐步形成了独具民族风貌的武术文化体系。本书在调查了对功夫的认知和态度之后，又用1个问题调查了受访者生活中练功的行为情况。问题如下。

V8. 在过去一年中，您练习过中国功夫或太极拳吗？【单选】
1. 从不　2. 很少　3. 经常　4. 每周都练　5. 每天都练

2. 数据分析

（1）认知、态度和行为

沙特受访者知晓功夫是中华文化符号者占89.7%，知晓者的喜欢率为

73.6%。众数为 5（很喜欢）。喜欢均值为 4.02，为较喜欢。852 位受访者中，从不练者 66.5%，很少练者 24.8%，经常练者 6.5%，每周都练者 1.8%，每天都练者 0.5%。坚持日常习练的常练率（经常、每周和每天比例之和）为 8.8%。

（2）对功夫的态度与习练武术的相关分析

将不知晓功夫是中国文化符号者排除后有 764 个样本，这些样本对功夫的态度与习练武术显著相关，相关系数为 0.138**，越喜欢功夫越会时常习武，反之亦然。

3. 人群分析

对沙特受访者年龄、收入、受教育程度与习练武术的情况作相关分析显示，只有收入与习练武术显著正相关，相关系数为 0.175**，简言之，收入越高习练武术越频繁。年龄、受教育程度与习练武术情况交叉列表卡方检验显示，年龄与习武有较显著差异：25~34 岁、35~44 岁的受访者每天习武比例分别为 1.5%、0.5%，其他年龄段均为 0，15~24 岁经常练的比例（11.2%）比总数（6.5%）高 4.7 个百分点，55~64 岁的常练率为 2.7%，比总数（8.8%）低 6.1 个百分点（见表 2-15）。

表 2-15 沙特受访者年龄与习练武术情况交叉列表卡方检验

单位：个，%

	样本量	从不	很少	经常	每周练	每天练	合计	常练率
15~24 岁	206	67.0	20.4	11.2	1.5	0.0	100	12.7
25~34 岁	196	62.2	29.1	3.6	3.6	1.5	100	8.7
35~44 岁	197	64.0	25.9	7.1	2.5	0.5	100	10.1
45~54 岁	169	69.2	26.0	4.7	0.0	0.0	100	4.7
55~64 岁	74	78.4	18.9	2.7	0.0	0.0	100	2.7
65 岁及以上	10	60.0	30.0	10.0	0.0	0.0	100	10.0
总数	852	66.5	24.8	6.5	1.8	0.5	100	8.8

受教育程度与习武有显著差异：初中学历者相对经常练习，常练率（21.3%）比总数（8.8%）高 12.5 个百分点（见表 2-16）。

表 2-16 沙特受访者受教育程度与习练武术情况交叉列表卡方检验

单位：个，%

	样本量	从不	很少	经常	每周练	每天练	合计	常练率
小学	14	64.3	7.1	21.4	0.0	7.1	100	28.5
初中	33	51.5	27.3	15.2	6.1	0.0	100	21.3
高中	233	70.8	21.5	6.4	1.3	0.0	100	7.7
高等教育	572	65.7	26.4	5.6	1.7	0.5	100	7.8
总数	852	66.5	24.8	6.5	1.8	0.5	100	8.8

性别、国籍、省籍、职业与习练武术情况的交叉列表卡方检验显示，只有省籍和职业与习武有较显著和显著差异：塔布克省常练率（2.7%）低于总数（8.8%），麦地那省的常练率（13.2%）高于东部省（4.7%）。办公室职员的常练率（23.4%）高于专家或行业带头人（4.9%）和军警（4.4%）。

4. 沙特与 9 国比较

中沙对比，沙特人的武术知晓率（89.7%）比中国人（88.5%）高 1.2 个百分点，喜欢率（73.6%）比中国人（77.7%）低 4.1 个百分点，简言之，沙特人与中国人在知晓率和喜欢率上没有显著差异。沙特人的常练率（8.8%）比中国人（16.5%）低 7.7 个百分点，均值（1.45）比中国人（1.84）低 0.39。沙特人处于从不习练武术到很少习练武术之间，偏向从不习练，中国人处于从不习练到很少习练之间，但偏向很少习练。

沙特与其他 8 国相比，沙特人从不习练武术者占比（66.5%）仅高于越南（64.5%）、印尼（52.6%）和印度（61.3%）。海外 9 国从不习练武术的比例平均数为 75.9%（见表 2-17）。需要说明的是，韩国、越南、印尼很少习武界定为 1 年 1~11 次，经常习武界定为 1 年 12 次及以上。

表 2-17 沙特与 9 国受访者习练武术情况比较

单位：%

	沙特	美国	德国	俄罗斯	印度	日本	韩国	越南	印尼	平均	中国
1. 从不	66.5	80.6	92.8	84.7	61.3	90.0	90.3	64.5	52.6	75.9	40.6
2. 很少	24.8	11.8	5.0	12.3	22.2	6.3	17.3	28.8	37.2	18.4	42.8

续表

	沙特	美国	德国	俄罗斯	印度	日本	韩国	越南	印尼	平均	中国
3. 经常	6.5	3.3	1.1	1.9	10.0	2.4	3.7	6.6	10.2	5.1	10.0
4. 每周练	1.8	3.4	0.8	0.6	5.1	1.0	—	—	—	2.1	5.0
5. 每天练	0.5	1.0	0.3	0.6	1.4	0.4	—	—	—	0.7	1.5

五 结果分析与思考

（一）伊斯兰文化影响沙特人对不同文化符号的喜爱度

沙特的伊斯兰文化特点尤为突出：伊斯兰教为国教，全民笃信伊斯兰教。我们进行问卷调查时，原来有一道题："您的信仰是什么？"沙特的调查公司对此题提出异议，若有这个问题，将拒绝整个问卷调查。我们尊重沙特调查公司的意见，删除了这个调查题目。以往沙特传统保守的伊斯兰信仰禁止崇拜一切先知和贤人，以至于扩大到禁止摄制和绘画一切有生命的东西，严禁崇拜偶像，不允许商店出售小孩玩的洋娃娃，不得携带人物雕塑进出公共场所。在他们的心目中真主只有一个。当下，虽然历经转型与变革，但保守的传统还没有彻底转变。在这种文化环境中，沙特民众不会对以孔子为代表的儒家思想以及道教产生了解的兴趣，也很难喜欢另一种信仰或宗教。这可以说明，举世闻名的世界第八大奇迹"兵马俑"的知名度与喜爱度之差超过20个百分点，喜欢率只有48.2%。因而，儒家思想等深层次的中国文化符号在沙特传播难度很大。旗袍这种暴露腿部的女装不符合沙特妇女着装风俗，很难让沙特民众喜欢。中国园林、茶、丝绸、瓷器、中国高铁等非意识形态的文化符号受到沙特人的认可，喜爱度最高的是中国园林。沙特是炎热干燥的亚热带沙漠气候，沙特人很欣赏优美的中国园林，因此中国园林的喜爱度居首位。在采访阿卜杜勒·阿齐兹国王公共图书馆北京大学分馆的阿司力博士和阿贝德博士时，阿司力说："最有名的中国文化符号还有中国茶。现在沙特人喜欢喝中国茶。我每次回国太麻烦了，他们跟我说要这种茶那种茶，铁观音、普洱茶……以前沙特人喝锡兰茶（斯里兰卡红茶），现在沙特人开始喝中国茶。他们越来越了解文化差异。这也是一个概念，因为我们那边的消息是来自西方。沙特人开始喝中国茶的时候就发现不同文化之间有区别。"上述说法也证实了茶在沙特广受欢迎。

龙是著名的中华文化符号，受到中国人的喜爱。2020 年东京奥运会上，中国体育健儿运动服上的图案就是龙。龙在不同文化中的寓意和人们对它的态度差异较大。本次调查显示，在沙特，中国龙的寓意是中性的，态度也是中性的。在访谈时，阿司力博士和阿贝德博士也赞同上述调查结果。阿司力说，在沙特文化中没有龙，沙特人认为龙不是真实的动物，是一种想象中的动物。龙的寓意没有好，也没有坏，沙特人看到或听到龙，就知道它跟中国文化有关系。具体到龙究竟什么意思，不知道，认为它和中国的节日有一些关系。龙出现在卡通片中，是很多很可爱动物的一种，不是好不好的问题。可以用它来作为一些产品的品牌，或者卖东西可以用它做标识，人们不会说龙好和不好，其寓意是 0（中性），不含优点也不含缺点。龙与蛇不同，在沙特蛇的含义不好，龙应该没问题。我们的商店里售卖商品的牌子用龙没问题。

（二）高铁类新文化符号有传播潜力

中国高铁在沙特的喜爱度均值排名第一，这出乎调查者的意料之外。经查阅得知，这与中铁十八局承建的沙特"麦麦高铁"及中国中车在当地卓有成效的工作有关。"麦麦高铁"是沙特第一条双线电气化高速铁路，全长 450 公里，设计最高时速 360 公里，起点麦加，终点为麦地那（2018 年建成）。一年可运送旅客 1500 万人次，从麦加到麦地那只需 2 小时，从吉达到麦加半个小时。"麦麦高铁"将对沿线地区的经济和社会发展产生重大影响。这个工程对中国高铁的知晓率和喜欢率起到直接正面影响。中铁十八局在沙特同时参与了南北铁路、麦加轻轨、麦麦高铁等三个铁路项目的建设，创造了同一企业在同一国家同时承建三个铁路项目的历史纪录。中国铁建作为最早进入沙特市场的建筑企业之一，积极适应国际市场的游戏规则，牢固树立"干一项工程、铸一座丰碑、竖一块牌子、交一方朋友、拓一方市场"理念，用一项项精品工程，让"中国铁建"这块金字招牌熠熠生辉。因而，中国高铁有这么高的知晓率和喜欢率就不足为奇了。中国高铁在沙特广受欢迎表明：中国新的文化符号是有生命力的；硬实力与软实力是密切相关的，硬实力可以转化为软实力；中国海外企业是传播中华文化的一支重要生力军；中铁十八局的做法值得总结借鉴。科技含量高且能给海外民众带来福祉的现代中国文化符号在提升中华文化和中国形象中有很大的传播潜能。这类新的中国文化符号，如北斗导航、中国空间站、嫦娥探月工程、杂交水稻、量子通信卫星、5G 通信、华为手机、新能源汽车、C919 大飞机、网购、支付宝等宜在对外文化交流中加以高度重视和充分利用。

（三）中餐、春节、中医、北京大学、清华大学的喜欢率有提升空间

与意识形态联系不紧密的中国文化符号有提升的空间。例如，生活符号中的中餐、春节，科技类符号中医，教育类符号北京大学和清华大学。

中餐　中国烹饪的知晓率与喜欢率分别为 87.8% 和 58.4%，其差异有 29.4 个百分点。其喜欢率比中国人的（89.1%）低 30.7 个百分点。过去 30 多年来，沙特的农业发展成就举世瞩目。沙特是世界上降水量最少的国家之一，当今大面积沙漠已经变成了农田，向世界各地出口小麦、椰枣、乳制品、鸡蛋、鱼、家禽、水果、蔬菜和鲜花。椰枣曾经是沙特人的主食，现在主要用于全球人道主义援助。这种农业变革改变了沙特的传统饮食，提供了以往几代人难以想象的多种当地食物。椰枣不再像过去是沙特阿拉伯人的重要主食，尽管它仍然是一种重要的补充食品①。由于自然环境因素，沙特人传统上饮食比较简单，但可以吃大地上合法的美食。《古兰经》上说："众人啊！你们可以吃大地上所有合法而且佳美的食物。"伊本·沙特自称要统一阿拉伯半岛，使阿拉伯人逐渐脱离游牧生活，成为以农耕为主的定居民族②。这种饮食变化和伊斯兰教重视健康饮食的传统，为中餐进一步进入沙特提供了机遇。只要结合沙特国情，适合沙特民众口味，沙特民众更喜欢中餐是有可能的。

春节　春节的知晓率（66.7%）比喜欢率（51.9%）高 14.8 个百分点。喜欢率比中国人（85.0%）低 33.1 个百分点。春节没有宗教色彩，内容丰富，且春节通常在公历 1~2 月。沙特的所有国家节日（斋戒月、开斋节、阿拉法特日、宰牲节/古尔邦节、伊斯兰新年和国庆日、圣纪节/穆罕默德

---

① https://www.saudiembassy.net/agriculture-water.
② 纳忠著《阿拉伯通史》下卷，商务印书馆，1999，第 484 页。

诞辰）用伊斯兰历计算，伊斯兰历不置闰月，与公历每年相差 10 天左右，以公历计算，这些宗教节日的时间不是固定的，多数年份与春节不重合。公历 10 月至次年 3 月是沙特最舒适的季节（沙特没有四季，只有春夏两季），气温 20 摄氏度左右。因而，可以借用春节与沙特国家节日不重合的时机，通过"欢乐春节"活动和在沙特的中国施工人员推动，来提高中国春节的知晓率和喜欢率。

中医 中医的知晓率（93.8%）比喜欢率（72.0%）高 21.8 个百分点，喜欢率比中国人的（87.6%）低 15.6 个百分点。沙特人对中医能治病的认同率（76.0%）只比中国人（91.2%）低 15.2 个百分点，但就医用药率（38.8%）比中国人（96.1%）低 57.3 个百分点。这种差距显示，提高沙特人的中医就医用药率还有较大空间。中医中药中针灸、中草药治病方便、廉价、环保，加之发现中药青蒿素的屠呦呦获得诺贝尔奖，2020 年中医在抗击新冠疫情中作用突出，中医的名声较以前有所提高。中医学与伊斯兰医学交流源远流长。"中医学是在吸收了伊斯兰医学成就的过程中，才得以丰富、更新和发展了自身。"从唐代中医药就开始吸收伊斯兰文化（医药）成分，元代伊斯兰医药已成为中医不可分割的一部分，明代是传统中医大量吸收伊斯兰医学先进技术和知识的朝代[1]。鉴于上述情况，提高沙特民众对中医的喜欢率和就医用药率还有空间。太极阴阳图是中华文化中形象表现辩证思维的文化符号，沙特人的知晓率（67.3%）和喜欢率（47.8%）与中国人的知晓率（75.4%）和喜欢率（71.3%）相比，知晓率只差 8.1 个百分点，但喜欢率相差 23.5 个百分点，喜欢率相差较大。实际上太极阴阳图没有政治意识形态色彩，与沙特瓦哈比教派的禁忌（禁止绘画一切有生命的东西）没有冲突。如果和中医药进行恰当配合，应该可以获得沙特民众更高的喜欢率。

北京大学、清华大学 两校是我国最高学府，北京大学、清华大学在沙特的知晓率为 67.4%、52.0%，知晓率尚可，但两校的喜欢率（53.5%、51.4%）都不高，提高两校的喜欢率尚有空间。首先，新中国成立 70 多年来，教育总体实力和国际影响显著增强。一批大学与世界一流大学的差距

---

[1] 杨怀中、余振贵主编《伊斯兰与中国文化》，第六章"伊斯兰医学的输入"（宋岘撰写），宁夏人民出版社，1995，第 337、261、262 页。

不断缩小，清华大学和北京大学是这些大学中的突出代表。例如，2019 年 6 月 QS 集团在伦敦发布 2020 QS 世界大学排名，清华大学排名全球第 16 位，北京大学从第 30 位上升到第 22 位。其次，对于北京大学来说，还有特殊的资源。2017 年 3 月 17 日沙特国王萨勒曼在访华期间到访北京大学，出席阿卜杜勒·阿齐兹国王公共图书馆北京大学分馆落成典礼，并被授予北京大学名誉博士学位。位于利雅得的阿卜杜勒·阿齐兹国王公共图书馆在全世界设有 2 个分馆，分别位于卡萨布兰卡和中国的北京大学。萨勒曼表示，希望北京大学分馆成为中沙两国的文化见证，促进两国交流，密切两国在各个领域尤其是学术文化领域的联系，并为两国开拓更良好的合作前景作出贡献。北京大学校方表示，沙特国王出席北京大学分馆落成典礼是具有里程碑意义的文化活动。这一分馆为今后北京大学继续推动中沙人文交流、为两国友好合作与发展提供了平台，对提高北京大学的知晓率会发挥更积极的作用。

（四）针对不同人士使用得当的中国文化符号

年龄、收入、受教育程度、性别、本地人和外籍人、居住省籍、职业等不同的人士对中华文化都有所偏好。例如，年龄与儒家思想和道教呈弱负相关，即年龄越大越不喜欢这两个符号；收入越高越喜欢道教和诗词；受教育程度越高越喜欢兵马俑、大熊猫、布达拉宫、中国画、旗袍/唐装；女性比男性更喜欢长城、中国烹饪、儒家思想、诗词、书法、围棋。男性比女性更喜欢中医、功夫；本地人与外籍人对中华文化符号的态度区别不大；不同省份受访者对中华文化符号的喜欢率有区别，如哈勒伊省喜欢 9 项文化符号均值的平均数（3.92）比麦加省（3.33）高 0.59，前者接近比较喜欢，后者接近中立；不同职业受访者对中华文化符号的喜欢率也有区别，立法人员、领导人和管理人员喜欢 9 项文化符号均值的平均数（3.67）比宗教人士（2.06）高 1.61，前者接近比较喜欢，后者基本为较不喜欢。由于这些差异，我们使用中华文化符号就需要针对不同对象。俗话说，到什么山唱什么歌，看菜吃饭，量体裁衣。在沙特使用中华文化符号交流也需要区别不同的人士，做到使用得当。

第三章　中国文化产品和服务在沙特

一　问卷设计

近年来，中沙两国经贸和能源合作发展迅速，中国已成为沙特最大的贸易伙伴，2016 年双边贸易额达 423.6 亿美元，自 1990 年建交以来年均增长 36%。2018 年双边贸易额 633.35 亿美元，其中中国进口 458.91 亿美元、出口 174.44 亿美元。中国从沙特进口的主要商品为原油、石化产品等，出口的主要商品为机电产品、日用品、纺织品等①。随着全球化和文化产业的发展，文化产品作为文化的一种物化形式，也是影响国外民众的重要媒介。尽管可以通过文化产品进出口贸易额评估中国文化产品在沙特的影响力，但贸易额数字只能反映文化影响的一个方面。通过问卷调查沙特民众对中国文化产品的认知和态度不失为一个观察中国文化产品影响的重要维度。为此，问卷从文化产品消费者市场调查视角，考查了受访者对中国文化产品和服务的态度、能否接触、购买数量、购买渠道、购买意愿，对中国文化产品品牌的认知和态度。

二　对中国文化产品和服务的兴趣

（一）问卷内容

中国 2012 年公布的文化及相关产业分类将文化产品分成十大类。文化产品内涵丰富，纸张、电视机、收音机等都是文化产品。本调查主要针对中国文化产品中的内容产品（软件产品），未涉及电视机类硬件产品。

---

① 《中国同沙特阿拉伯的关系》，商务部部长钟山接受《中东报》书面采访（2017/04/05），中华人民共和国驻沙特大使馆，http://www.chinaembassy.org.sa/chn/，最后访问日期：2020 年 2 月 1 日。

从目前文化产品分类看，中华医药和中国烹饪不属于文化产品，但二者是重要的中国文化服务，因而也将二者列入文化产品和服务。问卷开列了包含18种中国文化产品和服务的名单，调查受访者的感兴趣程度。问题如下。

V9. 您对以下中国文化产品和服务感兴趣的程度如何？【循环出示，行单选】

	1 很不感兴趣	2 较不感兴趣	3 中立	4 较感兴趣	5 很感兴趣
1. 绘画作品					
2. 书法作品					
3. 手工艺品					
4. 文化展览					
5. 文化演出					
6. 图书					
7. 功夫					
8. 电视剧					
9. 电影					
10. 动漫					
11. 音乐					
12. 纪录片					
13. 电子游戏					
14. 文化旅游					
15. 中华医药					
16. 中国烹饪					
17. 广告					
18. 时尚设计产品					

这些中国文化产品和服务中，有6种与前一章的文化符号联系密切：绘画作品—中国画、书法作品—书法、功夫—功夫、音乐—中国民乐、中华医药—中华医药、中国烹饪—中国烹饪，对照两者调查结果，相互印证。

（二）数据分析

用两种方法计算感兴趣的程度。一是将回答"较感兴趣"和"很感兴趣"的比例相加，计算兴趣率，兴趣率较直观；二是将选择"很不感兴趣"赋值1，"很感兴趣"赋值5，以此类推计算各选项的均值，均值越接近5就越感兴趣，兴趣均值较准确。

1. 整体情况

兴趣率 手工艺品（68.0%）名列榜首，第2～5位是时尚设计产品（65.3%）、文化旅游（63.7%）、中华医药（62.4%）、中国烹饪（62.0%）；它们都超过了60%，多数人对其感兴趣。兴趣率最低的5项是书法作品（32.3%）、广告（32.8%）、音乐（34.2%）、绘画作品（38.1%）、电视剧（40.4%），都没有超过50%，少数人对其感兴趣；18项平均51.0%（见表3-1）。

表3-1 沙特受访者对中国文化产品和服务感兴趣程度

均值排序	对中国文化产品和服务感兴趣程度（%）					兴趣率（%）	均值	标准差
	1 很不感兴趣	2 较不感兴趣	3 中立	4 较感兴趣	5 很感兴趣			
1. 手工艺品	9.3	5.8	16.9	35.3	32.7	68.0	3.77	1.228
2. 时尚设计产品	8.2	5.9	20.7	32.3	33.0	65.3	3.76	1.206
3. 文化旅游	10.0	7.3	19.0	29.0	34.7	63.7	3.71	1.283
4. 中华医药	8.8	7.2	21.7	32.9	29.5	62.4	3.67	1.218
5. 中国烹饪	12.6	8.6	16.8	32.7	29.3	62.0	3.58	1.326
6. 电子游戏	12.1	9.0	18.9	32.9	27.1	60.0	3.54	1.303
7. 功夫	13.8	8.1	20.7	29.6	27.8	57.4	3.49	1.342
8. 文化展览	13.0	8.7	25.0	29.6	23.7	53.3	3.42	1.294
9. 动漫	13.3	9.3	25.6	28.4	23.5	51.9	3.40	1.301
10. 电影	15.0	9.6	21.1	31.2	23.0	54.2	3.38	1.338
11. 纪录片	14.4	8.6	25.8	26.8	24.4	51.2	3.38	1.328
12. 文化演出	15.3	9.5	25.7	27.2	22.3	49.5	3.32	1.331
13. 绘画作品	13.3	11.6	37.0	17.6	20.5	38.1	3.21	1.267

均值排序	对中国文化产品和服务感兴趣程度（%）					兴趣率（%）	均值	标准差
	1 很不感兴趣	2 较不感兴趣	3 中立	4 较感兴趣	5 很感兴趣			
14. 图书	19.7	9.7	29.6	25.5	15.5	41.0	3.07	1.326
15. 电视剧	19.0	15.6	25.0	24.5	15.8	40.4	3.03	1.341
16. 书法作品	19.4	16.7	30.6	19.5	13.8	32.3	2.92	1.289
17. 音乐	24.9	11.9	29.1	18.1	16.1	34.2	2.89	1.388
18. 广告	25.1	10.4	31.6	19.7	13.1	32.8	2.85	1.346

兴趣均值　前 5 名与兴趣率完全一致：手工艺品（3.77）、时尚设计产品（3.76）、文化旅游（3.71）、中华医药（3.67）、中国烹饪（3.58），均在中立和较感兴趣之间，倾向感兴趣。最低的 5 项是广告（2.85）、音乐（2.89）、书法作品（2.92）、电视剧（3.03）、图书（3.07），基本为中立。18 项平均为 3.36。

与文化符号喜欢率比较　有 6 种文化产品和服务与文化符号关系密切。它们的兴趣率、兴趣均值与相应文化符号的喜欢率、喜欢均值比较如下。

3 组没有显著差别：书法作品（32.3%、2.92）—书法（36.1%、3.10）、音乐（34.2%、2.89）—中国民乐（37.3%、3.05）、中国烹饪（62.0%、3.58）—中国烹饪（58.4%、3.55）。这其中蕴含什么信息呢？笔者认为，这三种文化产品和服务与沙特消费者的预期吻合。

3 组有显著差异：绘画作品（38.1%、3.21）—中国画（55.5%、3.61）、功夫（57.4%、3.49）—功夫（73.6%、4.02）、中华医药（62.4%、3.67）—中医（72.0%、3.95）。这 3 组有较显著差异，均为对中国文化产品和服务的兴趣率远低于对相应文化符号的喜欢率。这其中蕴含什么信息呢？笔者认为，这三种文化产品和服务远没有达到沙特消费者的预期，还有待进一步提升、改进。

2. 人群分析

将年龄、收入、受教育程度与对中国文化产品和服务的兴趣程度作相关分析，显示年龄与功夫、电视剧产品负相关，相关系数为 -0.066^{*}、-0.058^{*}，年龄越小越感兴趣。年龄与纪录片、中华医药显著正相关，相关系数为 0.097^{**}、0.082^{**}，年龄越大越感兴趣。

收入与7种文化产品和服务为显著或较显著正相关，相关系数书法作品为0.109**、文化演出为0.097**、动漫为0.096**、绘画作品为0.078**、中国烹饪为0.068*、纪录片为0.062*、广告为0.057*。收入越高越对它们感兴趣。

受教育程度与6种文化产品和服务为显著或较显著正相关，相关系数文化演出为0.090**、功夫为0.084**、中国烹饪为0.082**、文化展览为0.069*、中华医药为0.067*、绘画作品为0.061*。受教育程度越高越对它们感兴趣。

将性别、国籍、省籍、职业与对中国文化产品兴趣率作交叉列表卡方检验，结果如下。

性别 女性比男性更感兴趣的有3种：绘画作品兴趣率44.9%比男性兴趣率38.1%高6.8个百分点，书法作品兴趣率40.4%比男性兴趣率28.4%高12.0个百分点，音乐兴趣率36.9%比男性兴趣率32.2%高4.7个百分点。男性对功夫的兴趣率62.8%比女性兴趣率49.7%高13.1个百分点。

国籍 本地人比外籍人更感兴趣的产品有2种：绘画作品兴趣率40.6%比外籍人兴趣率29.3%高11.3个百分点，书法作品兴趣率35.7%比外籍人兴趣率24.9%高10.8个百分点。外籍人比本地人更感兴趣的有1种，动漫兴趣率61.9%比本地人兴趣率49.2%高12.7个百分点。

省籍 不同省籍受访者对绘画作品、书法作品、纪录片、中国烹饪、时尚设计产品的兴趣率有较显著和显著差异。例如，麦地那省对中国烹饪兴趣率73.6%比全国平均兴趣率62.0%高11.6个百分点。

职业 不同职业受访者对绘画作品、书法作品、文化演出、功夫、中国烹饪、时尚设计产品的兴趣率有较显著和显著差异。例如，对中华医药的兴趣率，立法人员、领导人和管理人员为66.7%，专业技术人员为63.2%，分别比办公室职员的36.7%高30.0个百分点、26.5个百分点；对文化演出的兴趣率，专家或行业带头人为61.0%，立法人员、领导人和管理人员为58.3%，分别比办公室职员的23.3%高37.7个百分点、35.0个百分点。

3. 相关分析

对中国文化产品和服务感兴趣程度与中华文化评价 对18种中国文化产品和服务态度与对中华文化9项评价共162对相关分析显示，41对显著相关，占25.3%，34对较显著相关，占21.0%，87对不显著相关，占53.7%。对单个文化产品感兴趣程度与9项评价相关系数的平均数，排名前5位的是：中华医药 0.120、绘画作品 0.091、文化演出 0.091、纪录片 0.079、中国烹饪 0.077。单项中华文化评价与 18 种产品相关系数的平均数，前三名是：中华文化是多元的 0.110、有吸引力的 0.104、和谐的 0.062。162 个相关系数中，超过 0.200 的有 6 个：中华医药、绘画作品与中华文化是有吸引力的相关系数（分别为 0.243**、0.205**）及中华医药、文化演出、动漫、绘画作品与中国文化是多元的相关系数（分别是 0.232**、0.214**、0.208**、0.202**）（见表 3-2）。

表 3-2　沙特受访者对中国文化产品和服务感兴趣程度
与中华文化 9 项评价的相关系数

	有吸引力	包容的	有活力的	灿烂的	多元的	爱好和平	有价值的	创新的	和谐的	平均
绘画作品	.205**	.077**	.051	.065*	.202**	.077**	.037	.040	.063*	.091
书法作品	.132**	.069*	.036	.053	.137**	.065*	.009	.030	.074**	.067
手工艺品	.054	.071*	.068*	.047	.036	.063*	.036	.013	.084**	.052
文化展览	.065*	.084**	.041	.063*	.084**	.017	.035	.011	.057*	.051
文化演出	.182**	.045	.054*	.066*	.214**	.082*	.038	.038	.097**	.091
图书	.071*	.030	.066*	.060*	.035	.049	.057*	.034	.087**	.054
功夫	.170**	.081**	.021	.018	.141**	.048	.017	.054*	.042	.066
电视剧	.033	.031	-.022	-.002	.070*	.012	-.015	-.002	.013	.013
电影	.044	-.002	.067*	.056*	.057*	.014	.038	.058*	.026	.040
动漫	.146**	.061*	.044	.029	.208**	.045	.019	.043	.051	.072
音乐	.013	.032	.036	.074**	.046	.069*	.023	-.015	.076**	.039
纪录片	.178**	.066*	.048	.073**	.157**	.079*	.031	.021	.057*	.079
电子游戏	.040	.057*	.046	.059*	.051	.062*	-.003	.025	.053	.044
文化旅游	.047	.058*	.046	.039	.019	.033	.052	.050	.051	.044
中华医药	.243**	.072**	.059*	.086**	.232**	.110**	.099**	.077**	.101**	.120
中国烹饪	.154**	.109**	.031	.077**	.168**	.044	.022	.042	.049	.077
广告	.052	.038	.033	.049	.050	.064*	.036	.082**	.045	.050
时尚设计产品	.035	.062*	.038	.048	.064*	.047	.096**	.026	.085**	.056
平均	.104	.058	.042	.053	.110	.054	.035	.035	.062	.061

对中国文化产品和服务感兴趣程度与中国形象评价　对 18 种中国文化产品和服务感兴趣程度与中国形象 8 项评价的 144 对相关分析显示，31 对显著相关，占 21.5%，28 对较显著相关，占 19.4%，85 对不显著相关，占 59.0%。单种文化产品和服务感兴趣程度与中国形象 8 项评价相关系数的平均数，排名前 5 位的是：时尚设计产品 0.082、中华医药 0.077、手工艺品 0.065、文化展览 0.059、文化演出 0.054。单项中国形象评价与 18 种文化产品和服务感兴趣程度相关系数的平均数，排名前三位的是：中国颇具魅力 0.061、充满活力 0.061、可靠可信 0.054。相关系数都较小，超过 0.100 的有 3 个：中华医药与中国颇具魅力和充满活力的相关系数（0.108**、0.114**）及时尚设计产品与中国有领导力的相关系数（0.121**）（见表 3-3）。

表 3-3　沙特受访者对中国文化产品和服务感兴趣程度
与中国形象 8 项评价相关系数

	可靠可信	令人愉悦	有领导力	充满活力	颇具魅力	坚定不移	不断发展	有创新力	平均
绘画作品	.085**	.032	.020	.035	.076**	.028	.067*	.010	.044
书法作品	.068**	.039	.051	.028	.061*	.022	.043	.026	.042
手工艺品	.083**	.062*	.059*	.097**	.063*	.039	.072**	.048	.065
文化展览	.084**	.046	.056*	.095**	.067*	.050	.062*	.014	.059
文化演出	.078**	.048	.029	.056*	.093**	.034	.040	.055*	.054
图书	.033	.023	.000	.061*	.025	.025	.051	.070**	.036
功夫	.051	-.003	.012	.055*	.064*	.003	.071**	-.006	.031
电视剧	.039	.017	.006	.049	.032	.030	-.012	.021	.023
电影	.025	.041	.029	.064*	.076**	.080**	.008	.056*	.047
动漫	.047	.035	.014	.072**	.078**	.043	.064*	.012	.046
音乐	.050	.052	.068*	.042	.001	.039	.054*	-.002	.038
纪录片	.067*	.017	.034	.047	.063*	.029	.047	.026	.041
电子游戏	.049	-.001	.023	.076**	.062*	.082**	.041	.029	.045
文化旅游	.025	.071**	.026	.094**	.070**	.045	.061*	.028	.053
中华医药	.082**	.067*	.056*	.114**	.108**	.035	.087**	.069*	.077
中国烹饪	.034	.021	.007	.015	.027	-.028	.031	-.003	.013
广告	.027	.052	.049	.020	.031	.056*	.033	.011	.035
时尚设计产品	.053*	.084**	.121**	.070**	.094**	.079**	.098**	.055*	.082
平均	.054	.039	.037	.061	.061	.038	.051	.029	.046

对中国文化产品和服务感兴趣程度与中国形象评价、中华文化评价对比　从两方面比较：一是对中国文化产品和服务感兴趣程度与中国颇具魅力的相关系数同对中国文化产品和服务感兴趣程度与中华文化有吸引力相关系数比较；二是对中国文化产品和服务感兴趣程度与中国形象 8 个相关系数的平均数同对中国文化产品和服务感兴趣程度与中华文化评价 9 个相关系数的平均数比较。比较显示有 3 种情况（见表 3-4）。

表 3-4　沙特受访者对中国文化产品和服务感兴趣程度与中华文化评价、

中国形象评价相关系数比较

		文化有吸引力	中国颇具魅力	两者之差	中华文化9项平均	中国形象8项平均	两者之差
大于	中华医药	.243 **	.108 **	.135	.120	.077	.043
	绘画作品	.205 **	.076 **	.129	.091	.044	.047
	中国烹饪	.154 **	.027	.127	.077	.013	.064
	纪录片	.178 **	.063 *	.115	.079	.041	.038
	功夫	.170 **	.064 *	.106	.066	.031	.035
	文化演出	.182 **	.093 **	.089	.091	.054	.037
	书法作品	.132 **	.061 *	.071	.067	.042	.025
	动漫	.146 **	.078 **	.068	.072	.046	.026
	图书	.071 *	.025	.046	.054	.036	.018
约等于	广告	.052	.031	.021	.050	.035	.015
	音乐	.013	.001	.012	.039	.038	.001
	电视剧	.033	.032	.001	.013	.023	-.010
	文化展览	.065 *	.067 *	-.002	.051	.059	-.008
	手工艺品	.054	.063 *	-.009	.052	.065	-.013
小于	电子游戏	.040	.062 *	-.022	.044	.045	-.001
	文化旅游	.047	.070 **	-.023	.044	.053	-.009
	电影	.044	.076 **	-.032	.040	.047	-.007
	时尚设计产品	.035	.094 **	-.059	.056	.082	-.026
	平均	.104	.061	.043	.061	.046	.015

与中华文化评价相关度大于与中国形象评价相关度。这类文化产品和服

务有 9 种：中华医药、绘画作品、中国烹饪、纪录片、功夫、文化演出、书法作品、动漫、图书。最突出的是中华医药、绘画作品、中国烹饪，它们与中华文化有吸引力的相关系数比与中国颇具魅力相关系数分别大 0.135、0.129、0.127。

与中华文化评价相关度约等于与中国形象评价相关度。这类文化产品和服务有 5 种：广告、音乐、电视剧、文化展览、手工艺品。

与中华文化评价相关度小于与中国形象评价相关度。这类文化产品和服务有 4 种：电子游戏、文化旅游、电影、时尚设计产品。最突出的是时尚设计产品，其与中华文化有吸引力的相关系数 0.035 比中国颇具魅力相关系数 0.094 小 0.059。

从提升中华文化影响力和中国形象视角看有 4 种情况：对中国文化产品和服务感兴趣程度与中华文化评价和中国形象评价都显著相关，如中华医药、绘画作品、文化演出、动漫、文化展览，提升对它们的兴趣率可以同时提升中华文化影响力和中国形象，一举两得；对中国文化产品和服务感兴趣程度仅与中华文化评价显著或较显著相关，如中国烹饪、纪录片、功夫、图书，提升对它们的兴趣率可以提升中华文化影响力；对中国文化产品和服务感兴趣程度仅与中国形象评价显著或较显著相关，如时尚设计产品、文化旅游、电影、手工艺品、电子游戏，提升对它们的兴趣率可以提升中国形象；对中国文化产品和服务感兴趣程度与中华文化评价和中国形象评价都不显著相关，如广告、音乐、电视剧，需要研究如何改进工作，助力提升中华文化影响力和中国形象。

对中国文化产品和服务感兴趣程度与对中沙关系态度　对中国文化产品和服务感兴趣程度与对中沙关系态度（去除不知道者）的相关分析显示，对中国文化演出、纪录片感兴趣程度分别与对中沙关系态度显著相关，相关系数分别为 0.123** 和 0.107**。对功夫、动漫感兴趣程度分别与对中沙关系态度较显著相关，相关系数分别为 0.071* 和 0.066*。

4. 沙特与 9 国比较

中沙对比，中国问卷未调查对中国烹饪和广告的兴趣率，沙特人对 16 种中国文化产品和服务的兴趣率平均数（50.9%）比中国人（68.0%）低 17.1 个百分点，沙特人对 13 种中国文化产品和服务的兴趣率低于中国人，相差最大的前 3 名为音乐、书法作品、图书，其兴趣率（34.2%、32.3%、

41.0%）比中国人（77.1%、71.9%、76.0%）分别低42.9、39.6、35.0个百分点。沙特人对3种中国文化产品和服务的兴趣率略高于中国人：电子游戏、动漫、时尚设计产品，其兴趣率（60.0%、51.9%、65.3%）比中国人（43.0%、47.9%、62.1%）分别高17.0、4.0、3.2个百分点。

　　与海外其他8国比较，沙特人对18种中国文化产品和服务的兴趣率平均数位居第三，低于印度（54.6%）和印尼（62.8%）。海外9国受访者对中国文化产品和服务的兴趣率平均数排名前三位的是中国烹饪、文化旅游和中华医药（66.5%、58.7%、51.2%）（见表3-5）。

表 3-5　沙特和9国受访者对中国文化产品和服务的兴趣率比较

单位：%

	沙特	美国	德国	俄罗斯	印度	日本	韩国	越南	印尼	平均	中国
1. 绘画作品	38.1	39.6	23.1	38.3	54.4	14.2	22.4	47.1	64.9	38.0	66.5
2. 书法作品	32.3	36.4	21.5	25.2	45.2	15.1	26.2	60.4	60.6	35.9	71.9
3. 手工艺品	68.8	41.0	30.5	44.8	66.6	15.9	30.6	55.5	72.0	47.3	76.7
4. 文化展览	53.3	38.0	25.0	41.2	58.0	15.3	34.5	43.2	70.1	42.1	70.0
5. 文化演出	49.5	38.0	17.6	27.8	54.3	10.9	37.2	43.9	66.5	38.4	68.1
6. 图书	41.0	29.1	18.4	25.8	41.0	13.3	22.8	48.4	52.0	32.4	76.0
7. 功夫	57.4	39.6	24.2	32.7	68.5	15.7	—	—	—	39.7	63.2
8. 电视剧	40.4	27.6	16.3	15.4	40.4	12.7	26.1	69.8	50.0	33.2	64.7
9. 电影	54.2	35.7	26.3	37.1	55.0	14.5	48.3	71.7	72.9	46.2	71.0
10. 动漫	51.9	27.4	16.5	25.5	55.8	10.8	22.3	42.5	57.6	34.5	47.9
11. 音乐	34.2	31.7	14.7	30.9	48.6	15.1	22.6	26.3	55.0	31.0	77.1
12. 纪录片	51.2	36.2	38.3	35.0	47.3	15.0	29.0	25.6	52.3	34.0	74.5
13. 电子游戏	60.0	29.0	17.3	28.3	51.5	9.9	15.4	37.5	57.4	34.0	43.0
14. 文化旅游	63.7	44.7	46.1	65.4	67.8	24.0	62.5	72.5	81.2	58.7	80.1
15. 中华医药	62.4	40.9	54.0	53.0	58.9	20.5	28.4	62.9	78.8	51.2	75.4
16. 中国烹饪	60.2	64.7	70.4	56.2	73.2	52.9	68.3	74.2	78.2	66.5	—
17. 广告	32.8	18.1	8.6	14.2	42.4	9.1	13.5	24.5	41.8	22.8	—
18. 时尚设计产品	65.3	27.2	20.1	32.6	53.4	10.0	17.2	41.3	56.5	36.0	62.1
平均	50.9	35.8	27.2	35.0	54.6	16.2	31.0	49.8	62.8	40.4	68.0

三 接触中国文化产品和服务状况

（一）问卷内容

对一国文化产品和服务感兴趣，但不一定能够接触到。问卷调查了受访者接触 18 种文化产品和服务的情况。具体内容如下。

V9. 您在生活中可以接触到以下中国文化产品或服务吗？（可多选）【循环出示，行单选】

产品或服务名称	1 否	2 能	产品或服务名称	1 否	2 能
1. 绘画作品			10. 动漫		
2. 书法作品			11. 音乐		
3. 手工艺品			12. 纪录片		
4. 文化展览			13. 电子游戏		
5. 文化演出			14. 文化旅游		
6. 图书			15. 中华医药		
7. 功夫			16. 中国烹饪		
8. 电视剧			17. 广告		
9. 电影			18. 时尚设计产品		

（二）数据分析

1. 接触中国文化产品和服务情况

接触到的比例在 63.6%~45.7%，18 种接触率依次是：电影 63.6%、中国烹饪 63.6%、时尚设计产品 62.9%、电子游戏 62%、动漫 59.7%、电视剧 58.2%、纪录片 58%、手工艺品 56.9%、中华医药 55.4%、音乐 53.6%、绘画作品 51.8%、广告 51.6%、文化旅游 50.5%、图书 48.8%、功夫 47.9%、文化展览 47.7%、文化演出 45.9%、书法作品 45.7%，平均为 54.7%。

2. 人群分析

对不同年龄、收入、受教育程度、性别、国籍、省籍、职业人群分别与接触中国文化产品和服务情况作交叉列表卡方检验，结果如下。

不同年龄人群与手工艺品、文化旅游的接触率有显著差异。手工艺品：55~64岁的接触率（71.6%）高于平均接触率（56.9%），15~24岁和25~34岁的接触率（51.0%、49.0%）比平均接触率低5.9个百分点和7.9个百分点，其余年龄段没有明显差异。文化旅游：35~44岁和45~54岁的接触率（62.2%、55.6%）高于平均接触率（50.5%），15~24岁和65岁及以上的接触率（41.3%、30.0%）比平均接触率低9.2个百分点和20.5个百分点，其余年龄段没有明显差异。不同年龄人群能否接触到中医、时尚设计产品有较显著差异。中医：45~54岁和64岁及以上的接触率（63.9%、80.0%）高于平均接触率（55.4%），其余年龄段没有明显差异。时尚设计产品：55~64岁和64岁及以上的接触率（79.7%、70.0%）高于平均接触率（62.9%）。其余年龄段没有明显差异。

不同收入人群与中华医药、功夫、音乐的接触率均有显著差异。中华医药：年收入100万~200万（里亚尔，下同）的接触率（67.4）高于平均接触率（55.4%）12.0个百分点，少于5万的接触率（47.4%）比平均接触率低8.0个百分点，其余收入段没有明显差异。功夫：年收入100万~200万的接触率（62.9%）高于平均接触率（47.9%），大于200万和5万~50万的接触率（39.5%、42.3%）比平均接触率低8.4个百分点、5.6个百分点，其余收入段没有明显差异。中国音乐：年收入100万~200万、5万~50万的接触率（64.4%、58.9%）高于平均接触率（53.6%），少于5万和50万~100万的接触率（47.7%、46.0%）比平均接触率低5.9个百分点、7.6个百分点，其余收入段没有明显差异。不同收入人群与图书、文化旅游的接触率有较显著差异。图书：年收入100万~200万的图书接触率（60.6%）高于平均接触率（48.8%），收入多于200万人群的接触率（39.5%）比平均接触率低9.3个百分点，其余收入段没有明显差异。文化旅游：收入50万~100万和100万~200万的接触率（61.0%、58.3%）高于平均接触率（50.5%），收入多于200万和少于5万人群的接触率（42.1%、44.7%）比平均接触率低8.4个百分点、5.8个百分点，其余收入段没有明显差异。

不同受教育程度人群与手工艺品、电影、中国烹饪的接触率有较显著差异。手工艺品：小学和初中的接触率（21.4%、42.2%）低于平均接触率（56.9%），其余受教育程度没有明显差异。电影：小学、初中、高中的接触率（50.5%、51.5%、57.9%）低于平均接触率（63.6%），其余受教育程度没有明显差异。中国烹饪：小学、初中的接触率（57.1%、39.4%）低于平均接触率（63.6%）6.5个百分点、24.2个百分点，其余受教育程度没有明显差异。中医接触率有显著差异。小学、初中的接触率（21.4%、30.3%）低于平均接触率（55.4%）34.0个百分点、25.1个百分点，其余受教育程度没有明显差异，受教育程度越高，接触率越高。

从性别看，有5种中国文化产品和服务的男性接触率高于女性。男性的功夫接触率53.6%，高于女性的39.8%。男性的电视剧接触率61.6%，高于女性的53.4%。男性的电子游戏接触率65.4%，高于女性的57.1%。男性的中华医药接触率59.0%，高于女性的50.3%。男性的广告接触率66.2%，高于女性的58.2%。

从国籍看，本地人的绘画作品接触率53.7%，高于外籍人的44.8%；本地人的文化演出接触率47.8%，高于外籍人的38.7%。

省籍与手工艺品、音乐、文化旅游、中华医药接触率有显著差异，文化展览接触率有较显著差异（见表3-6）。以中华医药为例，麦地那省的接触率（67.9%）高于塔布克省（40.5%）。

表3-6　沙特受访者省籍与5种中国文化产品和服务的接触率比较

单位：个，%

	样本量	手工艺品	文化展览	音乐	文化旅游	中华医药
焦夫省	8	—	—	—	—	—
北部边疆省	12	41.7	16.7	66.7	33.3	58.3
塔布克省	37	35.1	51.4	45.9	27.0	40.5
哈伊勒省	15	66.7	26.7	80.0	60.0	53.3
麦地那省	53	56.6	60.4	56.6	64.2	67.9
盖西姆省	35	45.7	42.9	45.7	60.0	51.4
麦加省	221	56.6	46.6	45.7	47.1	51.1
利雅得省	256	59.4	45.3	50.8	51.2	55.5
东部省	150	68.7	54.7	69.3	62.0	68.7
巴哈省	6	—	—	—	—	—
阿西尔省	37	48.6	48.6	45.9	32.4	48.6
吉赞省	19	36.8	42.1	68.4	31.6	26.3
奈季兰省	3	—	—	—	—	—
总计	852	56.9	47.7	53.6	50.5	55.4

不同职业人群接触手工艺品、图书、电影、中华医药有显著差异。以中华医药为例，立法人员、领导人和管理人员的接触率（66.7%）明显高于平均接触率（55.4%），无职业或自由职业人群的接触率（43.4%）明显低于平均接触率（见表3-7）。

表3-7 沙特受访者职业与4种中国文化产品和服务接触率比较

单位：个，%

	样本量	手工艺品	图书	电影	中华医药
立法人员、领导人和管理人员	36	52.8	41.7	66.7	66.7
专家或行业带头人	226	62.4	54.4	73.0	62.4
专业技术人员	79	48.1	59.5	68.4	60.8
办公室职员	30	60.0	43.3	66.7	60.0
服务业、店铺与市场工作人员	83	62.7	43.4	50.6	61.4
农渔业技术工人	4	—	—	—	—
其他行业技术工人	32	59.4	46.9	71.9	62.5
军警	45	28.9	37.8	40.0	44.4
宗教人士	4	—	—	—	—
学生	115	58.3	60.0	67.0	53.0
无职业或自由职业	198	57.1	40.4	57.6	43.4
总计	852	56.9	48.8	63.6	55.4

3. 沙特与9国比较

中沙对比，沙特人对中国产品和服务的接触率平均数（54.7%）比中国人（81.1%）低26.4个百分点，16种的接触率都比中国人低，差距最大的三项是图书（41.2个百分点）、音乐（36.8个百分点）、中华医药（35.0个百分点），差距最小的三项是时尚设计产品（3.8个百分点）、电子游戏（6.8个百分点）、动漫（16.3个百分点）。

沙特与海外其他8国比，沙特对18种中国文化产品和服务的接触率平均数位居第一。沙特和海外8国对中国产品和服务的接触率平均数相比，前三名是中国烹饪（63.5%）、电影（46.9%）、中华医药（41.4%）（见表3-8）。

表 3-8　沙特和 9 国受访者对中国文化产品和服务接触率数据比较

单位：%

	沙特	美国	德国	俄罗斯	印度	日本	韩国	越南	印尼	平均	中国
绘画作品	51.8	16.9	16.5	31.8	36.2	28.9	21.0	41.5	43.8	32.0	77.6
书法作品	45.7	14	17.0	18.4	29.1	30.6	26.2	57.3	31.9	30.0	80.4
手工艺品	56.9	18.0	16.7	31.8	43.0	28.9	21.8	41.5	40.3	33.2	81.5
文化展览	47.7	15.8	13.9	23.0	34.6	28.0	16.6	16.0	21.1	24.1	75.5
文化演出	45.9	15.8	8.6	19.6	33.7	20.9	18.9	24.9	20.8	23.2	74.8
图书	48.8	17.7	11.4	22.2	30.8	30.0	19.0	49.2	24.7	28.2	90.0
功夫	47.9	16.8	12.9	20.1	42.4	25.0	—	—	—	27.5	72.5
电视剧	58.2	18.5	13.1	16.2	26.4	28.9	46.1	85.4	25.7	35.4	89.3
电影	63.6	24	25.7	41.9	40.8	33.6	69.0	73.9	49.5	46.9	90.1
动漫	59.7	15.6	13.1	33.2	44.3	23.4	12.5	44.6	21.1	29.7	76.0
音乐	53.6	19.5	17.2	36.5	33.3	32.6	34.4	17.7	29.8	30.5	90.4
纪录片	58.0	17.8	24.5	29.1	30.4	24.6	16.3	18.7	10.1	25.5	87.9
电子游戏	62.0	19.1	12.2	26.8	41.5	19.0	5.7	31.3	32.7	27.8	68.8
文化旅游	50.5	16.7	12.5	30.9	40.5	30.9	30.0	29.2	25.1	29.6	85.3
中华医药	55.4	20.4	32.0	46.3	37.7	34.7	22.4	61.2	62.9	41.4	90.4
中国烹饪	63.6	49.3	67.5	59.4	59.4	66.1	70.4	59.8	76.4	63.5	—
广告	51.6	11.6	8.8	23.9	28.8	25.8	8.7	27.3	16.9	22.6	—
时尚设计产品	62.9	14.6	10.9	30.6	33.7	23.0	7.8	16.1	28.7	25.4	66.7
平均	54.7	19.0	18.6	30.1	37.0	29.7	26.3	40.9	33.0	32.1	81.1

（三）接触率与兴趣率对比

以兴趣率与接触率之比为 1 为标准，对比显示沙特受访者对中国文化产品和服务的兴趣率和接触率有三种情况（见表3-9）。

表 3-9　沙特受访者对中国文化产品和服务的兴趣率与接触率对比

	类别	兴趣率（%）	接触率（%）	两者之比	两者之差（个百分点）
兴趣率大于接触率	文化旅游	63.7	50.5	1.26	13.2
	手工艺品	68.8	56.9	1.21	11.9
	功夫	57.4	47.9	1.20	9.5
	中华医药	62.4	55.4	1.13	7.0
	文化展览	53.3	47.7	1.12	5.6
兴趣率等于接触率	文化演出	49.5	45.9	1.08	3.6
	时尚设计产品	65.3	62.9	1.04	2.4
	中国烹饪	62	63.6	0.97	-1.6
	电子游戏	60	62	0.97	-2.0
兴趣率小于接触率	纪录片	51.2	58	0.88	-6.8
	动漫	51.9	59.7	0.87	-7.8
	图书	41	48.8	0.84	-7.8
	电影	54.2	63.6	0.85	-9.4
	书法作品	32.3	45.7	0.71	-13.4
	绘画作品	38.1	51.8	0.74	-13.7
	电视剧	40.4	58.2	0.69	-17.8
	广告	32.8	51.6	0.64	-18.8
	音乐	34.2	53.6	0.64	-19.4

比值明显大于 1 的有 5 种：文化旅游、手工艺品、功夫、中华医药、文化展览。比值最高的是文化旅游 1.26，兴趣率比接触率高 13.2 个百分点，显示受访者对文化旅游感兴趣程度较高，但实际上较少接触到中国文化旅游产品。从文化产品的供给侧看，是需求大于供给，可以增加受访者接触这类文化产品的机会，满足市场需求。

比值约等于 1 的有 4 种：文化演出、时尚设计产品、中国烹饪、电子游戏。显示受访者对这类文化产品和服务需求与中方供给之间的平衡，可见兴趣率和接触率需同步提升。

比值明显小于 1 的有 9 种：纪录片、动漫、图书、电影、书法作品、绘画作品、电视剧、广告、音乐。比值最小的为音乐（0.64）、广告（0.64），兴趣率比接触率分别低 19.4 个百分点、18.8 个百分点。显示需要改进这些文化产品和服务，提升受访者兴趣率。

四 购买中国文化产品的数量、渠道、意愿

（一）问卷内容

能接触中国文化产品不等于能购买中国文化产品，购买中国文化产品更说明中国文化产品的吸引力。下面的问题调查了受访者购买8种中国文化产品和服务的数量、渠道、意愿。

V10. 您购买过以下中国文化产品吗？若没购买过请填写"0"，若购买过，买过几件？（下拉菜单0~100）

1. 图书 0 1 2 3 4 5 6 7 8 9 10 11 12 13 14 15 …… 100

2. 电影音像制品 0 1 2 3 4 5 6 7 8 9 10 11 12 13 14 15 …… 100

3. 音乐制品 0 1 2 3 4 5 6 7 8 9 10 11 12 13 14 15 …… 100

4. 电视剧音像制品 0 1 2 3 4 5 6 7 8 9 10 11 12 13 14 15 …… 100

5. 工艺美术品 0 1 2 3 4 5 6 7 8 9 10 11 12 13 14 15 …… 100

6. 动漫游戏产品 0 1 2 3 4 5 6 7 8 9 10 11 12 13 14 15 …… 100

7. 中国原创玩具（例如，风筝、空竹等）0 1 2 3 4 5 6 7 8 9 10 11 12 …… 100

8. 中国字画 0 1 2 3 4 5 6 7 8 9 10 11 12 13 14 15 …… 100

V10-1. 若购买过，您通过哪种渠道？【多选】

1. 在本国 2. 到中国旅游或旅行 3. 网上购买 4. 托朋友从中国购买

V10-2. 您将来有购买中国文化产品的意愿吗？【单选】

没有 1 2 3 4 5 非常强烈

（二）购买数量数据分析

1. 整体情况

人均购买量　由多到少为：中国原创玩具（人均 1.98 件）、中国字画（人均 1.49 件）、音乐制品（人均 1.34 件）、工艺美术品（人均 1.25 件）、动漫游戏产品（人均 1.23 件）、电影音像制品（人均 0.59 件）、电视剧音像制品（人均 0.59 件）、图书（人均 0.4 本）。8 种平均人均 1.11 件。

购买者占比　中国文化产品和服务的购买率排序为：中国原创玩具（41.7%）、动漫游戏产品（33.9%）、工艺美术品（33.3%）、中国字画（31.1%）、音乐制品（30.5%）、电视剧音像制品（25.1%）、电影音像制品（23.5%）、图书（17.7%）。8 种平均 29.6%。

将受访者购买 8 种文化产品和服务的数量与其接触率、兴趣率一起分析，每种都有一定消费人群。要扩大沙特市场份额，就要适应沙特市场需求，提升产品竞争力。

2. 人群分析

对年龄、收入、受教育程度与产品购买数作相关分析，对性别、国籍与产品购买数作一元方差分析，对省籍、职业与产品购买数作交叉列表卡方检验，结果如下。

年龄　年龄只与购买中国原创玩具显著相关，相关系数 0.079**，年龄越大购买越多。

收入　收入与购买 8 种产品都显著正相关：图书 0.148**、中国字画 0.143**、电影音像制品 0.104**、电视剧音像制品 0.098**、动漫游戏产品 0.093**、中国原创玩具 0.089**、音乐制品 0.085**、工艺美术品 0.077**。收入越高购买越多。

受教育程度　受教育程度只与图书呈较显著负相关，相关系数 −0.070*，受教育程度越高购买越少。

性别　性别只与购买电视剧音像制品有显著差异，女性购买均值（0.77）比男性（0.46）高 0.31。

国籍　国籍只与购买图书和电视剧音像制品有差异：本地人购买均值 0.45、0.64，比外籍人（0.20、0.39）分别高 0.25、0.25。

省籍　省籍只与购买图书、音乐制品数量有显著差异。例如，麦地那省的图书购买数均值（0.79）比东部省（0.15）多 0.64（见表 3-10）。

表 3-10　沙特受访者省籍与购买图书数、音乐制品数均值比较

省份	样本量（个）	购书数均值	购音乐制品数均值	省份	样本量（个）	购书数均值	购音乐制品数均值
焦夫省	8	0.38	3.13	利雅得省	256	0.47	0.84
北部边疆省	12	0.50	1.42	东部省	150	0.15	0.95
塔布克省	37	0.08	1.00	巴哈省	6	0.33	0.83
哈伊勒省	15	0.20	1.07	阿西尔省	37	0.38	0.86
麦地那省	53	0.79	2.04	吉赞省	19	0	0.26
盖西姆省	35	0.34	3.66	奈季兰省	3	0	0
麦加省	221	0.51	1.86	总计	852	0.40	1.34

职业　职业只与购买图书、电视剧音像制品数有显著差异。例如，立法人员、领导人和管理人员的图书购买数均值（0.92）比无职业或自由职业受访者（0.14）多 0.78（见表 3-11）。

表 3-11　沙特受访者职业与购买中国图书数、电视剧音像制品数均值比较

职业	样本量（个）	购书数均值	购电视剧音像制品数均值	职业	样本量（个）	购书数均值	购电视剧音像制品数均值
立法人员、领导人和管理人员	36	0.92	0.72	专业技术人员	79	0.73	0.56
专家或行业带头人	226	0.56	0.49	军警	45	0.16	0.51
其他行业技术工人	32	0.44	0.88	宗教人士	4	0	0
无职业或自由职业	198	0.14	0.68	学生	115	0.22	0.49
服务业、店铺与市场工作人员	83	0.36	0.54	办公室职员	30	0.53	0.87
农渔业技术工人	4	0.25	1.50	总计	852	0.40	0.59

3. 相关分析

对中国文化产品的兴趣度与购买数　对中国文化产品的兴趣度与购买数作相关分析显示，6 种为显著正相关：动漫游戏产品 0.188**、绘画作品 0.178**、书法作品 0.174**、电影音像制品 0.126**、电视剧音像制品

0.103**、中国原创玩具0.090**。对它们越感兴趣购买数越多,反之亦然。对图书、音乐制品的兴趣度与购买数不显著相关。

文化产品购买数与中华文化评价 8种中国文化产品和服务购买数与中华文化9项评价共72对变量的相关分析显示,16对显著相关,占22.2%,4对较显著相关,占5.6%,52对不显著相关,占72.2%。购买单种中国文化产品和服务与中华文化9项评价相关系数的平均数,排名前三位的是:中国原创玩具(0.068)、工艺美术品(0.057)、电影音像制品(0.056)。单项中华文化评价与8种中国文化产品和服务相关系数的平均数,前三名是:中华文化是多元的(0.136)、有吸引力(0.130)、有价值的(0.035)。72个相关系数中,超过0.150的有3个:工艺美术品与中华文化有吸引力(0.155),中国原创玩具、中国字画与中国文化是多元的(0.151、0.164)。简言之,购买中国文化产品数与中华文化有吸引力、多元的相关性较强(见表3-12)。

表3-12 沙特受访者购买中国文化产品和服务与中华文化9项评价的相关系数

	有吸引力	包容的	有活力的	灿烂的	多元的	爱好和平	有价值的	创新的	和谐的	平均
图书	.080**	.008	-.008	.006	.138**	-.013	.017	.043	.030	.033
电影音像制品	.149**	.053	.006	.018	.139**	.037	.044	.026	.030	.056
音乐制品	.138**	.051	-.014	.016	.136**	-.002	.025	.008	-.009	.039
电视剧音像制品	.105**	.020	-.043	.020	.140**	.029	.015	-.002	.004	.032
工艺美术品	.155**	.051	.026	.032	.113**	.033	.059*	.019	.022	.057
动漫游戏产品	.143**	.022	.009	.018	.110**	.008	.033	.033	.000	.042
中国原创玩具	.139**	.044	.010	.061*	.151**	.067*	.056*	.038	.043	.068
中国字画	.134**	.011	.003	.041	.164**	.029	.031	.038	.001	.050
平均	.130	.033	-.001	.027	.136	.024	.035	.025	.015	.047

中国文化产品和服务购买数与中国形象评价 8种中国文化产品和服务购买数与对中国形象8项评价共64对变量的相关分析显示,4对较显著相关

（占 6.25%）：中国原创玩具与中国坚定不移相关系数 0.068*，动漫游戏产品与充满活力相关系数 0.066*、与坚定不移相关系数 0.056*，工艺美术品与颇具魅力相关系数 0.063*；60 对不显著相关，占 93.75%。简言之，购买中国文化产品和服务数与对中国形象评价不相关。

中国文化产品和服务购买数与对中华文化评价、对中国形象评价对比

中国文化产品和服务购买数与中华文化有吸引力相关度同中国文化产品和服务购买数与中国颇具魅力相关度对比显示（见表 3-13），8 种中国文化产品和服务购买数与中华文化有吸引力相关度都明显大于与中国颇具魅力相关度，前者都为显著相关，后者只有一项为较显著相关。电影音像制品、音乐制品、中国原创玩具购买数与中华文化有吸引力相关系数比与中国颇具魅力相关系数分别大 0.113、0.154、0.145。8 种中国文化产品和服务购买数与中华文化评价显著相关，与中国形象评价不显著相关。

表 3-13　沙特受访者购买中国文化产品和服务数与中华文化评价
相关系数同与中国形象评价相关系数对比

	中华文化有吸引力	中国颇具魅力	两者之差	中华文化 9 项系数平均数	中国形象 8 项系数平均数	两者之差
图书	.080**	.016	.064	.033	.009	.024
电影音像制品	.149**	.036	.113	.056	.033	.023
音乐制品	.138**	-.016	.154	.039	.011	.028
电视剧音像制品	.105**	.030	.075	.032	.015	.017
工艺美术品	.155**	.063*	.092	.057	.039	.018
动漫游戏产品	.143**	.047	.096	.042	.030	.012
中国原创玩具	.139**	-.006	.145	.068	.024	.044
中国字画	.134**	.024	.110	.050	.009	.041
平均	.130	.019	.111	.047	.021	.026

中国文化产品和服务购买数与对中沙关系态度　8 种中国文化产品和服务购买数与对中沙关系态度（去除不知道者）的相关分析显示，只有购买工艺美术品数与对中沙关系态度较显著相关，相关系数为 0.083*。

4. 沙特与 9 国比较

中沙对比，沙特受访者对 8 种中国文化产品和服务购买率的平均数

（29.6%）比中国人（58.8%）低29.2个百分点，各类产品购买率都比中国人低，差距最大的是图书，购买率（17.7%）比中国人（82.4%）低64.7个百分点。差距最小的是动漫游戏产品，购买率（33.9%）比中国人（34.7%）低0.8个百分点。购买者平均购买的件数，8种平均，沙特人（1.11件）比中国人（3.67件）少2.56件，购买每种产品的件数都比中国人低，差距最大的为图书，少7.91件，差距最小的为动漫游戏产品，少0.51件。

沙特与海外其他8国比，沙特受访者购买过8种中国文化产品和服务比例的平均数（29.6%）和购买过8种产品的平均件数（1.11件）都低于印度、越南、印尼，均排名第四（见表3-14）。

表3-14　沙特与9国受访者购买中国文化产品的比例和件数比较

单位：件，%

产品	分类	沙特	美国	德国	俄罗斯	印度	日本	韩国	越南	印尼	平均	中国
工艺美术品	购买率	33.3	21.8	5.8	32.9	54.9	10.1	28.7	67.9	75.6	36.8	72.5
	人均购买件数	1.25	1.04	0.11	0.48	4.55	0.43	1.13	4.88	4.70	2.1	3.62
中国原创玩具	购买率	41.7	19.8	8.2	50.3	55.8	9.5	29.0	69.0	71.6	39.4	69.1
	人均购买件数	1.98	1.05	0.23	2.33	6.65	0.30	1.18	5.72	4.93	2.7	2.93
中国字画	购买率	31.1	16.7	5.7	29.2	46.2	6.8	16.9	63.8	56.4	30.3	54.5
	人均购买件数	1.48	0.63	0.13	1.14	4.93	0.21	0.78	4.42	3.36	1.9	2.38
图书	购买率	17.7	16.4	15.4	14.3	29.8	8.0	28.2	63.5	53.7	27.4	82.4
	人均购买件数	0.40	0.69	0.64	0.43	3.1	0.45	1.19	4.52	3.05	1.6	8.31
电影音像制品	购买率	23.5	15.9	7.7	18.4	40.4	8.6	34.6	58.0	74.5	31.3	56.2
	人均购买件数	0.59	0.94	0.23	0.37	4.04	0.45	1.73	5.10	5.53	2.1	3.70
动漫游戏产品	购买率	33.9	12.5	8.9	18.5	41.0	3.4	17.2	51.0	62.7	27.7	34.7
	人均购买件数	1.23	0.61	0.24	0.77	3.98	0.1	0.77	4.31	4.12	1.8	1.74
音乐制品	购买率	30.5	10.6	9.0	14.6	35.8	6.5	26.4	53.1	62.3	27.6	58.1
	人均购买件数	1.34	0.52	0.32	0.89	3.45	0.24	1.10	4.93	3.94	1.9	4.32
电视剧音像制品	购买率	25.1	10.5	10.3	9.7	31.8	5.0	19.9	59.1	60.5	25.8	42.8
	人均购买件数	0.59	0.56	0.33	1.30	4.15	0.15	0.90	5.54	4.14	2.0	2.38
8项平均	购买率	29.6	15.5	8.9	23.5	42.0	7.2	25.1	60.7	64.7	30.8	58.8
	人均购买件数	1.11	0.76	0.28	0.96	4.37	0.29	1.10	4.93	4.22	2.0	3.67

（三）购买渠道数据分析

1. 整体情况

沙特人在本国商场购买是首选渠道（63.1%），其次是托朋友从中国购买（31.8%），再次是网购（21.7%），最后是到中国旅游或旅行时购买（8.8%）。

2. 人群分析

548 位受访者购买过中国文化产品，将他们的年龄、收入、受教育程度、性别、国籍、省籍、职业分别与购买渠道作交叉列表卡方检验，显示年龄只与托朋友从中国购买有显著差异：55～64 岁、45～54 岁的比例（16.3%、26.4%）比整体平均数（31.8%）低 15.5 个百分点、5.4 个百分点，35～44 岁和 65 岁及以上购买的比例（40.3%、66.7%）比整体平均数高 8.5 个百分点、34.9 个百分点。收入、受教育程度、性别与购买渠道都没有显著差异。国籍只与本国购买渠道有显著差异：本地人购买比例（58.1%）比外籍人（80.5%）低 22.4 个百分点。省籍只与本国购买渠道有显著差异：在盖西姆省、吉赞省、奈季兰省的比例都为 100%，麦地那省为 42.1%（见表 3-15）。

表 3-15　沙特受访者省籍与在本国购买中国文化产品和服务情况

单位：个，%

省份	受访者样本量	购买者样本量	在本国购买率	省份	受访者样本量	购买者样本量	在本国购买率
焦夫省	8	5	60.0	利雅得省	256	155	64.5
北部边疆省	12	8	87.5	东部省	150	92	57.6
塔布克省	37	19	57.9	巴哈省	6	5	60.0
哈伊勒省	15	11	81.8	阿西尔省	37	23	43.5
麦地那省	53	38	42.1	吉赞省	19	12	100
盖西姆省	35	17	100	奈季兰省	3	2	100
麦加省	221	161	64.0	总计	852	548	63.1

职业与在本国购买和到中国旅游或旅行购买有显著差异。例如，无职业或自由职业受访者在本国购买比例为 75.2%，军警为 38.1%，学生到中

国旅游或旅行购买比例为 21.9%，而办公室职员、其他行业技术工人的比例为 0，相差很大（见表 3-16）。

表 3-16　沙特受访者职业与在本国、到中国旅游或旅行购买中国文化产品和服务情况

单位：个，%

	样本量	购买者样本量	在本国购买率	到中国旅游或旅行购买率
立法人员、领导人和管理人员	36	26	53.8	19.2
专家或行业带头人	226	152	67.1	8.6
专业技术人员	79	52	55.8	9.6
办公室职员	30	23	52.2	0
服务业、店铺与市场工作人员	83	65	64.6	4.6
农渔业技术工人	4	2	50.0	0
其他行业技术工人	32	25	64.0	0
军警	45	21	38.1	4.8
宗教人士	4	1	100	0
学生	115	64	51.6	21.9
无职业或自由职业	198	117	75.2	6.0
总计	852	548	63.1	8.8

3. 沙特与 9 国比较

中国问卷关于购买中国文化产品的问题为："若购买过（中国文化产品），您通过哪种渠道？1. 在本地商场；2. 在国内旅游或旅行；3. 网上购买；4. 托朋友从外地购买。"与沙特问卷相比，只有网上购买相同，其余 3 项不同。沙特人在本国商场购买率（63.1%）比中国人在本地商场购买率（58.3%）高 4.8 个百分点；通过到中国旅游或旅行购买率（8.8%）比中国通过国内旅游或旅行购买率（61.9%）低 53.1 个百分点，通过网上购买（21.7%）比中国人（63.6%）低 41.9 个百分点。

沙特与海外其他 8 国比，沙特人到中国旅游或旅行购买率倒数第一，网上购买率高于日本、韩国、越南、印尼。沙特与海外 8 国通过 4 种购买渠道平均数相比，首选为在本国商场购买（66.7%）、其次是网上购买（21.2%）（见表 3-17）。

表 3-17 沙特与 9 国受访者购买中国文化产品和服务渠道比较

单位：%

	沙特	美国	德国	俄罗斯	印度	日本	韩国	越南	印尼	平均	中国
1. 在本国商场	63.1	75.9	83.5	44.3	84.1	52.2	54.0	79.7	63.5	66.7	58.3
2. 到中国旅游或旅行	8.8	18.9	9.4	11.3	17.5	26.6	31.8	13.1	19.0	17.4	61.9
3. 网上购买	21.7	25.3	39.1	24.9	26.0	15.1	14.2	7.2	17.5	21.2	63.6
4. 托朋友从中国购买	31.8	6.7	4.2	19.2	12.6	6.1	—	—	—	13.4	14.4

（四）购买意愿数据分析

1. 整体情况

受访者中有购买意愿者（选择 4 和 5 比例之和）占 34.1%，均值 2.98，属于中立。

2. 人群分析

年龄、收入、受教育程度与购买意愿的相关分析显示，只有年龄与购买意愿较显著负相关（-0.055*），年龄越小购买意愿越强。性别、国籍、省籍、职业与购买意愿的一元方差分析显示，均无显著差异。

3. 相关分析

相关分析显示，8 种中国文化产品和服务购买数与购买意愿、与中华文化 9 项评价、中国形象 8 项评价、对中沙关系态度均不显著相关。

4. 沙特与海外 8 国比较

沙特人购买中国文化产品和服务的意愿排名第五，低于俄罗斯、印度、越南和印尼（见表 3-18）。

表 3-18 受访者购买中国文化产品的意愿

单位：%

沙特	美国	德国	俄罗斯	印度	日本	韩国	越南	印尼	平均
34.1	26.0	12.1	45.6	48.1	10.0	25.7	47.1	58.5	34.1

五 对中国文化产品和服务品牌的认知和态度

（一）问卷内容

中国文化产品和服务中涌现出一些著名品牌。品牌植根消费者心中，问卷调查了受访者对 10 个品牌的认知和态度。它们是博物馆品牌"北京故宫博物院"、中医品牌"北京同仁堂"、中国对外媒体品牌"中央电视台"、烹饪文化品牌"北京全聚德烤鸭"、瓷器文化品牌"景德镇瓷器"、新媒体文化品牌"华为手机"、展会文化品牌"中国—阿拉伯国家博览会"（以下简称"中阿博览会"）、电商文化品牌"淘宝"、综合文化交流项目品牌"欢乐春节"、对外汉语教育品牌"孔子学院"，最后两个品牌在第七章中国文化团体与企业的影响中论述。

V11. 您知道以下中国文化产品或服务品牌吗？若知道，喜欢吗？【循环出示，行单选】

中国文化 产品和服务品牌	0 不知道	知道				
		1 很不喜欢	2 较不喜欢	3 中立	4 较喜欢	5 很喜欢
1. 北京同仁堂						
2. 中央电视台						
3. 中阿博览会						
4. 北京全聚德烤鸭						
5. 华为手机						
6. 北京故宫博物院						
7. 景德镇瓷器						
8. 淘宝						

（二）数据分析

1. 整体情况

（1）知晓率

华为手机的知晓率（94.6%）遥遥领先。排名第二、第三的是中央电视台（67.6%）、中阿博览会（50.8%），以下依次是北京故宫博物院（44.6%）、景德镇瓷器（40.5%）、淘宝（36.0%）、北京全聚德烤鸭（35.8%）、北京同仁堂（35.4%）。

（2）美誉度

用喜欢率和喜欢均值表述美誉度。806个受访者知晓华为手机，喜欢率为78.5%（较喜欢和很喜欢比例之和），名列榜首，比名列第二的中阿博览会（58.7%）高19.8个百分点，排名第三的为北京故宫博物院（54.7%）。喜欢率最低的2个是北京同仁堂（38.1%）、淘宝（44.3%），8个平均为51.8%（见表3-19）。

表3-19　沙特受访者对8个中国文化产品和服务品牌的美誉度

品牌名称	样本量（个）	很不喜欢（%）	较不喜欢（%）	中立（%）	较喜欢（%）	很喜欢（%）	喜欢率（%）	均值	标准差
华为手机	806	3.1	4.6	13.8	32.5	46.0	78.5	4.14	1.021
中阿博览会	433	3.7	8.1	29.6	32.8	25.9	58.7	3.69	1.057
北京故宫博物院	380	5.3	7.1	32.9	34.2	20.5	54.7	3.58	1.056
景德镇瓷器	345	3.2	12.2	35.9	30.1	18.6	48.7	3.49	1.029
淘宝	307	4.9	9.8	41.0	28.0	16.3	44.3	3.41	1.029
北京全聚德烤鸭	305	7.2	10.5	36.1	28.5	17.7	46.2	3.39	1.113
中央电视台	576	7.6	10.2	37.2	29.0	16.0	45.0	3.35	1.102
北京同仁堂	302	11.3	11.6	39.1	23.2	14.9	38.1	3.19	1.167
平均	431	5.8	9.3	33.2	29.8	22.0	51.8	3.53	1.072

（3）知晓率和美誉度的特点

8个品牌中华为手机鹤立鸡群，知晓率94.6%，喜欢率78.5%，喜欢均值4.14，比其他7个品牌都高一大截。中阿博览会也很突出，知晓率排名第三，喜欢率和喜欢均值排名第二。中央电视台的知晓率（67.6%）排名第二，但是喜欢率偏低（45.0%），排名第六，均值为 3.35，中立偏上。

（4）喜欢率与知晓率之比

受访者对 8 个品牌的喜欢率与知晓率各不相同，喜欢率与知晓率之比依次为：北京全聚德烤鸭 1.29、北京故宫博物院 1.23、淘宝 1.23、景德镇瓷器 1.20、中阿博览会 1.16、北京同仁堂 1.08、华为手机 0.83、中央电视台 0.67。比值高于 1 的品牌有扩大知晓率的空间，比值低于 1 的品牌还有扩大喜欢率的空间。

2. 人群分析

去除不知道者，年龄、收入、受教育程度与对品牌态度的相关分析显示：年龄与对各品牌的态度均不显著相关；收入与对中央电视台的态度较显著相关（0.085*）；受教育程度与对中央电视台、淘宝、中阿博览会的态度相关，相关系数分别为 0.123**、0.153**、0.105*。

性别、国籍、省籍、职业与对品牌态度的一元方差分析显示：只有职业与对中央电视台的态度有较显著差异。例如，立法人员、领导人和管理人员喜欢均值（3.59）比服务业、店铺与市场工作人员（3.02）高 0.57（见表 3-20）。

表 3-20　职业与对中央电视台的态度

职业	样本量（个）	喜欢均值	职业	样本量（个）	喜欢均值
立法人员、领导人和管理人员	29	3.59	其他行业技术工人	27	3.44
专家或行业带头人	162	3.48	军警	28	3.39
专业技术人员	64	3.25	宗教人士	1	3.00
办公室职员	24	3.50	学生	72	3.35
服务业、店铺与市场工作人员	57	3.02	无职业或自由职业	108	3.34
农渔业技术工人	4	1.75	总计	576	3.35

3. 相关分析

对品牌态度与中华文化评价　对 8 个品牌态度与对中华文化 9 项评价共

72 对变量作相关分析，20 对显著相关，占 27.8%，17 对较显著相关，占 23.6%，35 对不显著相关，占 48.6%。单个品牌与中华文化 9 项评价相关系数的平均数，前 3 名是中央电视台（0.120）、北京故宫博物院（0.107）、北京全聚德烤鸭（0.094）（见表 3-21）。

表 3-21　沙特受访者对中国文化产品和服务品牌的态度
与中华文化 9 项评价的相关系数

	有吸引力	包容的	有活力的	灿烂的	多元的	爱好和平	有价值的	创新的	和谐的	平均
北京同仁堂 N=302	.046	.085	.115*	.037	.099*	-.012	.045	.099*	.147**	.073
中央电视台 N=576	.305**	.088**	.044	.113**	.263**	.086*	.044	.075*	.062	.120
中阿博览会 N=433	.089*	.124**	.046	.120**	.052	.082*	.068	.078*	.045	.078
北京全聚德烤鸭 N=305	.093*	.148**	.069	.101*	.066	.034	.120**	.083	.135**	.094
华为手机 N=806	.039	.048	.037	.109**	.052	.091**	.056	.067*	.074*	.064
北京故宫博物院 N=380	.044	.127**	.029	.120**	.079	.109**	.163**	.143**	.147**	.107
景德镇瓷器 N=345	.019	.100*	.002	.066	.021	.103*	.117**	.119**	.039	.065
淘宝 N=307	.113*	.084	.081	.025	.115*	.031	.130**	.012	.067	.073
平均	.094	.101	.053	.096	.093	.066	.093	.085	.090	.084

对品牌态度与中国形象评价　对 8 个品牌态度与中国形象 8 项评价共 64 对变量作相关分析，26 对显著相关，占 40.6%，16 对较显著相关，占 25.0%，22 对不显著相关，占 34.4%。对单个品牌态度与 8 项评价相关系数的平均数，排名前三位的是：中阿博览会（0.111）、淘宝（0.105）、华为手机（0.098）（见表 3-22）。

表 3-22　沙特受访者对中国文化产品和服务品牌的态度
与中国形象 8 项评价的相关系数

	可靠可信	令人愉悦	有领导力	充满活力	颇具魅力	坚定不移	不断发展	有创新力	平均
北京同仁堂 N = 302	.059	.134 **	.099 *	.063	.113 *	.114 *	.020	.122 **	.090
中央电视台 N = 576	.070 *	.057	.019	.106 **	.065 *	.035	.100 **	.053	.063
中阿博览会 N = 433	.107 **	.064	.091 *	.154 **	.142 **	.058	.103 **	.166 **	.111
北京全聚德烤鸭 N = 305	.111 *	.113 *	.104 *	.129 **	.053	.134 **	.009	.037	.086
华为手机 N = 806	.078 **	.077 **	.075 *	.124 **	.126 **	.108 *	.092 **	.106 **	.098
北京故宫博物院 N = 380	.081 *	-.004	.157 **	.148 **	.061	.054	.090 *	.157 **	.093
景德镇瓷器 N = 345	.077	.037	.108 *	.137 **	.111 **	.040	.078	.087 *	.084
淘宝 N = 307	.065	.103 *	.079	.163 **	.117 *	.093 *	.146 **	.076	.105
平均	.081	.073	.092	.128	.099	.080	.080	.101	.091

对品牌态度与中华文化评价、中国形象评价对比　对品牌态度与中国颇具魅力相关系数同对品牌态度与中华文化有吸引力相关系数进行比较，对一品牌态度与中华文化 9 项评价相关系数的平均数同对该品牌态度与中国形象 8 项评价相关系数的平均数进行比较，显示有 3 种情况（见表 3-23）。

表 3-23　对中国文化产品和服务品牌的态度与中华文化
评价、中国形象评价相关系数对比

		样本量（个）	中华文化有吸引力	中国颇具魅力	两者之差	中华文化9项平均	中国形象8项平均	两者之差
大于	中央电视台	576	.305 **	.065 *	.240	.120	.063	.057
	北京全聚德烤鸭	305	.093 *	.053	.040	.094	.086	.008

续表

		样本量（个）	中华文化有吸引力	中国颇具魅力	两者之差	中华文化9项平均	中国形象8项平均	两者之差
约等于	淘宝	307	.113*	.117*	-.004	.073	.105	-.032
	北京故宫博物院	380	.044	.061	-.017	.107	.093	.014
小于	中阿博览会	433	.089*	.142**	-.053	.078	.111	-.033
	北京同仁堂	302	.046	.113*	-.067	.073	.090	-.017
	华为手机	806	.039	.126**	-.087	.064	.098	-.034
	景德镇瓷器	345	.019	.111**	-.092	.065	.084	-.019

对品牌态度与中华文化评价相关度明显大于与中国形象评价相关度，前者为显著或较显著相关，后者为较显著或不显著相关。这类品牌有 2 个：中央电视台、北京全聚德烤鸭。中央电视台与中华文化有吸引力相关系数比与中国颇具魅力相关系数大 0.240。

对品牌态度与中华文化评价相关度约等于与中国形象评价相关度。这类品牌有 2 个：淘宝、北京故宫博物院。

对品牌态度与中华文化评价相关度明显小于与中国形象评价相关度，前者为不显著或较显著相关，后者为较显著或显著相关。这类品牌有 4 个：中阿博览会、北京同仁堂、华为手机、景德镇瓷器。华为手机与中华文化有吸引力相关系数比与中国颇具魅力相关系数小 0.087。

从提升中华文化影响力和中国形象视角来看，有 3 种情况：对品牌态度与中华文化评价和与中国形象评价都显著或较显著相关，提升这类品牌喜欢率可以一举两得，既提升中华文化吸引力，又提升中国魅力。这类品牌有 4 个：中央电视台、淘宝、中阿博览会、北京故宫博物院（虽然与中华文化有吸引力和中国颇具魅力的相关度不大，但与中华文化 9 项评价相关系数平均数及与中国形象 8 项评价相关系数平均数相关度较大）。

对文化品牌态度仅与中华文化评价显著或较显著相关。这类品牌有 1 个：北京全聚德烤鸭。提升这类品牌喜欢率可提升中华文化吸引力。

对文化品牌态度仅与对中国形象评价显著或较显著相关，提升这类品牌喜欢率可以提升中国魅力。这类品牌有 3 个：北京同仁堂、华为手机、景德镇瓷器。

对 8 个品牌态度与对中沙关系态度（均去除不知道者）的相关分析显示，仅有对中阿博览会态度与对中沙关系态度较显著相关（0.114*）。越喜欢中阿博览会，越认为中沙关系良好，反之亦然。

4. 沙特与 9 国比较

中沙对比 中国问卷没有调查中阿博览会，所以对比项为 7 个品牌。在沙特 7 个品牌的知晓率平均数（50.6%）比在中国（91.2%）低 40.6 个百分点，沙特人对 7 个品牌的喜欢率平均数（50.8%）比中国人（80.9%）低 30.1 个百分点，各品牌喜欢率和喜欢均值均低于中国人。喜欢率相差最大的前三名：北京同仁堂（38.1%）比中国人（77.1%）低 39.0 个百分点，淘宝（44.3%）比中国人（82.5%）低 38.2 个百分点，景德镇瓷器（48.7%）比中国人（84.4%）低 35.7 个百分点。相差最小的是华为手机（78.5%）比中国人（80.7%）低 2.2 个百分点。

沙特与海外 8 国比较 由于前期调查的文化品牌选项与沙特问卷有较大差异，主要对沙特与美国、德国、俄罗斯、印度、日本进行比较。沙特对各品牌的知晓率平均数排名第二，仅次于印度。海外 9 国（或 6 国）对各品牌知晓率平均数相比，排名前三位的是华为（68.4%）、北京故宫博物院（57.4%）、北京全聚德烤鸭（48.9%），喜欢率平均数相比，排名前三位的是北京故宫博物院（49.2%）、北京全聚德烤鸭（48.9%）、华为手机（47.9%）（见表 3-24）。

表 3-24 沙特和 9 国受访者对 7 个中国文化产品和服务品牌的认知和态度比较

单位：%

		沙特	美国	德国	俄罗斯	印度	日本	韩国	越南	印尼	平均	中国
中央电视台	知晓率	67.6	31.3	34.5	37.0	75.1	29.2	—	—	—	45.8	95.7
	喜欢率	45.0	35.1	13.0	22.2	50.6	8.5	—	—	—	29.1	73.8
北京全聚德烤鸭	知晓率	35.8	29.3	40.6	30.9	56.5	13.4	72.3	79.1	81.9	48.9	84.0
	喜欢率	46.2	51.7	37.0	48.4	44.9	31.1	51.7	56.9	72.2	48.9	80.1
北京同仁堂	知晓率	35.4	21.3	30.1	31.6	56.5	12.7	36.7	62.0	60.5	38.5	93.0
	喜欢率	38.1	40.5	10.3	46.7	42.3	21.1	23.0	24.3	51.4	33.1	77.1

		沙特	美国	德国	俄罗斯	印度	日本	韩国	越南	印尼	平均	中国
景德镇瓷器	知晓率	40.5	22.9	52.7	50.6	61.3	28.9	—	—	—	42.8	90.8
	喜欢率	48.7	41.0	31.6	68.9	52.0	30.2	—	—	—	45.4	84.4
淘宝	知晓率	36.0	23.0	27.4	49.8	56.5	17.5	—	—	—	35.0	87.9
	喜欢率	44.3	45.1	12.4	45.7	38.6	19.3	—	—	—	34.2	82.5
北京故宫博物院	知晓率	44.6	36.6	48.0	30.7	73.1	37.5	83.8	79.2	83.3	57.4	92.9
	喜欢率	54.7	52.4	29.0	49.7	62.5	33.3	46.2	43.8	71.5	49.2	87.9
华为手机	知晓率	94.6	38.4	77.9	76.5	89.6	33.5	—	—	—	68.4	94.3
	喜欢率	78.5	37.6	41.8	50.2	64.0	15.1	—	—	—	47.9	80.7
平均	知晓率	50.6	29.0	44.5	43.9	66.9	24.7	64.3	73.4	75.3	52.5	91.2
	喜欢率	50.8	43.3	25.0	47.4	50.7	22.7	40.3	41.7	65.0	43.0	80.9

六　结果分析与思考

（一）中沙文化产品贸易的文化折扣和文化溢价问题

文化产品既有商品属性也有文化属性，既有经济效益也有社会效益。文化产品是物质和精神的综合体。对于消费者来讲，文化产品既要满足其精神需求，也要满足其日常生活中的使用价值需求。

"文化折扣"指在甲文化生产的产品并在该文化环境中广受欢迎，而到乙文化环境中会失去部分吸引力。因为乙文化消费者缺乏对该文化产品文化价值的认同或对使用价值的需求。"文化溢价"指甲文化生产的产品在乙文化环境中增加了部分吸引力。因为乙文化消费者对该文化产品的文化价值更加认同或有更高的使用价值需求。换言之，文化折扣是指甲文化的产品在乙文化的吸引力小于在甲文化的吸引力，文化溢价是指甲文化的产品在乙文化的吸引力大于在甲文化的吸引力。当然，甲文化的产品在乙文化的吸引力等于在甲文化的吸引力，即"文化平价"的情况也是有的。通常情况是，在跨文化交流中文化折扣较为常见，文化溢价或文化平价较为少见。中国文化和沙特文化存在显著的文化差异，两国消费者对文化产品的使用价值需求也存在很大差异，因而，文化折扣和文化溢价是中国文化产品对沙贸易必须思考的问题。

1. 从对中国文化产品和服务的兴趣率看文化折扣与文化溢价

沙特问卷与中国问卷相比，中国问卷未调查中国人对中国烹饪的兴趣率和接触率（因为中国人每天都吃中国饭），没有调查对广告的兴趣率和接触率（因为中国人每天都接触中国广告）。因而本书只能对比两国问卷都调查过的 16 种中国文化产品和服务的兴趣率（见表 3-25）。

表 3-25　中沙受访者对 16 种中国文化产品和服务的兴趣率对比

	兴趣率				两者之差	
	排名	沙特人（%）	排名	中国人（%）	排名	百分点
音乐	15	34.2	2	77.1	1	-42.9
书法作品	16	32.3	7	71.9	2	-39.6
图书	12	41.0	4	76.0	3	-35.0
绘画作品	14	38.1	11	66.5	4	-28.4
电视剧	13	40.4	12	64.7	5	-24.3
纪录片	10	51.2	6	74.5	6	-23.3
文化演出	11	49.5	10	68.1	7	-18.6
电影	7	54.2	8	71.0	8	-16.8
文化展览	8	53.3	9	70.0	9	-16.7
文化旅游	3	63.7	1	80.1	10	-16.4
中华医药	4	62.4	5	75.4	11	-13.0
手工艺品	1	68.8	3	76.7	12	-7.9
功夫	6	57.4	13	63.2	13	-5.8
时尚设计产品	2	65.3	14	62.1	14	3.2
动漫	9	51.9	15	47.9	15	4.0
电子游戏	5	60.0	16	43.0	16	17.0

（1）中国人兴趣率高于沙特人的产品和服务

16 种中有 13 种沙特人兴趣率低于中国人，这属于文化折扣现象。差距最大的前 5 种为：沙特人对中国音乐（34.2%）比中国人（77.1%）低42.9 个百分点，对书法作品（32.3%）比中国人（71.9%）低 39.6 个百分点，对图书（41.0%）比中国人（76.0%）低 35.0 个百分点、对绘画作品

（38.1%）比中国人（66.5%）低 28.4 个百分点，对电视剧（40.4%）比中国人（64.7%）低 24.3 个百分点。从沙特人对 16 种产品和服务的兴趣率排名看，这 5 种排在最后 5 名，说明这 5 种产品和服务文化折扣率较高。

中国音乐在沙特的折扣率最高，这是始料未及的。沙特人对中国书法作品的兴趣率低，原因是绝大多数沙特人不认识汉字，看不懂，且阿拉伯文有自己的书法，兴趣率低可以理解；对中国图书不感兴趣，由于沙特人都是穆斯林，意识形态存在差异，折扣率高也不难理解；伊斯兰教不允许崇拜偶像，中国绘画中有人物和动物，与伊斯兰教规相违，折扣率高顺理成章。唯独中国音乐在沙特折扣率高出乎意外。著名指挥大师小泽征尔曾说，"音乐是没有国界的语言"，中国音乐在沙特的兴趣率倒数第二，折扣率最高，这或许与瓦哈比派提倡简约生活、排斥音乐舞蹈等娱乐活动有关。这也显示，中国目前仍缺乏走入沙特的音乐语言。

（2）沙特人兴趣率高于中国人的产品和服务

沙特人对 3 种产品和服务的兴趣率略高于中国人：对电子游戏的兴趣率（60.0%）比中国人（43.0%）高 17.0 个百分点，对动漫的兴趣率（51.9%）比中国人（47.9%）高 4.0 个百分点，对时尚设计产品的兴趣率（65.3%）比中国人（62.1%）高 3.2 个百分点。这属于文化溢价现象。

（3）文化折扣的数量远大于文化溢价的数量

沙特人对 16 种中国文化产品和服务的兴趣率平均数（51.5%）比中国人的（68.0%）低 16.5 个百分点，兴趣率均值平均数（3.37）比中国人（3.83）低 0.46。沙特人对 16 种中国文化产品和服务的兴趣率，有 13 种低于中国人，在沙特显现文化折扣；只有 3 种，沙特人的兴趣率高于中国人，在沙特显现文化溢价。中国文化产品和服务在沙特出现的文化折扣数量远大于文化溢价数量。

2. 从购买率看文化折扣

是否购买一种文化产品和服务受多种因素影响。文化产品具有实用性及艺术性，包含价值观、信仰等意识形态属性，不同产品和服务的属性比例不同。文化产品还有价格高低的问题。实用性、艺术性强，有冲突的意识形态成分含量低、价格低，购买率就高，反之购买率低。因而文化折扣只是影响购买率的因素之一。沙特问卷与中国问卷相比，都调查购买图书、工艺美术品、电影音像制品、音乐制品、中国字画、中国原创玩具、动漫游戏产品等 8 种中国文化产品的情况，可通过对比两国人购买率差异观察文化折扣（见表 3-26）。

（1）沙特人购买率明显低于中国人的产品

7 种产品沙特人购买率明显低于中国人。中国图书购买率最低（17.7%），比中国人（82.4%）低 64.7 个百分点，排名第 2~3 位的为电影音像制品、电视剧音像制品，购买率比中国人分别低 32.7 个百分点和 17.7 个百分点。

（2）两国人购买率基本持平的产品

只有动漫游戏产品两国的购买率相差无几，沙特人购买率（33.9%），在整体排名中名列第二，中国人购买率（34.7%）排名倒数第一，两者相差 0.8 个百分点，可见中国动漫游戏产品在沙特文化折扣率最低。

（3）8 种产品总体情况

沙特人平均购买率（29.6%）比中国人（58.8%）低 29.2 个百分点。从购买率排名看，中沙的排名次序不同，排名前三位产品中，沙特是中国原创玩具（41.7%）、动漫游戏产品（33.9%）、工艺美术产品（33.3%），中国是图书（82.4%）、工艺美术产品（72.5%）、中国原创玩具（69.1%）。排名最后三名的，沙特人是图书（17.7%）、电影音像制品（23.5%）、电视剧音像制品（25.1%），中国人是动漫游戏产品（34.7%）、电视剧音像制品（42.8%）和中国字画（54.5%）。8 种产品中只有动漫游戏产品 1 种文化折扣率很低，87.5% 的产品有文化折扣，折扣率高低不同。

表 3-26　中沙受访者对中国文化产品和服务购买率对比

文化产品	购买率				两者之差	
	排名	沙特人（%）	排名	中国人（%）	排名	百分点
图书	8	17.7	1	82.4	1	-64.7
工艺美术产品	3	33.3	2	72.5	2	-39.2
电影音像制品	7	23.5	5	56.2	3	-32.7
音乐制品	5	30.5	4	58.1	4	-27.6
中国原创玩具	1	41.7	3	69.1	5	-27.4
中国字画	4	31.1	6	54.5	6	-23.4
电视剧音像制品	6	25.1	7	42.8	7	-17.7
动漫游戏产品	2	33.9	8	34.7	8	-0.8
平均	—	29.6		58.8	—	-29.2

（二）中国文化产品在沙特销售的提升空间

2009年以来，中国超过美国成为沙特石油的最大买家。2016年9月，中国仍然是沙特最大出口国，出口总额为66.93亿里亚尔。美国是沙特最大进口国，9月份从美国进口总额达到52.73亿里亚尔。中国紧随其后，为45.4亿里亚尔[①]。一位2010年到沙特工作的中国教师在博客中写道，中国制造的产品铺天盖地，有关中国的经济新闻源源不断，已经改变了沙特阿拉伯人对中国的看法。

2016年沙特人均GDP为21944美元，比中国（8516美元）高1倍多，购买力比中国人更强。文化产品作为中国产品的一部分，如何扩大在沙特的销售额，值得探讨。

1. 文化产品的种类

通过购买意愿率与购买率之差，可以观察购买潜力：若购买意愿率大于实际购买率，则有购买潜力，越大潜力越大。从总体上看，沙特人的购买意愿率34.1%（包括较强烈18.4%和非常强烈15.7%），购买率平均27.9%（购买图书、工艺美术产品、电影音像制品、音乐制品、中国字画、电视剧音像制品、动漫游戏产品）。购买意愿率比购买率高6.2个百分点。这说明沙特人还有购买更多中国文化产品的潜力。

从产品个体看，沙特人对不同文化产品的兴趣率与购买率差距，表明产品适销对路会更有提升空间。图书、手工艺品、电影、音乐、书法作品/绘画作品、电视剧、动漫/电子游戏等7种产品的兴趣率与图书、工艺美术产品、电影音像制品、音乐制品、中国字画、电视剧音像制品、动漫游戏产品等7种产品购买率比较见表3-27，7种产品的兴趣率与购买率之差，手工艺品（35.5%）、电影（30.7%）、图书（23.3%）居前三位，有更大提升空间；动漫/电子游戏（22.1%）、电视剧（15.3%）居第4、5位，有较大提升空间；书法作品/绘画作品（4.1%）和音乐（3.7%）居倒数第1、2位，若无较大改进，提升空间有限。

---

① 《中国保持沙特最大贸易出口国》，中国驻沙特阿拉伯使馆经商处，2016年12月2日，http://sa.mofcom.gov.cn/article/jmxw/201612/20161202013662.shtml。

表 3-27　中沙受访者对中国文化产品的兴趣率和购买率对比

文化产品类别	兴趣率及排名	文化产品	购买率及排名		沙特兴趣率与购买率之差及排名	沙中购买率之差及排名
	沙特人		沙特人	中国人		
图书	41.0 (4)	图书	17.7 (7)	82.4 (1)	23.3 (3)	-64.7 (1)
手工艺品	68.0 (1)	工艺美术产品	33.3 (2)	72.5 (2)	34.7 (1)	-39.2 (2)
电影	54.2 (3)	电影音像制品	23.5 (6)	56.2 (4)	30.7 (2)	-32.7 (3)
音乐	34.2 (7)	音乐制品	30.5 (4)	58.1 (3)	3.7 (7)	-27.6 (4)
书法作品/绘画作品	32.3/38.1 (6)	中国字画	31.1 (3)	54.5 (5)	4.1 (6)	-23.4 (5)
电视剧	40.4 (5)	电视剧音像制品	25.1 (5)	42.8 (6)	15.3 (5)	-17.7 (6)
动漫/电子游戏	51.9/60.0 (2)	动漫游戏产品	33.9 (1)	34.7 (7)	22.1 (4)	-0.8 (7)
平均	47.1	平均	27.9	57.3	19.2	-29.4

2. 购买渠道

产品销售渠道畅通是提高产品销量的重要方面。沙特人购买中国文化产品和服务的四种渠道数据显示，在本国商场购买占 63.1%；托朋友从中国购买占 31.8%，通过网上购买占 21.7%，到中国旅游或旅行购买占 8.8%，通过网上购买将来有良好发展趋势。随着国内网购和跨国网购的发展，通过网络渠道购买中国文化产品和服务的比例会有较大增长空间。在中国通过网络渠道购买中国文化产品和服务已经占据第一位（63.6%），比通过本国商场（58.3%）高 5.3 个百分点。因而，拓展中国文化产品和服务网络销售渠道可能是提高中国文化产品和服务销售量的努力方向之一。

3. 品牌效应需要加强

品牌是实现销售的有力手段，也是销售的结果。企业打造品牌，增强识别力，向消费者提供信用背书，可以实现更大的销售额，让更多消费者知道并购买，而且是持续性购买。从品牌的知晓率和喜欢率可以看出其影响力。调查结果显示，8 个品牌中，知晓率超过 50% 的只有 3 个：华为手机（94.6%）、中央电视台（67.6%）、中阿博览会（50.8%），喜欢率超过 50% 的也只有 3 个：华为手机（78.5%）、中阿博览会（58.7%）、北京故宫博物院

（54.7%），占 8 个品牌数的 37.5%。只有华为手机和中阿博览会的知晓率和喜欢率都超过了 50%。可见中国文化产品和服务在沙特打造品牌还有很多工作可做（见表 3-28）。

表 3-28　中国文化产品和服务品牌在沙特受访者中的知晓率与喜欢率

单位：%

文化产品和服务类别	品牌	知晓率	喜欢率	知晓率与喜欢率关系类型
数码产品	华为手机	94.6	78.5	理想状态
文化展览	中阿博览会	50.8	58.7	稳定状态
文化旅游	北京故宫博物院	44.6	54.7	稳定状态
手工艺品	景德镇瓷器	40.5	48.7	原始状态
中华医药	北京同仁堂	35.4	38.1	原始状态
中国烹饪	北京全聚德烤鸭	35.8	46.2	原始状态
购物网站	淘宝	36	44.3	原始状态
中国传媒	中央电视台	67.6	45.0	危机状态

值得注意的是，华为手机和中阿博览会都是新品牌，华为手机业务始于 2003 年底，经过十余年发展，2015 年华为入选 Brand Z 全球最具价值品牌榜百强，居科技领域品牌排名第 16 位。中阿博览会是在 2010 年成功举办三届中阿经贸论坛后，2013 年升格为中阿博览会，由商务部、贸促会和宁夏回族自治区人民政府共同主办，每年举办一届。它们从 5 个新品牌①中脱颖而出，其原因值得探讨，经验值得借鉴。媒体报道多可能是重要因素之一。

一般来说，知晓率高于喜欢率，正如华为的知晓率（94.6%）比喜欢

---

① 其余 3 个品牌为欢乐春节、孔子学院、淘宝。2010 年春节开始，文化部会同国家相关部委、各地文化团体和驻外机构在海外共同推出"欢乐春节"大型文化交流活动，目的是与各国人民共度农历春节、共享中华文化、共建和谐世界。孔子学院（Confucius Institute）是中国国家汉语国际推广领导小组办公室在世界各地设立的推广汉语和传播中国文化的机构。2004 年，全球首家孔子学院在韩国首尔正式设立。截至 2018 年 12 月，中国已在 154 个国家和地区建立 548 所孔子学院和 1193 个中小学孔子课堂，有注册学员 210 万人，中外专兼职教师 4.6 万人。淘宝网是亚太地区较大的网络零售商，由阿里巴巴集团在 2003 年 5 月创立。淘宝网是中国深受欢迎的网购零售平台，拥有近 5 亿注册用户，每天有超过 6000 万的固定访客。

率（78.5%）高 16.1 个百分点，大致比例为 1.2：1。知晓率和喜欢率都以 50% 为标准，大于 50% 为"高"，小于 50% 为"低"。一般来说，品牌知晓率和喜欢率的关系有四种状态，提高品牌效应，喜欢率比知晓率更为重要。

一是知晓率高、喜欢率高。这种状态是组织的理想状态。华为属于这种状态。

二是知晓率低、喜欢率高。这是组织较为稳定和安全的状态，说明组织处于发展阶段，有很好的发展前景。中阿博览会和北京故宫博物院的喜欢率（58.7%、54.7%）都超过了 50%，这种状态具有良好的形象推广基础，其缺陷是知晓率偏低，喜欢率的社会价值得不到充分体现。因此，打造企业和产品品牌的重点是在维持喜欢率的基础上，提高知晓率，扩大喜欢率的社会影响。

三是知晓率高、喜欢率低。这是最不理想的状态，表明组织处于一种危机状态，中央电视台属于这种状态。知名度 67.6%，美誉度 45.0%。宜改进信誉，提高喜欢率。

四是知晓率低、喜欢率低。这是组织的原始状态，即品牌的名气和社会影响都较小。景德镇瓷器、北京同仁堂、北京全聚德烤鸭和淘宝都属于这种状态。它们的知晓率和喜欢率都没有超过 50%。名气不大，不良评价造成的影响也不大。此时品牌的公共传播工作应保持低调，努力提升企业和产品信誉和喜欢率，再考虑提高知晓率。通过良好的传播控制实现知晓率和喜欢率的协调发展。如果此时片面扩大知晓率，只会恶化产品的消费者形象。景德镇陶瓷工艺大师说，中国陶瓷文化"走出去"还得树立精益求精的精品意识。封建时代有官窑，对质量要求几乎到了苛刻地步。一窑陶瓷选了又选，不合格的产品绝不能问世。后来是计划经济，政治领先，不计成本保证质量。现在人人都可以在景德镇做瓷器，人人都想赚大钱。如果没有精品意识，也没有政府的有效市场监督保障，只会参差不齐，慢慢将老祖宗留下的景德镇牌子做小、做杂、做坏。他认为，这是中国陶瓷文化"走出去"最先需要解决的问题①。

总之，中国文化产品和服务品牌是中国文化产业的代表，大幅提高品牌的知晓率和喜欢率，无疑会带动整个中国文化产品和服务对沙特民众的吸引力，助力销售提升。

① 徐波：《跨文化沟通——国家形象的有效传播》，复旦大学出版社，2018，第 174 页。

第四章 中国价值观在沙特的共享性

一 问卷设计

价值观是文化要素之一，是决定人们行为的心理基础之一。共享性价值观是顺畅推进国际文化交流的关键。当前中国主流价值观在沙特民众中是否具有共享性，是中沙能否建立良好关系的民意基础。沙特民众对中华核心价值观的看法如何？对社会主义核心价值观的看法如何？对中国梦的看法如何？目前尚未看到回答这些问题的实证性调查研究。

中华核心价值观 本次问卷调查了11项中华核心价值观①在沙特民众中的共享性，11项价值观分别是仁、恕、孝、礼、义、和而不同、天人合一、共同富裕、和谐世界、以民为本、集体主义。

社会主义核心价值观 2012年中共十八大以来，国家高度重视培育和践行社会主义核心价值观。富强、民主、文明、和谐是国家层面的价值目标，自由、平等、公正、法治是社会层面的价值取向，爱国、敬业、诚信、友善是公民个人层面的价值准则，问卷测试了受访者对社会主义核心价值观的态度。

中国梦 2013年第十二届全国人民代表大会以来，中国梦成为中国政府的重要执政理念。问卷测试了受访者对中国梦基本价值观国家富强、民族振兴、人民幸福的赞同情况。

二 中华核心价值观的共享性

（一）问卷内容

问卷用0~10的11级量表调查受访者对11项价值观的态度，0是一个

---

① 关于中华核心价值观的遴选和阐释，见关世杰著《中华文化国际影响力调查研究》，北京大学出版社，2016，第277~295页。

极端，代表非常不赞同，10 是另一个极端，代表非常赞同，5 为中立，请受访者从 0~10 中单选一个数字。问题内容如下。

V12. 您是否赞同下列价值观？【行单选】

价值观	非常不赞同　　　　　　　　　　非常赞同
1. 仁：人与人之间相互友爱、同情、互助	0--1--2--3--4--5--6--7--8--9--10
2. 恕：己所不欲，勿施于人	0--1--2--3--4--5--6--7--8--9--10
3. 孝：尊敬和善待父母，奉养老人	0--1--2--3--4--5--6--7--8--9--10
4. 礼：尊重他人、礼貌，遵守社会生活中的风俗和社会仪式	0--1--2--3--4--5--6--7--8--9--10
5. 义：公正、合乎公益	0--1--2--3--4--5--6--7--8--9--10
6. 和而不同：尊重彼此的差异，和睦相处	0--1--2--3--4--5--6--7--8--9--10
7. 天人合一：尊崇自然，人与自然和谐	0--1--2--3--4--5--6--7--8--9--10
8. 共同富裕：消除经济上的两极分化，走向共同富裕	0--1--2--3--4--5--6--7--8--9--10
9. 和谐世界：国与国之间和平共处、彼此尊重、共同发展	0--1--2--3--4--5--6--7--8--9--10
10. 以民为本：尊重人民、依靠人民、为了人民	0--1--2--3--4--5--6--7--8--9--10
11. 集体主义：在集体和个人关系中，当个人利益与集体利益发生冲突时，在兼顾二者的同时，个人应服从集体	0--1--2--3--4--5--6--7--8--9--10

（二）数据分析

用赞同率（选择 6~10 的比例之和）和赞同均值计算受访者对中华核心价值观的共享性。

1. 整体情况

赞同率　11 项赞同率都超过 70%，众数都为 10（非常赞同）。"义"的赞同率 85.9%，位列第一。第二到第三分别为"礼"80.8%、"和谐世界"79.7%。倒数第一至第三为"集体主义"70.1%、"天人合一"73.6%、"共同富裕"75.4%。11 项赞同率平均为 77.6%。价值观之间的赞同率差异不太大，最高的"义"比最低的"集体主义"高 15.8 个百分点。

赞同均值 由高到低排序大体与赞同率相同，唯一不同是"孝"的赞同率排名第五，赞同均值排序上升为第二。赞同均值都在 7 之上。"义"的均值 8.43 最高，比最低的"集体主义"7.13 高 1.3。11 项均值平均 7.79（见表 4-1）。

表 4-1 沙特受访者对中华核心价值观的赞同情况

	不赞同率（0~4 之和）（%）	中立率（5）（%）	赞同率（6~10 之和）（%）	均值	标准差
义	5.7	8.5	85.9	8.43	2.142
礼	11.1	8.1	80.8	8.00	2.772
和谐世界	12.5	7.9	79.7	7.92	2.819
和而不同	12.3	8.9	78.9	7.84	2.801
孝	11.4	10.1	78.4	8.10	2.821
以民为本	12.6	9.2	78.3	7.83	2.888
仁	13.4	9.9	76.8	7.79	2.933
恕	13.6	11.0	75.5	7.69	2.896
共同富裕	13.4	11.2	75.4	7.54	2.799
天人合一	16.4	10.0	73.6	7.36	3.061
集体主义	18.1	11.9	70.1	7.13	3.112
11 项平均	12.8	9.7	77.6	7.79	2.822

2. 人群分析

对年龄、收入、受教育程度与价值观态度作相关分析，年龄与孝和义较显著相关，相关系数分别为 0.058^*、0.062^*。收入与各项价值观均不显著相关。受教育程度与 5 项价值观相关：集体主义 0.119^{**}、孝 0.095^{**}、义 0.090^{**}、天人合一 0.059^*、仁 0.058^*。

对性别、国籍与价值观态度作一元方差分析，仅国籍中本地人和外籍人对义的态度有较显著差异，本地人赞同均值（8.35）比外籍人（8.73）低 0.38。对省籍、职业与价值观态度作交叉列表卡方检验：省籍只对"义"的态度有显著差异（见表 4-2），职业对孝、义、共同富裕的态度有显著差异（见表 4-3）。

表 4-2　沙特受访者省籍对义的赞同均值比较

	焦夫省	北部边疆省	塔布克省	哈伊勒省	麦地那省	盖西姆省	麦加省	利雅得省	东部省	巴哈省	阿西尔省	吉赞省	奈季兰省	合计
样本量（个）	8	12	37	15	53	35	221	256	150	6	37	19	3	852
均值	9.00	8.25	8.92	9.07	8.51	7.49	8.46	8.15	8.79	9.17	8.46	8.42	10.00	8.43

表 4-3　沙特受访者职业与对孝、义、共同富裕的赞同均值比较

职业	样本量（个）	孝	义	共同富裕
立法人员、领导人和管理人员	36	8.75	8.89	8.08
专家或行业带头人	226	8.56	8.97	7.78
专业技术人员	79	7.70	8.15	7.91
办公室职员	30	7.63	7.90	7.77
服务业、店铺与市场工作人员	83	7.89	8.24	7.66
农渔业技术工人	4	4.00	3.50	5.50
其他行业技术工人	32	7.72	8.19	6.81
军警	45	7.67	7.89	6.67
宗教人士	4	3.75	6.50	2.00
学生	115	7.77	8.17	7.72
无职业或自由职业	198	8.20	8.45	7.46
总数	852	8.10	8.43	7.54

3. 相关分析

价值观态度与中国文化评价　11 项价值观态度与中华文化 9 项评价共 99 对变量的相关分析显示，除 1 对（和而不同与创新的）为不显著负相关外，98 对为正相关。其中，62 对显著相关，占 62.6%，23 对较显著相关，占 23.2%，13 对不显著相关，占 13.1%（见表 4-4）。各价值观与中华文化评价相关的个数、排名前三位、9 对相关系数平均数情况如下。

仁有 8 对，前三名：有价值的 0.128**、灿烂的 0.117**、有吸引力 0.111**，平均数 0.91。恕有 9 对，前三名：有吸引力 0.119**、有价值的 0.118**、和谐的 0.089**，平均数 0.085。孝有 9 对，前三名：有吸引力 0.283**、多元的 0.220**、灿烂的 0.094**，平均数 0.116。礼有 7 对，前三名：有活力

的 0.109**、有吸引力 0.095**、有价值的 0.091**，平均数 0.073。义有 8
对，前三名：有吸引力 0.258**、多元的 0.174**、有价值的 0.107**，平均
数 0.104。和而不同有 6 对，前三名：和谐的 0.105**、包容的 0.095**、灿
烂的 0.088**，平均数 0.057。天人合一有 8 对，前三名：有吸引力 0.130**、
包容的 0.098**、多元的 0.088**，平均数 0.082。共同富裕有 5 对，前三
名：有吸引力 0.117**、多元的 0.087**、和谐的 0.074**，平均数 0.056。
和谐世界有 8 对，前三名：灿烂的 0.090**、和谐的 0.085**、有吸引力
0.078**，平均数 0.070。以民为本有 7 对，前三名：有价值的 0.110**、和
谐的 0.103**、有活力的 0.085**，平均数 0.074。集体主义有 9 对，前三名：
爱好和平 0.109**、有价值的 0.090**、包容的 0.089**，平均数 0.077。

99 对变量中，相关系数较大的前三名是：孝与有吸引力 0.283**、义
与有吸引力 0.258**、天人合一与有吸引力 0.130**。11 项价值观与对中
华文化 9 项评价相关系数平均数中，前三名是：有吸引力 0.127、有价值
的 0.092、多元的 0.090。各项价值观与 9 项评价相关系数的平均数中，
前三名是孝 0.116、义 0.104、仁 0.091。

简言之，中华核心价值观与中华文化评价 99 对变量中，85.9% 显著或
较显著正相关，对中华价值观越认同，对中华文化的评价就越高。11 项价
值观与中华文化有吸引力、有价值的、多元的相关系数较大，孝、义、仁
与中华文化 9 项评价的相关系数平均数较大。

表 4-4　沙特受访者对 11 项价值观的态度与对中华文化评价的相关系数

	有吸引力	包容的	有活力的	灿烂的	多元的	爱好和平	有价值的	创新的	和谐的	9 项平均
仁	.111**	.066*	.078**	.117**	.081**	.110**	.128**	.030	.102**	.091
恕	.119**	.064*	.083**	.087**	.083**	.058*	.118**	.063*	.089**	.085
孝	.283**	.093**	.057*	.094**	.220**	.076**	.085**	.069*	.067*	.116
礼	.095**	.073**	.109**	.080**	.071*	.035	.091**	.052	.055*	.073
义	.258**	.078**	.077**	.049	.174**	.068*	.107**	.056*	.066*	.104
和而不同	.058*	.095**	.006	.088**	.035	.056*	.072**	-.006	.105**	.057
天人合一	.130**	.098**	.078**	.047	.088**	.084**	.074**	.074**	.068*	.082
共同富裕	.117**	.063*	.037	.032	.087**	.025	.062*	.003	.074**	.056
和谐世界	.078**	.075**	.064*	.090**	.014	.073**	.077**	.073**	.085**	.070

	有吸引力	包容的	有活力的	灿烂的	多元的	爱好和平	有价值的	创新的	和谐的	9项平均
以民为本	.076**	.068*	.085**	.047	.077**	.067*	.110**	.031	.103**	.074
集体主义	.076**	.089**	.073**	.058*	.064*	.109**	.090**	.071**	.066*	.077
平均	.127	.078	.068	.072	.090	.069	.092	.047	.080	.080

价值观态度与中国形象评价　11项价值观态度与中国形象8项评价共88对变量的相关分析显示，77对显著相关，占87.5%，8对较显著相关，占9.1%，3对不显著相关，占3.4%（见表4-5）。各价值观与对中国形象评价相关的个数、排名前三位、8对相关系数平均数情况如下。

仁有7对，前三名：不断发展0.162**、颇具魅力0.139**、有创新力0.089**，平均0.096。恕有8对，前三名：坚定不移0.147**、有创新力0.126**、颇具魅力0.122**，平均0.102。孝有8对，前三名：充满活力0.164**、有创新力0.136**、不断发展0.102**，平均0.097。礼有8对，前三名：有创新力0.149**、充满活力0.135**、颇具魅力0.132**，平均0.109。义有8对，前三名：充满活力0.150**、有创新力0.128**、令人愉悦0.119**，平均0.104。和而不同有7对，前三名：令人愉悦0.145**、充满活力0.118**、有领导力0.108**，平均0.100。天人合一有8对，前三名：有创新力0.100**、可靠可信0.095**、有领导力0.082**，平均0.081。共同富裕有8对，前三名：充满活力0.105**、有创新力0.084**、不断发展0.080**，平均0.076。和谐世界有7对，前三名：颇具魅力0.130**、坚定不移0.120**、充满活力0.118**，平均0.101。以民为本有8对，前三名：有领导力0.125**、令人愉悦0.111**、坚定不移0.109**，平均0.103。集体主义有8对，前三名：坚定不移0.108**、不断发展0.107**、令人愉悦0.089**，平均0.084。

88对变量中，相关系数较大的前三名是：孝与充满活力0.164**、仁与不断发展0.162**、义与充满活力0.150**。11项价值观与中国形象8项评价的相关系数平均数中，排名前三位的是：有创新力0.110、充满活力0.107、令人愉悦0.101。各项价值观与8项评价的相关系数平均数中，排名前三位的是：礼0.109、义0.104、以民为本0.103。

简言之，对中华核心价值观态度与中国形象评价都为正相关，即对这些价值观越赞同，对中国形象评价就越高，11 项价值观与有创新力、充满活力、令人愉悦相关系数较大，礼、义、以民为本与中国形象 8 项评价相关系数平均数较大。

表 4-5　沙特受访者对 11 项价值观的态度与对中国形象评价的相关系数

	可靠可信	令人愉悦	有领导力	充满活力	颇具魅力	坚定不移	不断发展	有创新力	平均
仁	.084 **	.077 **	.087 **	.081 **	.139 **	.049	.162 **	.089 **	.096
恕	.083 **	.099 **	.076 **	.075 **	.122 **	.147 **	.084 **	.126 **	.102
孝	.063 *	.094 **	.059 *	.164 **	.080 **	.080 **	.102 **	.136 **	.097
礼	.108 **	.109 **	.081 **	.135 **	.132 **	.077 **	.079 **	.149 **	.109
义	.086 **	.119 **	.080 **	.150 **	.076 **	.094 **	.100 **	.128 **	.104
和而不同	.038	.145 **	.108 **	.118 **	.107 **	.103 **	.083 **	.095 **	.100
天人合一	.095 **	.078 **	.082 **	.064 *	.080 **	.072 **	.079 **	.100 **	.081
共同富裕	.064 *	.074 **	.064 **	.105 **	.079 **	.058 *	.080 **	.084 **	.076
和谐世界	.038	.117 **	.056 *	.118 **	.130 **	.120 **	.114 **	.117 **	.101
以民为本	.095 **	.111 **	.125 **	.101 **	.106 **	.109 **	.082 **	.095 **	.103
集体主义	.083 **	.089 **	.054 *	.068 *	.073 **	.108 **	.107 **	.086 **	.084
平均	.076	.101	.079	.107	.102	.092	.097	.110	.096

价值观态度与对中华文化评价、对中国形象评价对比　单项价值观系数对比，即价值观态度与中华文化有吸引力相关系数同与中国颇具魅力相关系数对比，以绝对值大于 0.03 为标准，对比显示有 3 种情况。前者相关系数明显高于后者相关系数的有 4 项，如孝与中华文化有吸引力的相关系数（0.283）比与中国颇具魅力的相关系数（0.080）高 0.203；前者相关系数约等于后者相关系数的有 3 项，如集体主义与中华文化有吸引力的相关系数（0.076）约等于与中国颇具魅力的相关系数（0.073）；前者相关系数明显小于后者相关系数的有 4 项，如和谐世界与中华文化有吸引力的相关系数（0.078）比与中国颇具魅力的相关系数（0.130）低 0.052。综合价值观系数对比，即价值观态度与中华文化 9 项评价相关系数平均数同与中国形象 8 项评价相关系数平均数对比，结果显示有 2 种情况。前者相关系数约等于后者相关系数的有 8 项，如孝与中华文化 9 项评价相关系数平均数（0.116）约等于与中国形象 8 项评价相关系数平均数（0.097）；前者相关系数明

显小于后者相关系数的有 3 项，如和谐世界与中华文化 9 项评价相关系数平均数（0.070）比与中国形象评价相关系数平均数（0.101）低 0.031（见表 4-6）。

表 4-6　沙特受访者对 11 项价值观态度与对中国形象评价、对中华文化评价对比

		有吸引力	颇具魅力	两者之差	中华文化9项评价平均	中国形象8项评价平均	两者之差
孝	大于	.283 **	.080 **	.203	约等于	.116	.097	.019
义		.258 **	.076 **	.182		.104	.104	0
天人合一		.130 **	.080 **	.050		.082	.081	.001
共同富裕		.117 **	.079 **	.038		.056	.076	-.020
集体主义	约等于	.076 **	.073 **	.003		.077	.084	-.007
恕		.119 **	.122 **	-.003		.085	.102	-.017
仁		.111 **	.139 **	-.028		.091	.096	-.005
以民为本	小于	.076 **	.106 **	-.030	小于	.074	.103	-.029
礼		.095 **	.132 **	-.037		.073	.109	-.036
和而不同		.058 *	.107 **	-.049		.057	.100	-.043
和谐世界		.078 **	.130 **	-.052		.070	.101	-.031
平均		.127	.102	.025		.080	.096	-.016

价值观态度与中沙关系态度　对 11 项价值观态度与对中沙关系态度作相关分析，对孝、以民为本、义、礼的态度与对中沙关系态度相关，相关系数分别为 0.092 **、0.083 **、0.083 *、0.072 *。

4. 沙特与 9 国比较

中沙对比，沙特人对各项价值观的赞同率都比中国人低，相差最大的 3 项是：天人合一（低 21.4 个百分点）、恕（低 17.6 个百分点）和集体主义（低 17.2 个百分点）。差距最小的是义（低 7.8 个百分点）；11 项赞同率平均数两国相差 15.1 个百分点，赞同均值平均数两国相差 0.71。笔者曾提出"共享价值观"概念，其含义为："在当今两种文化或两国民众中都接受或追求的价值观，是使大家在精神上都得到满足的原则和信念。"① 当

① 关世杰：《对外传播中的共享性中华核心价值观》，《人民论坛》2012 年第 15 期。

今沙特人与中国人对 11 项中华核心价值观的赞同率平均数分别达到 77.6%
和 92.7%，具有共享性。笔者把中华核心价值观的共享性划分为三个层级：
高度共享层级即该价值观赞同率≥75%、较高共享层级即该价值观赞同率介
于 65%~75%、基本共享层级即该价值观赞同率介于 50%~65%①。根据这
个标准，11 项价值观中有 9 项为沙特人与中国人高度共享，2 项为较高共
享，11 项平均为高度共享。

　　沙特与海外 8 国相比，沙特对 11 项价值观的赞同率平均数高于美国、德
国、日本、韩国。每项价值观在海外 9 国平均数排名前三的是义（82.2%）、
礼（79.7%）、和谐世界（79.3%），最低的是集体主义（65.6%），均为高
度或较高层级的共享价值观。值得注意的是，印尼受访者对 11 项价值观的
赞同率在海外 9 国中最高，且与中国受访者相差无几，11 项价值观赞同率
平均数印尼 92.5%、中国 92.7%（见表 4-7）。

表 4-7　沙特与 9 国对中华核心价值观赞同率比较

单位：%

	沙特	美国	德国	俄罗斯	印度	日本	韩国	越南	印尼	平均	中国
仁	76.8	73.8	80.1	82.4	79.1	53.9	80.3	84.5	91.4	78.0	92.7
恕	75.5	73.6	78.4	84.8	76.3	54.1	81.0	79.7	87.1	76.7	93.1
孝	78.4	69	82.7	81.2	78.4	53.9	83.9	88.7	94.2	78.9	94.5
礼	80.8	70.4	78.1	85.1	77.2	57.5	85.5	88.3	94.1	79.7	94.8
义	85.9	79.6	82.6	82.0	84.3	62.6	82.5	86.0	94.2	82.2	93.7
和而不同	78.9	68.3	79.1	87.5	76.3	55.6	82.9	86.1	93.2	78.7	94.4
天人合一	73.6	70.5	81.9	88.5	79.2	55.5	57.2	87.9	94.1	76.5	95.0
共同富裕	75.4	60.3	66.9	83.5	77.8	47.6	71.0	82.0	92.7	73.0	89.1
和谐世界	79.7	69.3	81.6	88.1	81.6	54.0	78.1	86.9	93.8	79.3	91.7
以民为本	78.3	62.8	71.2	83.6	79.5	48.6	81.1	88.0	94.2	76.4	92.9
集体主义	70.1	59.3	53.1	59.1	76.1	40.8	61.5	82.9	87.9	65.6	87.3
11 项平均	77.6	68.9	76.0	83.2	78.7	53.1	76.8	85.5	92.5	76.9	92.7

---

① 关世杰：《中华文化国际影响力调查研究》，北京大学出版社，2016，第 299 页。

三 中国社会主义核心价值观的共享性

（一）问卷内容

社会主义核心价值观问题编号和内容如下。

V13～V14～V15. 您是否认为在国家、社会和公民三个层次上应当倡导以下价值观？（各价值观外文翻译使用了中国官方对外媒体的翻译方式）

		非常不赞同 非常赞同
国家	V13-1. 富强	0---1---2---3---4---5---6---7---8---9---10
	V13-2. 民主	0---1---2---3---4---5---6---7---8---9---10
	V13-3. 文明	0---1---2---3---4---5---6---7---8---9---10
	V13-4. 和谐	0---1---2---3---4---5---6---7---8---9---10
社会	V14-1. 自由	0---1---2---3---4---5---6---7---8---9---10
	V14-2. 平等	0---1---2---3---4---5---6---7---8---9---10
	V14-3. 公正	0---1---2---3---4---5---6---7---8---9---10
	V14-4. 法治	0---1---2---3---4---5---6---7---8---9---10
公民	V15-1. 爱国	0---1---2---3---4---5---6---7---8---9---10
	V15-2. 敬业	0---1---2---3---4---5---6---7---8---9---10
	V15-3. 诚信	0---1---2---3---4---5---6---7---8---9---10
	V15-4. 友善	0---1---2---3---4---5---6---7---8---9---10

（二）数据分析

1. 整体情况

852 名受访者对 12 项价值观的态度见表 4-8。赞同率都超过 70%，众数都为 10（非常赞同），对 12 项价值观选择非常赞同的平均数 54.2%。公正赞同率 89.3%，位列第一。12 项价值观赞同率平均 82.8%。各项赞同均值均在 7.4 及以上。公正赞同均值（8.77）最高。12 项均值平均 8.23。

表 4-8 沙特受访者对社会主义核心价值观的态度

	不赞同率（0~4之和）（%）	中立率（5）（%）	赞同率（6~10之和）（%）	均值	标准差
富强	12.0	7.4	80.6	8.04	2.787
民主	15.8	12.6	71.6	7.40	3.001
文明	10.9	6.1	83.0	8.12	2.607
和谐	10.7	8.0	81.3	8.12	2.599
自由	14.2	10.3	75.5	7.70	2.826
平等	13.0	6.1	80.9	8.04	2.874
公正	5.7	5.0	89.3	8.77	2.106
法治	10.2	6.8	82.9	8.18	2.628
爱国	8.5	4.6	86.9	8.57	2.532
敬业	7.6	6.0	86.3	8.57	2.451
诚信	7.4	5.0	87.6	8.67	2.395
友善	7.8	4.7	87.5	8.55	2.436
平均	10.2	6.9	82.8	8.23	2.604

2. 人群分析

年龄、家庭收入、受教育程度与对 12 项价值观态度的相关分析显示，年龄与平等、友善呈正相关（0.070*、0.086**），受教育程度与公正、敬业呈正相关（0.091**、0.074*）。性别、国籍、省籍、职业与对 12 项价值观态度的一元方差分析显示，仅在国籍上本地人对民主、法治、敬业、诚信赞同均值（7.25、8.09、8.48、8.56）与外籍人（7.97、8.50、8.90、9.07）有显著或较显著差异，分别低 0.72、0.41、0.42、0.51。

3. 相关分析

价值观态度与中华文化评价 12 项价值观态度与中华文化 9 项评价共 108 对变量的相关分析显示，108 对均正相关。其中 77 对显著相关，占 71.3%，17 对较显著相关，占 15.7%，14 对不显著相关，占 13.0%（见表 4-9）。各价值观与中华文化评价相关的个数、排名前三位、9 对相关系数平均数情况如下。

富强有 9 对，前三名：有价值的 0.136**、和谐的 0.124**、有吸引力

0.122**，平均数 0.106。民主有 9 对，前三名：和谐的 0.119**、有价值的
0.118**、灿烂的 0.094**，平均数 0.085。文明有 9 对，前三名：和谐的
0.119**、有价值的 0.112**、包容的 0.097**，平均数 0.094。和谐有 8 对，
前三名：创新的 0.114**、有价值的 0.109**、和谐的 0.090**，平均数
0.085。自由有 8 对，前三名：有价值的 0.133**、和谐的 0.124**、有活力
的 0.116**，平均数 0.091。平等有 7 对，前三名：有价值的 0.317**、和谐
的 0.090**、灿烂的 0.081**，平均数 0.092。公正有 8 对，前三名：有吸引
力 0.144**、有活力的 0.101**、包容的 0.082**，平均数 0.077。法治有 8
对，前三名：灿烂的 0.107**、有吸引力 0.106**、有价值的 0.106**，平均
数 0.083。爱国有 7 对，前三名：有吸引力 0.115**、创新的 0.113**、包容
的 0.088**，平均数 0.083。敬业有 7 对，前三名：有价值的 0.155**、有吸
引力 0.150**、包容的 0.085**，平均数 0.085。诚信有 6 对，前三名：有价
值的 0.110**、和谐的 0.095**、灿烂的 0.087**，平均数 0.068。友善有 8
对，前三名：和谐的 0.108**、灿烂的 0.101**、有活力的 0.093**，平均
数 0.076。

108 对变量中，相关系数前三名是：平等与有价值的 0.317**、敬业与
有价值的 0.155**、敬业与有吸引力 0.150**。12 项价值观与对中华文化单
项评价的相关系数平均数相比，前三名是：中华文化是有价值的 0.128、有
吸引力 0.098、和谐的 0.096。单项价值观与 9 项评价相关系数平均数相比，
前三名是富强 0.106、文明 0.094、平等 0.092。

简言之，12 项价值观与中华文化评价都呈正相关，即对社会主义核心
价值观越认同，对中华文化评价就越高，反之亦然。12 种价值观对中华文
化是有价值的、有吸引力、和谐的相关系数较大，富强、文明、平等与中
华文化 9 项评价的相关系数较大。

表 4-9　沙特受访者对 12 项价值观态度与对中华文化评价的相关系数

	有吸引力	包容的	有活力的	灿烂的	多元的	爱好和平	有价值的	创新的	和谐的	9 项平均
富强	.122**	.094**	.099**	.107**	.099**	.098**	.136**	.071**	.124**	.106
民主	.064*	.076**	.077**	.094**	.054*	.078**	.118**	.089**	.119**	.085
文明	.093**	.097**	.091**	.086**	.073**	.083**	.112**	.092**	.119**	.094
和谐	.085**	.089**	.084**	.086**	.037	.069*	.109**	.114**	.090**	.085

续表

	有吸引力	包容的	有活力的	灿烂的	多元的	爱好和平	有价值的	创新的	和谐的	9 项平均
自由	.073**	.070**	.116**	.105**	.051	.061*	.133**	.085**	.124**	.091
平等	.077**	.076**	.050	.081**	.061*	.009	.317**	.066*	.090**	.092
公正	.144**	.082**	.101**	.033	.067*	.068*	.074**	.063*	.058*	.077
法治	.106**	.101**	.081**	.107**	.054	.056*	.106**	.077**	.062*	.083
爱国	.115**	.088**	.090**	.053	.077**	.048	.079**	.113**	.081**	.083
敬业	.150**	.085**	.033	.079**	.070*	.069*	.155**	.040	.082**	.085
诚信	.080**	.019	.051	.087**	.016	.074**	.110**	.080**	.095**	.068
友善	.068*	.067*	.093**	.101**	.034	.056*	.085**	.075**	.108**	.076
平均	.098	.079	.081	.085	.058	.064	.128	.080	.096	.085

价值观态度与中国形象评价　12 项价值观态度与中国形象 8 项评价共 96 对变量的相关分析显示，78 对显著相关，占 81.3%，11 对较显著相关，占 11.5%，7 对不显著相关，占 7.3%（见表 4-10）。各价值观与中国形象评价相关的个数、排名前三位、8 对相关系数平均数情况如下。

富强有 8 对，前三名：坚定不移 0.157**、充满活力 0.148**、有创新力 0.135**，平均数 0.119。民主有 7 对，前三名：有创新力 0.123**、坚定不移 0.112**、充满活力 0.112**，平均数 0.092。文明有 8 对，前三名：充满活力 0.170**、不断发展 0.144**、坚定不移 0.104**，平均数 0.103。和谐有 7 对，前三名：不断发展 0.177**、有创新力 0.141**、颇具魅力 0.122**，平均数 0.109。自由有 8 对，前三名：有创新力 0.353**、充满活力 0.119**、颇具魅力 0.110**，平均数 0.117。平等有 7 对，前三名：有领导力 0.124**、颇具魅力 0.123**、充满活力 0.121**，平均数 0.092。公正有 8 对，前三名：充满活力 0.142**、不断发展 0.131**、有创新力 0.115**，平均数 0.104。法治有 6 对，前三名：坚定不移 0.119**、有创新力 0.104**、充满活力 0.103**，平均数 0.077。爱国有 7 对，前三名：充满活力 0.124**、坚定不移 0.110**、不断发展 0.105**，平均数 0.093。敬业有 8 对，前三名：颇具魅力 0.134**、令人愉悦 0.126**、充满活力 0.113**，平均数 0.100。诚信有 7 对，前三名：不断发展 0.163**、有创新力 0.121**、坚定不移 0.113**，平均数 0.098。友善有 8 对，前三名：有领导力 0.136**、有创新力 0.117 **、令人愉悦 0.110 **，平均数 0.103。

96 对变量中，相关系数较大的前三名是：自由与有创新力 0.353 **、和谐与不断发展 0.177 **、文明与充满活力 0.170 **。12 项价值观与对单项中国形象评价相关系数平均数中，前三名是：有创新力 0.136、充满活力 0.121、不断发展 0.114。单项价值观与 8 项评价的相关系数平均数中，前三名是富强 0.119、自由 0.117、和谐 0.109。

简言之，12 项价值观与中国形象评价都呈正相关，即越认同这些价值观，对中国形象的评价越高，反之亦然。12 项价值观与中国形象评价中有创新力、充满活力、不断发展相关系数较大，富强、自由、和谐与 8 项中国形象评价的相关系数较大。

表 4-10 沙特受访者对 12 项价值观的态度与对中国形象评价的相关系数

	可靠可信	令人愉悦	有领导力	充满活力	颇具魅力	坚定不移	不断发展	有创新力	平均
富强	.057 *	.085 **	.125 **	.148 **	.123 **	.157 **	.124 **	.135 **	.119
民主	.027	.104 **	.075 **	.112 **	.088 **	.112 **	.094 **	.123 **	.092
文明	.097 **	.068 *	.076 **	.170 **	.084 **	.104 **	.144 **	.080 **	.103
和谐	.106 **	.093 **	.081 **	.102 **	.122 **	.052	.177 **	.141 **	.109
自由	.057 *	.057 *	.082 **	.119 **	.110 **	.079 **	.078 **	.353 **	.117
平等	.031	.065 *	.124 **	.121 **	.123 **	.090 **	.059 *	.119 **	.092
公正	.081 **	.097 **	.080 **	.142 **	.075 **	.110 **	.131 **	.115 **	.104
法治	.019	.058 *	.058 *	.103 **	.050	.119 **	.101 **	.104 **	.077
爱国	.073 **	.049	.074 **	.124 **	.101 **	.110 **	.105 **	.104 **	.093
敬业	.057 *	.126 **	.070 *	.113 **	.134 **	.099 **	.098 **	.103 **	.100
诚信	.037	.100 **	.058 *	.107 **	.083 **	.113 **	.163 **	.121 **	.098
友善	.072 **	.110 **	.136 **	.095 **	.103 **	.107 **	.095 **	.117 **	.103
平均	.060	.084	.087	.121	.100	.104	.114	.136	.100

价值观态度与对中华文化评价、对中国形象评价对比 单项系数对比，即价值观态度与中华文化有吸引力相关系数同价值观态度与中国颇具魅力相关系数对比，以相差绝对值大于 0.03 为标准，显示有 3 种情况。前者相关系数明显高于后者相关系数的有 2 项，如公正与中华文化有吸引力的相关

系数 0.144**，比与中国颇具魅力的相关系数 0.075** 大 0.069；前者相关系数约等于后者相关系数的有 6 项，如爱国与中华文化有吸引力的相关系数 0.115**，约等于与中国颇具魅力的相关系数 0.101**；前者相关系数明显小于后者相关系数的有 4 项，如和谐与中华文化有吸引力的相关系数 0.085**，比与中国颇具魅力的相关系数 0.122** 低 0.037。综合系数比较，即单项价值观态度与中华文化 9 项评价相关系数平均数同该价值观与中国形象 8 项评价相关系数平均数比较，结果显示：12 项价值观的前者相关系数都约等于后者相关系数（见表 4-11）。

表 4-11 12 项价值观态度与中华文化评价同与中国形象评价相关系数比较

		有吸引力	颇具魅力	两者之差	中华文化9项评价平均	中国形象8项评价平均	两者之差
公正	大于	.144**	.075**	.069	.077	.104	-.027
法治		.106**	.050	.056	.083	.077	.006
爱国	约等于	.115**	.101**	.014	.083	.093	-.001
敬业		.150**	.134**	.016	.085	.100	-.015
诚信		.080**	.083**	-.003	.068	.098	-.03
富强		.122**	.123**	-.001	.106	.119	-.013
民主		.064*	.088**	-.024	.085	.092	-.007
文明		.093**	.084**	.009	.094	.103	-.009
和谐	小于	.085**	.122**	-.037	.085	.109	-.024
自由		.073**	.110**	-.037	.091	.117	-.026
平等		.077**	.123**	-.046	.092	.092	0
友善		.068*	.103**	-.035	.076	.103	-.027
平均		.098	.100	-.002	.085	.100	-.015

（注：中华文化9项评价平均与中国形象8项评价平均之间列标注为"约等于"）

价值观态度与中沙关系态度　对 12 项价值观态度与对中沙关系态度（去除不知道者）的相关分析显示，有 2 项呈正相关：公正 0.094**、爱国 0.133**。越赞同公正和爱国，越看好中沙关系，反之亦然。

4. 沙特与 9 国比较

中沙对比，沙特人各项价值观赞同率都比中国人低。差距最大的三项为民主（低 22.4 个百分点）、自由（低 17.9 个百分点）、平等（低 12.7 个百分点）。差距最小的是爱国（低 5.6 个百分点）；12 项赞同率平均数相差 11.4 个百分点，均值平均数相差 0.59。尽管两国受访者对 12 项价值观赞同率在量上有明显差异，但没有质的区别，具有共享性，其中 11 项为高度共享层级、1 项（民主）为较高共享层级（71.6%）。

沙特与海外其他 8 国相比，沙特对 12 项价值观赞同率平均数高于美国、德国、日本、韩国。海外 9 国 12 项价值观赞同率平均数最高的前 5 项是公正（86.0%）、诚信（84.0%）、友善（83.6%）、法治（82.3%）、平等（81.7%），11 项为高度共享层级，最低的为富强（68.0%），为较高共享层级。国家富强在一些国家共享性不高，值得思考。印尼受访者对 12 项价值观的赞同率在海外 9 国中最高，且与中国受访者相差无几，12 项价值观赞同率平均数印尼 92.7%、中国 94.2%（见表 4-12）。

表 4-12 沙特与 9 国受访者对社会主义核心价值观赞同率比较

单位：%

	沙特	美国	德国	俄罗斯	印度	日本	韩国	越南	印尼	平均	中国
富强	80.6	74.1	44.7	38.5	85.3	33.4	76.1	86.0	93.3	68.0	93.0
民主	71.6	75.8	65.3	69.6	86.0	54.9	82.3	87.9	89.6	75.9	94.0
文明	83.0	79	66.9	89.8	86.9	52.2	77.9	88.3	93.3	79.7	95.1
和谐	81.3	78.2	69.1	90.1	87.7	42.4	83.3	87.5	94.6	79.4	93.4
自由	75.5	84.8	73.8	84.1	89.3	66.3	85.9	88.5	86.5	81.6	93.4
平等	80.9	81.3	68.7	88.5	88.8	64.4	85.3	88.1	89.0	81.7	93.6
公正	89.3	84.8	77.4	93.1	91.1	68.5	86.2	88.4	94.9	86.0	95.1
法治	82.9	80	72.7	91.5	89.2	60.9	84.4	85.2	93.9	82.3	95.1
爱国	86.9	73.2	47.1	83.0	87.8	47.1	77.6	89.3	94.0	76.2	92.5
敬业	86.3	79.4	42.8	93.9	88.5	47.2	78.2	88.6	93.1	77.6	94.0
诚信	87.6	83	73.3	94.8	89.4	62.8	83.2	86.1	95.5	84.0	95.9
友善	87.5	83.1	72.5	94.1	91.4	59.7	81.5	87.9	94.8	83.6	95.1
12 项平均	82.8	79.7	64.5	84.3	88.5	55.0	81.8	87.7	92.7	79.7	94.2

四 中国梦价值理念的共享性

（一）问卷内容

中国梦基本内涵是国家富强、民族振兴、人民幸福。国家富强、民族振兴、人民幸福也是价值观。问卷调查了中国梦的价值观是否在中沙受访者中具有共享性，问卷内容如下。

V13、V15. 您是否认为在国家、社会和公民三个层次上应当倡导以下价值观？（各价值观译文用中国官方的翻译）【行单选】

		非常不赞同	非常赞同
国家	V13-1. 富强 V13-5. 振兴	0---1---2---3---4---5---6---7---8---9---10 0---1---2---3---4---5---6---7---8---9---10	
公民	V15-5. 幸福	0---1---2---3---4---5---6---7---8---9---10	

（二）数据分析

1. 整体情况

沙特受访者对中国梦价值理念的赞同率依次是：人民幸福 87.4%、民族振兴 84.5%、国家富强 80.6%，三项平均 84.2%。3 项赞同均值都在 8.04 及以上，排序与赞同率一致：人民幸福 8.68、民族振兴 8.39、国家富强 8.04，3 项平均 8.37。

2. 人群分析

年龄、收入、受教育程度与对 3 项价值观态度的相关分析显示，仅受教育程度与民族振兴相关（0.081**）。性别、国籍与对 3 项价值观态度的一元方差分析，省籍、职业与对 3 项价值观态度的交叉列表卡方检验，都显示没有显著差异。

3. 相关分析

价值观态度与中华文化评价　3 项价值观态度与中华文化 9 项评价共 27 对变量的相关分析显示，21 对显著相关，占 77.8%；1 对较显著相关，占 3.7%；5 对不显著相关，占 18.5%。各价值观与中华文化评价相关的个数、排名前三位、9 对相关系数平均数情况如下。

国家富强有 9 对，前三名：有价值的 0.136**、和谐的 0.124**、有吸引力 0.122**，平均数 0.106。民族振兴有 7 对，前三名：有吸引力 0.106**、爱好和平的 0.095**、创新的 0.095**，平均数 0.079。人民幸福有 6 对，前三名：和谐的 0.100**、有活力的 0.099**、有价值的 0.099**，平均数 0.074（见表 4-13）。

27 对变量中，相关系数较大的前三名是：国家富强与有价值的、和谐的、有吸引力（0.136**、0.124**、0.122**）。3 项价值观与对中华文化单项评价的相关系数平均数相比，相关系数排名前三的是：有吸引力 0.102、和谐的 0.102、有活力的 0.097。单项价值观与中华文化 9 项评价相关系数平均数，排序是国家富强 0.106、民族振兴 0.079、人民幸福 0.074。简言之，对 3 项价值观态度与中华文化 9 项评价都呈正相关，即对这些价值观越认同，对中华文化评价就越高，反之亦然。

表 4-13　沙特受访者对中国梦价值理念的态度与对中华文化 9 项评价的相关系数

	有吸引力	包容的	有活力的	灿烂的	多元的	爱好和平	有价值的	创新的	和谐的	9 项平均
国家富强	.122**	.094**	.099**	.107**	.099**	.098**	.136**	.071**	.124**	.106
民族振兴	.106**	.065*	.093**	.089**	.034	.095**	.053	.095**	.081**	.079
人民幸福	.077**	.077**	.099**	.087**	.051	.046	.099**	.034	.100**	.074
平均	.102	.079	.097	.094	.061	.080	.096	.067	.102	.086

价值观态度与中国形象评价　3 项价值观态度与中国形象 8 项评价共 24 对变量的相关分析显示，20 对显著相关，占 83.3%；1 对较显著相关，占 4.2%；3 对不显著相关，占 12.5%。各价值观与中国形象评价相关的个数、排名前三位、8 对相关系数平均数情况如下。

国家富强有 8 对，前三名：坚定不移 0.157**、充满活力 0.148**、有创新力 0.135**，平均数 0.119。民族振兴有 7 对，前三名：有创新力 0.140**、不断发展 0.131**、充满活力 0.127**，平均数 0.099。人民幸福有 6 对，前三名：不断发展 0.143**、有创新力 0.110**、充满活力 0.106**，平均数 0.089（见表 4-14）。

24 对变量中，相关系数较大的前三名是：国家富强与坚定不移 0.157**、国家富强与充满活力 0.148**、人民幸福与不断发展 0.143**。3 项价值观与对单项中国形象评价的相关系数平均数中，前三名：不断发展 0.133、有创新力 0.128、充满活力 0.127。单项价值观与中国形象 8 项评价的相关系数平均数排序是：国家富强 0.119、民族振兴 0.099、人民幸福 0.089。

简言之,对 3 项价值观的态度与中国形象都呈正相关,即对这些价值观越认同,对中国形象评价就越高,反之亦然。

表 4-14 沙特受访者对中国梦 3 项价值理念的态度与对中国形象 8 项评价的相关系数

	可靠可信	令人愉悦	有领导力	充满活力	颇具魅力	坚定不移	不断发展	有创新力	8 项平均
国家富强	.057*	.085**	.125**	.148**	.123**	.157**	.124**	.135**	.119
民族振兴	.026	.074**	.079**	.127**	.124**	.090**	.131**	.140**	.099
人民幸福	.048	.034	.078**	.106**	.099**	.091**	.143**	.110**	.089
平均	.044	.064	.094	.127	.115	.113	.133	.128	.102

价值观态度与对中华文化评价、对中国形象评价对比 单项系数对比(价值观态度与中华文化有吸引力相关系数同价值观态度与中国颇具魅力相关系数对比)和综合系数对比(价值观态度与中华文化 9 项评价相关系数平均数同价值观与中国形象 8 项评价相关系数平均数对比),以相差绝对值大于 0.03 为标准,3 项价值观的前者相关系数都约等于后者相关系数,即没有实质差异(见表 4-15)。

表 4-15 中国梦 3 项价值理念态度与中华文化评价、中国形象评价的相关系数对比

		有吸引力	颇具魅力	两者之差		中华文化 9 项平均	中国形象 8 项平均	两者之差
国家富强	约等于	.122**	.123**	-.001	约等于	.106	.119	-.013
民族振兴		.106**	.124**	-.018		.079	.099	-.020
人民幸福		.077**	.099**	-.022		.074	.089	-.015
平均		.102	.115	.013		.086	.102	-.016

价值观态度与中沙关系态度 对国家富强、民族振兴、人民幸福态度与对中沙关系态度的相关分析显示,对民族振兴态度与对中沙关系态度较显著相关(0.066*)。

4. 沙特与 9 国比较

中沙对比,尽管沙特对 3 项价值理念的赞同率都比中国人低,3 项赞同率平均数(84.2%)比中国人(93.8%)低 9.6 个百分点,但赞同率均超过

80.0%，具有高度共享级的共享性。

沙特与海外其他 8 国相比，沙特对 3 项价值观的赞同率平均数高于美国、德国、俄罗斯、日本、韩国。海外 9 国对 3 项核心价值理念赞同率平均数排序为：人民幸福（84.6%）、民族振兴（75.5%）、国家富强（68.0%）。印尼受访者对 3 项价值理念的赞同率在海外 9 国中最高，且与中国受访者相同（93.8%）（见表 4-16）。

表 4-16　沙特与 9 国受访者对中国梦价值理念赞同率比较

单位：%

	沙特	美国	德国	俄罗斯	印度	日本	韩国	越南	印尼	平均	中国
国家富强	80.6	74.1	44.7	38.5	85.3	33.4	76.1	86.0	93.3	68.0	93.0
民族振兴	84.5	70.2	63.9	72.6	84.9	46.2	80.0	83.9	93.5	75.5	93.5
人民幸福	87.4	83.5	71.8	87.9	92.0	66.0	87.1	90.8	94.6	84.6	94.8
3 项平均	84.2	75.9	60.1	66.3	87.4	48.5	81.1	86.9	93.8	76.0	93.8

五　结果分析与思考

价值观是文化的核心要素，有必要结合沙特文化对数据初步统计结果作深入探讨。

（一）中国价值观在沙特具有共享性的原因初探

中华核心价值观产生于中国，社会主义核心价值观和中国梦价值理念由中国所倡导，它们受到中国受访者高度赞同在预料之中。沙特人全民笃信伊斯兰教。通常来讲，宗教是信教民族的精神支柱，能够安顿心灵，对一种文化的世界观、人生观、价值观有重大影响。宗教信仰不仅支配人们的思想感情，宗教组织和礼俗还支配或影响人们的日常生活，包括社会政治、伦理道德、文学艺术、家庭婚姻、人际往来和生老病死。对于许多民族来说，宗教信仰是神圣的、崇高的、不可亵渎的，必要时可以拿生命来保卫它。对于虔诚信教的民族，宗教信仰是其最敏感最容易触动的精神"感应器"，受到外界刺激很可能作出强烈反应。本次调查的中国价值观在信仰伊斯兰教的沙特受访者中得到广泛赞同。

在本书初稿审议时，有学者对这个调查结果有所质疑。在采访阿司力和阿贝德时，笔者咨询他们："针对我书稿中关于中沙价值观具有共享性的论述，有的中国学者建议我应该慎重考虑。书稿中所说的那些中国人的价值观，沙特人是否赞同，这些价值观在中国人和在沙特人之间是不是真有共享性？"阿司力回答说："有，有很多，比与西方价值观更多。我们自己来中国以后发现，中国的价值观与伊斯兰国家阿拉伯人的价值观是接近的，比与西方的更近。为什么我们跟着他们西方？为什么我们受他们的影响？让我们现在阿拉伯人中的年轻人有点慢慢越来越坏，因为这些年轻人跟随美国的价值观，就只看自己、爱自己，看不起别人，这样、那样，中国没有这个。以前听我们沙特驻中国大使也提到这个事，他说，我发现我们离中国文化特别近，有很多相同的地方，不能说100%，但是有很多，可能70%、80%都是相同的，在这个方面有很多相同的。那我们怎么以前不知道这个事，如果我们利用这个方面，两个国家可以在各个方面都有比较好的合作。我们不能控制人们信奉什么价值观，也不能控制人们可以做这个做那个，价值观指导人们做正确的事。中国价值观跟我们文化有很多相似之处，太多了，这个方面非常重要。你用这个（中沙之间有共享价值观）可以影响你在沙特人心里的印象，用中国价值观会很受欢迎，所以无论你做生意，还是做什么，还是做文化交流方面的工作，我觉得用中国价值观会有影响。这里讲的是千真万确的，不是开玩笑的。简单地说，沙特人就喜欢这些价值观，我们特别喜欢价值观这个方面的东西。所以一看这个人有这样的价值观，这是非常好的，他有这样的文化，我会很想跟他做朋友，没有这个的话，我就不想跟他做朋友，我觉得这个是最重要的。"

本次调查的中国价值观为什么在沙特有广泛的共享性？需要探讨。

1. 中华核心价值观

11项中华核心价值观多来自中国传统文化，如仁、恕、孝等来自儒家，问卷根据时代进步对它们作了新的界定。有的价值观是受儒家思想影响在当代的创新，如集体主义、共同富裕、和谐世界等是新中国成立后倡导的国家主流价值观，在问卷中也进行了简要界定。这些价值观的解释中透着一种善意，和儒家的人文精神一脉相承。当然，对11项价值观的界定不是哲学家或伦理学家式的，而是针对问卷调查对象普通百姓通俗易懂的简述。

中国人和沙特人彼此并不陌生，穆罕默德"求知哪怕远在中国"的圣训在沙特几乎家喻户晓。沙特政府对中国人民非常友好。双方关系友好对中国价值观在沙特民众中具有共享性多少会产生影响，但更重要的是要从伊斯兰教义中寻找。沙特地处伊斯兰教的中心地带，麦加是伊斯兰教最神圣的圣地，全世界的穆斯林每天虔诚地朝着麦加天房祈祷五次。因此，了解伊斯兰文化对真正了解沙特至关重要。中国驻沙特前大使吴思科对沙特国情作过概括。

> 沙特是一个由庞大的王室家族统治的王国，也是伊斯兰教的发祥地，以《古兰经》为治国根据，实现政教合一的宗教王国，一个严守传统与开放发展神奇结合的王国。在今天的沙特，伊斯兰既是宗教信仰，也是一种社会体系、生活方式和文化形态，其影响涉及政治、经济、法律、教育、思想意识、伦理道德、民俗习尚各个领域[①]。

因而，首先可尝试从《古兰经》《圣训》和儒家思想的共同点来探讨中华核心价值观在沙特民众中具有共享性的原因。

以孔子为代表的儒家思想，是中华核心价值观的重要源泉。儒家主张"仁""仁者爱人"，仁爱是孔子思想体系的理论核心。其他的礼、义、孝等无不围绕仁展开，"三纲五常"是儒家倡导的基本社会伦理准则，"仁"是五常之首。孔子明确提出：仁者，爱人。调查问卷中对"仁者爱人"作了小幅拓展，界定为"人与人之间相互友爱、同情、互助"，有善待他人的意思。这和《古兰经》相关教诲是相通的。《古兰经》说："你当以善待人，像真主以善待你一样"[②]，阐述的即是"爱人"的价值理念。学者丁士仁对此作了进一步解释："纵观伊斯兰的价值体系，其中始终贯穿着一个主体精神，那就是'敬主爱人'。它就是伊斯兰的核心价值观。'敬主爱人'包含了两方面的内容：对真主的'敬'和对人类的'爱'。"[③]

伊斯兰的核心价值观"敬主爱人"与儒家的"仁者爱人"相比，相同的是都有"爱人"，不同的是前者有"敬主"，后者无"敬主"。《古兰经》开篇第一段就是"奉至仁至慈的真主之名，一切赞颂，全归真主，全世界

---

① 吴思科：《序——严守传统与开放发展神奇结合的王国》，转引自钱学文《当代沙特阿拉伯王国社会与文化》，序，上海外语教育出版社，2003。

② 《古兰经》，马坚译，中国社会科学出版社，1996，第313页。

③ 丁士仁：《伊斯兰的核心价值观》，《中国穆斯林》2013年第6期。

的主，至仁至慈的主，报应日的主，我们只崇拜你，只求你佑助，求你引导我们上正路"[①]，伊斯兰意思是"服从"。伊斯兰教的信徒被称为穆斯林，意思是"那些服从真主的人"。丁士仁认为，伊斯兰将"爱人"的内容划归几个层面：爱父母、爱兄妹、爱妻室、爱弱者、爱人类。"敬主爱人"核心价值观会有下列外在表现：对人尊重、待人宽厚、对人和睦、待人谦虚、与人方便。从这些内容能看到《古兰经》中一些与仁、恕、礼、孝、义、和而不同等类似的描述。沙特驻美国大使馆网站上介绍伊斯兰教时说，"穆斯林信奉和平、仁慈和宽恕的宗教"（Muslims follow a religion of peace, mercy, and forgiveness）。

仁 《古兰经》中多次出现，"真主是仁爱众仆的"[②]。圣训说，"爱人如爱己，方为真信士"[③]。

恕 《古兰经》中提及："敬畏的人，在康乐时施舍，在艰难时也施舍，且能拗怒，又能恕人。真主是喜爱行善者的。"[④]

孝 亦在《古兰经》中多次出现，"你们应当只崇拜真主，并应当孝敬父母"[⑤]。伊斯兰世界没有养老院。在生命中最困难的时刻照顾父母的努力被认为是一种荣誉和祝福，是一个伟大精神成长的机会。在伊斯兰教中，服侍父母是仅次于祈祷的责任。《古兰经》说：你的主曾下令说，你们应该崇拜他，应该孝敬父母。如果他们俩中的一人或者两人在你的堂上达到了老迈的年纪，那么，你不要对他俩说："呸！"不要呵斥他俩，你应该对他俩说有礼貌的话。你应当为怜悯而毕恭毕敬地服侍他俩，你应当说："我的主啊！求你怜悯他俩，就像我年幼时他俩养育我那样。"[⑥]

义 《古兰经》中提及："故我降天灾于不义者，那是由于他们的犯罪。"[⑦]

阿卜杜·阿齐兹国王说："安拉知道，人民的每处伤痛都使我痛苦，他

---

①　《古兰经》，马坚译，中国社会科学出版社，1996，第1页。

②　《古兰经》，马坚译，中国社会科学出版社，1996，第23页。

③　《布哈里圣训实录·信仰篇》，转引自马明良《伊斯兰文明与中华文化的交往历程和前景》，中国社会科学出版社，2006，第267页。

④　《古兰经》，马坚译，中国社会科学出版社，1996，第50页。

⑤　《古兰经》，马坚译，中国社会科学出版社，1996，第9、63、113页。

⑥　《古兰经》，马坚译，中国社会科学出版社，1996，第224页。

⑦　《古兰经》，马坚译，中国社会科学出版社，1996，第6页。

们所受的伤害是对我的折磨……为人民服务是我们的职责，所以，我们要
用我们的眼睛和心为人民服务。"①

和而不同和和谐世界　与中国文化中的"和而不同"观念相似的多元
共存的观念，《古兰经》中讲道："未曾为你们的宗教而对你们作战，也未
曾把你们从故乡驱逐出境者，真主并不禁止你们怜悯他们，公平待遇他们。
真主确是喜爱公平者的。"②　"伊斯兰"是阿拉伯语音译，字面意义除了有
"顺从"的意思外，还有和平、纯净等含义。《古兰经》有155处讲到了
"色俩目"（和平、平安）。

儒家的"仁者爱人"与伊斯兰的"敬主爱人"在"爱人"上的共同
性，可以解释中华核心价值观中传统价值观在沙特具有共享性。

其次，从中华文化特点来看，儒家所具有的人文精神可以被伊斯兰教
所认同。伊斯兰教提倡两世吉庆，让穆斯林把握好现世人生，积极追求今
世和来世的幸福。《古兰经》中不仅包含而且重视世俗伦理，这就与注重今
世的世俗儒家价值观相通，儒家精神性的人文主义具有天下情怀，可以被
伊斯兰教所接受。对此杜维明先生的见解具有启发性。他认为：

> 儒家所具有的这种人文精神可以和基督教配套，所以出现了儒家
> 式的基督徒；可以和佛教配套，出现了儒家式的佛教徒，当然和道教、
> 伊斯兰教都可以配套。精神性的人文主义，是所有的宗教都能接受的。
> 我们主动选择做一个基督徒、佛教徒，或者做伊斯兰教徒，但我们不
> 能选择是否做人。宗教信仰可以不同，但在如何做人这一点上是可以
> 相通的③。
>
> 严格地说，只有儒家传统可以和其他各种宗教、各种传统、各种
> 文明相配合。我们很难想象基督教式的伊斯兰教信徒，或者犹太教式
> 的基督徒，也很难想象新教的天主教徒。现在有很多学者在讨论是不
> 是一个基督徒同时也可以做个佛教徒，或者一个佛教徒同时也可以做
> 个基督徒，但我认为目前还很困难。儒家式的基督徒、儒家式的佛教

---

① 钱学文著《当代沙特阿拉伯王国社会与文化》，上海外语教育出版社，2003，第55页。
② 《古兰经》，马坚译，中国社会科学出版社，1996，第445页。
③ 杜维明：《儒家的恕道是文明对话的基础》，《人民论坛》2013年第24期。

徒、儒家式的伊斯兰教信徒已经成为大家接受的观念，所以才有"回儒"的观念，也就是伊斯兰世界中的知识分子①。

沙特科研与知识交流中心高级研究员阿卜杜拉·法拉吉博士认为，中国传统哲学大部分思想适用于整个世界：

> 中国的道家、儒家和墨家思想及其教义，以及在中国历史上涌现出的哲学家们的思想，都在不同的历史时期中试图解决中国发展所面临的问题。同时，世界各地的人们又往往有着许多共同的关切——以此为基础，这些思想流派不仅针对特定时期中国的发展现状给予了解答，也都对人类所面临的共同问题有所回应。……它（中国的哲学思想）不仅仅同本国国情息息相关，其中的大部分思想也适用于整个世界。另一方面，在某种程度上，哲学上的多元属性也许使得中国得以与多种思想和观点和谐共生（即使是相对而言），这一点则在现代中国的发展中起到了重要作用。

这位沙特学者对中国古典哲学思想的理解和剖析，及其同当代中国马克思主义世界观的联系，不仅有助于我们理解中华核心价值观中仁、义、礼等传统的价值观，而且是集体主义、共同富裕、和谐世界这些新中国倡导的价值观，能在沙特具有共享性的原因。

> 丰富且深邃的思想和哲学遗产为当代中国提供了极其有益的养分。尽管中华人民共和国是在马克思主义的旗帜下于1949年成立，中国却并没有把马克思主义当作一种一成不变、不可发展的教条来对待。正如中国的佛教一样：它虽源自印度，却在中国的土地上被"中国化"，因此中国的佛教有别于印度佛教，中国的马克思主义也不同于苏联马克思主义。
> 马克思主义在中国的传播也并不仅仅是历史的巧合；马克思主义

---

① 杜维明：《儒家伦理与文明对话》，载乐黛云、（法）李比雄主编《跨文化对话》第22辑，江苏人民出版社，2007，第31~44页。

哲学的到来，更像是中国古代智慧在现代的延伸。而那些中国古代的哲学大贤，也并没有因为被马克思主义取代了其核心地位而一蹶不振；相反，中国深邃的本土哲学却在马克思主义当中发酵、融合，乃至后者在一定意义上成为前者的延伸。这是因为，中国的马克思主义与道家思想和儒家思想一样，都倡导建立以美德为基础的社会秩序，并使其为国家服务。同时，他们都倡导按照才能划分社会等级，而并非以财富为标准；让有智慧、有品行的人在社会的管理和运行中发挥更大的作用，来减少腐败和动荡；通过在大众中间建立道德体系、传播和发展教育，使人们更加具有美德意识。[1]

伊斯兰教在华发展史表明，中国的穆斯林可以包容和整合儒家思想。自公元7世纪中叶伊斯兰教传入唐朝，1300多年来伊斯兰教和儒家思想之间没有发生类似基督教和伊斯兰教十字军东征的剧烈冲突。特别是随着蒙古人西征之后，在灭亡金朝和南宋的过程中，大批信仰伊斯兰教的波斯人、阿拉伯人、中亚人、西亚人迁入中国，伊斯兰教在中国的影响紧随儒家思想、佛教、道教之后，中国穆斯林对儒家思想是包容和吸收的。从元代一直到明清，中国的回族穆斯林学者一直以儒家思想诠释伊斯兰教。例如，明末回族穆斯林学者王岱舆（约1570~1658）的译著《正教真诠》开汉文译著伊斯兰教的先河，在《正教真诠·五常》中将伊斯兰教的"五功"与儒家提倡的"五常"仁、义、礼、智、信对应起来解释，将伊斯兰教的"五功"称为五常：认为五常之首曰念，感念真主之恩，人就有了仁心；五常之二曰施，施的举动可以称为义；五常之三曰拜，拜真主，拜君亲，可谓知礼；五常之四曰戒持，懂得并遵守戒持乃为上智；五常之末曰聚，这是穆斯林与主的约定，全约之谓信。但与儒家不同的是，他最终将"五常"归一为真主。清朝的回族学者马注（1640~1711）在其《清真指南》卷八"穷理"中说，"回之与儒，教异而理同也"，另一名回族学者刘智（1669~1764）将以儒诠经运动推向高潮，他在《天方典礼·总纲》中说："五典者，乃君臣、父子、夫妇、昆弟、朋友之常经，为天理当然之则"，五典即

① 〔沙特〕阿卜杜拉·法拉吉著《沙特与中国关系未来发展的10种情景》，李世峻译，五洲传播出版社，2023，第22~24页。

源于儒家的五伦——君臣之义、父子之亲、夫妇之别、长幼之序、朋友之信。他认为"五典"与伊斯兰教的"五功"同等重要，互为表里，他在《天方典礼·五典》中指出："圣教（伊斯兰教）讲五功，以尽天道；又立五典，以尽人道。天道人道，原相表里，而非二也。"[①]

当今中国的穆斯林对中华核心价值观也是持赞同态度，中国问卷中有13个样本信仰伊斯兰教（由于样本量太少，以下数据仅供参考），对11项价值观的赞同率均超过50%：仁（61.5%）、恕（76.9%）、孝（84.6%）、礼（69.2%）、义（84.6%）、和而不同（61.5%）、天人合一（53.8%）、共同富裕（69.2%）、和谐世界（69.2%）、以民为本（76.9%）、集体主义（92.3%）。伊斯兰教在中国的发展历史和现实表明，中华核心价值观得到笃信真主的中国穆斯林的赞同，这也从一个侧面说明，中华核心价值观在沙特民众中得到基本赞同是不难理解的。

2. 社会主义核心价值观

社会主义核心价值观在沙特民众中具有共享性，原因如下。首先，12项社会主义核心价值观均用名词表示一种价值观，这些价值观名词在当今世界舆论场中均是褒义词。例如，2000年9月联合国大会通过的《联合国千年宣言》在"价值和原则"中提出，和平、尊重人权、公正、自由、平等、团结、容忍、尊重大自然是各国认同的"共同价值"[②]。沙特受访者会根据国情对12项价值观有不同诠释，较容易得到普遍赞同。

其次，平等、友善、诚信、公正与伊斯兰文化有共通点。周晓燕在《伊斯兰教理念与社会主义核心价值观》一文中说："就伊斯兰教而言，社会主义核心价值观与其核心教义及其倡导的传统美德有大量的相容共通之处，二者的价值主张和思想内涵也有许多契合点。伊斯兰教教义中蕴含的大量伦理道德规范与社会主义核心价值观在公民个人层面上的要求是一致的。如伊斯兰教的爱国爱教、自由平等、仁义诚信、宽容中道、与人为善等核心思想体现在基本教义的宗教信仰、宗教义务和宗教行为层面，实质上就是强调培养穆斯林的国家意识、社会意识和公民道德意识。"[③]《古

---

① 韩星：《明清之际的"以儒诠回"》，陈来主编《儒学第三期的人文精神》，人民出版社，2019，第690、692、691页。

② http://www.rcgg.ufrgs.br/msd-ing.htm.

③ 周晓燕：《伊斯兰教理念与社会主义核心价值观》，《内蒙古统战理论研究》2016年第1期。

兰经》原文、伊斯兰教教规、谚语中都体现了平等、诚信、友善、敬业、公正等价值观。

平等　伊斯兰教没有等级制度，所以礼拜是由一个知道《古兰经》的有学问的人领导的，由会众选出。朝圣者穿特殊的衣服：简单的衣服，去掉阶级和文化差别，使所有人在真主面前平等。"在阿拉伯国家，由于伊斯兰教的缘故，人们在丧葬方面确是人人平等的。比如沙特前国王哈立德的葬礼就是严格遵循伊斯兰教的规定进行的，既简单而又朴素，同平民百姓的葬礼几乎没有区别。"①

诚信　《古兰经》中提到诚信："顺服的男女、信道的男女、服从的男女、诚实的男女……真主已为他们预备了赦宥和重大的报酬。""你们当使用充足的斗和秤，不要克扣别人所应得的货物。"② 诚信的价值在阿拉伯谚语中有充分体现："大丈夫最大的过错便是失信"，"无信为大忌"，"诚实可贵，撒谎可卑"③。

敬业　阿拉伯人认为，人无论干什么工作都应尽力做好，工作取得成功的首要条件是持之以恒、坚忍不拔；一个人的价值在于他所擅长的工作。这样的谚语有："成功的首要条件是持之以恒。一个人的价值在于他所擅长的工作。谁坚忍不拔，便能实现自己的愿望。"④

友善　《古兰经》多处提及友善："你们中谁服从真主及其使者，而且行善事，我将加倍报酬谁。""行一件善事的人，将得十倍的报酬。""行善者将获善报，且有余庆，脸上没有黑灰和忧色，这些人是乐园的居民，将永居其中。"⑤

公正　《古兰经》多次提到公正："我所创造的人，其中有一个民族，他们本着真理而引导他人，因真理而主持公平。""真主降示包含真理的经典，并降示公平。""达五德呀！我确已任命你为大地的代治者，你当替人民秉公判决，不要顺从私欲，以免私欲使你叛离真主的大道；叛离真主的

---

① 李绍先著《李绍先眼中的阿拉伯人》，中国书籍出版社，2015，第216页。
② 《古兰经》，马坚译，中国社会科学出版社，1996，第335、123页。
③ 周烈、蒋传瑛著《阿拉伯语与阿拉伯文化》，外语教学与研究出版社，1998，第106、107页。
④ 周烈、蒋传瑛著《阿拉伯语与阿拉伯文化》，第109页。
⑤ 《古兰经》，马坚译，中国社会科学出版社，1996，第335、115、163页。

大道者，将因忘却清算之日而受严厉的刑罚。"①

再次，沙特建国后也坚持上述价值观。沙特王国缔造者阿卜杜勒·阿齐兹国王在 1932 年说："我劝大家回归安拉，他是全能的，无所不能的，我们应该坚持我们的宗教，坚持伟大安拉的一切法律。大家都说自由，有些人说它源自欧洲人，实际上《古兰经》已经完全提过保障人权的自由，提过其他民族希冀的绝对的博爱与平等。无论老幼、强弱、贫富，皆为兄弟，人人平等。"②

沙特驻美国使馆网站是这样介绍伊斯兰教的："20 世纪，伊斯兰教作为一种主要的政治和经济存在重新出现在世界舞台上。尽管传统社会发生了巨大的变化，当代社会的需求也发生了巨大的变化，但伊斯兰教显示出其独特的适应性，并逐渐发展成为一种充满活力和普遍性的宗教，对世界事务产生了持续的影响。通过强调和平、平等、容忍和正义，伊斯兰教在许多国家和社会中仍然是一股强大的精神和道德力量。"

基于以上原因，12 项社会主义核心价值观在沙特民众中具有不同程度的共享性就不难理解了。

3. 中国梦的核心内涵

中国梦为什么在沙特民众中得到广泛认可？这也值得思考。笔者曾撰文提出，共享价值观有两类：一类是甲乙两种文化中都有的，称之为"共有的"价值观，另一类为某一方"独创的"价值观，而被另一方接受。国家富强、民族振兴、人民幸福并非中国独创或沙特独创的价值观，而是两国共有的价值观。以共享率最高的"人民幸福"为例，幸福是从古至今人类的共同追求。沙特王国历届政府一贯坚持的一个口号是：我们要使国民在自己的土地上，在天经和逊奈教导下，幸福地生活。沙特的立国之本是：安全、稳定、幸福③。《古兰经》提到信徒们，"求你（指真主）在今世和后世为我们注定幸福"。《古兰经》对幸福生活进行了具体描述："幸福者，幸福者是何等的人？他们享受无刺的酸枣树，结实累累的香蕉树；漫漫的前影；泛泛的流水；丰富的水果，四时不绝，可以随意摘食；与被升起的

---

① 《古兰经》，马坚译，中国社会科学出版社，1996，第 134、286、362 页。
② 钱学文：《当代沙特阿拉伯王国社会与文化》，上海外语教育出版社，2003，第 53 页。
③ 钱学文：《当代沙特阿拉伯王国社会与文化》，上海外语教育出版社，2003，前言第 2 页。

床榻。我使她们重新生长，我使她们常为处女，依恋丈夫，彼此同岁；这些都是幸福者所享受的。"① 幸福是使人心情舒畅的境遇和生活。幸福是人类社会共同的追求目标，过去是，现在依然是。因此，"人民幸福"在中国人和沙特人中高度共享是理所当然的。

国家富强的含义是国家富足而强盛，民族振兴的含义是民族大力发展兴盛起来，两者的含义相近。希望自己的国家富强、民族振兴，也是沙特甚至每个国家政府和民众的愿望。1992 年国王法赫德宣布实施《治国基本法》的诏书中说，实施《治国基本法》的目的，就是"为维护公共利益，促进国家全面发展，实现治国目标"，就表达了希望国家富强、民族振兴的意愿。

沙特受访者无疑会赞同自己的国家富强、民族振兴、人民幸福。中国梦的价值理念国家富强、民族振兴和人民幸福是中沙两国民众"共有的"价值观，具有高度共享性是顺理成章的。

（二）中国价值观在沙特具有程度不同共享性的启示

1. 中华核心价值观在伊斯兰世界的广泛共享性

本次调查的沙特具有典型性。从文化上讲，沙特国内以《古兰经》为治国根据，政教合一，是一个严守传统、全民信仰伊斯兰教的国度。国际上，沙特依托两大圣城和作为伊斯兰世界盟主的特殊地位，显示出在全球伊斯兰国家的领导地位。从地理位置上讲，沙特位于西亚，从地缘政治上讲，沙特是海湾合作委员会的"领头羊"，是海合会中领土面积最大、人口最多、综合实力最强的国家，成为阿拉伯地区唯一的 G20 成员国。因而中华核心价值观在沙特受访者中具有共享性这一现象具有典型性，但这种共享性是否在整个伊斯兰世界也具有普遍性值得进一步探讨。2013 年底在印尼进行过相同的调查，结果显示：受访者对 11 项中华核心价值观②

① 《古兰经》，马坚译，中国社会科学出版社，1996，第 131、431、432 页。
② 在 11 项中华核心价值观调查中，除了对孝和礼的界定有所差别外，其他完全一样：对孝的界定，2017 年为"尊敬和善待父母，奉养老人"，2013 年为"尊敬和善待父母"；对礼的界定，2017 年为"尊重他人、礼貌，遵守社会生活中的风俗和社会仪式"，2013 年的界定为"礼貌、尊敬他人"。两次调查具有可比性。两次调查关于 12 项社会主义核心价值观和中国梦价值理念的问题完全一样。

赞同率最低为87.1%，最高为94.2%，平均为92.5%，在海外9国中最高，且与中国受访者（92.7%）相差无几[①]（见表4-17）。

表4-17　印尼受访者对中华核心价值观赞同率

单位：%

价值观	仁	恕	孝	礼	义	和而不同	天人合一	共同富裕	和谐世界	以民为本	集体主义	11项平均
赞同率	91.4	87.1	94.2	94.1	94.2	93.2	94.1	92.7	93.8	94.2	87.9	92.5

　　印尼受访者对12项社会主义核心价值观赞同率最低为86.5%，最高为95.5%，平均为92.7%。在海外9国中最高，且与中国（94.2%）相差无几（见表4-18）。

表4-18　印尼受访者对社会主义核心价值观赞同率

单位：%

价值观	富强	民主	文明	和谐	自由	平等	公正	法治	爱国	敬业	诚信	友善	平均
赞同率	93.3	89.6	93.3	94.6	86.5	89.0	94.9	93.9	94.0	93.1	95.5	94.8	92.7

　　印尼受访者对中国梦3项价值理念的赞同率最低为国家富强（93.3%），最高为人民幸福（94.6%），民族振兴居中（93.5%），三项平均93.8%，在海外9国中最高，且与中国的（93.8%）一样。印尼位处东南亚，2013年人口超过2.48亿，仅次于中国、印度、美国，居世界第四位，约87%的人口信奉伊斯兰教，是世界上伊斯兰国家中人口最多的，自然环境、历史、政治制度与沙特都不同。沙特和印尼一西一东，前者是伊斯兰教的诞生地，后者是伊斯兰世界人口最多的国家，两国在伊斯兰世界具有代表性。中华核心价值观、社会主义核心价值观、中国梦价值理念在两国都具有共享性。在伊斯兰世界是否有广泛的共享性，可作进一步的调研。

　　2. 重视"集体主义"和"共同富裕"价值观的对外传播

　　12项社会主义核心价值观和中国梦价值理念在沙特有广泛的共享性这

---

① 关世杰：《中华文化国际影响力调查研究》，北京大学出版社，2016，第319、329、337页。

一调查结果说明，这些价值观在伊斯兰世界具有超越国度的特质，可以成为中国对伊斯兰话语体系的一部分，它具有感召力，可以用这些价值观讲好中国故事。11 项中华核心价值观得到沙特多数受访者的赞同，具有共享性。这也是对外传播中不容忽视的价值观，尽管其赞同率不如中国民众高，但在与多数沙特民众交流时，这些价值观已经不再是双方沟通的障碍了。中国对外传播不宜忽视体现社会主义本质的价值观。12 项社会主义核心价值观中没有包括共同富裕、集体主义、以民为本等，而它们是非常重要的价值观。以共同富裕为例，它是社会主义的本质。邓小平指出，共同富裕"是体现社会主义本质的一个东西"。1992 年南方谈话揭示了社会主义本质，把解放生产力和发展生产力、消除两极分化的结果归结为"最终达到共同富裕"①。共同富裕是社会主义制度不能动摇的原则，是社会主义的最大优越性，是社会主义区别于资本主义的标志所在，是邓小平建设中国特色社会主义理论的重要内容之一。因而，在传播 12 项社会主义核心价值观的同时，继续传播体现社会主义本质的共同富裕和集体主义价值观，提高其共享层级，从较高共享层级提高到高度共享层级。2021 年中国 9899 万农村贫困人口全面脱贫，完成了消除绝对贫困的任务，是个很有说服力地诠释了集体主义和共同富裕价值观的实例。

3. 价值观与信仰、宗教的逻辑关系

值得探讨的是中国广大群众与沙特民众在信仰、宗教方面有很大差异，中国人多是无神论者，沙特人是虔诚的穆斯林（信真主、信天使、信经典、信先知、信末日），但可以基本上共享一些核心价值观。原因是什么？这与信仰、宗教、价值观 3 个概念的定义在逻辑层次上不同有关。根据《现代汉语词典》（第六版）的界定，信仰是"相信并奉为准则或指南的某种主张、主义、宗教等"，处于 3 个概念的最高层次。宗教是"一种社会意识形态和文化历史现象，是对客观世界的一种虚幻的反映，相信在现实世界之外存在着超自然、超人间的力量，要求人们信仰上帝、神道、精灵、因果报应等，把希望寄托于所谓天国或来世"，处于 3 个概念的中间层次。价值观是"对经济、政治、道德、金钱等所持有的总的看法。由于人们的社会

---

① 邓小平：《善于利用时机解决发展问题》，《在武昌、深圳、珠海、上海等地的谈话要点》，《邓小平文选》第三卷，人民出版社，1993，第 364、373 页。

地位不同，价值观也有所不同"，处于 3 个概念的最低层次。根据上述界定，信仰、宗教、价值观的逻辑层次为：信仰为最高层，宗教是信仰之一，信仰中包括多种价值观。价值观是比较具体的层次。从各种信仰和宗教的相关经典著作中可以看出，不同的信仰、不同的宗教所倡导的价值观，有不同的成分，也有相同的成分，有些相同的价值观是可以共享的。例如，比较佛教中的十诫与犹太教的摩西十诫、基督教中的十诫，佛教的"不杀生，不偷盗，不淫"与犹太教和基督教的"不可杀人，不可奸淫，不可偷盗"是相同的。儒家的核心价值观"仁义礼智信"称为五常，五常对应佛教十诫中的五诫：仁者不杀、义者不盗、礼者不邪淫、智者不嗜酒过量而颠迷误事、信者不妄语欺骗。《古兰经》也有部分类似的戒律。例如，"你们来吧，来听我宣读你们的主所禁戒你们的事项：……你们应当孝敬父母……你们不要违背真主的禁令而杀人，除非因为正义"，"你们不要借诈术而侵蚀别人的财产，惟借双方同意的交易而获得的除外……谁为过分和不义而犯此严禁，我要把谁投入火狱，这对于真主是容易的"[1]。伊斯兰教反对杀无辜之人，反对以非真主之名夺取动物性命。可见，不同信仰、不同宗教的信奉者都可以共享一些基本的价值观。

因而，在国际交流中，要分清价值观与信仰、宗教这三个概念的层次。在访谈中，阿司力博士的说法也佐证了这一点。他说，"对一般人最重要的是什么？你不要涉及他们的宗教概念，而是要利用价值观，中国这些价值观和伊斯兰教的价值观有很多是相同的，通过这个方法会有很多益处。对一般人来说，没问题。沙特很欢迎吸收其他文化的概念，只要不涉及宗教就 OK，一般大部分人是这样。所以为什么我开始说，我们不太喜欢美国文化，因为他们主要是攻击我们的宗教信仰，而不管价值观。常常看美国电影的第一秒钟时，就开始说伊斯兰教的坏话，所以我们就不喜欢，我们受他们的影响，但是心里不喜欢，因为我们认为他们故意来打击伊斯兰教。"

《联合国宪章》就载有所有成员国共享的价值观，反映了不同信仰不同宗教的国家之间可以有共享的价值观，正是价值观低于信仰、宗教层次的体现。这种价值观的共享性为构建人类命运共同体提供了思想基础。笔者

---

① 《古兰经》，马坚译，中国社会科学出版社，1996，第 113、114、63 页。

所在的课题组对美国、德国、俄罗斯、日本、印度、韩国、越南、印尼、沙特和中国的大样本问卷调查显示，中华核心价值观、社会主义核心价值观和中国梦价值理念在上述各国具有程度不同的共享性，应是构建人类命运共同体理念基础的组成部分之一。

（三）国家富强的价值观在德国、俄罗斯、日本不具有共享性值得思考

国家富强是 12 项社会主义核心价值观之一，也是中国梦价值理念之一，在调查的 10 个国家中，7 个国家受访者的赞同率超过了 75%，为高度共享层级的价值观，但在 3 个国家为不共享价值观，其赞同率在德国为 44.7%，在俄罗斯为 38.5%，在日本为 33.4%（见表 4-19）。是什么原因造成了这种情况？是不是与国强必霸理论（或理念）有关？是不是与德国和日本在其国家强盛时发动了第二次世界大战，对两国民众理念造成了影响？值得探讨。无论是什么原因，中国在宣传国家富强价值观时，在上述三个国家，甚至全球，切不可忽略宣传反对国强必霸理论的力度。1974 年中国的 GDP 世界排名第八，邓小平在联合国大会上向全世界宣告中国永不称霸，40 多年后的今天，中国 GDP 世界排名第二，预计在 2030 年前后超过美国跃居世界第一。现在，中国不称霸的声音，不仅喊得更响，事情也应该做得更漂亮。这样才有利于树立中国的正面形象。

表 4-19　十国受访者对国家富强价值观的赞同率比较

单位：%

沙特	美国	德国	俄罗斯	印度	日本	韩国	越南	印尼	平均	中国
80.6	74.1	44.7	38.5	85.3	33.4	76.1	86.0	93.3	68.0	93.0

第五章　对中华思维方式的认同度

一　问卷设计

（一）思维方式是文化的基因

1. 思维方式不同于价值观

思维方式与价值观是两个不同的概念，但常被人们混用。思维方式是指：头脑对进入大脑的种种信息，加以编排处理加工过程中反复出现的、相对稳定的思维程序。打个比喻，现在人们通常将计算机称为"电脑"，支持电脑运行的程序（如中国的鸿蒙电脑操作系统、美国的微软操作系统 Windows 或苹果的操作系统 Mac）类似人类的思维方式。智能手机的操作系统（如中国的鸿蒙操作系统、美国的苹果操作系统、安卓操作系统）也有类似人类的思维方式。思维方式不包括价值观判断。价值观是关于什么是社会理想事物的观念，对经济、政治、道德、金钱等所持有的社会理想观念。思维方式是不包含价值观判断的思维操作程序，价值观是经过思维操作程序后所持有的观念。

2. 思维方式是文化的基因

人类的思维方式，因文化背景不同而有所差异；思维方式不是单纯的自然现象，而是属于人的精神世界。自然现象独立于人的行为与精神世界之外，遵循自身的规律，不会"因人而异"，显现出唯一性。"人的精神世界依附于作为主体的人，依附于人的文化，即人的实践活动及其成果的总和。当人类文化呈现出多样性的统一状态时，包括逻辑思维在内的精神世界不仅有共性，也会有由于民族地域不同而显现的个性。"[1] 思维方式与文

---

[1]　崔清田：《"中国逻辑"名称困难的辨析——"唯一的逻辑"引发的困惑与质疑》，周山主编《中国传统思维方法研究》，学林出版社，2010，第 14 页。

化密切相关，它是文化心理诸特征的集中体现，又对文化心理诸要素产生制约作用。思维方式是文化的基因之一，所谓文化基因即文化系统中携带和传递文化特征信息的基本单位。思维方式体现于民族文化的所有领域，包括物质文化、制度文化、价值观体系，尤其体现于哲学、语言、科技、美学、文学、艺术、医学、宗教以及政治、经济、法律、教育、外交、军事、生产和日常生活实践中，当然也体现在交流和传播过程中。思维方式差异是造成东西方文化差异的一个重要原因，不同的思维方式会影响人们观察世界、认识世界和改造世界的方式。近代以来，西方文化成为全球的强势文化，中西思维方式差异是中国学者们研究的课题，他们提出诸多关于中西思维方式差异的观点，表5-1是对这些差异的概括①。近些年来，中外学者对中西思维差异进行了科学研究，心理学实验发现，中西思维方式存在差异②。中西思维方式既有共性也各具特色，各有所长也各有所短。中国著名数学家吴文俊指出，中国传统数学在从问题出发以解决问题为主旨的发展过程中建立了构造性与机械性为特色的算法体系，这与西方数学以欧几里得《几何原本》为代表的所谓公理化演绎体系正好遥遥相对。"在数学发展的历史长河中，数学机械化算法体系与数学公理化演绎体系曾多次反复互为消长，交替成为数学发展中的主流。肇始于我国的这种机械化体系，在经过明代以来近几百年的相对消沉后，由于计算机的出现，已经越来越为数学家所认识与重视，势将重新登上历史舞台。"③ 思维方式是文化基因之一，所以本次调查将思维方式作为中国文化要素的一个方面进行考察。

表 5-1　学者们提出的中西思维方式差异

中国偏好的思维方式	西方偏好的思维方式	中国偏好的思维方式	西方偏好的思维方式
整体思维	分析思维	类比思维	逻辑思维
辩证思维	机械思维	模糊思维	精确思维

---

① 刘澜：《中西思维方式比较研究的历史、现状与主要问题》，关世杰主编《思维方式差异与中美新闻实务》，中国社会科学出版社，2011，第 30~64 页。

② 〔美〕理查德·尼斯贝特：《思维的版图》，李秀霞译，中信出版社，2006。

③ 杨岗营：《论推类——兼答王路先生》，周山主编《中国传统思维方法研究》，学林出版社，2010，第 140 页。

续表

中国偏好的思维方式	西方偏好的思维方式	中国偏好的思维方式	西方偏好的思维方式
中庸思维	矛盾思维	循环思维	直线思维
直觉思维	理性思维	权威思维	个性思维
意象思维	抽象思维	实用思维	知性思维

（二）中国特色的思维方式

学者们提出的众多中国特色思维方式各有长短。笔者选择有所长的中华思维方式作为调查对象，其中辩证思维与综合思维最具特色。辩证思维可以弥补西方主流"零和思维"的不足，综合思维可以纠正西方主流思维"只见树木不见森林"的偏颇。公元 8 世纪以来，阿拉伯人的思维受到亚里士多德思维方式的很大影响；近现代以来，西方文化风行世界；所以有必要调查一下沙特民众对中国特色的辩证思维和综合思维的态度。

1. 辩证思维

在思维过程中，对一对概念的关系判断上，中国人注重对立面的统一，即辩证思维，西方人注重对立面的对立。"祸兮，福之所倚，福兮，祸之所伏"，《道德经》的描述和《塞翁失马》的故事体现的就是辩证思维。太极阴阳图 🌓 就是辩证思维的形象表现：阴阳既互相对立又互相补充。中国古代思维的阴阳概念在《周易》中得到发展，六十四卦中，阳卦十六、阴卦十六，阴阳卦三十二，它们之间相生相克、相辅相成，形成了概括天地万事万物的世界体系。这种思想传承久远，影响至今。中医讲究阴阳平衡，阴阳失调会生病。中国人没有形成亚里士多德式逻辑，在逻辑推理方面逊色于西方人，但中国人发现了辩证法。中国的辩证观念包含三个原理：变化论、矛盾论及中和论。变化论从世界的变化特性出发，认为世界永远处于变化中，没有永恒的对与错。矛盾论认为，万事万物都是由对立面组成的统一体，没有矛盾就没有事物本身。中和论则体现在中庸之道，认为任何事物都存在适度的合理性。

西方古代哲学强调的是主体与客体的区别，主客二分，天人对立，人战胜自然，讲求观察、实践、理性的方法。从笛卡尔以来，西方二元对立的线性思维，主客不是相互关联的整体，而分成各自独立的因素。西方人更认同亚里士多德的形式逻辑思维，它强调的是世界的统一性、非矛盾性和排中性。认为一个命题不可能同时对或错，要么对，要么错，无中间性。零和思维正是这种思维方式的体现。这种局限性，受到了学者的批评。"西方科学逻辑的应用从属于笛卡尔主义（亚里士多德主义和摩尼教）的宇宙论。这种宇宙论在物质与精神、肉体与灵魂之间建立起对立关系，正是这一点将科学导向无休止的错误。""代表中国特色的宇宙论和哲学思想的阴阳五行同类相感论，彻底打破了西方传统的肉体与思维之间的藩篱，使得我们可以用完全不同的概念去思考人生及其意义。"①

中国文化中"和"的思想本质是对立统一。纽约大学政治与国际法教授詹姆斯·本·熊（James Chieh Hsiung）在2015年3月28日的纽约席勒学院会议上阐释了"和"文化的对立统一性，针对社会学家韦伯认为和谐不利于资本主义的市场竞争等观点提出反驳："中国的和谐之道也意味着，或者更是一种对立的统一。由于儒家文化的和谐，我认为东亚充满着奉献精神来做出对和谐的追求和对对立统一的追求。"② 对于西方哲学鼻祖亚里士多德认为共存的对立是不可能存在的观点，熊教授认为，中国"和"文化恰恰否认了这一点，换言之，"和"文化认为对立是可以共存的，还认为西方倾向选择战争解决问题的思想根源是不认同对立统一。这一观点与英国哲学家罗素的如出一辙。在罗素看来，"白种人有征服民族的欲望，而中国人有不想统治别人的美德，中国是世界上最不屑于打仗的国家，是因为生来就有根植于他们心里的儒家文化的影响，就是善良与容忍。因此，和平主义根植于他们审视世界的态度当中"③。

从阿拉伯语的外在形式看，"阿拉伯人的思维方式带有逻辑性"④。阿拉伯文字产生在腓尼基音素文字基础上，而腓尼基文字同时也是希腊、罗马（拉丁）及后世西方文字的起源。标准阿拉伯语在公元7~9世纪获得重大发展并逐渐系统化、规范化，这一时期正是阿拉伯文化大规模吸收希腊、罗马、波斯等外族文化的时期，亚里士多德、柏拉图等希腊先贤的逻辑学理

① 沈舟人：《中国文化基因库》，北京大学出版社，2002，第20页。

② Nancy Spannaus, "Chinese Policy is Based on the Confucian Culture of Harmony," in *Executive Intelligence Review*, April 10, 2015.

③ 〔英〕罗素：《中西文化之比较》，胡品清译，重庆出版社，1988，第74页。

④ 朱立才著《汉语阿拉伯语语言文化比较研究》，新世界出版社，2004，第379页。

论"给阿拉伯学术打上了逻辑学的烙印"①；可以说，阿拉伯语的起源与发展都与西方文字有很深的渊源，阿拉伯语也因此同英语等印欧语系语言一样，外在形式上具有汉语所无法比拟的逻辑理性特征②。对阿拉伯语语法范畴的分析显示，阿拉伯语属于综合性形态型语言。这与突出形态变化的印欧语系语言在本质上是一致的。这与汉语是语义性语言不同③。公元8世纪中叶以后，阿拉伯人继承学习了大量希腊文化遗产，"希腊文化渗透到阿拉伯学术的各个领域，对阿拉伯学术从形式到内容都产生了巨大的影响"，其中"主要是希腊逻辑学的影响"④。"阿拉伯哲学来自希腊哲学，主要来自亚里士多德的哲学——逻辑学。"⑤ 公元9~12世纪，阿拉伯人在传播希腊和波斯哲学过程中，阿拉伯—伊斯兰帝国境内涌现出一批百科全书型、对世界哲学发展史特别是西欧哲学史作出重要贡献的哲学家，促进了西欧的哲学研究，进而使亚里士多德哲学思想逐渐取得优势⑥。

简言之，阿拉伯人与西方在亚里士多德的逻辑思维上有共同之处。中国人偏好的对立统一辩证思维与阿拉伯人偏好的二元对立思维相比，具有中国特色。

2. 综合思维

人们头脑接触的信息是丰富多样的。在理解一组信息的切入点上，中国人喜欢综合（synthesis）思维（合二为一），西方人喜欢分析（analysis）思维（一分为二）。因而在信息的排列组合顺序上，中国人整体思维在先，西方人个体思维在先。中华文化偏好综合思维，与汉字源自象形文字密切相关。文字是人类进入文明时代后最重要的传播媒介，对人们的思维方式产生巨大影响。汉字体现的具象、隐喻、会意对中国人的思维方式（形象思维、相关思维、综合思维）产生了且将继续产生影响。笛卡尔被广泛认为是西方近代哲学的奠基人，他第一个创立了一套完整的哲学体系。哲学上，

① 纳忠、朱凯、史希同著《传承与交融：阿拉伯文化》，浙江人民出版社，1993，第118页。
② 朱立才著《汉语阿拉伯语语言文化比较研究》，新世界出版社，2004，第378页。肖凌著《阿拉伯固有文化研究》，社会科学文献出版社，2017，第154页。
③ 国少华著《阿拉伯—伊斯兰文化研究——文化语言学视角》，时事出版社，2009，第342页。
④ 纳忠、朱凯、史希同著《传承与交融：阿拉伯文化》，浙江人民出版社，1993，第188页。
⑤ 纳忠著《阿拉伯通史》（下），商务印书馆，1999，第261页。
⑥ 纳忠、朱凯、史希同著《传承与交融：阿拉伯文化》，浙江人民出版社，1993，第311~312页。

笛卡尔是一个二元论者以及理性主义者。笛卡尔认为，人类应该可以使用数学的方法——也就是理性——来进行哲学思考。他相信，理性比感官的感受更可靠。他从逻辑学、几何学和代数中发现了4条规则：除了清楚明白的观念外，绝不接受其他任何东西；必须将每个问题分成若干个简单的部分来处理；思想必须从简单到复杂；人们应该时常进行彻底检查，确保没有遗漏任何东西。以中国文化的三大国粹中医、京剧、国画为例，它们都体现了综合思维的特点。中医不仅把人体本身看作一个整体，而且强调天人合一思想。因此，中国传统上不重视精确的量化关系，也不注重事物的结构，它要求的是与自然界整体的对应性，不强调概念与实物之间严格的一一对应关系，因此不会"头痛医头、脚痛医脚"。这种文化差别造成了西医学重结构、中医学重整体的差异。现代西医学是以文艺复兴时期建立的人体解剖学为基础发展起来的。西方观点认为，现实的东西是有结构的，是可以分解的，因此非常注意量的特征和概念的精确量化。从中西戏剧的源流发展趋势看，中国戏剧是多元综合，西方戏剧是一源分流。以京剧为代表的中国戏剧由原始歌舞、优人、百戏等多种源头汇总发展而成。戏剧形成后，歌舞成分没有减弱，而是增强，音乐成为戏剧的灵魂。京剧讲究的唱、念、作、打，实际上是歌唱、朗诵、舞蹈、武术四种艺术的综合。西方古代戏剧是诗剧，最初也包含歌舞成分。在戏剧发展过程中，歌剧逐渐分离出去，形成歌舞剧，戏剧就成为用对白表演的"话剧"。国画不仅有图画，常配有题跋和印章，加入了诗词、书法、篆刻等内容，将诗、书、画、印结合在一起。西洋画中绝无诗词，最多签上作者的名字。2008年北京奥运会吉祥物有5个，金牌是金镶玉，这些都是中国人综合思维偏好的体现。

阿拉伯人偏好局部思维。阿拉伯人，"无论在蒙昧时代或在伊斯兰教时代，……他们的思想并不长于作整体的、全面的研究与观察；他们的观察只局限于周围的事物；眼见一物，心有所感，便做为诗歌，或发为格言，或编为谚语。……至于对一桩事物做整体的观察，做缜密的分析，那是和阿拉伯人的思想不适应的"。这种思维方式反映到阿拉伯文学中，"阿拉伯文学的共同缺点，无论诗歌或散文，就是'推理不精细，结构不紧密'。如果一首长诗——尤其是蒙昧时代的长诗，删去一部分，或将前后的句子倒置；则读者或听者，哪怕是专家，如果在先没有读过原诗，也是不容易发觉的"。这种"推理不精细，结构不紧密"的缺点，与阿拉伯人生活在沙漠的自然环境、历史上的游牧生活有密切关系："我们已知道阿拉伯人的思想的特性，现在应当研究一下，阿拉伯人的这种思想，究竟是各民族在发展的过程中所必经的自然的阶段呢，还是为塞姆族所特有的思维？我们无暇在这里作详细的讨论，只能概括地这样说：凡自然环境及社会倾向与阿拉伯人相近的各民族，无不有这种思想。所谓'继承性'便是指继承环境的结果而言。如果别的民族，其环境和阿拉伯人的环境相似，那么，其人民的思维，一定和阿拉伯人的思想相近。……阿拉伯人居住于沙漠之中，所以他们的思想性情与其他住在沙漠的游牧民族相近。"① 思维方式上的差异显示，阿拉伯语地区地址的书写方式是从小到大依次类推。例如，中文地址写法为北京市海淀区颐和园路 5 号北京大学，那么阿拉伯语的书写方式就是北京大学—颐和园路 5 号—海淀区—北京市。这与中文书写地址从大到小的顺序正好相反。

简言之，中国人偏好综合思维，阿拉伯人偏好局部思维，双方各有所长也各有所短。"只见森林不见树木"是一种片面性，"只见树木不见森林"也是一种片面性。

（三）问卷内容

问卷中设计了 7 个问题，考察沙特受访者对辩证思维和综合思维的态度。第二章文化符号部分调查过与思维方式有密切关系的 3 个问题：对太极阴阳图 ☯ 的认知和喜好度反映了受访者对辩证思维的直观态度（知晓率 67.3%，喜欢率 47.8%），对中医的看法反映了受访者对综合思维的认知和态度（知晓率 93.8%、喜欢率 72.0%），对中医能否治病的调查进一步了解受访者对综合思维的态度（能治病率 76.0%）。中医渗透着中华综合思维的哲学思想，中医看病并非"头痛医头、脚痛医脚"，而是综合考虑，中医经络理论集中体现了综合思维。因此，受访者对中医的态度，也反映了对综合思维的态度。

由于思维方式属于高度抽象的概念，问卷用 2 个问题（一个为通俗易懂的问题，一个为定义型问题）调查了受访者对辩证思维的态度，用 2 个问题（一个为案例型问题，一个为定义型问题）调查了受访者对综合思维的态度。具体内容如下。

---

① 〔埃及〕艾哈迈德·爱敏著《阿拉伯—伊斯兰文化史》（第一册），纳忠译，商务印书馆，1982，第 45、46、47 页。

V16. 您是否赞同下列思维方式?【行单选】

思维方式	非常不赞同　　　　　　　　　　　　　　　　　　非常赞同
1. 在一定条件下，好事可以变成坏事，坏事也可以变成好事	0---1---2---3---4---5---6---7---8---9---10
2. 辩证思维：以全面的、联系的、发展变化的观点，而不是非此即彼的观点看待事物	0---1---2---3---4---5---6---7---8---9---10
3. 一种医学观点认为，人生活于自然环境中，当自然环境发生变化时，人体也会发生与之相应的变化	0---1---2---3---4---5---6---7---8---9---10
4. 综合思维：认知方式上，以综合性倾向对事物的整体作出反应，而不仅仅是对细节作理性分析	0---1---2---3---4---5---6---7---8---9---10

二　对辩证思维的态度

(一) 整体情况

1. 对文字表述辩证思维的态度

(1) 赞同率

852 名受访者对"定义型"表述辩证思维的赞同率 (选择 6~10 之和) 67.6%，对"通俗型"表述的赞同率 52.0%，两种表述的赞同率都超过 50%，众数都为 10 (非常赞同) (见表 5-2)。辩证思维两种表述在度量的内在信度上，克朗巴哈系数为 0.831，根据既往研究，克朗巴哈系数大于 0.7 可认为条目之间的一致性较好。提示这两种表述具有较高的内在一致性，测量的是同一个概念。用两种表述赞同率的平均值作为辩证思维的赞同率，两种表述赞同率平均数为 59.8%。受访者对辩证思维两种表述的赞同率差异较大，"定义型"赞同率比"通俗型"高 15.6 个百分点。尽管差距较大，但"通俗型"赞同率也超过了半数 (52%)，可见多数沙特人赞同辩证思维。

表 5-2　沙特受访者对辩证思维的态度

	不赞同					（%）				赞同		均值	标准差
	0	1	2	3	4	5	6	7	8	9	10		
通俗型	13.1	4.8	4.3	4.7	6.5	14.4	9.0	8.3	10.2	9.4	15.1	5.56	3.211
定义型	4.1	2.5	2.3	4.0	3.8	15.8	9.2	13.3	11.3	12.1	21.7	6.77	2.774
平均	8.6	3.6	3.3	4.4	5.2	15.1	9.1	10.8	10.8	10.8	18.4	6.17	2.992

（2）赞同均值

受访者对"定义型"表述的赞同均值 6.77，标准差 2.774。"通俗型"表述的赞同均值 5.56，标准差 3.211。两种表述赞同均值平均为 6.17。"定义型"赞同均值比"通俗型"高 1.21。尽管差距较大，但"通俗型"赞同均值超过中立值 5。

2. 对太极阴阳图态度与对文字表述辩证思维方式态度的关系

对太极阴阳图的态度（去除不知道者）与对文字表述辩证思维的态度的相关分析显示，对太极阴阳图的态度与对辩证思维通俗型表述和定义型表述的态度都不显著相关。说明受访者未认识到太极阴阳图蕴含的辩证思维，未意识到太极阴阳图是辩证思维的简明诠释。

（二）人群分析

年龄、收入、受教育程度与对辩证思维通俗型和定义型两种表述的相关分析显示，均不显著相关。性别、国籍、省籍、职业与对辩证思维通俗型和定义型两种表述的一元方差分析显示，都无显著差异。这说明，沙特不同人群对辩证思维的态度没有显著差异。

（三）相关分析

1. 对辩证思维态度与中华文化评价

对辩证思维态度两种表述与中华文化 9 项评价共 18 对变量的相关分析显示，对通俗型表述的态度与中华文化 9 项评价中，辩证思维与包容的、多元的、和谐的相关，相关系数分别为 0.068[**]、0.058[*]、0.055[*]。对定义型表述的态度与中华文化 9 项评价中，6 对显著或较显著相关：辩证思维与有

吸引力、灿烂的、有价值的、和谐的、包容的、多元的相关，相关系数分别
为 0.073**、0.076**、0.094**、0.105**、0.062*、0.057*。

18 对相关系数中，前三名是：定义型表述与和谐的 0.105**、灿烂的
0.076**、有吸引力 0.073**。2 种辩证思维表述与中华文化 9 项评价的相关
系数平均数，前三名是：中华文化是和谐的 0.080、有价值的 0.072、包容的
0.065（见表 5-3）。

简言之，对辩证思维态度与中华文化是和谐的、有价值的、包容的、
灿烂的呈正相关，即对辩证思维越认同，对这些中华文化的评价越高，反
之亦然。

表 5-3　对辩证思维的态度与对中华文化评价的相关系数

	有吸引力	包容的	有活力的	灿烂的	多元的	爱好和平	有价值的	创新的	和谐的	9 项平均
通俗型	.041	.068**	-.010	.043	.058*	.006	.049	.012	.055*	.036
定义型	.073**	.062*	.024	.076**	.057*	.009	.094**	.029	.105**	.059
平均	.057	.065	.007	.060	.058	.008	.072	.021	.080	.047

2. 对辩证思维态度与中国形象评价

对辩证思维态度两种表述与中国形象 8 项评价共 16 对变量的相关分
析显示，对通俗型表述的辩证思维态度与中国形象 8 项评价中，辩证思维
与有创新力、可靠可信、坚定不移 3 对相关，相关系数分别为 0.082**、
0.050*、0.050*。对定义型表述的辩证思维态度与中国形象 8 项评价中，
辩证思维与可靠可信、充满活力、有创新力、令人愉悦、颇具魅力、坚定
不移 6 对相关：相关系数分别为 0.077**、0.088**、0.084**、0.058*、
0.056*、0.064*。

16 对相关系数中，前三名是：定义型表述的辩证思维与充满活力
0.088**、与有创新力 0.084**，通俗型表述与有创新力 0.082**。两种表述与
中国形象 8 项评价的相关系数的平均数，前三名是：中国有创新力 0.083、充
满活力 0.064、可靠可信 0.064（见表 5-4）。

简言之，对辩证思维态度与中国有创新力、充满活力、可靠可信呈正
相关，即对辩证思维越认同，对这些中国形象评价越高，反之亦然。

表 5-4　对辩证思维的态度与对中国形象评价的相关系数

	可靠可信	令人愉悦	有领导力	充满活力	颇具魅力	坚定不移	不断发展	有创新力	8 项平均
通俗型	.050*	.029	-.008	.040	.017	.050*	.000	.082**	.033
定义型	.077**	.058*	.037	.088**	.056*	.064*	.038	.084**	.063
平均	.064	.044	.015	.064	.037	.057	.019	.083	.048

3. 对辩证思维态度与对中沙关系态度

对两种表述的辩证思维态度与对中沙关系态度都不显著相关，说明受访者对中沙关系的态度不影响对辩证思维的态度，反之亦然。

（四）沙特与 9 国比较

中沙对比，沙特问卷和中国问卷中辩证思维两种表述的内在信度上，克朗巴哈系数分别为 0.831、0.827，都大于 0.7，条目之间的一致性较好，两种表述测的是一个概念。对通俗型表述和定义型表述相关数值的平均数进行比较，沙特人辩证思维赞同率（59.8%）比中国人（92.4%）低 32.6 个百分点，赞同均值（6.17）比中国人（8.30）低 2.13。中国人和沙特人在辩证思维方面，为基本共享级思维方式。

沙特与其他海外 8 国相比，沙特对辩证思维的赞同率仅高于德国、日本和韩国（见表 5-5）。

表 5-5　沙特与 9 国受访者对辩证思维的赞同率比较

单位：%

	沙特	美国	德国	俄罗斯	印度	日本	韩国	越南	印尼	平均	中国
通俗型	52.0	72.9	50.4	70.1	82.8	34.4	—	—	—	—	91.0
定义型	67.6	67.8	56.6	74.1	82.8	41.2	57.6	83.6	93.3	69.4	93.7
平均	59.8	70.4	53.5	72.1	82.8	37.8	57.6	83.6	93.3	67.9	92.4

三　对综合思维的态度

（一）整体情况

1. 对文字表述综合思维方式的态度

（1）赞同率

受访者对综合思维两种表述的态度见表 5-6。对"定义型"和"个案型"表述的赞同率分别为 69.7%、75.5%，众数都为非常赞同。根据既往研究，克朗巴哈系数大于 0.7 可认为条目之间的一致性较好。综合思维这两种表述度量内在信度的克朗巴哈系数为 0.279，提示这两种表述不具有较高的内在一致性，沙特受访者理解为两种表述调查的不是同一概念。这说明受访者并未认识到中医与综合思维的紧密关系，没有意识到中医贯穿综合思维。因为问卷中的定义型表述能更准确地表述综合思维，所以用它作为研究对象考察对综合思维的态度。

（2）赞同均值

受访者对"定义型"表述的赞同均值为 7.03，众数为非常赞同，标准差为 2.814。综合思维在沙特得到多数人的认同。

表 5-6 沙特受访者对综合思维的赞同情况

	不赞同				（%）					赞同		均值	标准差
	0	1	2	3	4	5	6	7	8	9	10		
个案型	4.2	0.7	1.5	2.7	3.4	11.9	7.0	8.8	13.1	16.9	29.7	7.43	2.701
定义型	4.5	0.7	3.9	2.8	4.8	13.6	8.0	8.2	14.2	13.7	25.6	7.03	2.814

2. 对中医态度与对综合思维态度的关系

对中医态度（去除不知道者）与对定义型综合思维态度的相关分析显示，二者不显著相关。说明受访者未认识到中医与综合思维的密切关系，即中医贯穿综合思维。

3. 对中医能否治病的态度与对综合思维态度的关系

对中医能否治病的态度（去除不知道者）与对定义型综合思维的态度的相关分析显示，二者为不显著相关。再次说明受访者未认识到中医与综合思维的密切关系。

（二）人群分析

年龄、收入、受教育程度与对定义型表述综合思维态度的相关分析显示均不显著相关。性别、国籍、省籍、职业与对定义型表述综合思维态度的一元方差分析显示，与综合思维态度差异都不显著。这说明沙特不同人群对综合思维的态度没有显著差异。

（三）相关分析

1. 对综合思维态度与中华文化评价

对定义型综合思维态度与中华文化 9 项评价共 9 对变量的相关分析（见表 5-7，个案型的数据仅供参考）情况如下：9 对均为显著或较显著相关：相关系数排名前 3 的是：包容的 0.096**、灿烂的 0.095**、和谐的 0.094**。9 对相关系数平均 0.079，即对综合思维越认同，对中华文化的评价越高，反之亦然。

表 5-7　对综合思维的态度与对中华文化评价的相关系数

	有吸引力	包容的	有活力的	灿烂的	多元的	爱好和平	有价值的	创新的	和谐的	9 项平均
个案型	.093**	.082**	.079**	.082**	.082**	.067*	.095**	.064*	.099**	.083
定义型	.056*	.096**	.082**	.095**	.087**	.065*	.069**	.066*	.094**	.079

2. 对综合思维态度与中国形象评价

对定义型综合思维态度与中国形象 8 项评价的相关分析显示（见表 5-8，个案型数据仅供参考），7 对为显著或较显著相关：相关系数前三名是令人愉悦 0.112**、可靠可信 0.095**、有创新力 0.093**。8 对相关系数平均 0.077，即对综合思维越认同，对中国形象的评价越高。

表 5-8　对综合思维的态度与对中国形象评价的相关系数

	可靠可信	令人愉悦	有领导力	充满活力	颇具魅力	坚定不移	不断发展	有创新力	8 项平均
个案型	.095**	.047	.088**	.143**	.086**	.132**	.153**	.125**	.109
定义型	.095**	.112**	.041	.062*	.070**	.059*	.087**	.093**	.077

3. 对综合思维态度与对中沙关系态度

受访者对定义型综合思维的态度与对中沙关系的态度（去除不知道者）的相关分析显示，为不显著相关。

（四）沙特与 9 国比较

中沙对比，用定义型表述的数据作为对综合思维的态度，沙特人的赞同率（69.7%）比中国人（93.8%）低 24.1 个百分点，综合思维属于沙特人与中国人较高共享级的思维方式。

沙特与海外 8 国比较，对综合思维的赞同率高于美国、德国、日本和韩国（见表 5-9）。

表 5-9　沙特与 9 国受访者对综合思维的赞同率比较

单位：%

	沙特	美国	德国	俄罗斯	印度	日本	韩国	越南	印尼	平均	中国
定义型	69.7	59.3	62.8	84.4	82.1	40.8	54.1	83.5	93.0	70.0	93.8

四　结果分析与思考

（一）对中沙思维方式异同研究的尝试

目前我国对沙特人思维特点和中沙思维方式的问卷式实证研究属于是空白。2019 年 3 月 19 日查阅国家图书馆网站显示，用"中西思维方式"作为检索词查阅，各类文献有 1000 种，用"中阿思维方式""中沙思维方式""沙特人思维方式""阿拉伯人思维方式"作为检索词检索，没有查阅到相关文献。目前关于中国与阿拉伯国家思维方式差异的文献散落在一些著作中。有的学者从哲学、文化语言学、比较文学视角，采用演绎、归纳、综合方法，对阿拉伯人的思维特点进行了论述。例如，有学者从阿拉伯语语法范畴探讨了阿拉伯人的思维方式。"阿、汉两种语言的语法范畴各自的特点及其明显差异，其根本原因是两个民族在认知现实的过程中所采取的方式方法不同——即思维方式的不同。""阿拉伯语属于综合性的形态性语言。这与突出形态变化的印欧语系的语言在本质上是一致的"，其共同点体现在"句法结构大致对应于概念和判断，而推理则与语用相联系，这一思维模式的本原追溯到希腊亚里士多德的逻辑范畴说"①。有学者认为，阿拉伯人想象力有限，不善于作整体的、全面的研究与观察，并指出形成的原因，正是历史上阿拉伯游牧文化的特点造成的。沙漠环境的恶劣与残酷使得阿拉伯半岛的生物种类有限，物质生活艰苦，思想生活单调，由此束缚了阿拉伯人的想象力，使他们不善于全面、整体而深入地观察，其注意力往往局

---

① 国少华著《阿拉伯—伊斯兰文化研究——文化语言学视角》，时事出版社，2009，第 342 页。

限于周围的事物，或事物的某一具体方面。从"骆驼"的称谓之多便可窥见一斑①。学者们认为，思维方式是影响人们修辞技巧的原因之一。美国语言学学者卡普兰（Robert Kaplan）对使用不同母语的在美留学生用英语写的短文或段落进行了分析，指出不同文化在修辞方面的差别，从中可以看出其思维方式差异。尽管从这些学生的文章中单独抽出的句子似乎都是"优秀的英语"，然而，这些掌握了英文句法的外国学生常会写出很糟糕的段落，或是糟糕的文章，除非他们掌握了英国人的思维逻辑。他指出使用不同语言的人的思维特点，并用图形描绘了这些特点。他认为，中国人和韩国人的写作和思维方式是曲线式的，类似一种涡轮线，围绕主题绕圈子，从不同的不切主题的观点来说明主题，而不是直截了当地谈及主题。以闪米特语（阿拉伯语和希伯来语）为母语的学生，似乎用各种各样平行线式的（parallels）思维方式。在阿拉伯文中，段落的发展是基于一系列复杂的平行式结构，无论肯定式还是否定式都是如此。这种平行式的句法在《旧约圣经》（用希伯来语写成）有充分的体现。这种平行式的句法含有同义语的排比、综合排比、正反对照排比、高潮排比。卡普兰用图5-1表示母语为汉语和韩语留学生与母语为闪米特语留学生写短文或段落所呈现的思维方式差异②（见图5-1）。这个观点与历史上阿拉伯人的思维特点相印证。著名阿拉伯文化史专家艾哈迈德·爱敏认为：在历史上"这种'推理不精细，结构不紧密'的缺点，在阿拉伯的文学作品里面，触目皆是……一篇文章，不围绕着一个主题说话，没有一定的中心思想，无非是东鳞西爪、支离破碎的一些东西；读者便很难把握住一篇文章的中心思想。但是这种文章，也自有其滋味，自有其美妙。这是我们所不能否认的事实"③。总体来说，阿拉伯人的思维特点仍有待深入研究。

本次调查显示，中国式辩证思维和综合思维方式在沙特民众中分别得到59.8%和69.7%的赞同率，这与中国人相应的92.4%、93.8%赞同率有不

① 雷晶：《游牧文化的特点及对阿拉伯人民族性格的影响》，载《知识—力量》2019年4月，http://zsll.chinaqking.cn/yc/2019/1581072.html。
② Kaplan, Robert B., "Cultural Thought Patterns in Intercultural Education", in *Language Learning*, Vol. XVI, nos. 1 and 2, 1966, pp. 1-20.
③ 〔埃及〕艾哈迈德·爱敏著《阿拉伯—伊斯兰文化史》（第一册），纳忠译，商务印书馆，1982，第46页。

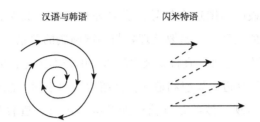

图5-1　汉语、韩语与闪米特语思维方式对比

小差距，这是研究中国人与沙特人思维方式异同的一次尝试。尽管沙特民众对两种中华思维方式的赞同率不高，但也达到了基本共享或较高共享层级。中华思维方式是中华文化的基因之一，体现于中华文化的所有领域。今后在对沙文化交流中，可以有意识地在文化产品传播中融入辩证思维和综合思维元素，从深层次推进中沙文化交流。

（二）传播辩证思维有助于实现合作共赢

辩证思维有利于克服西方文化的零和博弈思维偏见，有利于世界各国接受合作共赢的理念，利于世界各国和平共处。对辩证思维的态度与中华文化评价及与中国形象评价都呈正相关，即对其越认同，对中华文化和对中国形象的评价越正面，且对其态度与对中沙关系态度不相关，这提示有必要在沙特加以推广。太极阴阳图 ☯ 被称为中华第一图，它是中华辩证思维方式形象精辟的体现。知晓率达到 67.3%，去除不知道者，喜欢率（47.8%）比不喜欢率（17.8%）高 30.0 个百分点。沙特民众对辩证思维的赞同率为 59.8%，年龄、收入、受教育程度、性别、国籍、省籍、职业与对其的态度都不相关，这说明需要在广大沙特民众中传播辩证思维，特别是知识分子。与中国人的辩证思维赞同率相比，沙特人仍有较大提升空间。对太极阴阳图的态度与对辩证思维的态度的相关分析显示，两者不显著相关，说明两者没有相互融通，太极阴阳图深刻的辩证思维内涵并没有被沙特民众领会。

当今时代，世界像一个太极阴阳图，阴中有阳、阳中有阴，你中有我、我中有你，相互依存。因而，今后宜充分发掘太极阴阳图资源，将该符号与传播辩证思维联系起来，将其表象和内涵结合起来推进中沙文化交流。

要使用好太极阴阳图这个符号，需要处理好两个关系，一是在国内太极阴阳图与道教的关系，二是要处理好与韩国国旗的关系。

在沙特传播辩证思维，宜将太极阴阳图与中国本土道教标识（见图5-2）区分开来，严格区分道家思想和道教。介绍太极阴阳图不能与道教混淆，避免以道教的形式出现。沙特是笃信伊斯兰教的国家。道教是宗教，将太极阴阳图与道教混淆不利于在沙特传播辩证思维。

图5-2　道教标识

避免太极阴阳图与韩国国旗相混淆。太极阴阳图在我国宋代就出现了，知识产权在中国。中国邻邦朝鲜王朝自1883年开始使用太极阴阳图。1945年第二次世界大战结束后，朝鲜分裂为南北两个国家，大韩民国建国后继续沿用。1949年，韩国文教部正式确定韩国国旗现今的样式（见图5-3）：旗中央是太极图案，四周配以乾坤坎离四图形。韩国国旗又称太极旗，是以儒家及道教思想为基础绘制的。中央的太极象征宇宙，蓝色为阴，红色为阳，太极则是由阴阳组成，以表示宇宙调和与统一之意①。韩国这种解释与太极阴阳图含义有相似之处。因而，在利用太极阴阳图介绍辩证思维时，韩国国旗的解释既可以起到助力作用，同时要说清楚太极阴阳图起源于中国。

---

① 4个角落的卦在左上方的是乾，右下为坤，右上为坎，左下为离，代表天地水火、父母男女之意，也象征民族的融合与国家的发展。国旗底色为白色，象征韩国人民的纯洁和对和平的热爱。

图 5-3 韩国国旗

（三）推动综合思维交流传播

综合思维和分析思维各有利弊，当今注重综合思维有利于从地球村整体视角看待和解决人类面临的各种问题。当今世界面临环境问题、气候变化问题、公共卫生问题（如传染病）等，人类必须运用综合思维（整体思维）应对地球村出现的各种问题，综合思维有利于构建人类命运共同体。沙特和中国受访者对综合思维态度与对中华文化评价及与中国形象评价都为正相关，即对综合思维越认同，对中华文化评价及对中国形象评价越正面，且对中国综合思维态度与对中沙关系的态度不相关。鉴于综合思维有利于全人类发展，有必要向沙特介绍推广综合思维。如何推介？通过中医推介不失为行之有效的方法之一。

中医是中华综合思维方式的具体体现。目前沙特对中医知晓率 93.8%，去除不知道者，喜欢率（72.0%）比不喜欢率（10.9%）高 61.1 个百分点。认为中医能治病的肯定率（76.0%）比不能治病的否定率（6.3%）高 69.7 个百分点。对中医态度、对中医能否治病态度与对综合思维态度的相关分析显示，都呈不显著相关，说明沙特人并没有意识到中医深刻的综合思维方式内涵，对中医的态度与对综合思维的态度未能相互融通。今后宜加强对中医深刻内涵的传播。数据分析显示，年龄、受教育程度、收入、性别、国籍、省籍、职业诸人口变量与对综合思维的态度都不相关。这说明，老年人、知识分子、领导人员、专家并没有显示出比青少年、受教育程度低、一般平民百姓对综合思维有更高的认同率，说明沙特人对综合思维不了解是普遍现象，宜在这些利于二次传播的人员中加强综合思维传播。

　　中医是传递综合思维方式的最好媒介，当然中医理论中也包含着辩证思维，但针灸、按摩、拔罐等中医治疗手段更直观地展示了中医渗透的综合思维。中国文化三大国粹中医、国画、京剧中，由于语言问题，京剧很难在沙特接触广大受众；由于沙特伊斯兰教因素，中国画涉及人像的作品在沙特难有市场。伊斯兰教的一神崇拜，比犹太教、基督教更坚决，禁止偶像崇拜也更严厉、更彻底。当今在沙特没有面向自然展示和描绘外部世界的造像艺术，对造像艺术的抵制态度成为一种规则和习惯。因而中国画的很多内容不符合沙特奉行的瓦哈比派的伊斯兰教，中国画不是理想的传播综合思维的载体。相比之下，中医药在沙特传播则没有宗教和语言上的障碍。应充分利用中医药资源，将对中医药的认知和态度与传播综合思维联系起来，将其具体体现的中医药和理论内涵结合起来推进中沙文化交流，助力提升其赞同率。沙特民众对综合思维的赞同率为 69.7%，与中国人的赞同率（93.8%）相比，仍有提升空间。

　　要传播综合思维，需要处理好综合思维和分析思维的关系，全面介绍综合思维的长处和短处，准确说明分析思维的长处和短处。推广中医宜采用中西医相结合方法。"只见树木不见森林"在认识问题上带有片面性，"只见森林不见树木"也是一种片面性。当前在西方文化的分析思维主流中提倡综合思维，可以纠正分析思维的片面性。

第六章　中国媒体在沙特传播状况

一　问卷设计

（一）总体思路

国际跨文化传播中媒介是文化影响力的重要组成部分。跨文化交流学的奠基者爱德华·霍尔（Edward Hall）说，文化即传播，传播即文化①。文化影响力是一种投射力，在传播过程中，媒介是载体和渠道，承载着文化符号、文化表现形式、代表人物、价值观、信仰、思维方式等文化成分向外传播。不管多好的文化资源，没有媒介作为传播渠道，文化依然难以越过国境来到异国他乡。文化信息只有被人知晓才有可能被人喜欢，产生影响。研究沙特民众对中国媒体的接触状况和评价是中华文化在沙特传播研究的重点。

社会认知理论认为，人们对于缺乏直接接触事物的认识很大程度上依赖于大众媒体。随着科技的发展、交通的便利以及国际交往的深化，国际传播渠道日益丰富和多样化。近年来，中国除了发展传统大众媒体和新媒体之外，中国的出口商品、海外企业、出境游客、对外文化交流活动、孔子学院等传播渠道逐渐增多，并越来越受重视，对外传播渠道正朝着多元化方向发展。

本调查从沙特民众接收中国消息的信息源入手，调查受访者获取中国信息的渠道。根据实际情况和已有研究，海外受众使用的主要传播渠道可以分为四大类（见图6-1）。①媒体传播。它主要包括传统媒体和互联网新媒体（互联网新媒体指与传统媒体对应的外语网站及其他新媒体资源）。

---

① 〔美〕爱德华·T. 霍尔：《无声的语言》，何道宽译，北京大学出版社，2010，第75页。

②团体传播。它可分为官方机构和非官方团体，前者可进一步细分为使领馆、海外中国文化中心等，后者可以细分为文化艺术团体、孔子学院、体育代表团和涉外企业。随着中国企业"走出去"步伐加快，中国涉外企业在传播中华文化中的作用日趋显著。其中，中餐馆作为一种传播渠道，作用不容小觑。③人际传播。它包括中国人和本国人。中国人可分为名人和平民百姓。④商品传播。这包括文化产品和非文化产品。当然，这些渠道都可以再进一步细分。

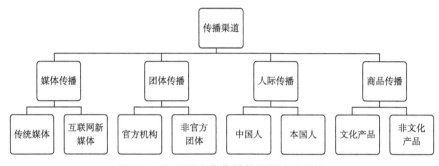

图 6-1　国际跨文化传播的主要信息渠道

在多元的国际传播媒介中，传统媒体和互联网新媒体的影响首屈一指。有研究指出，正是由于媒体的报道，一些民众对其他国家形成刻板印象①。下文首先探讨媒体传播。

（二）中国的阿拉伯语传媒

新中国的对外传播事业中，阿拉伯语传媒占有重要一席。随着国家实力的增强和科技发展，阿拉伯语传媒由传统媒体向新媒体、融媒体发展。20世纪 50 年代我国外文局相继创办了阿拉伯文版的《人民画报》和《北京周报》；1997 年创建的中国网（http：//www. china. org. cn）用阿拉伯语对外发布信息，2004 年开始，以国内为基地，把策划编辑和印刷发行环节前移到对象国和地区。《今日中国》（阿拉伯文）不同程度地实现了本土化运作，

---

① Tan, A., Zhang, L., Zhang, Y., and Dalisay, "Stereotype of African-Americans in China and Media Use among Chinese High School Students", *Howard Journal of Communication*, 2009, pp. 260-275.

在纸质期刊基础上制作成了阿拉伯文电子期刊，成为一个阿拉伯文刊物的数字信息平台；中国外文局下属的出版社，每年出版阿拉伯文图书，涵盖政治、经济、文化、艺术和历史以及汉语教学和儿童读物等方面内容，发行到阿拉伯国家。新华社在沙特首都利雅得有分社，用阿拉伯文发稿。现在新华网每天 24 小时以阿拉伯文字通过多媒体形式不间断向全球发布新闻信息。创办于 1941 年的中国国际广播电台，目前使用阿拉伯语全天候向世界广播，2009 年 7 月 16 日，中国国际广播电台移动国际在线在北京启动。2009 年中央电视台阿拉伯语国际频道开播，是中央电视台继英语、法语、西班牙语、俄语后的第 5 个国际外语频道。2016 年 12 月 31 日，中国国际电视台（中国环球电视网 CGTN）成立，该频道归属 CGTN 并改名为"中国环球电视网阿拉伯语频道"①。该频道以阿拉伯国家和地区的观众为主要服务对象，节目以新闻为主，以文化、服务和娱乐节目为补充，设有新闻、专题、娱乐和教学四大类 9 个栏目，主要有《对话》《话说中国》《纪录片》《科技博览》等。2017 年由中沙两国联合制作的首部动画片《孔小西与哈基姆》上映，该片以中沙儿童友谊为主题，不但呈现沙特本土的文化特征，也融入了中国美食、服饰、功夫等中国文化元素。上述这些由国家主办的阿拉伯文对外媒体是中国向沙特传播中国声音的主要大众传媒。

目前国内有关中国对阿拉伯国家传播的研究中，以沙特"受众"为主要内容的研究很少。尽管近些年来人们意识到对外传播中受众研究的重要性，中国形象的对外传播要实现"以自我为主导"向"以公众为主导"的模式转变②，但囿于调查难度大，需要人力和财力各方面都具备才能实施，现有的研究多是小范围的调查，样本量不足。即便如此，受众研究在对外传播中仍极为重要。它既是开展工作的基础和前提，也是工作效果的保障。只有传播者对国际受众足够了解，才能改进传播方针和报道形式，以满足受众需求。本次对沙特受访者的调查包括四个方面：了解中国的信源、接触中国传统媒体的特征、接触中国新媒体的特征、对媒体及中国媒体的信任度。

① 2018 年 3 月 21 日，组建中央广播电视总台，撤销中央电视台（中国国际电视台）、中央人民广播电台、中国国际广播电台建制。
② 王庚年：《让中国的声音传播得更广更远》，《求是》2008 年第 8 期。

二 获取中国信息的渠道

(一) 问卷内容

问卷调查了受访者获取中国信息的渠道。问卷选项列出的 29 种渠道分为以下几类。①媒体传播。从媒体形态上分为三大类：传统大众媒体（包括报纸、电影、电视、广播）、传统媒体网络化媒体（包括报纸网站、电影网站、电视网站）和网络原生新媒体（如脸书、微信、快照、手机其他 App 客户端）。从媒体的国籍看，可分成沙特本国、中国、其他国家等三种。②团体传播。通过中国在当地举办的活动、中国在沙特的企业、中餐馆以及他国的孔子学院等获取中国信息。③人际传播。通过国内朋友（沙特人）、通过在沙特的中国人、来过中国等方式获取中国信息。④商品传播。通过购买使用中国商品了解中国信息。⑤其他。具体问题如下。

V34. 您主要是通过哪种渠道了解中国信息的？（可多选）

1. 本国线下报纸　2. 本国线上报纸　3. 本国线下电视　4. 本国线上电视　5. 本国线下电影　6. 本国线上电影　7. 本国广播　8. 中国线下报纸　9. 中国线上报纸　10. 中国线下电视　11. 中国线上电视　12. 中国线下电影　13. 中国线上电影　14. 中国广播　15. 其他国家的媒体　16. 国内的朋友（本国人）　17. 在本国的中国人　18. 去过中国　19. 中国商品　20. 中国在当地举办的活动　21. 中餐馆　22. 孔子学院　23. 手机 App 客户端　24. 推特　25. 脸书　26. 微信　27. 快照（Snapchat）　28. 优兔（YouTube）　77. 其他

世界绝大多数国家民众了解中国信息主要来自本国媒体。沙特奉行的新闻政策以遵守伊斯兰法规为原则，在思想上和文化上为社会服务。1971年 1 月 23 日成立的沙特通讯社系沙特官方机构，直接受文化与新闻部领导，用阿拉伯文、英文、法文发稿，设有 4 个国内分社（麦加、麦地那、吉达、达曼）和 6 个国外分社（波恩、开罗、巴黎、伦敦、突尼斯、华盛顿）。沙特全国发行数十种报纸、上百种杂志。阿拉伯文报纸主要有《利雅得报》、《中东报》（在伦敦出版）、《生活报》、《国家报》、《欧卡兹报》等，英文报刊主要有《阿拉伯新闻》《沙特报》《沙特经济概览》等。沙特现有 4 个电视台。电视网已覆盖全国 98% 的地区。沙特广播电台由 22 个电台组成，使用中波、短波和调频播出。吉达广播电台、利雅得广播电台和《古兰经》广播电台是最大的 3 家电台。2016 年网络用户有 2077 万人，2017 年手机用户达 4021 万[①]。问卷用一个问题从宏观上调查了受访者对本国媒体传播中国信息倾向的评价。

V35. 您所看到的本国媒体传播的中国信息是正面的还是负面的？
1. 非常负面　2. 负面　3. 中立　4. 正面　5. 非常正面

（二）数据分析

1. 获取中国信息的渠道

（1）渠道使用率整体排名

受访者使用各种传播渠道获取中国信息的比例，简称"使用率"。使用率排名前 5 位是：优兔（39.9%）、中餐馆（29.8%）、推特（26.8%）、本国线上报纸（20.4%）、中国在当地举办的活动（20.2%）；排名倒数 5 位是：本国广播（6.5%）、手机其他 App 客户端（6.6%）、中国广播（6.8%）、快照（7.2%）、中国线下报纸（7.5%）。29 种渠道平均使用率 13.9%（见表 6-1）。

表 6-1　沙特受访者获取中国信息的渠道

排名	信息渠道	使用人数（人）	使用率（%）	排名	信息渠道	使用人数（人）	使用率（%）
1	优兔	340	39.9	6	脸书	152	17.8
2	中餐馆	254	29.8	7	本国线下电视	144	16.9
3	推特	228	26.8	8	其他国家的媒体	140	16.4
4	本国线上报纸	174	20.4	9	微信	139	16.3
5	中国在当地举办的活动	172	20.2	10	中国商品	132	15.5

① 中国驻沙特大使馆网站，http://www.chinaembassy.org.sa/chn/zsgx/stzhsg/，最后访问日期：2020 年 2 月 2 日。

续表

排名	信息渠道	使用人数（人）	使用率（％）	排名	信息渠道	使用人数（人）	使用率（％）
11	中国线上电影	123	14.4	21	国内朋友（本国人）	78	9.2
12	本国线下电影	122	14.3	22	中国线上电视	66	7.7
13	本国线上电影	106	12.4	23	去过中国	65	7.6
14	本国线上电视	102	12.0	24	中国线上报纸	65	7.6
15	其他	99	11.6	25	中国线下报纸	64	7.5
16	在本国的中国人	99	11.6	26	快照	61	7.2
17	孔子学院	97	11.4	27	中国广播	58	6.8
18	中国线下电影	88	10.3	28	手机其他 App 客户端	56	6.6
19	中国线下电视	83	9.7	29	本国广播	55	6.5
20	本国线下报纸	81	9.5	—	平均	118.3	13.9

（2）渠道类别内使用率排名

媒体传播 6 种网络原生新媒体中，优兔使用率名列第一（39.9%）。其后分别是推特（26.8%）、脸书（17.8%）、微信（16.3%）、快照（7.2%）、手机其他 App 客户端（6.6%）。6 种传统媒体网络化媒体中，本国线上报纸使用率名列第一（20.4.%）。其后分别是中国线上电影（14.4%）、本国线上电影（12.4%）、本国线上电视（12.0%）、中国线上电视（7.7%）、中国线上报纸（7.6%）。8 种传统媒体使用率排序：本国线下电视（16.9%）、本国线下电影（14.3%）、中国线下电影（10.3%）、中国线下电视（9.7%）、本国线下报纸（9.5%）、中国线下报纸（7.5%）、中国广播（6.8%）、本国广播（6.5%）。16.4%的受访者选择通过其他国家的媒体获取中国信息。

团体传播 3 种团体传播使用率排序为：中餐馆（29.8%）、中国在当地举办的活动（20.2%）、孔子学院（11.4%）。

人际传播 人际传播的三种形式中，11.6%通过"在本国的中国人"，排在首位，其后是通过"国内朋友（本国人）"获得中国信息（9.2%）和去过中国（7.6%）。

商品传播 只列举了一种中国商品。15.5%的受访者通过中国商品获取中国信息。

其他 11.6%的受访者通过其他方式获取中国信息。

（3）沙特与 6 国数据比较

中国问卷中，题干也是"您主要是通过哪种渠道了解中国信息的？（可多选）"，选项有所变化，表 6-2 中信息渠道有方括号的为中国问卷选项的变动。前期调查的选项和对沙特调查的有较大区别，不作比较。

与中国相比，沙特受访者主要使用优兔获取中国信息，中国受访者主要通过微信获取中国信息（66.2%）。

与海外其他 5 国相比，沙特受访者通过本国广播获取中国信息占比最小。通过中国的线下报纸、线下电视、线上电影、广播及中餐馆、推特获取中国信息的比例高于其他 5 国。优兔使用率（39.9）低于俄罗斯（40.2）和印度（44.7），高于美国（21.5）、德国（15.2）和日本（13.8）。沙特、美国、德国、俄罗斯、印度、日本 6 国利用各种渠道平均数比较，使用率排名前五位是：本国线下报纸（30.7）、优兔（29.2）、本国线下电视（29.0）、中餐馆（22.9）、中国商品（20.9）（见表 6-2）。

表 6-2　沙特与 6 国受访者获取中国信息的渠道

单位：%

信息渠道	沙特	美国	德国	俄罗斯	印度	日本	平均	中国
本国线下报纸	9.5	14.0	17.6	29.3	34.7	79.3	30.7	33.8
本国线上报纸	20.4	22.0	8.8	27.3	30.1	13.7	20.4	31.1
本国线下电视	16.9	20.8	37.1	54.8	24.8	19.8	29.0	40.3
本国线上电视	12.0	16.0	12.0	28.0	24.7	13.7	17.7	49.0
本国线下电影	14.3	3.8	16.8	13.0	11.6	4.8	10.7	28.1
本国线上电影	12.4	5.9	6.7	8.6	15.9	6.4	9.3	34.4
本国广播	6.5	10.7	5.4	12.1	13.1	26.4	12.4	33.8
中国［外国］线下报纸	7.5	2.2	0.4	1.8	3.9	1.5	2.9	4.5
中国［外国］线上报纸	7.6	4.3	0.1	1.6	10.5	1.9	4.3	6.5
中国［外国］线下电视	9.7	2.8	0.3	2.2	6.4	0.5	3.7	4.0
中国［外国］线上电视	7.7	4.4	0.8	2.2	8.3	0.9	4.1	6.6
中国［外国］线下电影	10.3	2.6	3.0	15.6	6.8	1.2	6.6	6.5

信息渠道	沙特	美国	德国	俄罗斯	印度	日本	平均	中国
中国［外国］线上电影	14.4	4.7	1.3	7.4	7.9	1.1	6.1	8.8
中国［外国］广播	6.8	1.2	0.2	1.4	5.3	1.9	2.8	3.5
其他国家的媒体	16.4	8.5	4.0	12.3	19.2	2.9	10.6	—
国内朋友（本国人）	9.2	13.9	8.3	20.9	21.9	5.1	13.2	35.1
在本国的中国人［外国人］	11.6	15.4	6.4	21.7	17.4	9.2	13.6	12.2
在国外的中国人	—	—	—	—	—	—	—	12.1
去过中国	7.6	5.6	4.1	6.8	9.9	5.8	6.6	—
中国商品	15.5	6.8	13.6	53.8	20.9	14.6	20.9	46.2
中国在当地举办的活动［本单位或社区举办的活动］	20.2	4.0	1.0	10.7	14.5	7.5	9.7	18.5
中餐馆［餐馆］	29.8	16.8	27.4	25.6	25.5	12.0	22.9	22.4
孔子学院	11.4	1.0	1.0	1.4	3.9	3.0	3.6	—
手机其他 App 客户端	6.6	3.1	0.5	6.0	18.0	0.6	5.8	44.9
推特	26.8	9.8	1.7	10.3	25.0	6.6	13.4	4.5
脸书	17.8	23.4	10.5	15.5	50.6	3.9	20.3	6.4
微信	16.3	2.0	0.1	0.9	8.5	1.7	4.9	66.2
快照	7.2	3.6	0.3	0.9	8.5	0.3	3.5	4.2
优兔	39.9	21.5	15.2	40.2	44.7	13.8	29.2	7.1
其他	11.6	22.9	28.8	11.1	6.3	24.6	17.6	1.4

2. 沙特媒体对华报道倾向

（1）整体情况

沙特受访者认为本国媒体传播中国信息的正面率（正面和非常正面比例之和）为 46.2%。中立率 44.8%，负面率（非常负面和负面比例之和）8.9%（见表 6-3）。均值 3.45，介于中立和正面之间。众数为 3（中立），标准差为 0.873。刘欣路和范帅帅使用文本分析法，对 2011 年 9 月到 2020 年 5 月《利雅得报》（在沙特本土发行量最大、阅读量最大、发行最广）关于"一带一路"、中沙关系、汉语推广等议题的分析显示，对"一带一路"

议题的绝大多数报道持正面立场，也有个别引自西方媒体的报道持负面立场；对中国抗击疫情方面所做出的努力与贡献持正面态度，对病毒来源的阐释倾向中立与客观，当然，该报也援引一些西方关于病毒的不乏负面的报道。对"汉语推广"议题的报道基本呈正面。这一研究成果与本次问卷调查的结果相同①。

表 6-3　沙特受访者对本国媒体传播中国信息的评价

单位：人，%

	非常负面	负面	中立	正面	非常正面	合　计	正面与非常正面之和
回答人数	25	51	382	301	93	852	394
占比	2.9	6.0	44.8	35.3	10.9	100	46.2

（2）人群分析

年龄、收入、受教育程度与对沙特媒体传播中国信息评价的相关分析显示，只有受教育程度与对沙特媒体传播中国信息评价较显著相关（0.070*），即受教育程度越高越认为本国传媒传播的中国信息为正面。性别、国籍、省籍、职业与对本国媒体传播中国信息评价的一元方差分析显示都没有显著差异。

（3）相关分析

相关分析显示，对本国媒体评价与中华文化 9 项评价中的 7 项相关，具体系数如下：和谐的 0.141**、包容的 0.132**、灿烂的 0.089**、有活力的 0.089**、爱好和平 0.063*、有价值的 0.060*、多元的 0.060*。对本国媒体评价与对中国形象 8 项评价全部相关，具体系数如下：不断发展 0.123**、颇具魅力 0.101**、有创新力 0.097**、可靠可信 0.087**、令人愉悦 0.083**、坚定不移 0.080**、有领导力 0.071*、充满活力 0.057*。对本国媒体评价与对中沙关系态度（去除不知道者）显著相关（0.135**）。

（4）沙特与海外其他 5 国数据比较

与同期调查的海外 5 国相比，沙特受访者认为本国媒体传播中国信息

---

① 刘欣路、范帅帅：《沙特〈利雅得报〉关于人类命运共同体理念的报道研究》，《对外传播》2020 年第 10 期，第 43~47 页。

的正面率明显高于美国、德国、印度、日本，仅低于俄罗斯（60.3%）（见表6-4）。

表6-4　沙特与海外5国受访者对本国媒体传播中国信息的评价比较

单位：%

	沙特	美国	德国	俄罗斯	印度	日本	平均
1. 非常负面	2.9	3.6	1.7	0.2	4.6	11.2	4.0
2. 负面	6.0	21.5	9.4	2.4	15.8	19.7	12.5
3. 中立	44.8	59.1	66.7	37.1	45.3	59.3	52.1
4. 正面	35.3	13.2	20.0	54.6	27.8	8.1	26.5
5. 非常正面	10.9	2.7	2.2	5.7	6.4	1.7	4.9
正面率	46.2	15.9	22.2	60.3	34.3	9.8	31.5

三　接触中国传统媒体情况及态度

（一）问卷内容

问卷调查了受访者对中国生产的图书、电影、电视节目（阿拉伯文和中文）和中国国际广播电台的阿拉伯语节目等五种传统媒体的使用情况和态度。具体内容如下。

V36. 在过去一年中，您使用过多少次下列中国的传统媒介？喜欢这些媒介上的内容吗？

	下拉菜单 （0~100）	1. 很不 喜欢	2. 较不 喜欢	3. 中立	4. 较喜 欢	5. 很喜 欢
1. 中国图书	＿＿本	1	2	3	4	5
2. 中国电影	＿＿部	1	2	3	4	5
3. 央视阿语节目	＿＿次	1	2	3	4	5
4. 央视中文节目	＿＿次	1	2	3	4	5
5. 国际广播阿语节目	＿＿次	1	2	3	4	5

（二）数据分析

1. 使用率

（1）概况

5种媒体中，使用率排名为：中国电影（36.6%）、央视阿语节目（21.7%）、央视中文节目（16.7%）、国际广播阿语节目（13.6%）、中国图书（13.1%）。平均使用数显示：受访者1年看1.32部电影，远远高于其他4种媒体（见表6-5、表6-6）。

表6-5　过去一年沙特受访者使用中国传统媒体情况

	样本量（个）	接触过的比例（%）	平均使用数	众数	极小值	极大值	标准差
1. 中国图书	852	13.1	0.20本	0	0	8	0.656
2. 中国电影	852	36.6	1.32部	0	0	100	5.137
3. 央视阿语节目	852	21.7	0.78次	0	0	50	3.434
4. 央视中文节目	852	16.7	0.63次	0	0	100	4.466
5. 国际广播阿语节目	852	13.6	0.24次	0	0	9	0.818

表6-6　过去一年沙特受访者使用中国5种媒体次数占比情况

单位：%

	0次	1~6次	7~12次	13次以上	合计
中国图书	86.9	13.0	0.1	0	100
中国电影	63.4	33.0	2.8	0.8	100
央视阿语节目	78.3	19.9	1.0	0.8	100
央视中文节目	83.3	15.7	0.3	0.7	100
国际广播阿语节目	86.4	13.4	0.2	0	100

（2）人群分析

年龄、收入和受教育程度与使用5种媒体次数的相关分析显示，仅年龄与收看央视中文节目次数呈负相关（-0.063*），即年龄越小使用次数越多；收入与收看央视阿语节目次数呈正相关（0.077*），即收入越高使用次数越多。

性别、国籍与使用 5 种媒体次数的一元方差分析显示，仅国籍与收看央视中文节目次数有较显著差异，本地人接触次数均值（0.72）高于外籍人（0.27）。省籍、职业分别与使用 5 种媒体次数的卡方检验显示，省籍与阅读图书次数、收看央视阿语节目次数有显著差异。例如，利雅得省受访者未阅读中国图书比例（90.7%）比麦地那省（81.1%）高。收看央视阿语节目次数最多者为 50 次，利雅得省有 2 位，其他省份都为零。职业与收看央视阿语节目次数、央视中文节目次数有显著差异。例如，各种职业没有看过央视阿语节目比例平均数为 78.3%，立法人员、领导人和管理人员为69.4%，专家或行业带头人为 79.2%，专业技术人员为 70.9%，办公室职员为70.0%，其他行业技术工人为 53.1%。没有看过央视中文节目的比例，立法人员、领导人和管理人员为 94.4%，专家或行业带头人为 85.4%，专业技术人员为 73.3%，办公室职员为 63.3%，其他行业技术工人为 87.5%。

（3）相关分析

接触 5 种中国媒体次数与中华文化 9 项评价的相关分析显示，阅览中国图书次数与爱好和平、有价值的相关，相关系数分别为 0.081**、0.065*。观看中国电影次数与有活力的、创新的、和谐的、有吸引力、灿烂的相关，相关系数分别为 0.193**、0.075**、0.075**、0.069*、0.073*。收看央视阿语节目次数与有吸引力、多元的相关（0.144**、0.147**）。收看央视中文节目次数与多元的相关（0.062*）。收听国际广播阿语节目次数与多元的、创新的相关（0.063*、0.076*）。接触 5 种中国媒体次数与对中华文化单项评价相关系数平均数相比，前三名是：有吸引力 0.061、多元的 0.056、和谐的0.049。接触单一媒体次数与 9 项评价的相关系数平均数，排序是中国电影0.064、央视阿语节目 0.059、国际广播阿语节目 0.034、中国图书 0.032、央视中文节目 0.012（见表 6-7）。

表 6-7　接触中国 5 种媒体次数与对中华文化评价的相关系数

	有吸引力	包容的	有活力的	灿烂的	多元的	爱好和平	有价值的	创新的	和谐的	平均
中国图书	.005	-.003	.019	.045	-.014	.081**	.065*	.044	.050	.032
中国电影	.069*	.030	.193**	.073*	.020	.007	.035	.075**	.075**	.064
央视阿语节目	.144**	.023	-.029	.049	.147**	.050	.042	.053	.049	.059

续表

	有吸引力	包容的	有活力的	灿烂的	多元的	爱好和平	有价值的	创新的	和谐的	平均
央视中文节目	.039	-.016	-.043	.002	.062*	.015	.022	-.027	.054	.012
国际广播阿语节目	.049	.028	.032	.009	.063*	.034	.000	.076*	.016	.034
平均	.061	.012	.034	.036	.056	.037	.033	.044	.049	.040

　　接触5种中国媒体次数与中国形象8项评价的相关分析显示，仅观看中国电影次数与中国可靠可信、充满活力、颇具魅力、不断发展、有创新力相关，相关系数分别为0.081**、0.057*、0.058*、0.060*、0.070*。接触5种中国媒体次数与对中国形象单项评价相关系数平均数前三名是：中国可靠可信0.030、有领导力0.027、坚定不移0.025（见表6-8）。简言之，仅观看中国电影次数与大部分中国形象评价相关，即观看中国电影次数越多，对中国形象的评价就越高。

表6-8　接触中国5种媒体次数与对中国形象评价相关系数

	可靠可信	令人愉悦	有领导力	充满活力	颇具魅力	坚定不移	不断发展	有创新力	平均
中国图书	.032	.028	.016	-.001	.020	.044	-.015	.011	.017
中国电影	.081**	.040	.050	.057*	.058*	.045	.060*	.070*	.058
央视阿语节目	.029	-.021	-.020	.027	-.004	.015	.014	-.004	.005
央视中文节目	.012	.014	.047	-.010	-.003	.014	.024	-.044	.007
国际广播阿语节目	-.002	.044	.042	.013	-.017	.009	-.031	.014	.009
平均	.030	.021	.027	.017	.011	.025	.010	.009	.019

　　对接触5种中国媒体次数与对中沙关系态度（去除不知道者）作相关分析，都为不显著相关。

2. 喜欢率

（1）概况

去除回答0次的受访者，喜欢率（较喜欢和很喜欢比例之和）和喜欢均值见表6-9。5种媒体喜欢率排名依次为：央视中文节目（88.1%）、央视阿语节目（84.3%）、电影（74.1%）、国际广播阿语节目（69.8%）、图书（66.1%）。喜欢均值依次是：电影（4.07）、央视中文节目（3.97）、央视阿语节目（3.96）、国际广播阿语节目（3.91）、图书（3.79）。总之，对5种媒体节目均为较喜欢，程度略有不同。

表6-9　沙特受访者对5种中国传统媒体的喜欢情况

	中国图书	中国电影	央视阿语节目	央视中文节目	国际广播阿语节目	平均
接触者人数（人）	112	312	185	142	116	173
喜欢率（%）	66.1	74.1	84.3	88.1	69.8	76.5
均值	3.79	4.07	3.96	3.97	3.91	3.94

（2）人群分析

年龄、收入与对中国图书、中国电影、央视阿语节目、央视中文节目、国际广播阿语节目的态度均不显著相关。受教育程度只与对央视中文节目的态度相关（0.187*），即受教育程度越高，越喜欢央视中文节目。性别、国籍与对5种媒体态度的一元方差分析，省籍、职业与对上述5种媒体态度的卡方检验，都显示没有显著差异。

（3）相关分析

对5种中国媒体态度与中华文化9项评价的相关分析显示，对中国图书的态度与有吸引力、有价值的、创新的相关，相关系数分别为0.231**、0.192**、0.187**；对中国电影的态度与有活力的、灿烂的、有价值的、和谐的显著相关，相关系数分别为0.346**、0.155**、0.142**、0.190**；对央视阿语节目的态度与包容的、多元的、爱好和平相关，相关系数分别为0.184**、0.143**、0.141**；对央视中文节目的态度与有吸引力、有活力的、多元的相关，相关系数分别为0.205**、0.169**、0.153**；对国际广播阿语节目的态度与对9项评价均不显著相关。对5种中国媒体态度与对中华文化单项评价的相关系数平均数，前三名是：有活力的0.143、有吸引力0.134、有价值的0.111。每种媒体与中华文化9项评价相关系数平均数，排序是中国图书0.134、央视中文节目0.124、中国电影0.112、央视阿语节目0.103、国际广播阿语节目0.033。简言之，对5种中国媒体态度与部分中华文化评价显著或较显著相关，对媒体态度与中华文化有活力的、有吸引力、有价值的相关度较大，5 种媒体中，中国图书、央视中文节目、中国电影与对中华文化评价的相关系数排名前三（见表 6-10）。

表 6-10　对 5 种中国媒体的态度与对中华文化评价的相关系数

	有吸引力	包容的	有活力的	灿烂的	多元的	爱好和平	有价值的	创新的	和谐的	平均
中国图书	.231**	.069	.130	.112	.081	.106	.192*	.187*	.095	.134
中国电影	.055	.018	.346**	.155**	.010	.017	.142**	.077	.190**	.112
央视阿语节目	.080	.184**	.071	.080	.143*	.141*	.044	.095	.087	.103
央视中文节目	.205**	.124	.169*	.075	.153*	.113	.103	.084	.092	.124
国际广播阿语节目	.097	.002	-.002	-.027	.012	.097	.075	-.044	.085	.033
平均	.134	.079	.143	.079	.080	.095	.111	.080	.110	.101

对 5 种中国媒体态度与对中国形象 8 项评价的相关分析显示，对中国图书态度与中国颇具魅力显著相关（0.207**），对中国电影态度与中国颇具魅力、不断发展、有创新力、令人愉悦、坚定不移相关（0.131**、0.162**、0.154**、0.094*、0.091*），对央视阿语节目态度与有创新力相关（0.133*）；对央视中文节目态度与有创新力、不断发展相关（0.250**、0.152*）；对国际广播阿语节目态度与坚定不移、有领导力相关（0.198**、0.155*）。对 5 种中国媒体态度与对中国形象单项评价的相关系数平均数相比，前三名是：中国有创新力 0.137、坚定不移 0.117、颇具魅力 0.098、不断发展 0.098。对每种媒体态度与 8 项评价相关系数平均数，排序是央视中文节目 0.115、中国电影 0.105、中国图书 0.084、国际广播阿语节目 0.063、央视阿语节目 0.046（见表 6-11）。

表 6-11　对 5 种中国媒体态度与对中国形象评价的相关系数

	可靠可信	令人愉悦	有领导力	充满活力	颇具魅力	坚定不移	不断发展	有创新力	平均
中国图书	.068	.078	-.049	.036	.207**	.135	.097	.102	.084
中国电影	.075	.094*	.061	.072	.131**	.091*	.162**	.154**	.105

续表

	可靠可信	令人愉悦	有领导力	充满活力	颇具魅力	坚定不移	不断发展	有创新力	平均
央视阿语节目	.020	.003	.086	.009	-.001	.051	.066	.133*	.046
央视中文节目	.039	.124	.085	.054	.102	.111	.152*	.250**	.115
国际广播阿语节目	.067	.009	.155*	-.040	.050	.198**	.014	.047	.063
平均	.054	.062	.068	.026	.098	.117	.098	.137	.082

对中国媒体态度与对中沙关系态度的相关分析，对中国图书、中国电影、央视阿语节目、央视中文节目、国际广播阿语节目态度与对中沙关系态度的分析，均显示只有对国际广播阿语节目的态度与对中沙关系态度较显著相关（0.221*）。

（4）使用率和喜欢率对比

沙特受访者对中国 5 种媒体的使用率、喜欢率、喜欢均值比较显示：使用率和喜欢均值排序均为：中国电影、央视阿语节目、央视中文节目、国际广播阿语节目、中国图书。喜欢率排名为：央视中文节目、央视阿语节目、中国电影、国际广播阿语节目、中国图书（见表 6-12）。

表 6-12　沙特受访者对中国 5 种传媒的使用与态度比较

	中国电影	央视阿语节目	央视中文节目	国际广播阿语节目	中国图书	平均
使用率（%）	36.6	21.7	16.7	13.6	13.1	20.3
喜欢率（%）	74.1	84.3	88.1	69.8	66.1	76.5
喜欢均值	4.07	3.97	3.96	3.91	3.79	3.94

3. 沙特与 9 国比较

中沙对比，两国问卷略有区别：沙特为每年而中国为每月使用情况。选项也略有区别，表 6-13 中问卷内容栏下括号中为中文问卷选项，双方具有部分可比性。对比显示差别很大：沙特人收看中国电视台阿语节目一年平均 0.78 次，中国人每月收看中国电视台中文节目 13.83 次，折合一年 165.96 次，后者是前者的 213 倍。喜欢率对比显示差别很小：沙特人对 5 种媒体喜欢率平均数（76.5%）比中国人的（74.2%）高 2.3 个百分

表6-13　沙特和9国受访者使用中国传统媒体情况比较

问卷内容		沙特	美国	德国	俄罗斯	印度	日本	韩国	越南	印尼	平均	中国
1年阅读中国图书（1月阅读纸版图书）	平均使用次数（本）	0.20	0.24	0.16	0.37	0.29	0.23	0.31	1.33	1.11	0.47	3.13
	接触率（%）	13.1	10.1	7.2	5.9	28.6	6.2	8.5	33.6	27.3	15.6	78.1
	喜欢率（%）	66.1	75.5	73.6	75.0	79.3	43.6	55.7	24.1	82.9	64.0	77.5
1年观看中国生产的电影（1月观看线下国产电影）	平均使用次数（部）	1.32	0.8	0.57	1.25	0.45	0.19	1.39	3.27	2.78	1.34	2.74
	接触率（%）	36.6	18.1	17.0	33.2	45.1	7.5	35.8	79.8	64.3	37.5	81.1
	喜欢率（%）	74.1	78.7	70.8	66.8	81.0	51.3	75.0	64.2	91.9	72.6	71.6
1年收看中国电视台外语节目	平均使用次数（次）	0.78	0.53	0.17	0.79	0.44	0.11	0.63	1.16	1.67	0.70	—
	接触率（%）	21.7	13.3	7.5	18.2	44.3	4.1	17.6	31.4	41.7	22.2	—
	喜欢率（%）	84.3	64.2	52.0	44.5	72.6	53.7	56.8	17.8	76.6	58.1	—
1年收看中国电视台中文节目（1月收看中国电视台的节目）	平均使用次数（次）	0.63	0.53	0.08	0.24	0.29	0.18	0.07	—	—	0.33	13.83
	接触率（%）	16.7	9.7	3.2	5.2	28.8	4.5	1.8	—	—	11.4	92.7
	喜欢率（%）	88.1	69.4	62.5	56.6	72.6	46.7	68.4	—	—	66.0	75.4
1年收听中国国际广播节目（1月收听中国电台节目）	平均使用次数（次）	0.24	0.22	0.05	0.27	0.24	0.13	0.07	0.57	0.70	0.28	8.37
	接触率（%）	13.6	5.8	2.0	5.2	24.0	4.0	1.8	14.4	17.1	9.8	75.2
	喜欢率（%）	69.8	78.0	85.0	73.6	76.9	52.5	68.4	9.8	81.1	66.1	72.3

点，喜欢均值（3.94）与中国人（3.94）持平。沙特人比中国人更喜欢中国电影和电视台中文节目，中国人比沙特人更喜欢图书和广播节目。

沙特与其他海外国家相比，一年中人均阅读中国图书的次数居倒数第二（仅高于德国），沙特人收看中国电视台外语节目的喜欢率位居第一。海外9国对中国传统媒体接触率平均数比较，排名第一的是中国电影（37.5%），海外9国对中国传统媒体喜欢率平均数比较，排名第一的也是中国电影（72.6%）（见表6-13）。

四　接触中国网络新媒体情况

网络新媒体是今后对外传播的主要媒体。问卷调查了受访者访问中国中文网站情况、访问中国对外网站情况、关注中国对外媒体脸书和推特账号情况。

（一）访问中国中文网站情况

问卷调查了受访者使用两个中国中文网站情况，一是寻找知识的搜索引擎百度，二是四大门户网站之一新浪。调查受访者使用百度和新浪中文网站情况，以便于与中国对外网站数据作比照。

1. 问卷内容
问卷具体内容如下。

V37. 2016年中，下列中文网站您接触过多少次？若没有请填0。（数值填空）

1. 百度 Baidu百度 http：//www.baidu.com/	0~100次（下拉菜单）
2. 新浪 sina新浪网 sina.com.cn	0~100次（下拉菜单）

2. 数据分析
（1）概况
2016年百度访问率12.6%，新浪为13.4%。852名受访者平均1年访问百度0.43次，访问新浪0.23次。

（2）人群分析

年龄、收入和受教育程度分别与访问百度和新浪次数的相关分析显示，只有收入与访问百度、新浪次数显著相关，相关系数分别为 0.144** 和 0.153**。性别、国籍分别与访问百度和新浪次数的一元方差分析显示都没有显著差异。省籍、职业分别与访问百度、新浪次数的卡方检验显示，只有职业与访问百度、新浪次数有显著差异。1 年中浏览过百度 4 次的，立法人员、领导人和管理人员有 1 人，专家或行业带头人有 1 人，其余职业均为零；使用百度 100 次（最高值）的，只有专家或行业带头人 2 人，其余职业均为零。使用过新浪 5 次的，立法人员、领导人和管理人员有 1 人，其余职业均为零。使用百度 6 次和 10 次（最高值）的，只有专家或行业带头人 1 人和 2 人，其余职业均为零。

（3）相关分析

访问百度和新浪次数与中华文化 9 项评价的相关分析显示，访问百度次数只与有吸引力、多元的相关，相关系数为 0.131**、0.139**；访问新浪次数与有吸引力、多元的相关，相关系数为 0.136**、0.119**。访问百度和新浪次数与中国形象 8 项评价的相关分析显示都不显著相关。访问百度、新浪次数与对中沙关系态度（去除不知道者）的相关分析显示均不显著相关。

3. 沙特与 9 国比较

中沙对比，中国问卷中使用百度和新浪的问题与沙特问卷类似，不同的是沙特为每年而中国为每月使用情况。对比结果差别很大：沙特人访问百度年均 0.43 次，中国人月均 26.44 次，折合一年 317.28 次，是沙特人的 738 倍。

沙特与其他海外国家相比，沙特人年人均访问百度次数在海外 8 国中倒数第三，人均访问新浪次数在海外 6 国中位居第三（见表 6-14）。

表 6-14　2016 年沙特和 9 国受访者浏览百度和新浪情况比较

单位：次，%

		沙特	美国	德国	俄罗斯	印度	日本	韩国	越南	印尼	平均	中国
一年访问百度	人均次数	0.43	0.83	0.06	0.10	0.76	0.22	3.92	4.33	2.52	1.46	26.44
（月访问百度）	访问率	12.6	9.0	3.6	5.9	27.1	5.4	19.2	37.2	56.8	19.6	97.8
一年访问新浪	人均次数	0.23	0.79	0.05	0.05	0.61	0.20	—	—	—	0.32	11.86
（月访问新浪）	访问率	13.4	7.5	2.5	3.1	22.5	5.6	—	—	—	9.1	80.6

（二）访问中国对外网站情况

1. 问卷内容

沙特的官方语言为阿拉伯语，受过高等教育者用英语。问卷调查了受访者访问中国 5 个对外阿拉伯语网站（中国网、新华网、人民网、央视网、中国国际广播电台网）和 4 个对外英文网站（中国日报网、中国文化产业网、中国文化网、网络孔子学院）的情况，其中 6 个为中国对外传播主流网站，3 个是对外文化交流网站。具体内容如下。

V38. 在过去一年中，您接触过哪些下列网站？【循环出示，数值填空】

1. 中国网 http：// arabic. china. org. cn	0~100 次（下拉菜单），下同
2. 新华网 http：// arabic. news. cn/	
3. 人民网 http：// arabic. people. com. cn	
4. 中国文化产业网 http：// www. cnci. gov. cn	
5. 中国文化网 http：// www. chinaculture. org	
6. 中国日报网 www. chinadaily. com. cn	

续表

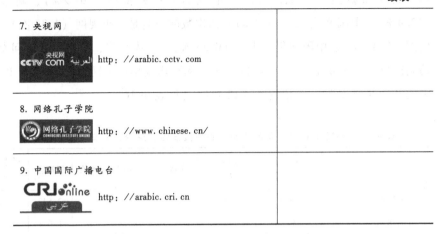

7. 央视网 http://arabic.cctv.com	
8. 网络孔子学院 http://www.chinese.cn/	
9. 中国国际广播电台 http://arabic.cri.cn	

2. 数据分析

（1）访问各网站情况

受访者访问各网站情况见表 6-15。一年中，20.2% 的受访者访问过央视网，人均 1.33 次，在 9 个网站中遥遥领先。其他网站访问率差别不大。

表 6-15　过去一年沙特受访者访问中国对外网站情况

		人均访问次数 （次）	访问率 （%）	众数	极小值	极大值	标准差	样本量 （个）
阿拉伯语网站	央视网	1.33	20.2	0	0	100	8.799	852
	人民网	0.31	11.2	0	0	50	2.542	852
	新华网	0.26	12.1	0	0	11	1.041	852
	中国网	0.27	11.2	0	0	11	1.122	852
	中国国际广播电台网	0.25	11.3	0	0	10	1.020	852
英语网站	中国文化网	0.28	13.3	0	0	10	1.062	852
	中国文化产业网	0.33	12.8	0	0	22	1.426	852
	中国日报网	0.24	12.2	0	0	10	0.927	852
	网络孔子学院	0.29	11.9	0	0	12	1.203	852
	各网站平均	0.40	12.9	0	0	26.2	2.127	852

（2）阿拉伯语、英语、中文网站访问率比较

比较受访者访问中国的 5 个阿拉伯语网站、4 个英语网站、2 个中文网

站（百度和新浪）情况，访问率前三名是：央视网（20.2%）、新浪网（13.4%）、中国文化网（13.3%）；访次数前三名是：央视网（1.33 次）、百度网（0.43 次）、中国文化产业网（0.33 次）。总体来看，央视网的访问率和访问次数都遥遥领先。3 个语种网站访问率平均数排位为阿语网站（13.2%）、中文网站（13.0%）、英语网站（12.6%）（见表 6-16）。

表 6-16　沙特受访者一年内访问中国阿拉伯语、英语、中文网站情况比较

		平均访问次数（次）	访问率（%）	众数	极小值	极大值	标准差	样本量（个）
阿拉伯语网站	人民网	0.31	11.2	0	0	50	2.542	852
	新华网	0.26	12.1	0	0	11	1.041	852
	央视网	1.33	20.2	0	0	100	8.799	852
	中国网	0.27	11.2	0	0	11	1.122	852
	中国国际广播电台网	0.25	11.3	0	0	10	1.020	852
	平均	0.48	13.2	0	0	36.4	2.905	852
英语网站	中国日报网	0.24	12.2	0	0	10	0.927	852
	中国文化网	0.28	13.3	0	0	10	1.062	852
	中国文化产业网	0.33	12.8	0	0	22	1.426	852
	网络孔子学院	0.29	11.9	0	0	12	1.203	852
	平均	0.29	12.6	0	0	13.5	1.155	852
中文网站	百度	0.43	12.6	0	0	100	4.869	852
	新浪	0.23	13.4	0	0	10	0.799	852
	平均	0.33	13.0	0	0	55	2.834	852

（3）人群分析

年龄、收入、受教育程度与访问 9 个网站情况的相关分析显示：年龄与访问新华网、中国文化网、中国日报网、中国国际广播电台网、中国文化产业网次数相关，相关系数分别为 -0.092**、-0.087**、-0.081**、-0.081**、-0.075*，即年龄越小访问上述网站的次数越多；收入与访问新华网、中国文化网、中国日报网、中国国际广播电台网、中国文化产业网的次数相关（0.163**、0.154**、0.193**、0.179**、0.096**），即家庭收入越多访问上述

网站的次数越多。受教育程度与访问 9 个网站次数都不显著相关。

性别、国籍与 1 年内访问 9 个网站次数的一元方差分析显示，仅国籍与使用人民网、新华网、中国国际广播电台网、中国日报网次数有显著或较显著差异。本地人都比外籍人使用率高，本地人访问人民网的人均次数（0.37 次）比外籍人（0.09 次）多 0.28 次。

省籍、职业与 1 年内访问 9 个网站次数的交叉列表卡方检验显示，省籍与浏览人民网、中国文化产业网次数有显著差异。麦加省和利雅得省各有 1 人浏览人民网 50 次，其余各省均为零，麦加省有 1 人浏览中国文化产业网 13 次，其余各省均为零。职业与浏览新华网、中国文化产业网、中国文化网次数有较显著差异。浏览新华网 6~11 次（11 次为最高次数）的受访者中，专家或行业带头人有 6 人，占总人数（共 8 人）的 75%。浏览中国文化产业网 7~13 次（13 次为最高次数）的受访者中，专家或行业带头人有 5 人，占总人数（共 9 人）的 55.6%。浏览中国文化网 7~10 次（10 次为最高次数）的受访者中，专家或行业带头人有 5 人，占总人数（共 9 人）的 55.6%。

（4）相关分析

访问 9 个网站次数与中华文化 9 项评价的相关分析显示，访问人民网次数与对中华文化 9 项评价都不显著相关；访问新华网次数与有吸引力、多元的相关，相关系数 0.161**、0.187**；访问央视网次数与灿烂的较相关（0.066*）；访问中国网次数与包容的相关（0.130**）；访问中国国际广播电台网次数与有吸引力、多元的、创新的显著或较显著相关，相关系数 0.179**、0.197**、0.062*；访问中国日报网次数与有吸引力、多元的显著相关，相关系数 0.139**、0.151**；访问中国文化网次数与有吸引力、多元的相关，相关系数 0.152**、0.178**；访问中国文化产业网次数与有吸引力、多元的显著相关，相关系数 0.149**、0.159**；访问网络孔子学院次数与创新的相关（0.061*）。访问 9 个网站次数与对中华文化单项评价的相关系数平均数，前三名是：多元的 0.102、有吸引力 0.096、包容的 0.030。访问单个网站次数与中华文化 9 项评价相关系数平均数排序是：中国国际广播电台网 0.070、中国文化网 0.054、新华网 0.048、中国文化产业网 0.039、中国网 0.037、网络孔子学院 0.032、央视网 0.030、中国日报网 0.028、人民网 0.000（见表 6-17）。

表 6-17　访问 9 个中国网站次数与中华文化评价相关系数

	有吸引力	包容的	有活力的	灿烂的	多元的	爱好和平	有价值的	创新的	和谐的	平均
人民网	-.040	.016	-.023	.050	-.009	.011	-.001	.015	-.017	.000
新华网	.161**	.008	-.022	.001	.187**	.031	.021	.021	.023	.048
央视网	.039	-.021	.036	.066*	.023	.055	.004	.048	.021	.030
中国网	.038	.130**	.017	.040	.022	.040	.015	-.007	.040	.037
中国国际广播电台网	.179**	.054	-.004	.031	.197**	.025	.030	.062*	.054	.070
中国日报网	.139**	.016	-.043	.000	.151**	-.006	-.008	-.005	.008	.028
中国文化网	.152**	.040	-.007	.023	.178**	.034	.008	.029	.027	.054
中国文化产业网	.149**	.040	-.044	-.004	.159**	.014	-.008	.006	.035	.039
网络孔子学院	.051	-.009	.007	.056	.011	.052	.052	.061*	.006	.032
平均	.096	.030	-.009	.029	.102	.028	.013	.026	.022	.037

访问 9 个网站次数与对中国形象 8 项评价相关分析的数据显示：只有访问央视网次数与有创新力、不断发展显著或较显著相关，相关系数 0.083**、0.062*；访问中国网次数与令人愉悦相关（0.060*）；访问网络孔子学院次数与可靠可信显著相关（0.106**）。

访问次数与对中沙关系态度。访问 9 个网站次数与对中沙关系态度（去除不知道者）的相关分析显示，只有访问央视网次数与对中沙关系态度相关（0.080*）。

（5）沙特与 9 国对比

中沙对比，问卷调查了中沙受访者访问 7 个相同的网站情况（但语种不同）。沙特为每年访问 7 个外文网站（5 个为阿拉伯文网站，2 个为英文网站：中国日报网和中国文化网）情况，中国为每月访问这 7 个网站中文版的情况。对比显示，沙特人的使用率和使用次数都远低于中国人：沙特人访问新华网一年人均 0.26 次，中国人每月访问人均 3.64 次（折合一年43.68 次），是沙特的 168 倍；沙特人的访问率（12.1%）比中国人（49.2%）低 37.1 个百分点。

沙特与海外其他 8 国比，9 个网站年访问率平均数都高于德国、日本。

年人均使用次数高于德国、日本。海外 9 国访问各网站平均次数和平均访问率最高的是央视网，访问次数 1.35 次，访问率 19.7%（见表 6-18）。

表 6-18　沙特和 9 国受访者访问中国网站情况比较

单位：次，%

网站		沙特	美国	德国	俄罗斯	印度	日本	韩国	越南	印尼	平均	中国
中国网	使用次数	0.27	0.26	0.05	0.37	1.11	0.08	1.38	4.16	2.74	1.16	2.41
	访问率	11.2	5.4	2.0	6.9	26.8	3.7	12.3	29.9	43.6	15.8	33.3
新华网	使用次数	0.26	0.29	0.06	0.38	1.04	0.15	1.37	4.01	2.82	1.15	3.64
	访问率	12.1	5.5	2.1	7.1	25.7	3.4	11.3	33.9	44.1	16.1	49.2
人民网	使用次数	0.31	0.29	0.05	0.28	0.81	0.27	1.33	3.99	2.67	1.11	3.70
	访问率	11.2	6.1	1.8	4.7	25.4	4.4	11.3	28.0	40.9	14.9	50.1
中国文化网	使用次数	0.28	0.28	0.07	0.25	0.83	0.05	1.29	4.29	2.91	1.14	1.91
	访问率	13.3	5.6	2.6	4.4	27.5	1.8	9.4	27.7	46.9	15.5	29.6
中国日报网	使用次数	0.24	0.56	0.06	0.19	1.06	0.12	1.30	4.07	2.85	1.16	2.20
	访问率	12.2	7.8	2.4	4.2	27.2	2.7	9.4	30.0	44.8	15.6	33.7
央视网	使用次数	1.33	0.49	0.11	0.19	1.34	0.15	1.56	4.10	2.91	1.35	7.08
	访问率	20.2	7.6	3.6	5.2	35.7	3.1	16.8	39.6	45.4	19.7	63.1
国际台/央广网	使用次数	0.25	0.37	0.06	0.21	0.71	0.13	1.27	4.42	2.84	1.14	3.71
	访问率	11.3	4.5	2.5	5.4	19.5	2.7	9.0	30.2	41.1	14.0	41.9
中国文化产业网	使用次数	0.33	0.4	0.03	0.12	0.84	0.17	1.30	4.25	2.67	1.12	—
	访问率	12.8	5.3	1.5	3.8	22.3	2.8	9.6	22.9	40.0	13.4	—
网络孔子学院	使用次数	0.29	0.19	0.05	0.20	0.88	0.07	1.30	4.20	2.60	1.09	—
	访问率	11.9	4.1	2.8	5.7	24.4	2.2	9.7	25.9	36.3	13.7	—
平均	使用次数	0.40	0.35	0.06	0.25	0.96	0.13	1.34	4.17	2.78	1.16	3.52
	访问率	12.9	5.8	2.4	5.3	26.1	3.0	11.0	29.8	42.6	15.4	43.0

（三）关注中国对外媒体脸书和推特账号情况

1. 问卷内容

近年来，伴随新兴媒体和融媒体发展，各传统媒体纷纷在全球著名社交媒体脸书和推特上注册了媒体账号，扩大受众群体。中国最主要的对外媒体都在脸书和推特上注册了自己的账号，沙特人对它们的关注情况如何？问卷对这个问题进行了调查。具体内容如下。

V39. 您是否在脸书或推特上关注过以下媒体的账号？（可多选）【循环出示，行单选】

	脸书		推特	
	1 没有	2 关注过	1 没有	2 关注过
1. 中央电视台				
2. 《人民日报》				
3. 新华社				
4. 中国网				
5. 《中国日报》				
6. 《环球时报》				
7. 中国国际广播电台				

2. 数据分析

（1）概况

受访者在脸书上关注过中央电视台公众号的比例最高（16.0%），第二、三名为《中国日报》（15.3%）、新华社（15.0%），其余媒体在脸书和推特的关注度为 12%~13%（见表 6-19）。

表 6-19 沙特受访者对 7 家媒体在脸书和推特公众号的关注度

单位：个，%

	样本量	脸书		推特	
		1 没有	2 关注过	1 没有	2 关注过
1. 中央电视台	852	84.0	16.0	86.7	13.3
2. 《人民日报》	852	86.3	13.7	87.0	13.0
3. 新华社	852	85.0	15.0	87.8	12.2
4. 中国网	852	85.4	14.6	86.5	13.5
5. 《中国日报》	852	84.7	15.3	87.4	12.6
6. 《环球时报》	852	86.6	13.4	86.6	13.4
7. 中国国际广播电台	852	86.6	13.4	87.2	12.8
平均	852	85.5	14.5	87.0	13.0

（2）人群分析

人群与对 7 家媒体在脸书和推特公众号关注度的交叉列表卡方检验结果见表 6-20。

表 6-20　沙特受访者人口统计指标与关注脸书和推特卡方检验情况

	年龄		收入		受教育程度		性别		国籍		省籍		职业	
	脸书	推特	脸书	推特	脸书	推特	脸书	推特	脸书	推特	脸书	推特	脸书	推特
中央电视台	×	×	×	×	×	.014	×	×	×	×	×	×	×	.006
《人民日报》	×	.008	×	×	×	×	×	×	×	×	×	×	×	×
新华社	.008	.022	.000	.000	.002	×	×	×	×	×	×	×	.000	.000
中国网	.004	×	.005	×	×	×	×	×	×	×	×	×	.000	×
《中国日报》	.001	×	.028	×	.012	.018	×	×	×	×	×	×	.000	.049
《环球时报》	×	.000	×	.000	×	×	×	×	.006	.022	×	×	×	.005
中国国际广播电台	.003	×	.000	×	.000	×	×	×	×	×	.045	×	.000	×

说明：表中×表示皮尔森卡方值没有显著差异。

不同年龄对新华社、中国网、《中国日报》、中国国际广播电台的脸书公众号关注度有显著差异，都呈现年龄越低关注越高趋势。不同年龄对《人民日报》、新华社、《环球时报》的推特公众号关注度有显著或较显著差异，25~44 岁关注度较高（见表 6-21）。

表 6-21　沙特受访者不同年龄对 7 家媒体的脸书和推特公众号关注度情况

单位：个，%

	样本量	中央电视台		《人民日报》		新华社		中国网		《中国日报》		《环球时报》		中国国际广播电台		平均	
		脸书	推特	脸书	推特	脸书	推特	脸书	推特	脸书	推特	脸书	推特	脸书	推特	脸书	推特
15~24 岁	206	17.0	13.6	13.1	10.2	20.9	16.0	19.9	14.1	20.4	16.0	12.1	14.6	19.4	13.1	17.5	13.9
25~34 岁	196	13.8	12.2	18.9	12.8	16.8	15.3	18.4	15.3	18.4	12.8	14.3	20.9	15.8	14.3	16.6	14.8
35~44 岁	197	17.8	13.7	18.2	20.8	14.7	11.2	13.7	15.7	17.3	12.7	12.2	14.7	13.2	10.7	14.9	14.4
45~54 岁	169	18.3	13.0	10.1	10.7	10.7	10.1	7.1	11.8	7.1	7.1	15.4	7.7	7.7	12.4	10.9	10.4
55~64 岁	74	9.5	14.9	8.1	6.8	4.1	2.7	8.1	6.8	5.4	13.5	10.8	1.4	4.1	16.2	7.2	8.9
65 岁及以上	10	10.0	10.0	0.0	0.0	20.0	0.0	0.0	20.0	0.0	20.0	0.0	0.0	0.0	0.0	14.3	2.9

收入与关注新华社、中国网、中国国际广播电台、《中国日报》的脸书公众号有显著或较显著差异，年收入50万~100万里亚尔的关注度最高，少于5万里亚尔的关注度最低。收入与关注新华社、《环球时报》的推特公众号有显著差异，年收入50万~100万里亚尔的关注度最高，以此为顶点呈正态分布（见表6-22）。

表6-22 沙特受访者不同家庭年收入对7家媒体脸书和推特关注度比较

单位：个，%

	样本量	中央电视台		《人民日报》		新华社		中国网		《中国日报》		《环球时报》		中国国际广播电台		平均	
		脸书	推特	脸书	推特	脸书	推特	脸书	推特	脸书	推特	脸书	推特	脸书	推特	脸书	推特
少于5万	329	11.9	11.9	12.5	12.5	10.9	8.5	10.0	14.3	12.8	12.2	11.9	10.6	9.4	11.6	11.3	11.7
5万~50万	253	17.0	15.0	15.4	13.8	13.0	9.5	15.4	13.4	14.2	12.6	13.0	11.1	11.5	13.0	14.2	12.6
50万~100万	100	20.0	14.0	16.0	13.0	28.0	26.0	25.0	14.0	22.0	11.0	19.0	28.0	26.0	13.0	22.3	17.0
100万~200万	132	22.0	15.2	12.1	14.4	16.7	18.9	15.2	11.4	14.4	12.9	13.6	14.4	15.2	15.2	15.6	14.6
多于200万	38	13.2	5.3	13.2	7.9	23.7	2.6	18.4	13.2	28.9	18.4	13.2	10.5	21.1	13.2	18.8	10.2

受教育程度与关注新华社、《中国日报》、中国国际广播电台脸书公众号有显著或较显著差异，初中教育程度的关注度偏高。受教育程度与关注中央电视台、《中国日报》的推特公众号有较显著差异，教育程度低的关注度偏高（见表6-23）。

表6-23 不同受教育程度对7家媒体脸书和推特关注度比较

单位：个，%

	样本量	中央电视台		《人民日报》		新华社		中国网		《中国日报》		《环球时报》		中国国际广播电台		平均	
		脸书	推特	脸书	推特	脸书	推特	脸书	推特	脸书	推特	脸书	推特	脸书	推特	脸书	推特
小学	14	7.1	7.1	14.3	7.1	35.7	14.3	21.4	21.4	28.6	28.6	28.6	21.4	7.1	14.3	20.4	16.3
初中	33	21.2	27.3	18.2	27.3	33.3	24.2	30.3	9.1	33.3	24.2	18.2	24.2	42.4	15.2	28.1	21.6
高中	233	18.9	16.7	15.5	12.0	12.4	14.6	14.6	13.3	14.6	14.6	13.7	13.7	12.4	15.5	14.6	14.3
高等教育	572	14.7	11.2	12.8	12.8	14.5	10.5	13.5	13.6	14.2	10.7	12.6	12.4	12.2	11.5	13.5	11.8

　　性别与关注 7 家媒体的脸书、推特公众号没有显著差异。国籍与关注 7 家媒体的脸书公众号没有显著差异。国籍仅与关注《环球时报》有显著差异，本地人的关注率（15.1%）明显高于外籍人（7.2%）。省籍仅与关注《环球时报》和中国国际广播电台有较显著差异。例如，盖西姆省、塔布克省、麦地那省对《环球时报》的关注度（31.4%、21.6%、17.0%）较高，盖西姆省、麦地那省对中国国际广播电台的关注度（22.9%、20.8%）较高。

　　职业与关注新华社、中国网、《中国日报》、中国国际广播电台的脸书公众号有显著差异，专业技术人员和办公室职员对 7 家媒体平均关注度（24.8%、23.8%）较高。职业与关注中央电视台、新华社、《中国日报》、《环球时报》的推特公众号有显著或较显著差异。例如，专业技术人员、军警对中央电视台推特账号的关注度（17.7%、22.2%）明显高于其他行业技术工人（9.4%）。专业技术人员、其他行业技术工人对新华社推特公众号的关注度（25.3%、21.9%）比办公室职员（10.0%）高出 15.3 个百分点和 11.9 个百分点。立法人员、领导人和管理人员对《中国日报》推特公众号的关注度（25.0%）比专家或行业带头人（8.4%）高 16.6 个百分点（见表 6-24、表 6-25）。

表 6-24　不同职业人员样本量及对 7 家媒体脸书公众号关注度情况

单位：个，%

	样本量	中央电视台	《人民日报》	新华社	中国网	《中国日报》	《环球时报》	中国国际广播电台	平均
立法人员、领导人和管理人员	36	19.4	19.4	13.9	19.4	11.1	19.4	11.1	16.2
专家或行业带头人	226	15.9	13.3	13.7	15.9	14.2	13.7	12.8	14.2
专业技术人员	79	21.5	20.3	27.8	24.1	29.1	22.8	27.8	24.8
办公室职员	30	26.7	16.7	26.7	20.0	30.0	10.0	36.7	23.8
服务业、店铺与市场工作人员	83	9.6	12.0	9.6	7.2	9.6	12.0	7.2	9.6
农渔业技术工人	4	25.0	25.0	75.0	100	75.0	50.0	100	64.3
其他行业技术工人	32	12.5	21.9	34.4	25.0	12.5	3.1	21.9	18.8
军警	45	15.6	17.8	22.2	11.1	24.4	13.3	11.1	16.5
宗教人士	4	0.0	25.0	25.0	0.0	25.0	0.0	0.0	10.7
学生	115	20.0	7.8	14.8	14.8	14.8	13.0	9.6	13.5
无职业或自由职业	198	12.6	11.6	6.1	8.1	9.1	10.6	7.6	9.4
合计	852	16.0	13.7	15.0	14.6	15.3	13.4	13.4	14.5

表 6-25　不同职业人员样本量及对 7 家媒体推特公众号关注度情况

单位：个，%

	样本量	中央电视台	《人民日报》	新华社	中国网	《中国日报》	《环球时报》	中国国际广播电台	平均
立法人员、领导人和管理人员	36	13.9	11.1	11.1	16.7	25.0	8.3	16.7	14.7
专家或行业带头人	226	11.9	15.5	11.5	11.1	8.4	14.2	12.8	12.2
专业技术人员	79	17.7	16.5	25.3	13.9	19.0	20.3	17.7	18.6
办公室职员	30	13.3	13.3	10.0	23.3	13.3	20.0	16.7	15.7
服务业、店铺与市场工作人员	83	13.3	9.6	12.0	9.6	8.4	6.0	10.8	10.0
农渔业技术工人	4	75.0	25.0	100	25.0	25.0	75.0	25.0	50.0
其他行业技术工人	32	9.4	18.8	21.9	9.4	12.5	18.8	18.8	15.7
军警	45	22.2	13.3	6.7	6.7	8.9	15.6	17.8	13.0
宗教人士	4	50.0	0.0	0.0	0.0	25.0	25.0	0.0	14.3
学生	115	10.4	11.3	15.7	18.3	18.3	12.2	9.6	13.7
无职业或自由职业	198	11.1	10.6	4.5	15.2	11.1	10.6	10.1	10.5
合计	852	13.3	13.0	12.2	13.5	12.6	13.4	12.8	13.0

3. 沙特与 6 国比较

中沙对比，沙特民众使用推特与中国民众使用微博类似。中国问卷中也有与沙特问卷类似的问题："您是否在微博上关注过以下媒体的账号（可多选）。"两国问卷中有 6 个媒体是一样的，只有 1 个不一样（沙特问卷中为中国国际广播电台，中国问卷中为中央人民广播电台）。两国相关数据具有可比性。对比显示：沙特受访者在推特上关注过 7 家媒体的公众号比例均低于中国，7 家平均 12.9%，比中国受访者（33.6%）低 20.7 个百分点。

沙特与其他海外 5 国相比，对 7 家媒体的脸书和推特公众号关注度平均数都仅低于印度。海外 6 国对各家媒体的推特和脸书公众号关注度平均数没有明显差别，对中国网推特公众号的关注度平均数（9.1%）最高，对《环球时报》脸书公众号的关注度（12.5%）最高（见表 6-26）。

表 6-26　沙特与 6 国受访者对 7 家媒体的脸书和推特公众号关注度比较

单位：%

媒体		沙特	美国	德国	俄罗斯	印度	日本	平均	中国
1. 中央电视台	推特（微博）	13.3	6.4	2.2	8.6	20.8	2.1	8.9	45.5
	脸书	16.0	6.6	2.1	12.5	28.7	3.3	11.5	—
2.《人民日报》	推特（微博）	13.0	6.4	0.8	8.0	22.2	3.0	8.9	35.3
	脸书	13.7	8.2	2.1	10.7	32.9	4.4	12.0	—
3. 新华社	推特（微博）	12.2	5.0	0.9	7.3	17.7	3.4	7.8	37.3
	脸书	15.0	6.4	0.9	10.1	22.2	3.9	9.8	—
4. 中国网	推特（微博）	13.5	5.3	1.3	5.8	26.1	2.8	9.1	26.9
	脸书	14.6	7.6	2.1	8.8	32.0	3.2	11.4	—
5.《中国日报》	推特（微博）	12.6	6.6	1.2	6.8	18.5	2.9	8.1	27.9
	脸书	15.3	6.9	1.8	11.4	23.6	4.1	10.5	—
6.《环球时报》	推特（微博）	12.8	5.7	1.6	6.3	22.5	1.9	8.5	33.4
	脸书	13.4	8.2	2.0	10.1	38.1	2.9	12.5	—
7. 中国国际广播电台（中央人民广播电台）	推特（微博）	12.8	4.2	1.0	6.2	22.3	1.8	8.1	28.8
	脸书	13.4	5.1	1.6	10.4	14.9	3.5	8.2	—
平均	推特（微博）	12.9	5.7	1.3	7.0	21.4	2.6	8.5	33.6
	脸书	14.5	7.0	1.8	10.6	27.5	3.6	10.8	—

五　对中国媒体的信任度

（一）问卷内容

沙特民众对媒体是否信任？对中国媒体是否信任？这关系到中国媒体的接触率和传播效果。问卷调查了受访者对媒体和中国媒体的信任度。被调查的媒体分为两类，一类根据媒体业务属性分为新闻出版业、电视台、互联网，另一类根据媒体所有制划分为政府媒体、公共媒体、商业媒体。问卷先调查受访者对整个媒体的信任度，再调查对中国媒体的信任度。具体内容如下。

V40. 您对下面各类大众传媒的信任程度如何？【循环出示，行单选】

媒体	很不信任	不太信任	信任	很信任	不知道
1. 新闻出版业					
2. 电视台	1	2	3	4	88
3. 网络新媒体	1	2	3	4	88
4. 政府媒体	1	2	3	4	88
5. 公共媒体	1	2	3	4	88
6. 商业媒体	1	2	3	4	88

V41. 您对下面这些中国大众传媒的信任程度如何？【循环出示，行单选】

媒体	很不信任	不太信任	信任	很信任	不知道
1. 新闻出版业					
2. 电视台	1	2	3	4	88
3. 网络新媒体	1	2	3	4	88
4. 政府媒体	1	2	3	4	88
5. 公共媒体	1	2	3	4	88
6. 商业媒体	1	2	3	4	88

（二）6 类媒体信任数据分析

1. 对整个媒体信任度

问卷调查了受访者对媒体是否信任，选择不知道的占 14.0%~15.5%。去除不知道者，用信任率（信任和很信任比例之和）和信任均值分析信任度。三种不同业态的媒体中，对电视台的信任率（52.1%）与网络新媒体的信任率（52.0%）分列第一、第二，对新闻出版业的信任率（47.4%）位居第三。三者差距不明显。信任均值排序与信任率的排序一致：电视台（2.49）、网络新媒体（2.47）、新闻出版业（2.42），均介于不太信任和信任之间。三种不同所有制的媒体中，对政府媒体的信任率（65.3%）遥遥领先，位居第一，公共媒体（49.2%）位居第二，商业媒体（43.1%）居第三位。三者差距明显。信任均值排序与信任率一致：政府媒体（2.72）、公共媒体（2.43）、商业媒体（2.37）。虽然三者皆介于不太信任和信任之间，但对政府媒体趋向信任，对商业媒体趋向不信任，对公共媒体信任度大致在中间（见表 6-27）。比较显示，受访者对政府办的电视台信任度最高。

表 6-27　沙特受访者对 6 种媒体的信任情况

媒体	总样本		知道者样本对各类媒体的信任情况						
	样本量（个）	不知道（%）	样本量（个）	很不信任（%）	不太信任（%）	信任（%）	很信任（%）	信任率（%）	信任均值
新闻出版业	852	15.5	720	17.8	34.9	35.3	12.1	47.4	2.42
电视台	852	14.4	729	15.5	32.4	39.8	12.3	52.1	2.49
网络新媒体	852	15.3	722	17.3	30.7	39.8	12.2	52.0	2.47
政府媒体	852	15.4	721	14.1	20.5	44.1	21.2	65.3	2.72
公共媒体	852	15.0	724	16.2	34.7	39.1	10.1	49.2	2.43
商业媒体	852	14.0	733	17.5	39.4	31.5	11.6	43.1	2.37

2. 人群分析

去除不知道者，将年龄、收入、受教育程度分别与对 6 种媒体信任度作相关分析，显示收入与公共媒体信任度相关（0.158**）、受教育程度与公共媒体信任度相关（0.095**）。性别、国籍与对 6 种媒体信任度的一元方差检验显示，都没有显著差异。省籍、职业与对 6 种媒体信任度的卡方检验显示，只有职业与对公共媒体信任度有显著差异：立法人员、领导人和管理人员以及专业技术人员、办公室职员的信任率（64.7%、60.3%、68.0%）高于平均数（49.2%）。

3. 相关分析

受访者（去除不知道者）对 6 种媒体信任度与中华文化评价的相关分析显示，对新闻出版业信任度与创新的相关，相关系数 0.090**，对电视台信任度与有价值的、和谐的、灿烂的、创新的相关（0.092**、0.072*、0.061*、0.060*），对网络新媒体信任度与爱好和平、有价值的相关（0.080**、0.074*），对政府媒体信任度与 9 项评价都不相关，对公共媒体信任度与有吸引力、包容的、多元的相关（0.194**、0.080**、0.225**），对商业媒体信任度与有价值的、多元的相关（0.097**、0.071*）。对 6 种媒体信任度与对中华文化单一评价的相关系数平均数，前三名是：多元的 0.069、有价值的

0.056、有吸引力 0.055、和谐的 0.055。对单一媒体的信任度与 9 项评价相关系数平均数,前三名是公共媒体 0.081、网络新媒体 0.055、电视台 0.050(见表 6-28)。简言之,对 6 种媒体信任度与部分中华文化评价相关,即对媒体越信任,对中华文化评价就越高,但都是弱相关,其中对公共媒体、网络新媒体、电视台的信任度较高,与多元的、有价值的、有吸引力、和谐的相关系数较大。

表 6-28　沙特受访者对 6 种媒体信任度与对中华文化评价的相关系数

	有吸引力	包容的	有活力的	灿烂的	多元的	爱好和平	有价值的	创新的	和谐的	9 项平均
新闻出版业	.028	.015	-.024	.019	.037	.027	.019	.090**	.045	.028
电视台	.018	.029	.044	.061*	.031	.040	.092**	.060*	.072*	.050
网络新媒体	.043	.058	.046	.051	.045	.080**	.074*	.047	.047	.055
政府媒体	.012	.050	.041	-.018	.004	-.033	.017	.058	.056	.021
公共媒体	.194**	.080**	.027	.032	.225**	.034	.038	.042	.060	.081
商业媒体	.035	.028	.009	.038	.071*	.025	.097**	.015	.048	.041
平均	.055	.043	.024	.031	.069	.029	.056	.052	.055	.046

对 6 种媒体信任度(去除不知道者)与中国形象 8 项评价的相关分析显示,对新闻出版业信任度与可靠可信、有领导力相关(0.093^{**}、0.066^*),对电视台信任度与颇具魅力较相关(0.062^*),对网络新媒体信任度与可靠可信、有创新力相关(0.083^{**}、0.082^{**}),对政府媒体信任度与有领导力相关(0.078^{**}),对公共媒体信任度与可信可靠、充满活力相关(0.090^{**}、0.060^*),对商业媒体信任度与可信可靠、有领导力相关(0.260^{**}、0.128^{**})。对 6 种媒体信任度与对中国形象单项评价相关系数平均数相比,前三名为:可靠可信 0.102、有领导力 0.064、颇具魅力 0.037。对单一媒体信任度与 8 项评价相关系数平均数,前三名是商业媒体 0.062、网络新媒体 0.045、新闻出版业 0.042(见表 6-29)。

简言之,对 6 种媒体信任度与部分中国形象评价相关,即对媒体越信任,对中国形象评价越高,但都是弱相关。其中对商业媒体、网络新媒体、新闻出版业的信任度较高,与可靠可信、有领导力、颇具魅力的相关系数较大。

表 6-29　沙特受访者对 6 种媒体信任度与对中国形象评价的相关系数

	可靠可信	令人愉悦	有领导力	充满活力	颇具魅力	坚定不移	不断发展	有创新力	8 项平均
新闻出版业	.093 **	.057	.066 *	.036	.054	.029	.000	-.003	.042
电视台	.054	.040	.022	-.011	.062 *	.032	.027	.049	.034
网络新媒体	.083 **	.047	.053	.024	-.013	.037	.044	.082 **	.045
政府媒体	.030	.027	.078 **	.050	.049	.028	.046	-.018	.036
公共媒体	.090 **	.022	.034	.060 *	.040	.037	.050	-.004	.041
商业媒体	.260 **	.018	.128 **	.013	.027	.017	.019	.016	.062
平均	.102	.035	.064	.029	.037	.03	.031	.020	.043

受访者对 6 种媒体信任度与对中沙关系态度（去除不知道者）的相关分析显示，只有对公共媒体信任度与对中沙关系态度显著相关（0.104**）。

4. 沙特与 9 国比较

中沙对比，两国问卷中关于对媒体信任度的问题完全一样，沙特的不知道率 6 项平均为 14.9%，高于中国（9.7%）。去除不知道者，对三种不同业态媒体信任率平均数，沙特（50.5%）低于中国（65.8%）。差距最大的是对新闻出版业的信任率，沙特（47.4%）比中国（70.0%）低 22.6 个百分点，差距最小的是对网络媒体的信任率，沙特（52.0%）比中国（57.4%）低 5.4 个百分点。对三种不同所有制媒体的信任率平均数，沙特（52.5%）低于中国（63.5%）。差距最大的是对公共媒体的信任率，沙特（49.2%）比中国（71.0%）低 21.8 个百分点；差距最小的是对政府媒体的信任率，沙特（65.3%）比中国（66.5%）低 1.2 个百分点。

沙特与其他 8 国比较，对所有媒体是否信任的不知道率都高于其他 8 国。信任率在各国居中。海外 9 国对各类媒体是否可信的不知道率和信任率平均数分别为 8.2%、55.6%，其中对电视台的不知道率最低（7.4%）、信任率最高（60.8%）（见表 6-30）。

表 6-30　沙特与 9 国受访者对 6 种媒体的信任度比较

单位：%

媒体	国家	沙特	美国	德国	俄罗斯	印度	日本	韩国	越南	印尼	平均	中国
新闻出版业	不知道	15.5	8.6	12.5	7.2	4.4	5.2	8.7	6.6	7.3	8.4	8.9
	信任率	47.4	42.9	58.0	40.2	74.9	29.1	51.3	66.1	91.1	55.7	70.0

媒体	国家	沙特	美国	德国	俄罗斯	印度	日本	韩国	越南	印尼	平均	中国
电视台	不知道	14.4	8.9	12.5	5.2	4.7	4.4	7.7	4.2	4.6	7.4	10.0
	信任率	52.1	49.0	60.6	43.5	81.9	31.7	60.8	75.3	92.5	60.8	70.0
网络新媒体	不知道	15.3	9.4	12.2	11.0	3.5	4.9	9.2	4.6	5.4	8.4	10.3
	信任率	52.0	57.1	60.1	37.2	87.5	29.7	58.3	41.6	91.8	57.3	57.4
政府媒体	不知道	15.4	8.8	12.3	6.7	4.5	4.8	7.3	6.6	7.8	8.2	9.4
	信任率	65.3	35.5	47.3	46.2	76.3	26.9	45.9	73.9	86.7	56.0	66.5
公共媒体	不知道	15.0	8.8	11.3	7.2	4.7	4.6	8.3	6.3	6.9	8.1	9.2
	信任率	49.2	43.6	62.5	47.3	75.9	31.6	55.5	53.6	91.4	56.7	71.0
商业媒体	不知道	14.0	9.8	12.5	8.5	4.0	5.1	8.9	7.7	8.1	8.7	10.1
	信任率	43.1	37.9	51.3	25.9	71.7	26.1	33.6	42.6	90.6	47.0	53.0
平均	不知道	14.9	9.1	12.2	7.6	4.3	4.8	8.4	6.0	6.7	8.2	9.7
	信任率	51.5	44.3	56.6	40.1	78.0	29.2	50.9	58.9	90.7	55.6	64.7

（三）对中国媒体信任度数据分析

1. 对中国媒体信任度概况

在调查了沙特受访者对整体的六种媒体的信任度之后，紧接着调查了对中国相同的六类媒体的信任度，在五种选项中，回答不知道的占25.6%~27.3%。去除不知道者，三种不同业态中国媒体信任率排序为：电视台（56.5%）、网络新媒体（53.5%）、新闻出版业（50.9%）。信任均值排序与信任率一致，分别为：2.58、2.50、2.46，皆介于不太信任和信任之间。三种不同所有制中国媒体中，信任率排序为：政府媒体（60.0%）、公共媒体（55.7%）、商业媒体（48.4%）。信任均值排序与信任率一致，分别是：2.62、2.55、2.41（见表6-31）。分析显示，受访者对中国政府媒体信任度最高。

表 6-31　沙特受访者对中国 6 种媒体信任度情况

媒体	总样本		知道者样本对中国各类媒体的信任情况					
	样本量（个）	不知道（%）	样本量（个）	很不信任（%）	不太信任（%）	信任（%）	很信任（%）	信任率（%）	均值
新闻出版业	852	26.2	629	18.3	30.8	37.5	13.4	50.9	2.46
电视台	852	25.6	634	14.8	28.7	40.1	16.4	56.5	2.58
网络新媒体	852	27.3	619	15.7	30.9	41.4	12.1	53.5	2.50
不同业态媒体平均数	852	26.4	627	16.3	30.1	39.7	14.0	53.6	2.51
政府媒体	852	25.9	631	15.4	24.6	42.6	17.4	60.0	2.62
公共媒体	852	26.9	623	17.0	27.3	39.6	16.1	55.7	2.55
商业媒体	852	26.3	628	18.9	32.2	36.8	11.6	48.4	2.41
不同所有制媒体平均数	852	26.4	627	17.1	28.2	39.7	15.0	54.7	2.53

2. 人群分析

对不同人群（去除不知道者）与对中国 6 种媒体信任度作相应分析并与受访者对整个媒体信任度比较，表 6-32 将两组数据一并列出。年龄、收入、受教育程度分别与对 6 种媒体信任度的相关分析显示，只有收入与对中国新闻出版业、政府媒体的信任度相关（0.135**、0.081*），即收入越高对这两种媒体越信任。性别、国籍与对 6 种媒体信任度的一元方差分析显示，只有国籍与对中国政府媒体信任度有较显著差异，本地人的信任度明显高于外籍人。省籍、职业与对 6 种媒体信任度的卡方检验显示，只有职业与对中国出版业、中国政府媒体信任度有显著和较显著差异。例如，办公室职员对新闻媒体的信任率（91.3%）与学生（37.4%）差别很大。办公室职员对中国政府媒体的信任率（76.2%）与服务业、店铺与市场工作人员（46.9%）差别很大。

沙特受访者对中国媒体信任度与对整个媒体信任度比较显示：收入与对中国政府媒体、中国新闻出版业信任度呈正相关，国籍对中国政府媒体及职业对中国政府媒体、中国新闻出版业的信任度有显著或较显著差异；收入、受教育程度与整个公共媒体信任度显著正相关（对中国公共媒体无正相关），职业与整个公共媒体信任度有显著差异（对中国公共媒体无显著差异）。简言之，与对整个媒体信任度相比，受访者收入越高对中国政府媒体、中国新闻媒体的信任度越高。

表6-32 沙特受访者不同人群与对中国媒体信任度、对整个媒体信任度数据比较

	相关分析						一元方差分析				卡方检验			
	年龄		收入		受教育程度		性别		国籍		省籍		职业	
	整	中	整	中	整	中	整	中	整	中	整	中	整	中
新闻出版业	×	×	×	.135**/.001	×	×	×	×	×	×	×	×	×	.000
电视台	×	×	×	×	×	×	×	×	×	×	×	×	×	×
网络新媒体	×	×	×	×	×	×	×	×	×	×	×	×	×	×
政府媒体	×	×	×	.081*/.016	×	×	×	×	×	.022	×	×	×	.046
公共媒体	×	×	.158**/.000	×	.095**/.005	×	×	×	×	×	×	×	.001	×
商业媒体	×	×	×	×	×	×	×	×	×	×	×	×	×	×

说明：表中"整"代表整个媒体，"中"代表中国媒体，表中×表示在相关分析、一元方差分析、卡方检验中，显著水平不显著相关，一元方差分析没有显著差异，卡方检验没有显著差异。

3. 相关分析

对中国媒体信任度与中华文化评价 对6种中国媒体信任度（去除不知道者）与中华文化9项评价作相关分析，并与对6种整个媒体信任度与对中华文化评价相比较，表6-33将两组数据一并列出。

表6-33 沙特受访者对整个媒体和中国媒体信任度与中华文化评价相关系数比较

		有吸引力	包容的	有活力的	灿烂的	多元的	爱好和平	有价值的	创新的	和谐的	9项平均
新闻出版业	整	.028	.015	-.024	.019	.037	.027	.019	.090**	.045	.028
	中	.225**	.106**	.079*	.037	.273**	-.007	.019	.057	.083*	.097
电视台	整	.018	.029	.044	.061*	.031	.040	.092**	.060*	.072*	.050
	中	.094**	.015	.044	.115**	.077*	.065*	.015	.107**	.035	.063
网络新媒体	整	.043	.058	.046	.051	.045	.080**	.074*	.047	.047	.055
	中	.060	.046	.125**	.037	.061	.060	.031	.085*	.031	.060
政府媒体	整	.012	.050	.041	-.018	.004	-.033	.017	.058	.056	.021
	中	.229**	.084*	.065*	.070*	.260**	.001	.015	.050	.077*	.095

续表

		有吸引力	包容的	有活力的	灿烂的	多元的	爱好和平	有价值的	创新的	和谐的	9项平均
公共媒体	整	.194**	.080**	.027	.032	.225**	.034	.038	.042	.060	.081
	中	.084*	.098**	.059	.115**	.094**	.061	.042	.034	.064	.072
商业媒体	整	.035	.028	.009	.038	.071*	.025	.097**	.015	.048	.041
	中	.066*	.110**	.014	.084*	.082*	.107**	-.001	.061	.070*	.066
整个媒体平均		.055	.043	.024	.031	.069	.029	.056	.052	.055	.046
中国媒体平均		.126	.077	.064	.076	.141	.048	.020	.066	0.06	.075
两者之差		-.071	-.034	-.040	-.045	-.072	-.019	.036	-.014	-.005	-.029

对中国新闻出版业信任度与有吸引力、包容的、多元的、有活力的、和谐的相关（0.225**、0.106**、0.273**、0.079*、0.083*）。对中国新闻出版业信任度与中华文化9项评价相关系数平均数0.097比整个新闻出版业的0.028高0.069，前者相关度明显大于后者。

对中国电视台信任度与有吸引力、灿烂的、创新的、多元的、爱好和平相关（0.094**、0.115**、0.107**、0.077*、0.065*）。对中国电视台信任度与中华文化9项评价相关系数平均数0.063比整个电视台的0.050高0.013，前者相关度略大于后者。

对中国网络新媒体信任度与有活力的、创新的相关（0.125**、0.085*）。对中国网络新媒体信任度与中华文化9项评价相关系数平均数0.060比整个网络新媒体的0.055高0.005，前者相关度与后者大体持平。

对中国政府媒体信任度与有吸引力、多元的、包容的、有活力的、灿烂的、和谐的相关（0.229**、0.260**、0.084*、0.065*、0.070*、0.077*）。对中国政府媒体信任度与中华文化9项评价相关系数平均数0.095比整个政府媒体的0.021高0.074，对中国政府媒体信任度与中华文化6项评价显著或较显著相关，而对整个政府媒体信任度与中华文化评价1项都不显著相关，前者相关度明显大于后者。

对中国公共媒体信任度与包容的、灿烂的、多元的、有吸引力相关（0.098**、0.115**、0.94**、0.084*）。对中国公共媒体信任度与中华文化9项评价相关系数平均数0.072比整个公共媒体的0.081低0.009，前者相关度与后者大体持平。

对中国商业媒体信任度与包容的、爱好和平、有吸引力、灿烂的、多元的、和谐的相关（0.110**、0.107**、0.066*、0.084*、0.082**、0.070*）。对中国商业媒体信任度与中华文化 9 项评价相关系数平均数 0.066 比整个商业媒体的 0.041 高 0.025。

总体来看，对 6 种中国媒体信任度与对中华文化单项评价的相关系数平均数，前三名是：多元的 0.141、有吸引力 0.126、包容的 0.077。对单一中国媒体信任度与对中华文化 9 项评价的相关系数平均数，前三名是新闻出版业 0.097、政府媒体 0.095、公共媒体 0.072。

中国媒体信任度与中国形象评价　将对 6 种中国媒体信任度（去除不知道者）与中国形象评价作相关分析，并与对整个媒体信任度与中国形象评价比较，表 6-34 将两组数据一并列出。

表 6-34　对整个媒体和中国媒体信任度与对中国形象评价的相关系数比较

		可靠可信	令人愉悦	有领导力	充满活力	颇具魅力	坚定不移	不断发展	有创新力	平均
新闻出版业	整	.093**	.057	.066*	.036	.054	.029	.000	-.003	.042
	中	.094**	.073*	.067*	.077*	.065*	.087**	.016	.034	.064
电视台	整	.054	.040	.022	-.011	.062*	.032	.027	.049	.034
	中	.061	.032	.058	.117**	.036	.028	.018	.002	.044
网络新媒体	整	.083**	.047	.053	.024	-.013	.037	.044	.082**	.045
	中	.083**	.137**	.031	.017	.076*	.076*	.085**	.027	.067
政府媒体	整	.030	.027	.078**	.050	.049	.028	.046	-.018	.036
	中	.097**	.094**	.051	.073*	.078*	.086**	.033	.037	.069
公共媒体	整	.090**	.022	.034	.060*	.040	.037	.050	-.004	.041
	中	.099**	.047	.145**	.049	.080*	.102**	.022	.091**	.079
商业媒体	整	.260**	.018	.128**	.013	.027	.017	.019	.016	.062
	中	.108**	.012	.061	.012	.113**	.054	.113**	.065*	.067
整个媒体平均		.102	.035	.064	.029	.037	.03	.031	.020	.043
中国媒体平均		.090	.066	.069	.058	.075	.072	.048	.043	.065
两者之差		.012	-.031	-.005	-.029	-.038	-.042	-.017	-.023	-.022

对中国新闻出版业信任度与中国可靠可信、坚定不移、令人愉悦、有领导力、充满活力、颇具魅力相关（0.094**、0.087**、0.073*、0.067*、0.077*、0.065*）。对中国新闻出版业信任度与中国形象 8 项评价相关系数平均数 0.064 比整个新闻出版业的 0.042 高 0.022。

对中国电视台信任度与中国充满活力相关（0.117**）。对中国电视台信任度与中国形象 8 项评价相关系数平均数 0.044 比对整个电视台的 0.034 高 0.010。

对中国网络新媒体信任度与中国可靠可信、令人愉悦、不断发展、颇具魅力、坚定不移相关（0.083**、0.137*、0.085**、0.076*、0.076*）。对中国网络新媒体信任度与中国形象 8 项评价相关系数平均数 0.067 比对整个网络新媒体的 0.045 高 0.022。

对中国政府媒体信任度与中国可靠可信、令人愉悦、坚定不移、充满活力、颇具魅力相关（0.097**、0.094**、0.086**、0.073*、0.078*）。对中国政府媒体信任度与中国形象 8 项评价相关系数平均数 0.069 比对整个政府媒体的 0.036 高 0.033。

对中国公共媒体信任度与中国可靠可信、有领导力、坚定不移、有创新力、颇具魅力相关（0.099**、0.145**、0.102**、0.091**、0.080*）。对中国公共媒体信任度与中国形象 8 项评价相关系数平均数 0.079 比对整个公共媒体的 0.041 高 0.038。

对中国商业媒体信任度与中国可靠可信、颇具魅力、不断发展、有创新力相关（0.108**、0.113**、0.113**、0.065*）。对中国商业媒体信任度与中国形象 8 项评价相关系数平均数 0.067 比对整个商业媒体的 0.062 高 0.005。

总体来看，对中国 6 种媒体信任度与对中国形象 8 项评价的相关系数平均数，前三名是：中国可靠可信 0.090、颇具魅力 0.075、坚定不移 0.072。对 6 类中国媒体信任度与中国形象 8 项评价相关系数平均数 0.065 比 6 类整个媒体的 0.043 高 0.022。例如，6 种中国媒体信任度与中国颇具魅力的相关系数平均数 0.075 比 6 种整个媒体信任度与颇具魅力相关系数平均数 0.037 高 0.038。简言之，中国媒体信任度（尤其是对公共媒体信任度、中国政府媒体信任度）与中国形象评价的相关度高于整个媒体信任度与中国形象评价的相关度。

中国媒体信任度与对中沙关系态度　对中国 6 种媒体信任度与对中沙关系态度（均去除不知道者）的相关分析显示，仅有对中国政府媒体信任度与中沙关系相关（0.136**）。与对整个媒体信任度与对中沙关系态度相关分析中，只有对公共媒体信任度与中沙关系态度相关（0.104**）不同。

4. 沙特与 9 国比较

中沙对比，沙特受访者对 6 种中国媒体是否可信的不知道率平均数（26.4%）高于中国（5.1%）。去除不知道者，以三种不同业态媒体信任率平均数比较，沙特（53.6%）低于中国（69.3%）。差距最大的是对新闻出版业的信任率，沙特（50.9%）比中国（73.3%）低 22.4 个百分点；差距最小的是对网络新媒体的信任率，沙特（53.5%）比中国（58.9%）低 5.4 个百分点。以三种不同所有制媒体信任率平均数比较，沙特（54.7%）低于中国（66.6%）。差距最大的是对公共媒体的信任率，沙特（55.7%）比中国（73.3%）低 17.6 个百分点；差距最小的是对商业媒体的信任率，沙特（48.4%）比中国（53.6%）低 5.2 个百分点。

沙特与其他 8 国相比，沙特对中国 6 种媒体是否可信的不知道率平均数低于俄罗斯和美国，排名第三；沙特对中国 6 种媒体信任率平均数（54.2%）仅低于印尼（88.5%）、印度（61.4%），排名第三（见表 6-35）。

表 6-35　沙特与 9 国受访者对中国 6 种媒体的信任情况比较

单位：%

		沙特	美国	德国	俄罗斯	印度	日本	韩国	越南	印尼	平均	中国
新闻出版业	不知道率	26.2	27.9	25.8	35.3	13.2	8.0	16.0	8.3	10.2	19.0	5.2
	信任率	50.9	27.1	29.1	43.3	58.0	15.9	42.1	58.0	88.3	45.9	73.3
电视台	不知道率	25.6	27.9	26.6	34.4	11.8	6.8	14.0	6.5	7.7	17.9	4.4
	信任率	56.5	33.6	31.3	44.8	63.2	13.7	46.0	67.1	90.4	49.6	75.8
网络新媒体	不知道率	27.3	27.3	25.9	35.6	11.2	7.7	14.5	7.1	7.7	18.3	5.3
	信任率	53.5	31.6	35.1	41.8	67.5	16.8	42.8	39.1	90.1	46.5	58.9
政府媒体	不知道率	25.9	26.8	23.8	34.7	12.3	7.1	13.5	8.7	9.6	18.0	4.9
	信任率	60.0	25.4	21.4	47.9	57.3	11.5	38.4	60.3	84.8	45.2	72.9
公共媒体	不知道率	26.9	27.1	25.5	35.9	13.6	7.3	14.4	9.4	9.6	18.9	4.9
	信任率	55.7	31.3	31.6	49.1	62.0	13.5	43.2	47.2	89.2	47.0	73.3
商业媒体	不知道率	26.3	29.1	27.3	36.0	12.9	7.3	14.8	10.2	10.8	19.4	5.7
	信任率	48.4	30.0	32.3	32.1	60.2	14.4	28.5	41.7	88.1	41.7	53.6
平均	不知道率	26.4	27.7	25.8	35.3	12.5	7.4	14.5	8.4	9.3	18.6	5.1
	信任率	54.2	29.8	30.1	43.2	61.4	14.3	40.2	52.2	88.5	46.0	68.0

六 结果分析与思考

(一) 积极运用好网络原生新媒体

沙特的网络和智能手机很普及，2016 年网络用户 2077 万，2017 年智能手机用户 4021 万，分别占总人口的 62%、120%。沙特受访者获取中国信息渠道数据显示：29 种传播渠道中，前三名为：网络原生新媒体 "优兔" (39.9%)、组织传播 "中餐馆" (29.8%)、网络原生新媒体 "推特" (26.8%)。可见网络原生新媒体在沙特传播中国信息的重要性。

调查还显示，受访者在推特和脸书上对中国 7 家主流媒体公众号的关注度平均数分别为 13.0% 和 14.5%，受访者在脸书上对中央电视台公众号的关注度最高 (16.0%)，第二至四名为《中国日报》(15.3%)、新华社 (15.0%)、中国网 (14.6%)，对其余媒体的脸书和推特关注度基本在 12%～13%，差别不大，仍有提升的空间。根据不同人群对 7 家媒体的脸书和推特公众号关注度分析，年轻人、职场精英、高收入人群对原生态新媒体更为青睐：从年龄看，对 7 家媒体的推特和脸书公众号关注度都表现为 25～44 岁偏高。从职业看，立法人员、领导人和管理人员对《中国日报》推特公众号的关注度偏高，7 种媒体关注度平均，专业技术人员和办公室职员对脸书公众号关注度 (24.8%、23.8%) 明显高于平均数 (14.5%)。家庭年收入 50 万～100 万里亚尔的受访者对脸书和推特公众号的关注度 (22.3%、17.0%) 最高。这些数据提示，积极运用好推特、脸书、优兔等网络原生新媒体传递中国信息非常重要。访谈中阿司力的发言证实了这一点。他说，"2016 年，那时候，我也觉得中国人开始关注外面的网上新媒体，比如说 Facebook、YouTube、Twitter，开始注册，以前没有。现在大部分沙特人用中国环球电视网 CGTN，我知道一个主持人叫李刚，李刚是一个中国人，阿拉伯语说得非常好，他在 YouTube，还有推特上做节目，一直在说中国情况，我其实从他那里学习了很多东西。发现有什么问题，沙特人从他那里有了很好的答案。他说中国不是这样，是那样。所以他主持的节目会改变沙特人的印象或者阿拉伯人的印象。我觉得应该有很多像李刚一样的人，大家对他的印象非常好。阿拉伯语说得非常标准，然后他用逻辑来介绍。他非常好，我向他学了很多东西，而且很多人在推特关注他在说什么，从他那里大家知道中国怎么样。其他的媒体沙特人用得不多。"我问阿司力:"就是说现在沙特,电视作用不大,报纸作用不大,就是用推特?"阿司力回答说:"沙特人用推特,像埃及人他们用 Facebook。我们很少用 Facebook,所有的沙特人都在用推特,你要知道沙特的情况,就上推特。"访谈时,在座的阿贝德向我用手机展示李刚主持阿拉伯语节目的视频。我问:"李刚主持的是什么节目呢?"阿司力回答说:"他在 YouTube 做的节目,在推特上也有账号。"①

(二) 充分发挥中餐馆传播中华文化信息的作用

沙特的中餐馆作为一种民间餐饮企业,在 29 种获取中国信息渠道中,其接触率排名第二。沙特人对中国烹饪知晓率 87.8%,喜欢率为 58.4%,一年中吃过中餐的占 65.8%,经常吃的占 21.5%。可见中餐和中餐馆的受欢迎程度和潜在影响力。中餐馆既是一种文化象征,也是传播中华文化的渠道,不仅可以传播中华饮食文化,也可以附带展示中国的文字、筷子、绘画、建筑、音乐、装潢、瓷器、家具等多方面文化内容,起到中国文化小型"展示厅"的作用,餐馆中方服务人员还能直接展示中国人的精神面貌和文化素质。随着沙特农业经济的快速发展,农产品日益丰富,民众的饮食结构在发生变化,中餐有较大的需求市场。如果中餐馆的信息传播功能被充分挖掘,将对中国信息传播起到推动作用。目前,海外的中餐馆多以小型家庭经营为主,如何提升沙特中餐馆的文化含量和品质、提升其展示中华文化的效果,值得注意。

(三) 进一步加强与沙特媒体的合作

沙特受访者认为本国媒体传播中国信息的正面率为 46.2%、中立率44.8%、负面率 8.9%。这反映了沙特媒体对中国很友好。2012 年中国共产党的十八大以来,沙特主流媒体对中国治国理政新理念报道的 213 个文本中,正面报道的有 154 个,占比 72.3%②。沙特人对本国媒体传播中国信息

---

① 李刚（لي جانغ）是 CGTN-العربية 的主持人。访谈后阿贝德发来了关于李刚节目的两个网址:https://www.youtube.com/channel/UC6pj3I0Cck9XD9-PNZOeswA。https://twitter.com/ligang 2020? lang=en。

② 刘欣路、范帅帅:《沙特主流媒体涉华报道分析:以〈利雅得报〉为例》,《新丝路学刊》2019 年第 1 期。

的评价与受教育程度较显著正相关，即受教育程度越高认为本国媒体传播中国信息越正面。对本国媒体的评价与中华文化、中国形象评价都呈正相关，即越认为媒体传播中国信息是正面的，对中华文化、中国形象评价就越高。受访者对本国媒体传播中国信息评价与对中沙关系态度显著正相关，即越认为本国媒体传播中国信息是正面的，对中沙关系评价就越好，反之亦然。数据显示，中国媒体进一步加强与沙特媒体的合作无疑有助于有效地传播中国信息，提升中国形象和文化形象。

（四）提高中国传统媒体的接触率

数据显示，中国传统媒体的接触率不高，但作用积极。中国主办的五种阿语传统媒体中，1 年中，沙特人的接触率依次为：中国电影（36.6%）、央视阿语节目（21.7%）、央视中文节目（16.7%）、国际广播阿语节目（13.6%）、中国图书（13.1%），5 种媒体接触率平均 20.3%；人均接触次数依次是：1.32 部电影、0.78 次央视阿语节目、0.63 次央视中文节目、0.24 次国际广播阿语节目、0.20 本中国图书。5 种平均每人 0.63 次。这些媒体的网站中，访问率和 1 年中人均访问次数前两名分别是：央视网 20.2%、1.33 次，国际台阿语网 11.3%、0.25 次。接触上述部分媒体次数对中华文化和中国形象评价有积极作用。接触中国电影、央视阿语节目、中国图书次数与中华文化评价（有吸引力、多元的、和谐的）显著正相关，即接触次数越多，对中华文化的评价就越高。接触中国电影次数与中国形象评价可靠可信、有领导力、坚定不移显著正相关，即接触次数越多，对中国形象评价就越高。

接触率低但喜欢率高。接触过上述中国传统媒体的沙特受访者对 5 种媒体节目喜欢率平均 76.5%，比中国受访者对相同 4 种媒体节目（图书、电影、电视台节目、广播电台节目）喜欢率平均数（74.2%）还高 2.3 个百分点。对中国媒体评价积极，对提升中华文化和中国形象发挥了积极作用：沙特人对中国媒体态度与中华文化有活力、有吸引力、有价值的显著相关，与中国有创新力、坚定不移、颇具魅力、不断发展显著相关，即越喜欢中国媒体内容，对中华文化、中国形象评价越高。

中国媒体接触率低与媒体内容喜欢率高反差明显：5 种媒体年接触率 20.3%、接触次数 0.63 次、喜欢率 76.5%。中国这些传统媒体在沙特民众

中的接触率和接触次数有待提升。人群分析显示,年龄与观看央视中文节
目次数较显著负相关(相关系数-0.063*),即年龄越小观看次数越多;收
入与观看央视阿语节目次数较显著正相关(相关系数0.077*),即家庭收
入越高观看次数越多。不同职业观看央视阿语节目次数有显著差异,立法
人员、领导人和管理人员为30.6%,专业技术人员为29.1%,办公室职员
为30.0%,其他行业技术工人为46.9%,专家或行业带头人为20.8%。这
些信息可供参考。

(五) 打造传播中国信息的品牌网站

网站是对外传播的主要媒体之一,建设有影响力的网站对传播中国信
息有重要意义。沙特人访问中国对外9家网站的数据显示,除了央视网
(阿语版)的年访问率(20.2%)和人均访问次数(1.33次)比较突出外,
其他8家网站的情况趋同,访问率基本在11%~13%,低于中文网站新浪
(13.4%);人均访问次数在0.25~0.33次,低于中文网站百度(0.43次)。
沙特人的访问率和人均访问次数都远低于中国人:沙特人访问新华网一年
人均0.26次,中国人43.68次,是沙特人的168倍;沙特人访问率
(12.1%)比中国人(49.2%)低37.1个百分点。沙特人在脸书和推特上关
注上述7家媒体公众号的情况显示,在脸书上关注央视公众号的比例最高
(16.0%),但与第二名《中国日报》(15.3%)、第三名新华社(15.0%)
相差不多,其余媒体脸书和推特公众号的关注度基本在12%~13%,大体趋
同。尽管访问9家网站次数少,但访问次数与对中华文化和中国形象提升都
起到一定积极作用。访问次数与中华文化是多元的、有吸引力显著相关,
与中国可靠可信显著相关,即访问这些网站次数越多,对中华文化和中国
形象的评价越高。

(六) 降低不知道率,进一步提升媒体公信力

沙特民众对中国媒体是否信任,是关系到能否提高中国媒体影响力的
重要因素。沙特人对6种中国媒体是否信任,回答不知道率平均数为
26.4%,比对6种整个媒体不知道率平均数(14.9%)高11.5个百分点。
这种现象在被调查的海外9国中比较普遍:9国对中国媒体是否可信的不知
道率平均数(18.6%)比对媒体的(8.2%)高10.4个百分点。因此宜改进

工作，向海外民众做好答疑解惑工作，降低沙特民众乃至整个海外民众对中国媒体是否可信的不知道率。

在信任率方面，沙特人对中国 5 种媒体的信任率略高于对相应 5 种整个媒体的信任率。在调查的海外 9 国中，只有沙特和俄罗斯对中国媒体信任率普遍高于整个媒体信任率。这种情况与其他西方国家恰恰相反。这一情况的启示是：提高海外民众对中国媒体的信任度是亟须解决的问题。首先，中国对海外民众更信任中国媒体应有自信。沙特和俄罗斯民众对中国媒体信任度高于对整个媒体的信任度就是实例。其次，今后宜采取切实有效的措施，做好提升中国媒体公信力工作。

提高沙特民众对中国媒体的信任率关乎提高中华文化和中国形象评价。对 6 种中国媒体信任度与中华文化是多元的、有吸引力、包容的显著正相关，即对媒体越信任，对中华文化的评价就越高。对 6 种中国媒体信任度与中国可靠可信、颇具魅力、坚定不移显著相关，即对媒体越信任，对中国形象评价越高。从中得到的启示是，对中国媒体信任度与对整个媒体信任度关乎中华文化和中国形象的评价。

沙特不同人群对中国媒体信任度有差别。例如，家庭收入与对中国政府媒体态度呈正相关，即家庭收入越高信任度越高。本地人对中国政府媒体的信任度明显高于外籍人。职业与对中国政府媒体信任度有显著和较显著差异。例如，办公室职员对新闻媒体的信任率比学生的高。办公室职员对中国政府媒体的信任率比服务业、店铺与市场工作人员的高。受访者对中沙关系态度与对中国政府媒体显著正相关，即对中沙关系越看好对该媒体信任度越高。这些信息可为提升中国政府媒体公信力提供参考。

总之，沙特人对中国媒体信任率普遍高于整个媒体信任率，中国媒体在沙特的传播应该有自信；同时，还可以做些解释工作，降低沙特人对中国媒体是否可信的不知道率，进一步提升中国媒体公信力。

第七章　中国文化团体与企业的影响

一　问卷设计

组织传播是中外文化交流的三大渠道之一。这类渠道很多，其中文化团体和跨国企业的作用尤为明显。1990 年 7 月中沙建交后，两国在各领域的友好合作关系发展顺利。2012 年初，时任国务院总理温家宝访问海湾三国沙特、阿联酋和卡塔尔期间，强调"古代的丝绸之路把中国和阿拉伯人民连在一起，现在我们又在建设新的'丝绸之路'，这是一条友谊之路，是中国与阿拉伯人民政治互信之路、商业诚信之路、团结互助之路，是不同文明、不同文化交流之路"。自 2013 年开始，"中阿丝绸之路文化之旅"每年在阿拉伯国家联盟成员国举办。作为新中国成立以来对阿拉伯国家规模最大的文化交流品牌活动，该活动涵盖文学艺术、文物、非遗、新闻出版、广播电视、体育武术、宗教、社会科学等多个领域，以体育类表演、艺术展览、文物展览、非遗展演、电影电视展映、动漫展映、图书展览及学术研讨、主题论坛等不同形式展开，沙特是其中重要一站。2013 年 4 月，第 28 届沙特"杰纳第利亚文化节"中国主宾国活动在利雅得成功举办，吸引了超过 100 万人次观众。2014年、2015 年"欢乐春节"连续走进沙特校园，当地师生被热烈、浓厚的中国节日氛围和丰富、悠久的中国文化感染，表现出强烈的兴趣。2016 年，中国杂技团参加沙特阿拉伯夏季文化节，在吉达献上了 140 多场演出；同年举行的利雅得国际书展上，由湖北教育出版社、五洲出版社、萨玛出版社等合作出版的张维为的《中国震撼》（阿语版）、王义桅的《世界是通的："一带一路"的逻辑》（阿语版）受到广泛关注。利雅得国际书展是中东地区最大的年度文化展览活动之一，每年吸引近 200 万人参观。

中沙建交后，中国的跨国企业及其产品在对沙特传播中华文化中发挥了不容忽视的作用。2016 年中国是沙特的第二大进口国和第四大出口国。

沙特是中国在整个中东地区最重要也是最大的经济贸易合作对象。中国在沙特是投资的新兴力量，自 2000 年中国在沙特设立投资项目以来，到 2012 年中国对沙特的非金融投资金额达到 2.4 亿美元，投资额增速加快，投资行业多元①。2016 年中沙贸易额达到 424 亿美元，有 100 多家中国企业在沙特开展投资和工程合作，项目涉及石化、铁路、港口、电站、通信等领域。沙特企业在华投资的石化等领域的项目也取得了良好的经济效益②。2017 年 3 月 16 日，中沙投资论坛在京举行，沙特国王萨勒曼会见中国企业家。中国积极推进共建"一带一路"，沙特加快落实"2030 愿景"，两国发展战略契合与互补，中沙合作蕴藏着巨大发展潜力。企业是中沙经贸合作的主体，中国承建的连接麦加和麦地那的哈拉曼高速公路和高速铁路是其中的代表。这些跨国企业成为文化交流的一种重要媒介。

当今中国文化团体与跨国企业在沙特民众中的影响如何，是本次问卷调查的内容之一。

二　欢乐春节活动、文艺演出和展览

(一) 问卷内容

问卷调查了受访者对中国在沙特举办文化交流活动的认知、态度和行为，观看文化艺术演出的行为及原因，参观中华文化主题展览的情况。问题如下。

1. 参与文化交流概况

V26. 您听说过中国文化团体在贵国举办过文化交流活动吗？如听过，您喜欢这种活动吗？

1. 没听说过　若听说过：1. 很不喜欢　2. 较不喜欢　3. 无所谓　4. 较喜欢　5. 很喜欢

---

① 马海：《中国在沙特阿拉伯的国际投资现状与问题研究》，对外经济贸易大学硕士学位论文，2015 年 5 月，https://max.book118.com/html/2019/0114/8023035130002001.shtm。
② 《商务部长钟山接受〈中东报〉书面采访》（2017-04-05），中国驻沙特大使馆网站，http://www.chinaembassy.org.sa/chn/zsgx/jmhz/t1451366.htm，最后访问日期：2020 年 3 月 2 日。

V26-1. 您参加过几次中国与贵国之间的文化交流活动？

0~100 次（下拉菜单）

V11. 您知道以下中国文化产品或服务的品牌吗？若知道，喜欢吗？

中国文化 产品或服务品牌	0 不知道	知道				
		1 很不喜欢	2 较不喜欢	3 中立	4 较喜欢	5 很喜欢
10. 欢乐春节	0	1	2	3	4	5

2. 受访者与文化艺术演出

V28. 在过去一年中，您在线下或线上看过几次来自中国的演出？

0~100 次（下拉菜单）

V28-1. 若没看过，原因是什么？（可多选）

1. 没有获得演出信息　2. 没时间　3. 对中国不感兴趣　4. 对演出主题不感兴趣　5. 听说演出的内容不吸引人　6. 听说翻译的阿文质量差　7. 推介方式难以接受　8. 价格高　9. 以前看过，印象不好　77. 其他

3. 受访者与文化展览

V27. 在过去一年中，您在线上或线下观看过以中国文化为主题的展览吗？

0~100 次（下拉菜单）

（二）参与文化交流活动数据分析

1. 概况

知晓率与喜欢率　43%的受访者听说过中国文化团体在沙特举办过文化交流活动，46.1%听说过欢乐春节。听说过的受访者对两者的喜欢率（较喜欢和很喜欢比例之和）分别为 65.1%、48.8%（见表 7-1）。两者的喜欢率与知晓率之比分别为 1.51、1.06。

表 7-1　沙特受访者对中国在沙特举办的文化交流活动及欢乐春节的认知与态度

	总样本量（个）	没听说过/不知道（%）	知道者的样本量及其态度					
			样本量（个）	不喜欢率（%）	中立率（%）	喜欢率（%）	均值	标准差
文化交流活动	852	57.0	366	14.5	20.5	65.1	3.63	1.085
欢乐春节	852	53.9	393	17.0	34.1	48.8	3.42	1.078

参与率　对受访者参加过中国与沙特文化交流活动次数的调查结果显示，受访者参与率为 12.4%，参与者中，1 次占 9%、2 次占 1.8%、3 次占 0.8%、4 次占 0.4%、7 次占 0.2%、42 次占 0.2%。

2. 人群分析

对年龄、收入、受教育程度分别与喜欢、参与文化交流活动及喜欢欢乐春节作相关分析，结果显示收入与喜欢欢乐春节，受教育程度与喜欢交流活动、喜欢欢乐春节相关（0.136**、0.095*、0.117**）。对性别、国籍、省籍、职业与喜欢、参与文化交流活动以及喜欢欢乐春节作一元方差分析，结果显示都没有显著差异。

3. 相关分析

喜欢文化交流活动、参与文化交流活动、喜欢欢乐春节与中华文化评价　将喜欢、参与中国举办的文化交流活动及喜欢欢乐春节分别与中华文化 9 项评价作相关分析，数据见表 7-2。喜欢文化交流活动与有活力的、多元的相关（0.115**、0.112**）。参与文化交流活动与灿烂的相关（0.079**）。喜欢欢乐春节与有吸引力、多元的、灿烂的、爱好和平、创新的、和谐的相关（0.377**、0.376**、0.132**、0.112**、0.156**、0.095*），值得注意的是，与有吸引力和多元的为强相关。

表 7-2　喜欢、参与中国文化交流活动及喜欢欢乐春节
与中华文化评价的相关系数

	有吸引力	包容的	有活力的	灿烂的	多元的	爱好和平	有价值的	创新的	和谐的	平均
喜欢文化交流活动	.083	.039	.115**	.038	.112**	.051	.025	.083	-.002	.060
参与文化交流活动	-.026	-.034	.001	.079**	-.048	-.006	.030	-.041	.025	-.002

续表

	有吸引力	包容的	有活力的	灿烂的	多元的	爱好和平	有价值的	创新的	和谐的	平均
喜欢欢乐春节	.377**	.046	.064	.132**	.376**	.112**	.008	.156**	.095*	.152

喜欢文化交流活动、参与文化交流活动、喜欢欢乐春节与中国形象评价

将喜欢、参与文化交流活动及喜欢欢乐春节分别与中国形象8项评价作相关分析，数据见表7-3。喜欢文化交流活动与中国充满活力相关（0.123**）。参与文化交流活动同8项评价都不显著相关。喜欢欢乐春节与中国令人愉悦、充满活力、有领导力相关（0.116**、0.162**、0.087*）。

表7-3　喜欢、参与中国文化交流活动及喜欢
欢乐春节与中国形象评价的相关系数

	可靠可信	令人愉悦	有领导力	充满活力	颇具魅力	坚定不移	不断发展	有创新力	平均
喜欢文化交流活动	.039	.058	.072	.123**	.063	.039	.084*	-.056	.053
参与文化交流活动	.021	-.006	.013	.009	-.001	-.030	-.022	.022	-.001
喜欢欢乐春节	.070	.116**	.087*	.162**	.043	.076	.059	.048	.083

喜欢文化交流活动、参与文化交流活动及喜欢欢乐春节与对中沙关系态度　相关分析显示，只有喜欢欢乐春节与对中沙关系态度显著相关（0.130**）。

4. 沙特与9国比较

中沙对比　中国问卷中只有欢乐春节问题。沙特人对欢乐春节的知晓率（46.1%）比中国人（62.8%）低16.7个百分点，喜欢率（48.8%）比中国人（82.1%）低33.3个百分点。

沙特与海外9国比较　韩国、越南和印尼问卷中没有欢乐春节问题，只有概括性的中外文化交流活动问题。沙特受访者对两国文化交流活动的知晓率在9国中最低，但喜欢率排名第三。从参与中国举办的中外文化交流活动看，沙特受访者的参与率在9国中居中（见表7-4）。

表 7-4 沙特与 9 国受访者对中外文化交流活动的认知、态度和行为比较

单位：%

		沙特	中国	美国	德国	俄罗斯	印度	日本	韩国	越南	印尼
对中外文化交流活动的认知和态度	知晓率	43.0	—	46.6	48.2	50.4	71.2	60.4	46.2	85.9	79.9
	喜欢率	65.1	—	49.9	28.3	50.9	70.3	11.1	40.1	44.6	78.9
对欢乐春节的认知和态度	知晓率	46.1	62.8	60.3	57.1	62.5	71.6	20.5	—	—	—
	喜欢率	48.8	82.1	56.5	31.4	51.9	54.3	23.3	—	—	—
参与交流活动	参与率	12.4	—	8.8	3.2	11.8	33.6	6.2	10.0	26.7	19.7

（三）观看艺术演出和文化展览数据分析

1. 观看中国文化艺术演出

（1）观看次数

调查显示，过去一年在线下或线上看过中国文化艺术演出的受访者占比 42.6%，其中，看过 1 次的占 17.5%、2 次的占 10.8%、3 次的占 5.5%、4 次的占 1.6%、5 次的占 3.2%、6 次的占 0.9%、7~12 次的占 2.1%、13~24 次的占 0.4%、25 次以上的占 0.5%，平均看过 1.63 次。

（2）人群分析

对年龄、收入、受教育程度分别与观看次数作相关分析，显示只有收入、受教育程度与观看次数相关（0.116**、0.089**）。对性别、国籍、省籍、职业与观看次数作一元方差分析，显示都没有显著差异。

（3）相关分析

观看次数与中华文化有吸引力、多元的、灿烂的、爱好和平相关（0.188**、0.106**、0.080**、0.056*）。观看次数仅与中国形象 8 项评价中的可靠可信相关（0.074**）。对观看次数与对中沙关系态度作相关分析，显示不显著相关。

（4）沙特与 9 国比较

中沙比较，中国问卷中观看中国演出次数的问题与沙特问卷基本相同，有部分可比性。中国人 1 年人均观看 2.44 次，沙特人 1.63 次（表 7-5 中中国 1 栏）。此外，在中国问卷中增设了一个问题："在过去一年中，您在线下或线上看过几次美国电影或电视剧"（表 7-5 中中国 2 栏）。调查数据显示，83.5% 的中

国受访者看过，人均看过 8.27 次。与海外其他 8 国相比，沙特受访者看过者占比位居第三，低于印度和印尼；人均观看次数在海外 6 国中排名第一（见表 7-5）。

表 7-5　沙特和 9 国受访者在过去一年通过线下或线上观看中国演出情况

单位：次，%

	沙特	美国	德国	俄罗斯	印度	日本	韩国	越南	印尼	平均	中国1	中国2
看过者占比	42.6	8.8	3.2	19.3	51.6	7.1	17.3	30.1	51.6	25.7	65.3	83.5
人均观看次数	1.63	0.26	0.05	0.44	1.45	0.48	—	—	—	0.7	2.44	8.27

2. 未看过演出的原因

沙特受访者中 57.4% 没有看过中国文化艺术演出，10 种原因中（可多选）前三名是：没有获得演出消息（71.6%）、听说演出内容不吸引人（13.7%）、对中国不感兴趣（11.7%）。与其他海外 8 国相比，没有获得演出消息占比远远高于其他 8 国（见表 7-6）。

表 7-6　沙特和海外 8 国受访者未看过中国文化艺术演出的原因占比

单位：%

	沙特	美国	德国	俄罗斯	印度	日本	韩国	越南	印尼	平均
没有获得演出消息	71.6	35.5	50.5	48.9	48.8	37.7	53.4	58.9	58.3	51.5
没有时间	9.8	31.8	23.2	17.1	20.4	7.3	29.7	64.5	38.1	26.9
对中国不感兴趣	11.7	16.4	16.2	11.7	17.1	29.2	21.2	17.8	4.4	16.2
对演出主题不感兴趣	3.5	18.6	24.1	7.1	13.3	7.1	20.1	17.3	9.7	13.4
价格高	4.3	13.7	7.3	5.1	8.6	2.7	12.7	26.6	20.8	11.3
其他	5.9	14.6	8.4	6.4	7.6	4.3	11.2	22.7	17.1	10.9
听说演出内容不吸引人	13.7	4.3	4.3	0.5	5.1	5.2	8.4	8.7	5.4	6.2
听说翻译的阿文质量差	4.7	2.5	3.3	1.1	14.9	3.6	2.5	5.6	3.0	4.6
推介方式难以接受	4.5	2.1	0.6	6.4	5.1	1.3	2.0	1.3	1.8	2.8
以前看过，印象不好	1.2	3.8	0.3	1.2	2.7	1.6	2.5	8.4	1.2	2.5

3. 受访者与文化展览

（1）观看次数

沙特受访者在线下或线上观看过中国展览比例为 29.8%，其中，观看 1 次的占 16.2%、2 次的占 7.3%、3 次的占 3.3%、4 次的占 0.6%、5 次的占 1.2%、6 次的占 0.6%、7 次及以上的占 0.6%，人均 0.61 次，极值为 20 次。

（2）人群分析

对年龄、收入、受教育程度与观看次数作相关分析，显示均不显著相关；对性别、国籍、省籍、职业与观看次数作一元方差分析，显示都没有显著差异。

（3）相关分析

对观看次数与中华文化评价、中国形象评价、对中沙关系态度分别作相关分析，显示观看次数仅与中华文化评价中有价值的相关（0.074*）。

（4）沙特与海外8国比较

沙特观看率排名第四，低于印度（45.5%）、越南（39.6%）和印尼（33.8%）（见表7-7）。

表7-7 2016年沙特和海外8国受访者在线上或线下观看中国展览情况

	沙特	美国	德国	俄罗斯	印度	日本	韩国	越南	印尼	平均
参观过者占比（%）	29.8	16.7	10.3	18.5	45.5	6.9	17.5	39.6	33.8	24.3
人均参观次数（次）	0.61	0.42	0.17	0.31	1.06	0.24	—	—	—	0.5

三 中国企业的影响

（一）问卷内容

随着中沙经贸往来的发展，中国的企业和产品走入沙特，它们成为传递中国文化的重要载体。问卷先后调查了受访者对中国企业的认知和态度、中国产品使用情况、对中国产品的评价、观看中国产品广告的次数和态度。问卷内容如下。

1. 对中国企业的认知和态度

V30. 以下是中国的跨国企业，您知道它们吗？（可多选）

1. 海尔 2. 联想 3. 华为 4. 百度 5. 新浪 6. 中兴 7. 中国银行 8. 中国航天科技集团公司 9. 中国国际航空公司 10. 阿里巴巴（淘宝） 11. 腾讯（微信） 12. 中石化 13. 中国中车 14. 中国中铁股份有限公司 15. 万达文化产业集团 16. 中国移动 88. 以上

都不知道

V30-1. 您对中国企业的总体印象如何？

1. 很不好　2. 不好　3. 不好不坏　4. 较好　5. 很好　88. 不知道

2. 对中国产品的使用和态度

V31. 您在日常生活中使用过中国制造的产品吗？

1. 从未使用　2. 很少使用　3. 有时使用　4. 经常使用　5. 天天使用

V32. 您如何评价中国制造的产品？

1. 质量差　　　　1　2　3　4　5　6　7　　质量好

2. 没有创新　　　1　2　3　4　5　6　7　　有创新

3. 浪费资源　　　1　2　3　4　5　6　7　　节省资源

4. 价格贵　　　　1　2　3　4　5　6　7　　价格便宜

5. 没有吸引力　　1　2　3　4　5　6　7　　有吸引力

6. 售后服务差　　1　2　3　4　5　6　7　　售后服务好

7. 声誉差　　　　1　2　3　4　5　6　7　　享有盛誉

8. 没有中国风格　1　2　3　4　5　6　7　　具有中国风格

9. 您在意中国产品具有中国风格吗？

根本不在意　1　2　3　4　5　6　7　　非常在意

3. 对中国产品广告的认知和态度

V33. 您在过去的一年看过几次中国产品广告？喜欢吗？

0~100（下拉菜单）

1. 很不喜欢　2. 较不喜欢　3. 中立　4. 较喜欢　5. 很喜欢

（二）数据分析

1. 对中国企业的认知

（1）知晓率

知晓率前三名为：华为（73.1%）、海尔（39.0%）、联想（30.9%），知晓率超过 20% 的企业有 4 家。16 家企业知晓率平均 17.3%。都不知道的为 11.4%（见表 7-8）。

表 7-8　沙特受访者对中国企业的知晓率

单位：%

企业名称	华为	海尔	联想	腾讯	中兴	淘宝	中国国航	中国中车	中国移动
知晓率	73.1	39.0	30.9	20.9	17.0	14.9	13.7	9.9	8.5
企业名称	中石化	中国航天	万达	新浪	中国银行	中铁	百度	16 家平均	以上都不知道
知晓率	8.3	8.1	7.5	6.8	6.5	6.2	6.0	17.3	11.4

（2）人群分析

人口统计特征分别与企业认知的交叉列表卡方检验显示，年龄与华为、海尔、中国中车、中国航天等 8 家企业的知晓率有显著差异（见表 7-9）。例如，25~34 岁受访者对华为的知晓率（62.2%）比平均知晓率（73.1%）低 10.9 个百分点。年龄与中铁、淘宝 2 家企业的知晓率有较显著差异，与其他 6 家企业的知晓率和都不知道率没有显著差异。16 家企业的知晓率平均数随年龄增加而增加。

表 7-9　不同年龄沙特受访者对中国企业的知晓率情况

	华为	海尔	联想	腾讯	中兴	淘宝	中国国航	中国中车	中国移动
15~24 岁（%）	69.9	28.2	19.4	13.1	13.6	9.7	8.7	8.3	7.3
25~34 岁（%）	62.2	30.6	26.0	19.9	13.3	14.8	12.2	9.2	12.2
35~44 岁（%）	76.1	50.3	29.6	28.9	22.3	13.2	15.7	6.1	6.6
45~54 岁（%）	79.9	42.6	42.0	21.3	20.7	22.5	16.6	11.8	8.9
55~64 岁（%）	89.2	54.1	54.1	24.3	13.5	17.6	18.9	18.9	4.1
65 岁及以上（%）	60.0	30.0	20.0	10.0	20.0	10.0	20.0	30.0	20.0
平均（%）	73.1	39.0	30.9	20.9	17.0	14.9	13.7	9.9	8.5
卡方值	0.000	0.000	0.000	0.005	0.077	0.022	0.129	0.007	0.131

续表

	中石化	中国航天	万达	新浪	中国银行	中铁	百度	16家平均	以上都不知道
15~24岁（%）	6.3	3.9	5.3	6.3	3.9	3.4	5.3	12.4	15.0
25~34岁（%）	10.2	10.7	8.7	8.2	9.7	7.7	7.1	15.6	12.8
35~44岁（%）	7.6	10.7	6.1	9.1	5.1	6.1	7.1	17.5	10.2
45~54岁（%）	7.7	8.3	6.5	5.9	7.7	4.7	6.5	18.2	9.5
55~64岁（%）	12.2	2.7	12.2	1.4	2.7	12.2	1.4	19.6	4.1
65岁及以上（%）	10.0	30.0	40.0	0.0	30.0	20.0	0.0	21.5	20.0
合计（%）	8.3	8.1	7.5	6.8	6.5	6.2	6.0	16.2	11.4
卡方值	0.596	0.003	0.001	0.240	0.003	0.036	0.466	—	0.122

收入与华为、海尔、联想、腾讯、中兴、中国航天等9家企业的知晓率以及都不知道率有显著差异。例如，年收入少于5万里亚尔的受访者对中国航天的知晓率（3.0%）比50万~100万里亚尔的（20.0%）低17.0个百分点。收入与中石化、淘宝2家企业的知晓率有较显著差异，与其他5家没有显著差异。16家企业的知晓率平均数大体随收入增加而增加，家庭年收入200万里亚尔以上的受访者知晓率偏低，仅高于5万里亚尔以下受访者（见表7-10）。

表7-10 沙特不同家庭年收入受访者对中国企业的知晓率情况

	华为	海尔	联想	腾讯	中兴	淘宝	中国国航	中国中车	中国移动
少于5万（%）	70.5	30.4	21.9	14.0	10.0	11.2	12.2	7.6	6.7
5万~50万（%）	81.4	44.7	34.8	28.5	19.0	16.2	14.6	11.1	7.1
50万~100万（%）	58.0	40.0	35.0	18.0	19.0	11.0	17.0	10.0	12.0
100万~200万（%）	76.5	49.2	43.2	26.5	28.0	22.7	12.1	13.6	12.1
多于200万（%）	68.4	36.8	28.9	18.4	21.1	21.1	18.4	7.9	10.5
合计（%）	73.1	39.0	30.9	20.9	17.0	14.9	13.7	9.9	8.5
卡方值	0.000	0.001	0.000	0.000	0.000	0.014	0.600	0.332	0.196

续表

	中石化	中国航天	万达	新浪	中国银行	中铁	百度	16家平均	以上都不知道
少于 5 万（%）	7.9	3.0	5.8	1.2	3.0	4.6	1.8	12.2	16.4
5 万~50 万（%）	5.9	8.7	7.9	8.7	6.3	6.3	7.5	18.0	9.5
50 万~100 万（%）	17.0	20.0	7.0	12.0	14.0	7.0	13.0	18.7	14.0
100 万~200 万（%）	8.3	12.1	12.1	13.6	9.1	10.6	9.1	21.1	1.5
多于 200 万（%）	5.3	2.6	5.3	5.3	7.9	2.6	2.6	15.1	7.9
合计（%）	8.3	8.1	7.5	6.8	6.5	6.2	6.0	16.2	11.4
卡方值	0.015	0.000	0.212	0.000	0.002	0.114	0.000	—	0.000

受教育程度与华为、海尔、联想、腾讯、中兴、淘宝 6 家企业的知晓率有显著差异。例如，初中学历受访者对华为的知晓率（45.5%）比高等教育学历受访者（76.9%）低 31.4 个百分点。16 家企业知晓率平均数随受教育程度提升而提升（见表 7-11）。

表 7-11　不同教育程度沙特受访者对中国企业的知晓率情况

	华为	海尔	联想	腾讯	中兴	淘宝	中国国航	中国中车	中国移动
小学（%）	35.7	7.1	7.1	7.1	7.1	0.0	14.3	0.0	7.1
初中（%）	45.5	9.1	6.1	12.1	9.1	9.1	12.1	3.0	9.1
高中（%）	70.0	32.6	25.3	12.4	11.2	9.4	9.4	7.7	6.9
高等教育（%）	76.9	44.1	35.1	25.2	20.1	17.8	15.6	11.4	9.1
合计（%）	73.1	39.0	30.9	20.9	17.0	14.9	13.7	9.9	8.5
卡方值	0.000	0.000	0.000	0.000	0.008	0.005	0.151	0.116	0.775

	中石化	中国航天	万达	新浪	中国银行	中铁	百度	16家平均	以上都不知道
小学（%）	7.1	0.0	7.1	7.1	7.1	0.0	0.0	6.8	14.3
初中（%）	6.1	9.1	3.0	12.1	6.1	3.0	6.1	9.7	12.1
高中（%）	4.7	6.0	4.7	2.6	6.4	6.0	3.4	12.7	14.6
高等教育（%）	10.0	9.1	8.9	8.2	6.5	6.6	7.2	18.2	10.0
合计（%）	8.3	8.1	7.5	6.8	6.2	6.2	6.0	16.2	11.4
卡方值	0.101	0.334	0.158	0.020	0.999	0.637	0.171	—	0.301

性别与海尔、联想2家企业的知晓率有显著差异。例如，女性对海尔的知晓率（33.5%）比男性（42.8%）低9.3个百分点，性别与华为、腾讯、中国中车3家企业的知晓率有较显著差异，性别与其他11家企业的知晓率以及都不知道率没有显著差异。从16家企业的知晓率平均数看，女性知晓率（14.5%）低于男性（17.5%）。

国籍与海尔、联想2家企业的知晓率有显著差异，本地人对海尔的知晓率（35.9%）比外籍人（50.3%）低14.4个百分点；国籍与中国中车的知晓率有较显著差异，与其他13家企业的知晓率以及都不知道率无显著差异。从16家企业的知晓率平均数看，本地人的知晓率（15.5%）低于外籍人（18.7%）。

省籍与华为、联想、中兴等3家企业的知晓率以及都不知道率有显著差异，巴哈省人对华为的知晓率（33.3%）比利雅得省（75.4%）低42.1个百分点。省籍与其他13家企业的知晓率无显著差异。从16家企业的知晓率平均数看，东部省、利雅得省、麦加省的知晓率（20.6%、16.4%、16.1%）明显高于其他省份。

职业与华为、海尔、联想、中兴、中国国航、中石化、中国航天等7家企业的知晓率有显著差异，办公室职员对华为的知晓率（43.3%）比专家或行业带头人（86.3%）低43.0个百分点。专业技术人员对中国航天的知晓率（15.2%）比立法人员、领导人和管理人员（5.6%）高9.6个百分点。职业与其他9家企业的知晓率没有显著差异。从16家企业的知晓率平均数看，其他行业技术工人，专家或行业带头人，立法人员、领导人和管理人员的知晓率（21.5%、21.1%、18.9%）明显高于其他从业者。

（3）沙特与9国比较

中沙对比，知晓率差别最小的是华为，中国人的知晓率（80.3%）高于沙特人（73.1%），差别最大的是百度，中国人（73.4%）比沙特人（6.0%）高67.4个百分点。16家平均，中国人（69.7%）比沙特人（17.3%）高52.4个百分点。中国人的都不知道率（2.0%）低于沙特人（11.4%）。沙特与海外其他8国比，各企业知晓率居中。在海外9国中，知晓率排名前两位是联想（56.4%）、华为（53.4%）（见表7-12）。

表 7-12 沙特和 9 国受访者对 16 家中国企业的知晓率比较

单位：%

	沙特	美国	德国	俄罗斯	印度	日本	韩国	越南	印尼	平均	中国
海尔	39.0	16.2	14.8	17.4	61.2	44.7	—	16.9	38.0	31.0	73.8
联想	30.9	38.7	59.7	76.8	76.9	58.8	20.9	66.6	78.1	56.4	73.3
华为	73.1	29	74.6	61.7	73.5	30.0	15.9	41.2	81.6	53.4	80.3
百度	6.0	8.9	6.0	11.5	20.9	26.7	18.4	26.1	39.9	18.3	73.4
新浪	6.8	5.4	2.4	7.1	5.0	5.5	2.3	8.5	6.0	5.4	70.6
中兴	17.0	20.5	1.2	20.2	41.6	2.3	5.30	18.2	71.2	21.9	65.4
中国银行	6.5	19.5	27.7	13.5	35.0	18.9	22.4	28.5	2.0	19.3	75.5
中国航天	8.1	5.9	4.2	8.9	16.9	3.2	—	—	—	7.9	61.8
中国国航	13.7	23.9	30.7	31.5	43.3	16.8	15.2	24.6	29.0	25.4	66.7
淘宝	14.9	16.9	3.9	49.9	52.7	44.1	5.78	—	—	26.9	80.6
腾讯	20.9	8.6	2.5	3.9	24.6	3.1	2.70	4.9	5.4	8.5	76.6
中石化	8.3	3.5	2.3	6.3	7.1	5.5	6.07	4.1	5.0	5.4	72.4
中国中车	9.9	3.5	1.1	3.4	16.4	3.3	—	—	—	6.3	49.1
中铁	6.2	5.1	2.4	20.9	15.9	10.4	—	—	—	10.2	63.8
万达	7.5	2.9	2.1	3.8	7.2	2.0	—	—	—	4.3	58.2
中国移动	8.5	8.5	3.3	16.3	36.8	7.5	—	—	—	13.5	73.1
平均	17.3	13.6	14.9	22.1	33.4	17.7	11.5	24.0	35.6	21.1	69.7
都不知道率	11.4	34.8	16.7	8.2	4.0	22.0	29.2	7.6	2.4	15.1	2.0

2. 对中国企业的态度

（1）中国企业的好感率

调查受访者对中国企业的总体印象，有 84 人回答不知道，占 9.9%。去除不知道者，中国企业的好感率（较好和很好比例之和）72.8%（见表 7-13）。

表 7-13 沙特受访者对中国企业的总体印象

总样本量（个）	不知道率（%）	表态者样本量及态度						均值	标准差
		样本量（个）	1 很不好（%）	2 不好（%）	3 不好不坏（%）	4 较好（%）	5 很好（%）	合计（%）		
852	9.9	768	2.9	4.6	19.8	34.1	38.7	100	4.01	1.013

（2）人群分析

去除不知道者，年龄、收入、受教育程度与中国企业好感率相关分析显示均不显著相关。性别、国籍、省籍、职业与中国企业好感率的一元方差分析显示都无显著差异。

（3）相关分析

中国企业好感率与中华文化评价、中国形象评价、对中沙关系态度相关分析显示：中国企业好感率与中华文化评价中包容的、有活力的、灿烂的、有价值的、和谐的相关（0.084**、0.078**、0.096**、0.093**、0.068*）。与中国形象评价中的可靠可信、有领导力、颇具魅力、坚定不移、不断发展、有创新力、充满活力相关（0.138**、0.104**、0.107**、0.076**、0.096**、0.106**、0.075*）（见表7-14）。中国企业好感率与中华文化评价和中国形象评价都显著相关，但前者的相关系数平均数（0.066）小于后者（0.092）。中国企业好感率与对中沙关系态度不显著相关。

表7-14 对中国企业好感率与对中华文化评价及中国形象评价的相关系数

	有吸引力	包容的	有活力的	灿烂的	多元的	爱好和平	有价值的	创新的	和谐的	平均
系数	0.032	0.084**	0.078**	0.096**	0.050	0.040	0.093**	0.057	0.068*	0.066
中国形象	可靠可信	令人愉悦	有领导力	充满活力	颇具魅力	坚定不移	不断发展	有创新力	平均	
系数	0.138**	0.034	0.104**	0.075*	0.107**	0.076**	0.096**	0.106**	0.092	

（4）沙特与9国比较

中沙对比，沙特人对中国企业印象如何？沙特人不知道率（9.9%）比中国人（1.1%）高8.8个百分点，好感率（72.8%）比中国人（66.6%）高6.2个百分点。均值（4.01）比中国人（3.77）高0.24。简言之，沙特人对中国企业好感率高于中国人。

沙特与其他海外8国比较，沙特受访者的不知道率位居第三，低于美国（18.7%）和日本（10.7%）；好感率位居第二，低于印尼（74.9%）（见表7-15）。

表 7-15 沙特和 9 国受访者对中国企业的总体印象比较

单位：%

	沙特	美国	德国	俄罗斯	印度	日本	韩国	越南	印尼	平均	中国
好感率	72.8	47.9	46.1	63.7	71.6	7.6	9.4	50.8	74.9	49.4	66.6
不知道率	9.9	18.7	7.7	8.2	3.6	10.7	5.4	8.2	0.3	8.1	1.1

3. 中国产品使用情况

（1）使用概况

从未使用占 3.9%、很少使用占 10.3%、有时使用占 19.6%、经常使用占 46.4%、天天使用占 19.8%。

（2）人群分析

年龄、收入、受教育程度与使用中国产品的相关分析显示，仅受教育程度与使用中国产品相关（0.117**）。性别、国籍、省籍、职业与使用中国产品的一元方差分析显示都无显著差异。简言之，受教育程度越高使用中国产品越频繁。

（3）相关分析

使用中国产品与中华文化评价、中国形象的相关分析显示，使用中国产品仅与中华文化是爱好和平的相关（0.062*），使用中国产品与中国充满活力、颇具魅力、有创新力相关（0.078**、0.064*、0.066*）。使用中国产品与对中沙关系态度相关（0.072*），使用中国产品与对中国企业态度相关（0.066*）。

（4）沙特与海外 8 国比较

沙特受访者的中国产品经常使用率（经常使用和天天使用之和）排名第一（见表 7-16）。

表 7-16 沙特与海外 8 国受访者日常生活中使用中国产品情况比较

单位：%

	沙特	美国	德国	俄罗斯	印度	日本	韩国	越南	印尼
1. 从未使用	3.9	6.6	8.4	1.5	5.4	17.9	8.3	3.7	4.4
2. 很少使用	10.3	9	22.0	6.9	11.6	25.0	21.0	20.4	22.5
3. 有时使用	19.6	33.1	38.0	26.1	36.0	39.6	43.4	32.8	44.0
4. 经常使用	46.4	29	20.0	46.8	30.2	14.2	27.4	43.1	29.1
5. 天天使用	19.8	22.3	11.6	18.6	16.7	3.3	—	—	—

4. 对中国产品的态度

（1）对中国产品的评价

本次调查选用了 7 级量表语义调查法，以 8 对描绘评价产品的褒贬对立形容词，调查受访者对中国产品的态度。选项 1 为贬义的一极，选项 7 为褒义的另一极。用负面率（选择 1、2、3 比例之和）、正面率（选择 5、6、7 比例之和）和均值，显示对中国产品的评价情况。为书写简洁以下用简称：质量差——质量好（质量好坏）、没有创新——有创新（有无创新）、浪费资源——节省资源（善用资源）、价格高——价格低（价格高低）、没有吸引力——有吸引力（吸引力大小）、售后服务差——售后服务好（售后服务优劣）、声誉差——享有盛誉（声誉高低）、没有中国风格——具有中国风格（中国风格）。沙特人是否在意中国产品的中国风格（以下简称"产品中国风"）？用 7 级语义量表进行了调查。

负面率最低的前三名为价格高（14.2%）、没有吸引力（15.0%）、没有创新（16.7%），最高的前三名为质量差（29.1%）、售后服务差（26.8%）、声誉差（26.8%）；正面率最高的前三名为价格低（68.3%）、有吸引力（65.7%）、有创新（64.8%），最低的前三名是质量好（43.1%）、售后服务好（43.9%）、享有盛誉（49.3%）。8 项评价均值的平均数 4.77，折合百分制 68.1 分。4 项众数是 7，另 4 项众数是 4。总之，在沙特人眼中，中国产品形象尚可（68.1 分），突出优点是价格低、有吸引力、有创新，尚有不足的是质量、售后服务、声誉欠佳。从是否在意产品的中国风看，在意率（选择 5、6、7 比例之和）为 52.7%，不在意率（选择 1、2、3 比例之和）为 26.2%，均值为 4.47，折合百分制 63.9 分（见表 7-17）。

表 7-17　沙特受访者对中国产品的评价

	负面率（%）	中立（%）	正面率（%）	众数	均值	标准差
质量好坏	29.1	27.7	43.1	4	4.28	1.766
有无创新	16.7	18.4	64.8	7	5.03	1.720
善用资源	18.8	23.9	57.3	7	4.87	1.760
价格高低	14.2	17.5	68.3	7	5.27	1.675
吸引力大小	15.0	19.2	65.7	7	5.13	1.708
售后服务优劣	26.8	29.3	43.9	4	4.38	1.819

续表

	负面率（%）	中立（%）	正面率（%）	众数	均值	标准差
声誉高低	26.8	23.9	49.3	4	4.47	1.828
中国风格	17.3	29.8	52.9	4	4.74	1.622
8 项平均	20.6	23.7	55.7	5.5	4.77	1.737
在意产品中国风	26.2	21.1	52.7	7	4.47	2.027

（2）人群分析

对年龄、收入、受教育程度分别与中国产品 8 项评价作相关分析，显示收入与有无创新、声誉高低相关（0.152**、0.134**），年龄、受教育程度与 8 项评价都不显著相关。性别、国籍、省籍、职业与 8 项评价的交叉列表卡方检验显示：性别与有无创新、善用资源、声誉高低有显著差异，女性的正面率（68.7%、63.6%、58.2%）都比男性（62.2%、58.2%、43.0%）高。国籍与售后服务优劣、声誉高低有较显著或显著差异，本地人认为售后服务好、声誉高的正面率（45.5%、53.5%）比外籍人（38.1%、49.3%）都高。省籍与有无创新、声誉高低有较显著差异，盖姆省受访者认为中国产品声誉高的正面率（65.7%）比利雅得省（44.5%）高 21.2 个百分点。职业与有无创新、声誉高低有显著差异，办公室职员认为声誉高的正面率（66.6%）比立法人员、领导人和管理人员（41.7%）高 24.9 个百分点。年龄、收入、受教育程度与对产品中国风态度不显著相关。性别、国籍、省籍、职业与对产品中国风态度一元方差分析显示均无显著差异。

简言之，家庭收入越高越认为中国产品有创新、声誉好。女性比男性更认为中国产品有创新、节省资源、声誉高。本地人比外籍人更认为中国产品售后服务好、声誉高。各省和各职业受访者在中国产品有无创新、声誉高低上有明显差异。

（3）相关分析

中国产品 8 项评价与中华文化 9 项评价的相关分析显示，59 对评价显著正相关、8 对较显著正相关、5 对不显著正相关（见表 7-18）。相关系数前三名为：产品有创新性与文化有吸引力（0.364**）、产品有创新性与文化是多元的（0.349**）、产品声誉高与文化是多元的（0.310**）。产品单项评价与中华文化 9 项评价的相关系数平均数相比，前三名是有无创新（0.167）、

声誉高低（0.136）、吸引力大小（0.107）。产品 8 项评价与中华文化单项
评价相关系数平均数前三名为：有吸引力（0.149）、多元的（0.142）、包
容的（0.107）。对是否在意产品中国风与中华文化评价作相关分析，其与中
华文化有吸引力、有活力的、灿烂的、多元的、爱好和平、有价值的、创新的
相关（0.095**、0.105**、0.079*、0.096**、0.076*、0.099**、0.092**），是
否在意产品中国风与 9 项评价相关系数的平均数为 0.083。简言之，对中国
产品评价越高，越在意产品中国风，对中华文化评价越高。

表 7-18 中国产品评价与中华文化评价的相关系数

	有吸引力	包容的	有活力的	灿烂的	多元的	爱好和平	有价值的	创新的	和谐的	平均
质量好坏	.041	.079**	.066*	.092**	.062*	.093**	.063*	.011	.041	.061
有无创新	.364**	.129**	.092**	.097**	.349**	.101**	.094**	.148**	.126**	.167
善用资源	.102**	.064*	.120**	.122**	.073**	.134**	.074**	.094**	.120**	.100
价格高低	.121**	.136**	.084**	.082**	.104**	.111**	.103**	.093**	.089**	.103
吸引力大小	.133**	.152**	.070*	.096**	.072**	.090**	.149**	.079**	.125**	.107
售后服务优劣	.069*	.080**	.133**	.106**	.078**	.106**	.060*	.051	.115**	.089
声誉高低	.276**	.092**	.092**	.084**	.310**	.071**	.111**	.139**	.045	.136
中国风格	.087**	.126**	.106**	.092**	.090**	.119**	.127**	.055*	.117**	.102
8 个系数平均	.149	.107	.095	.096	.142	.103	.098	.084	.097	.108
在意产品中国风	.095**	.059	.105**	.079*	.096**	.076*	.099**	.092**	.048	.083

中国产品 8 项评价与中国形象 8 项评价的相关分析显示，41 对评价显著正
相关、8 对较显著正相关，相关系数前三名为：产品有创新性与中国有创新力
（0.121**）、产品有中国风格与中国可靠可信（0.121**）、产品有创新性与中国
充满活力（0.119**）。产品单项评价与中国形象 8 项评价的相关系数平均数相
比，前三名是创新性（0.088）、节省资源（0.087）、吸引力大（0.080）。产品 8
项评价与中国形象单项评价相关系数平均数相比，前三名是中国可靠可信
（0.085）、坚定不移（0.079）、充满活力（0.073）。是否在意产品中国风格
与中国可靠可信、令人愉悦、有领导力、充满活力、颇具魅力、有创新力等 6

项相关（0.142**、0.105**、0.102**、0.311**、0.105**、0.155**），在意产品中国风与 8 项评价相关系数平均数为 0.129（见表 7-19）。简言之，对中国产品评价越高，越在意产品中国风，对中国形象评价越好。

表 7-19　中国产品评价与中国形象评价的相关系数

	可靠可信	令人愉悦	有领导力	充满活力	颇具魅力	坚定不移	不断发展	有创新力	平均
质量好坏	.073**	.026	.021	.067*	.037	.074**	-.006	.044	.042
有无创新	.109**	.062*	.050	.119**	.070**	.072**	.097**	.121**	.088
善用资源	.077**	.075**	.100**	.076**	.095**	.115**	.073**	.085**	.087
价格高低	.063*	.069**	.075**	.080**	.060	.078**	.095**	.061*	.073
吸引力大小	.043	.073**	.084**	.071**	.076**	.087**	.105**	.098**	.080
售后服务优劣	.095**	.068**	.088**	.047	.074**	.074**	.056*	.065*	.071
声誉高低	.100**	.074**	.029	.074**	.048	.031	.068*	.040	.058
中国风格	.121**	.051	.093**	.051	.074**	.102**	.053*	.046	.074
8 个系数平均数	.085	.062	.068	.073	.067	.079	.068	.070	.071
在意产品中国风	.142**	.105**	.102**	.311**	.105**	.061	.049	.155**	.129

中国产品 8 项评价与对中沙关系态度的相关分析显示，产品吸引力大小、中国风格与对中沙关系态度相关（0.072*、0.064*），是否在意产品中国风与对中沙关系态度不显著相关。

中国产品评价与对中国企业印象的相关分析显示，6 项评价与中国企业印象显著或较显著相关：产品质量好坏（0.123**）、有无创新（0.089**）、售后服务优劣（0.087**）、中国风格（0.086**）、价格高低（0.079**）、吸引力大小（0.069*）；与善用资源、声誉高低不显著相关。8 项对中国产品评价与中国企业印象相关系数的平均数为 0.079，对中国产品评价越好，对中国企业印象越好，反之亦然。

中国产品评价与使用中国产品情况的相关分析显示，只有 4 项产品评价与使用中国产品显著或较显著相关：善用资源（0.077**）、有无创新（0.068*）、中国风格（0.066*）、质量好坏（0.055*）。8 项评价与使用中国产品相关系数的平均数为 0.049。

（4）沙特与 9 国比较

中沙对比，沙特人对中国产品的印象存在好于、约等于、差于中国人 3 种情况。好于有 3 项：对产品有无创新、善用资源、吸引力大小的评价。从正面率比较，差别最大的是善用资源，沙特人的正面率（57.3%）比中国人（48.3%）高 9.0 个百分点。约等于有 3 项：沙特人对产品价格高低、声誉高低、中国风格的评价正面率与中国人差别很小。差于有 2 项：对产品质量好坏、售后服务优劣的评价，沙特人都差于中国人。差别较大的是质量好坏，沙特人评价的正面率（43.1%）比中国人（60.1%）低 17.0 个百分点。中国产品 8 项评价平均数相比，双方大体持平。从是否在意产品中国风看，中国受访者在意率（71.1%）高于沙特人（52.7%）。

沙特与海外其他 8 国比较，沙特受访者对 8 项产品评价正面率平均数在 9 国中排名第三，低于印度（56.4%）和印尼（62.2%）。对产品中国风的在意率排名第二，低于印尼（69.6%）。海外 9 国对各方面评价平均数相比，最低的三项为售后服务优劣（27.6%）、质量好坏（30.3%）、声誉高低（30.7%），最高的是价格高低（68.2%）（见表 7-20）。

表 7-20　沙特与 9 国受访者对中国产品评价正面率比较

单位：%

	沙特	美国	德国	俄罗斯	印度	日本	韩国	越南	印尼	平均	中国
质量好坏	43.1	36.6	35.9	27.8	44.5	6.8	6.4	21.2	50.6	30.3	60.1
有无创新	64.8	47.5	48.4	49.2	64.8	10.1	8.8	51.7	74.9	46.7	57.3
善用资源	57.3	37.8	20.5	37.0	56.9	8.5	6.3	17.8	51.5	32.6	48.3
价格高低	68.3	61.2	69.5	66.0	72.3	65.5	54.9	68.5	87.9	68.2	69.7
吸引力大小	65.7	47.9	45.4	23.2	69.9	10.6	11.8	55.9	75.1	45.1	62.3
售后服务优劣	43.9	31	23.7	23.5	41.1	5.7	5.6	22.0	51.7	27.6	49.5
声誉高低	49.3	32.9	31.1	32.3	47.4	6.3	7.1	23.4	46.8	30.7	51.1
中国风格	52.9	29.4	25.5	31.2	53.9	20.0	25.2	52.0	59.3	38.8	56.8
8 项平均	55.7	40.5	37.5	36.3	56.4	16.7	15.8	39.1	62.2	40.0	56.9
在意产品中国风	52.7	23.0	20.2	22.1	48.2	23.6	39.0	50.0	69.6	38.7	71.1

5. 中国产品广告观看率

（1）观看率

2016 年，52.0% 的沙特受访者看过中国产品广告（以下简称"中国广告"），其中看过 1 次的占 9.4%、2 次的占 9.4%、3 次的占 6.3%、4 次的占 3.1%，5 次的占 6.6%、6 次的占 1.8%、7~12 次的占 9.2%、13~24 次的占 2.2%、25 次及以上的占 4.1%，人均 4.51 次。中国人几乎天天看到中国广告，所以中国问卷没有设置广告问题。

（2）人群分析

年龄、收入、受教育程度与观看中国广告次数作相关分析，显示均不显著相关。性别、国籍、省籍、职业与观看次数作交叉列表卡方检验，显示都无显著差异。

（3）相关分析

观看中国广告次数与中华文化 9 项评价作相关分析，显示观看次数仅与创新的相关（0.055*），观看次数与 9 项评价相关系数的平均数为 0.032。观看次数与中国形象 8 项评价相关分析显示，有 6 项相关：中国可靠可信（0.081**）、有领导力（0.069**）、充满活力（0.054*）、坚定不移（0.054*）、不断发展（0.058*）、有创新力（0.053*），观看次数与 8 项评价相关系数的平均数为 0.056。简言之，观看次数越多对中国形象评价越好，其相关性高于与中华文化评价。观看中国广告次数与对中沙关系态度、与对中国产品 8 项评价作相关分析，显示均不显著相关。

（4）沙特与海外 8 国对比

沙特受访者观看率低于印度（62.7%）、越南（80.5%）、印尼（91.5%），高于 9 国平均数 47.5%（见表 7-21）。

表 7-21　2016 年沙特和海外 8 国受访者观看中国广告情况比较

单位：次，%

	沙特	美国	德国	俄罗斯	印度	日本	韩国	越南	印尼	平均
观看率	52.0	21.7	5.1	45.9	62.7	28.0	40.3	80.5	91.5	47.5
人均观看次数	4.51	2.42	0.30	8.42	6.44	2.74	2.81	6.94	8.21	4.8

6. 对中国产品广告的态度

（1）喜欢率

去除未看过中国广告者，443 名沙特受访者对中国广告的喜欢率（较喜欢和很喜欢比例之和）为 59.8%，众数为较喜欢，均值为 3.69。

（2）人群分析

年龄、收入、受教育程度与对中国广告的态度作相关分析，显示均不显著相关。性别、国籍、省籍、职业与对中国广告态度作交叉列表分析，显示都无显著差异。

（3）相关分析

对中国广告态度与中华文化 9 项评价作相关分析，显示对中国广告态度与中华文化评价中的 8 项相关：有吸引力（0.202**）、有活力（0.123**）、灿烂的（0.116**）、多元的（0.163**）、爱好和平（0.103**）、和谐的（0.134**）、包容的（0.098*）、有价值的（0.088*）。对中国广告态度与中华文化 9 项评价相关系数的平均数为 0.118。对中国广告态度与中国形象 8 项评价的相关分析显示，对中国广告态度与中国形象 8 项评价中的 4 项相关：中国颇具魅力（0.164**）、可靠可信（0.111**）、不断发展（0.108**）、坚定不移（0.076*），对中国广告态度与中国形象 8 项评价相关系数的平均数为 0.093。简言之，越喜欢中国产品广告，对中华文化评价、对中国形象评价越好。前者的相关性强于后者。对中国广告态度与对中沙关系态度作相关分析，显示不显著相关。

观看中国广告次数与对中国广告态度作相关分析，显示为显著相关（0.134**），即观看中国产品广告次数越多，越喜欢中国产品广告，反之亦然。对中国广告态度与使用中国产品情况作相关分析，显示不显著相关。

（4）沙特与海外 8 国对比

沙特受访者对中国广告的喜欢率低于印度、德国，排名第三（见表 7-22）。

表 7-22 沙特和海外 8 国受访者对中国广告的评价

单位：%

	沙特	美国	德国	俄罗斯	印度	日本	韩国	越南	印尼	平均
喜欢率	59.8	54.4	60.8	34.7	66.3	14.5	16.5	23.7	56.4	43.0

四　孔子学院和体育团队

（一）问卷内容

除上述文化团体和企业外，还有一些其他社会团体或组织也是传播中国文化的渠道，主要有孔子学院和中国体育团队。问卷调查了沙特人对两者的认知和态度。

1. 孔子学院

实施问卷调查时，沙特孔子学院建设尚在与中方商谈中①。然而，孔子学院作为一个文化品牌已经驰名全球，所以调查了沙特人对它的认知和态度。具体问题如下。

V11. 您知道以下中国文化产品或服务的品牌吗？若知道，喜欢吗？

中国文化产品或服务品牌	孔子学院标示	0 不知道	知道				
			1 很不喜欢	2 较不喜欢	3 中立	4 较喜欢	5 很喜欢
1. 孔子学院	🌀	0	1	2	3	4	5

2. 中国体育团队

中国体育团队在世界赛场上展现中国人风范，发挥着重要作用。问卷调查了沙特人对中国体育团队的评价。

V29. 中国体育团队在国际赛场上表现出色吗？

1. 非常差　2. 比较差　3. 一般　4. 较出色　5. 非常出色　88. 不知道

（二）数据分析

1. 孔子学院

（1）概况

852 名受访者中有 301 人知道孔子学院，知晓率 35.3%。去除不知道

---

① 调查时在沙特还没有建立孔子学院。2020 年 4 月 16 日，孔子学院总部批准山东师范大学与沙特的吉达大学合建吉达大学孔子学院。

者，孔子学院喜欢率（较喜欢 26.2% 和很喜欢 15.9% 比例之和）42.1%，不喜欢率（很不喜欢 8.0% 和较不喜欢 9.3% 比例之和）17.3%。喜欢均值为 3.33，处于中立和较喜欢之间。喜欢率与知晓率之比为 1.19。

（2）人群分析

知道者的年龄、收入、受教育程度与对孔子学院态度作相关分析，显示不显著相关。性别、国籍、省籍、职业与对孔子学院态度作一元方差分析，显示没有显著差异。

（3）相关分析

对孔子学院态度与中华文化 9 项评价中的 4 项相关：有吸引力（0.131**）、和谐的（0.200**）、有活力的（0.108*）、多元的（0.118*），对孔子学院态度与中华文化 9 项评价相关系数平均数 0.088。对孔子学院态度与对中国形象 8 项评价中的 5 项相关：中国令人愉悦（0.161**）、颇具魅力（0.126**）、有创新力（0.141**）、有领导力（0.110*）、坚定不移（0.110*），对孔子学院态度与中国形象 8 项评价相关系数的平均数 0.097。简言之，越喜欢孔子学院，对中华文化和中国形象评价越好。对孔子学院态度与对中沙关系态度作相关分析，显示不显著相关。

（4）沙特与 9 国比较

中沙对比，沙特人对孔子学院的知晓率（35.3%）比中国人（84.0%）低 48.7 个百分点。知道者的喜欢率（42.2%）比中国人（68.0%）低 25.8 个百分点，喜欢均值（3.33）比中国人（3.88）低 0.55。沙特与其他海外 8 国相比，沙特的知晓率低于海外 8 国平均数（42.5%），但喜欢率高于平均数（34.2%），排名第四（见表 7-23）。

表 7-23　沙特和 9 国受访者对孔子学院的认知和态度比较

单位：%

		美国	德国	俄罗斯	印度	日本	韩国	越南	印尼	平均	沙特	中国
孔子学院	知晓率	26.3	38.8	36.3	63.2	15.1	35.9	72.5	59.1	42.5	35.3	84.0
	喜欢率	37.2	20.5	42.2	46.5	11.8	18.0	43.8	45.3	34.2	42.2	68.0

2. 中国体育团队

（1）概况

沙特受访者对中国体育团队在国际赛场上表现是否出色，不知道率为

20.7%。表态者赞誉率60.4%（较出色33.9%和很出色26.5%之和），非常差3.0%、较差5.9%、一般30.8%，均值3.75。

（2）人群分析

表态者的年龄、收入、受教育程度与对中国体育团队表现评价作相关分析，显示不显著相关。性别、国籍、省籍、职业与对中国体育团队表现评价作一元方差分析，显示没有显著差异。

（3）相关分析

对中国体育队评价与中华文化9项评价、中国形象8项评价作相关分析，显示与中华文化6项评价相关：有吸引力（0.093**）、灿烂的（0.100**）、有价值的（0.102**）、多元的（0.078*）、爱好和平（0.067*）、和谐的（0.074*），中国体育团队评价与中华文化9项评价相关系数平均数为0.067。中国体育团队评价与中国形象8项评价中的3项相关：有领导力（0.087**）、不断发展（0.098**）、有创新力（0.087**），与中国形象8项评价相关系数平均数为0.064。简言之，对中国体育团队评价越高，对中华文化和中国形象评价越好。对中国体育团队评价与对中沙关系态度相关（0.075*），对中国体育团队评价越好对中沙关系评价越积极，反之亦然。

（4）沙特与9国比较

中沙对比，沙特人表态率（79.3%）比中国人（98.7%）低19.4个百分点。表态者中，赞誉率（60.4%）比中国人（71.7%）低11.3个百分点，均值（3.75）比中国人（3.86）低0.11。与海外其他8国比较，沙特的表态率倒数第三（高于德国和日本），赞誉率居第四（高于美国、德国、日本、韩国、越南），基本等于平均数（见表7-24）。

表7-24　沙特和9受访者对中国体育在国际舞台上表现评价比较

单位：%

	沙特	美国	德国	俄罗斯	印度	日本	韩国	越南	印尼	平均	中国
表态率	79.3	83.7	75.5	90.3	96.2	76.3	94.0	97.6	95.9	87.6	98.7
赞誉率	60.4	57.8	31.9	79.5	86.0	43.9	32.6	59.8	81.5	59.3	71.7

五　结果分析与思考

（一）加大对文化交流活动的前期宣传营销力度

沙特民众对中国文化团体在沙特举办文化交流活动的喜欢率为 65.1%，喜欢中国举办的文化交流活动（特别是欢乐春节）与中华文化有活力、多元的强相关，与灿烂的、爱好和平、创新的、和谐的显著相关，与中国充满活力、有领导力显著相关。因而在沙特举办文化交流活动有助于提升中华文化和中国形象、增进中沙人民友谊。然而，沙特民众对中国在该国举办文化交流活动的知晓率为 43%，在未看过演出的 10 种原因中，"没有获得演出消息"高居榜首（71.6%），比第二原因"听说演出内容不吸引人"（13.7%）高 57.9 个百分点，这个数字远远高于以前对美国、德国、俄罗斯等 8 国调查的相关数据。做好活动前期宣传营销，让更多的人获知相关信息，有助于提高沙特民众的文化交流活动参与度。吴氏国际文化传媒总经理吴嘉童说，"在宣传营销上，目前国内许多演出院团对这方面的重视远远不够。在国际化的广泛平台上，我们过去'酒香不怕巷子深'的观念已经不合时宜了。一个演出团体、一台舞台演出，以什么样的形式包装自己、呈现自己，在新媒体时代已经成为一门精细的科学和精湛的艺术。""在具体运作流程上，目前国内舞台演出业界的操作模式与国际市场也存在较大的差距。""当前国内的不少行业和领域的从业者都已经越来越深刻地意识到，科学的宣传营销会对内容产品的推广起到事半功倍的作用，对中国文化演出业界来说，尤其在文化艺术走向海外的过程中，这种意识还需要不断地加强和深化。"[1] 中国对外文化艺术演出要革除"酒香不怕巷子深"的保守观念，即使是"欢乐春节"这样的品牌活动，也宜提前用足够的时间多渠道进行前期营销活动。受访者中有 52.0% 看过中国广告，其中，看过 1~10 次的人最多，占 45.3%，看过中国产品广告者中 59.8% 的人喜欢中国产品广告。因而，加大文化演出前的广告推销力度，是可行的一种传播营销形式。

---

[1] 吴嘉童：《深入了解国际市场　推动中国文化"走出去"》，黄会林主编《世界文化格局与中国文化机遇》，北京师范大学出版社，2013，第 149~150 页。

（二）中国企业在沙特的社会效益值得借鉴

中国企业在沙特的知晓率和好感率令人鼓舞。一些企业的知晓率和好感率都高于 2013 年在韩国、越南、印尼三国的平均水平。最突出的是华为，在沙特的知晓率高达 73.1%，不仅知晓率高而且好感率也高，对中国企业的印象好感率 72.8%，比海外 9 国的平均数（53.4%）高 19.4 个百分点。本次调查显示，中国跨国公司在沙特好感率 72.8%。沙特与中国数据相比，虽然中国人对 16 家中国企业知晓率（98.9%）比沙特人（90.1%）高 8.8 个百分点，但好感率（66.6%）比沙特人（72.8%）低 6.2 个百分点。年龄、收入、受教育程度与对中国企业的好感率不相关，性别、国籍、省籍、职业与对中国企业的好感率没有显著差异，说明中国企业在沙特得到了民众的一致肯定。

对中国企业好感率与中华文化评价、中国形象评价相关，好感率越高，对中华文化是有活力的、灿烂的、包容的、有价值的、创新的、和谐的评价越高，对中国可靠可信、有领导力、颇具魅力、不断发展、有创新力评价就越高。中国企业的良好形象为在沙特提升中华文化和中国形象发挥了重要作用。中国企业和公司在沙特的实践值得借鉴。

当然，有些中国企业的知名度还有待提高。从 16 家中国企业的知晓率平均数看，沙特受访者对中国企业的知晓率随年龄、收入、受教育程度的增加而提升。女性低于男性，本地人低于外籍人。东部省、利雅得省、麦加省高于其他多数省份。其他行业技术工人，专家或行业带头人，立法人员、领导人和管理人员明显高于其他多数从业者，说明中国企业知名度还有提升空间。

（三）改进中国产品质量和售后服务

产品也是一种传播信息的媒介，一国出口的产品也在传递文化信息，对该国形象产生影响。沙特的调查数据再次证实了这一点。数据显示，对中国产品评价越高，对中华文化、中国形象的评价越高：产品的创新性、声誉高低、吸引力与中华文化有吸引力、多元的、包容的显著相关，产品的创新性、节省资源、吸引力与中国可靠可信、坚定不移、充满活力显著相关，中国产品评价与对中沙关系态度不显著相关，即对中国产品的态度不受对中沙关系看法的影响。调查还显示，对中国产品评价越好，对中国企业印象越好，反之亦然。

66.2%的沙特人经常使用中国产品。这个数字高于2013年在日本、韩国、越南、印尼的调查数据。沙特人与中国人对中国产品的评价比较，大致相同的评价有：价格低、有吸引力、有创新，差评有2项：产品质量和售后服务（这两项在8项评价中得分最低）。中国产品质量问题有中方企业因素，也有进口国采购商逐利因素，所以，除了中方企业提高产品质量和加强采购国的进口管控以外，也需要通过媒体改变其刻板印象。总之，中国出口沙特产品质量和售后服务依然有改进空间。家庭收入、性别、国籍、省籍、职业不同的沙特人对中国产品评价有所不同，为中国改进工作提供了参考信息。

（四）中国广告作用不容小觑

中国广告在沙特播出效果明显，看中国广告次数越多，对中国形象评价越好。2016年，52.0%的沙特人看过中国广告。年龄、收入、受教育程度与观看次数不显著相关，性别、国籍、省籍、职业与观看次数都没有显著差异，说明沙特民众观看中国广告次数情况具有普遍性。观看次数与对中沙关系态度不显著相关。观看中国广告次数与中华文化评价不显著相关，但与中国形象评价相关，与中国可靠可信、有领导力显著相关，与充满活力、坚定不移、不断发展、有创新力较显著相关，观看次数与中国形象8项评价相关系数平均数呈弱相关。简言之，观看次数越多对中国形象评价越好。

沙特受访者越喜欢中国广告，对中华文化、中国形象评价越好。年龄、收入、受教育程度与对中国广告态度均不显著相关。性别、族裔、省籍、职业与对中国广告的态度都没有显著差异，说明沙特人对中国广告态度具有普遍性。对中国广告态度与对中沙关系态度不显著相关。对中国广告态度与中华文化评价、中国形象评价相关：与中华文化有吸引力、有活力、灿烂的、多元的、爱好和平、和谐的显著相关。对中国广告态度与中国颇具魅力、可靠可信、不断发展显著相关。

观看中国广告次数越多，越喜欢中国广告，反之亦然。观看过中国广告的受访者中，观看次数与是否喜欢显著相关。

这说明，在沙特投放中国广告，对提升中华文化和中国形象的作用不容小觑，可考虑加大在沙特投放中国广告的力度。

（五）孔子学院尚需解疑释惑

调查时虽然沙特孔子学院或孔子学堂正在洽谈，但沙特受访者对孔子学院知晓率已达 35.3%。知道孔子学院的喜欢率 42.1%，中立率 40.5%，不喜欢率 17.3%，喜欢均值为 3.33，态度处于中立和较喜欢之间。知道者的年龄、家庭收入、受教育程度与对孔子学院态度都不显著相关，性别、国籍、省籍、职业与对孔子学院的态度均没有显著差异，说明沙特人对孔子学院态度具有普遍性。对孔子学院态度与对中沙关系态度不显著相关，说明两者互不干扰。

对孔子学院态度与中华文化、中国形象评价相关：与中华文化有吸引力、和谐的显著相关，与中国令人愉悦、颇具魅力、不断发展显著相关。简言之，越喜欢孔子学院，对中华文化和中国形象评价越好。

沙特人的孔子学院知晓率三成多，喜欢率四成多，知晓率和喜欢率还有提升的空间，宜多做些解疑释惑工作。访谈中，阿司力说："我发现很多国家有孔子学院，受到欢迎，这个非常好，我建议在沙特也建孔子学院。通过孔子学院，沙特人可以对中国文化多了解一点。因为在埃及，我看了很多埃及人对中国文化感觉不错，喜欢中国文化。我问他们，你们怎么知道这些知识呢，电视上看的吗？他们说，他们经常去孔子学院，他们做了一些活动，介绍龙什么的，做拉面什么的，通过孔子学院了解了这些中国文化。要推动中国文化传播，孔子学院是非常好的渠道，现在世界上很多地方都有，沙特现在好像没有，我希望沙特也能有孔子学院。"

第八章　沙特人看中国民众与名人

一　问卷设计

1. 设计思路

国际跨文化交流中，人际交流是三大主渠道之一。人民是文化的创造者、文化的载体，也是传播文化的主体，特别是在自媒体和旅游业高度发达的当代，民众在海外的言行会对中国的文化形象、国家形象带来影响。考察沙特民众对中国人（民众和名人）的认知和态度，不仅可以反映中国人在沙特人心中的形象和地位，也可以从侧面反映沙特人对中华文化乃至中国的态度。甲国民众对乙国民众的印象不好，很难说乙国文化和国家会在甲国有吸引力。名人首先包括中国古今杰出人物，如孔子是中国传统文化的代表，也是中国的文化符号。对杰出人物的调查数据是对第二章中国文化符号的补充。由于本次调查主题是中华文化，名人包括当今的文艺、体育和科技界的明星。

对中国民众的认知和态度　问卷调查沙特受访者 6 个方面的问题。第一，接触中国人情况：拥有中国朋友数、来华次数、是否接触过来沙特的中国游客。第二，对中国人持 11 项中华核心价值观的看法。第三，对中国人持辩证思维和综合思维的看法。第四，用博加德斯量表测量与中国民众的心理距离（该量表包括 7 个亲近感递减陈述，从最近的社会距离到最远的社会距离排列：最近为同意子女与中国人结婚，最远为中国人被驱逐出境）。第五，对中国人的刻板印象，用 14 对褒贬对立形容词 7 级语义量表，测量受访者对中国人的总体看法：13 对词组描述了精神面貌，1 对词组描述了身体健康状况。新中国成立前，中国人曾被称为"东亚病夫"，这一刻板印象是否已经改变？问卷用"身体孱弱的"和"身体强健的"一对形容词调查了这个问题。第六，对到沙特旅游的中国人印象。当今中国人大量出国务工、经商、旅游，关于中国出国游客的负面报道屡见不鲜，有调查必要。

对中国名人的认知和态度　名人的入选标准是在拥有中国国籍前提下，参考了以下资料：2008 年蓝海调查的结果；2010 年底纽约时报广场播放《中国形象广告片》中的代表人物；2008 年秋美国《新闻周刊》根据美国、加拿大、英国等国网民投票，评选出中国文化二十大形象符号中的人物[①]；2011 年 1 月北京师范大学国家社科基金重大项目"中国文化软实力发展战略研究"研究者提出的中国文化符号名单中的人物。在对中国名人调查设计时，问卷进行了改进。首先，弥补了对名人只调查认知（知名度）、不调查态度（美誉度）的不足，因为知晓不等于喜欢。其次，国籍必须是中国（李小龙、李连杰因此未入选）。最后，增加了对阅读杰出人物著作的行为调查。本次调查的中国名人包括 2 位古代哲学家——孔子、老子，1 位古代医学家——张仲景，2 位古代文学家——李白、曹雪芹，1 位古代航海家——郑和；3 位当代文学艺术家——莫言、梅兰芳、郎朗，5 位当今影视体育明星——成龙、章子怡、周杰伦、姚明、郎平，1 位当代科学家——屠呦呦，1 位航天员——景海鹏。调查方法：每位名人设 6 个选项，"0"表示"没有听说过"，1~5 表示听说过者对该名人的态度，1 表示"很不喜欢"，5 表示"很喜欢"。用喜欢率（较喜欢与很喜欢比例之和）和喜欢均值计算每个名人的美誉度。对中国名人著作的阅读情况，通过设立"没听说过"以及听说过"从未读过""读过一点""通读过"4 个选项作了调查。

2. 问卷内容

调查问题的具体内容如下。

V17. 根据您的整体印象，中国人赞同以下价值观吗？

价值观	非常不赞同	非常赞同
1. 仁：人与人之间相互友爱、同情、互助	0—1—2—3—4—5—6—7—8—9—10	

---

① 中国文化符号为：汉语、北京故宫、长城、苏州园林、孔子、道教、孙子兵法、兵马俑、莫高窟、唐朝、丝绸、瓷器、京剧、少林寺、功夫、西游记、天坛、毛主席、针灸、中国烹饪。

续表

价值观	非常不赞同	非常赞同
2. 恕：己所不欲，勿施于人	0—1—2—3—4—5—6—7—8—9—10	
3. 孝：尊敬和善待父母，奉养老人	0—1—2—3—4—5—6—7—8—9—10	
4. 礼：尊敬他人，礼貌，遵守社会生活中的风俗和社会仪式	0—1—2—3—4—5—6—7—8—9—10	
5. 义：公正、合乎公益	0—1—2—3—4—5—6—7—8—9—10	
6. 和而不同：尊重彼此的差异，和睦相处	0—1—2—3—4—5—6—7—8—9—10	
7. 天人合一：尊崇自然，人与自然和谐	0—1—2—3—4—5—6—7—8—9—10	
8. 共同富裕：消除经济上的两极分化，走向共同富裕	0—1—2—3—4—5—6—7—8—9—10	
9. 和谐世界：国与国之间和平共处、彼此尊重、共同发展	0—1—2—3—4—5—6—7—8—9—10	
10. 以民为本：尊重人民、依靠人民、为了人民	0—1—2—3—4—5—6—7—8—9—10	
11. 集体主义：在集体和个人关系中，当个人利益与集体利益发生冲突时，在兼顾二者的同时，个人应服从集体	0—1—2—3—4—5—6—7—8—9—10	

V18. 根据您的整体印象，中国人赞同以下思维方式吗？

思维方式	非常不赞同	非常赞同
1. 在一定条件下，好事可以变成坏事，坏事也可以变成好事	0—1—2—3—4—5—6—7—8—9—10	
2. 辩证思维：以全面的、联系的、发展变化的观点，而不是非此即彼的观点看待事物	0—1—2—3—4—5—6—7—8—9—10	
3. 一种医学观点认为，人生活于自然环境中，当自然环境发生变化时，人体也会发生与之相应的变化	0—1—2—3—4—5—6—7—8—9—10	
4. 综合思维：认知方式上，以综合性倾向对事物的整体做出反应，而不仅仅是对细节做理性的分析	0—1—2—3—4—5—6—7—8—9—10	

V19. 以下都是中国名人，您听说过他们吗？若听说过，喜欢他们吗？

问卷中列出的中国名人为：孔子、老子、张仲景、李白、曹雪芹、郑和、梅兰芳、章子怡、成龙、莫言、周杰伦、郎朗、姚明、郎平、景海鹏、屠呦呦等。请受访者对这些名人在0、1、2、3、4、5中作单一选择：0代表"没听说过"，1~5代表"听说过"。其中，1代表"很不喜欢"，2代表"不喜欢"，3代表"中立"，4代表"较喜欢"，5代表"很喜欢"。

V20. 您听说过下列中国名人的著作吗？若听说过，您读过吗？

	0. 没听说过	听说过		
		1. 从未读过	2. 读过一点	3. 通读过
1. 孔子的《论语》				
2. 老子的《道德经》				
3. 曹雪芹的《红楼梦》				
4. 吴承恩的《西游记》				
5. 毛泽东的《毛泽东选集》				

V21. 您有几位中国朋友或熟人？

（下拉菜单：0~100）

V22. 您会用以下哪些词语来形容中国人？

1. 因循守旧的	1 2 3 4 5 6 7	有创造性的
2. 不平等待人的	1 2 3 4 5 6 7	平等待人的
3. 狡诈的	1 2 3 4 5 6 7	守诚信的
4. 粗野的	1 2 3 4 5 6 7	有教养的
5. 懒惰的	1 2 3 4 5 6 7	勤劳的
6. 痛苦的	1 2 3 4 5 6 7	幸福的
7. 好战的	1 2 3 4 5 6 7	爱好和平的
8. 傲慢的	1 2 3 4 5 6 7	谦逊的
9. 自卑的	1 2 3 4 5 6 7	自信的

10. 唯利是图的　　　1　2　3　4　5　6　7　　见义勇为的

11. 蛮横的　　　　　1　2　3　4　5　6　7　　和善的

12. 身体孱弱的　　　1　2　3　4　5　6　7　　身体强健的

V23. 您对到贵国旅游的中国人印象如何？

0. 从没遇到过　1. 很不好　2. 不好　3. 中立　4. 较好　5. 很好

V24. 在以下 7 种选择中，请您选择最同意的一项。您愿意让中国人：

1. 同您的子女结婚。

2. 作为您亲密的朋友。

3. 做您的邻居。

4. 与您在同一行业共事。

5. 生活在您的国家。

6. 只能作为访问者停留在您的国家。

7. 被驱逐出境。

V25 您去过几次中国？（下拉菜单：0~100）

二　与中国民众的接触和对中国民众的认知

（一）与中国人的直接接触

人们有接触就会有交流。沙特人与中国人直接接触，主要有 3 种途径，有中国朋友或熟人（以下简称"中国朋友"）、来过中国、接触过在沙特的中国游客。此外，还可以通过媒体间接与中国人接触。

1. 有中国朋友

（1）拥有中国朋友人数

28.1%的受访者有中国朋友，其中 1 个占 11.6%、2 个占 5.5%、3 个占 4.0%、4 个占 1.6%、5 个占 1.3%、6~10 个占 2.2%、11~20 个占 0.9%、21 个及以上占 0.9%，人均 1.31 个。

（2）人群分析

年龄、收入、受教育程度与拥有中国朋友数作相关分析，显示只有收入与拥有中国朋友数相关（0.144**）。性别、国籍与拥有中国朋友数作一元方差分析，显示只有性别与拥有中国朋友数有显著差别，男性的朋友数（1.75 个）明显多于女性（0.68 个）。省籍、职业与拥有中国朋友数作交叉列表卡方分析，显示职业与拥有中国朋友数有显著差异。专家或行业带头人平均有 2.28 个，立法人员、领导人和管理人员有 1.38 个，军警有 0.29个，学生有 2.02 个。简言之，收入越高中国朋友越多。男性的中国朋友数明显多于女性，不同职业拥有中国朋友数有显著差异。

（3）相关分析

拥有中国朋友数同中华文化评价和中国形象评价作相关分析，显示拥有中国朋友数仅与中华文化有吸引力、多元的相关（0.136**、0.168**），拥有中国朋友数同中华文化 9 项评价相关系数平均数 0.052。拥有中国朋友数只与中国不断发展相关（0.065*），拥有中国朋友数同中国形象 8 项评价的相关系数平均数 0.034。拥有中国朋友数与对中沙关系态度相关（0.098**）。

（4）沙特与海外 8 国比较

沙特受访者有中国朋友比例高于德国、俄罗斯、日本（见表 8-1）。

表 8-1　沙特与海外 8 国受访者有中国朋友情况比较

	沙特	美国	德国	俄罗斯	印度	日本	韩国	越南	印尼	平均
有中国朋友者比例（%）	28.1	50.4	20.9	21.4	41.8	13.0	35.9	79.9	83.7	41.7
全体人均朋友数（个）	1.31	4.75	0.21	0.86	2.08	0.47	2.22	3.93	10.5	2.9

2. 来过中国

（1）来华次数

13.8% 的受访者来过中国，其中来过 1 次的占 7.9%、2 次的占 2.8%、3 次的占 1.5%、4 次的占 0.7%、5 次的占 0.1%、6~10 次的占 0.4%、11次及以上的占 0.3%，人均 0.37 次，极值来过 43 次。

（2）人群分析

年龄、收入、受教育程度与来华次数作相关分析，显示只有收入与来华次数相关（0.172**）。性别、国籍与来华次数作一元方差分析，显示只有国籍与来华次数有显著差异，本地人（0.43 次）与外籍人（0.13 次）差别明显。省籍、职业与来华次数作交叉列表卡方分析，显示只有职业与来华次数有显著差异，专业技术人员来华次数（1.37 次）明显多于立法人员、领导人和管理人员（0.53 次）、专家或行业带头人（0.35 次）、学生（0.28次）、其他行业技术工人（0.19 次）。简言之，收入越高来华次数越多。本地人来华次数多于外籍人；不同职业受访者来华次数有显著差异。

（3）相关分析

来华次数同中华文化、中国形象评价作相关分析，来华次数与中华文化评价仅 3 项相关：有吸引力（0.118**）、灿烂的（0.078**）、多元的（0.152**），来华次数与中华文化 9 项评价相关系数平均数为 0.055。简言之，来华次数越多对中华文化有吸引力、灿烂的、多元的评价就越高，来华次数与中国形象评价都不显著相关。来华次数与对中沙关系态度不显著相关。

（4）沙特与海外 8 国比较

沙特受访者到过中国比例仅高于德国（见表 8-2）。

表 8-2　沙特与海外 8 国受访者来过中国情况比较

	沙特	美国	德国	俄罗斯	印度	日本	韩国	越南	印尼	平均
受访者来过中国比例（%）	13.8	15.6	8.7	14.6	35.6	20.5	31.9	27.2	28.3	21.8
全体受访者人均来华次数（次）	0.37	0.65	0.09	0.46	0.81	0.93	0.91	1.05	0.97	0.69

3. 接触过中国游客

（1）接触比例

从严格意义上讲，2019 年沙特正式开放旅游签证之前，到沙特的中国游客不是一般的专程旅游的游客，而是朝觐者和到沙特工作的人员。新中国成立后一直有到沙特朝觐的中国穆斯林，改革开放后朝觐的人数增加，特别是近些年，中国每年赴麦加朝觐的人数都在万人以上。2015 年中国伊斯兰教协会组织了来自全国 29 个省、自治区、直辖市的 14500 余名中国穆斯林到沙特麦加朝觐①。另外，还有一些在沙特工作的中国工程技术人员和

---

① 《中国赴麦加朝觐人数增加　每年均在万人以上》，2015 年 12 月 29 日，凤凰卫视，http://phtv.ifeng.com/a/20151229/41531400_1.shtml。

各类员工。对受访者来说，遇见中国人，不一定能说清楚是来沙特工作的或朝觐的，可以把遇到的中国人统称为旅游者。852 名受访者中，有 70.2% 接触过在沙特的中国游客。

（2）人群分析

年龄、收入、受教育程度、性别、国籍、省籍、职业与是否接触过中国游客作交叉列表分析，显示年龄、收入、受教育程度、性别、国籍与是否接触过中国游客没有显著差异，省籍和职业与是否接触过中国游客有较显著差异。例如，麦地那省的接触率 75.5% 比东部省 63.3% 高 12.2 个百分点，立法人员、领导人和管理人员的接触率 80.6% 比学生 64.3% 高 16.3 个百分点。

（3）是否接触过中国游客与对中华文化、中国形象评价比较

受访者中，598 人接触过中国游客，254 人没接触过，将是否接触过中国游客分别与中华文化 9 项评价、与中国形象 8 项评价的均值作比较分析，显示接触过中国游客者对中华文化 9 项评价的均值基本大于未接触过者（见表 8-3）。接触过者对中华文化是灿烂的、有价值的、和谐的均值（5.29、5.28、5.10）比未接触者（4.85、5.06、4.91）高 0.44、0.22、0.19。接触过者对中华文化 9 项评价均值的平均数（5.09）比未接触过者（4.96）高 0.13。接触过中国游客者对中国形象 8 项评价的均值大于未接触过者。接触过者对中国令人愉悦、充满活力、颇具魅力的均值（6.64、7.30、6.94）比未接触过者（5.91、6.67、6.33）高 0.73、0.63、0.61。接触过者对中国形象 8 项评价均值的平均数（6.81）比未接触过者（6.31）高 0.50。接触过者对中国形象评价均值平均数（6.81）明显高于对中华文化评价平均数（5.09）。

表 8-3　是否接触过中国游客对中华文化、中国形象评价的均值比较

中华文化	有吸引力	包容的	有活力的	灿烂的	多元的	爱好和平	有价值的	创新的	和谐的	平均
接触过	5.19	4.96	5.24	5.29	4.78	5.07	5.28	4.94	5.10	5.09
未接触	5.06	4.91	5.13	4.85	4.73	5.07	5.06	4.95	4.91	4.96
相差	0.13	0.05	0.11	0.44	0.05	0	0.22	0.01	0.19	0.13

续表

中国形象	可靠可信	令人愉悦	有领导力	充满活力	颇具魅力	坚定不移	不断发展	有创新力	平均	
接触过	6.03	6.64	6.73	7.30	6.94	6.57	7.21	7.11	6.81	
未接触	5.70	5.91	6.16	6.67	6.33	6.10	6.95	6.63	6.31	
相差	0.33	0.73	0.57	0.63	0.61	0.47	0.26	0.48	0.50	

（4）沙特与海外 5 国数据比较

沙特受访者遇到过中国游客比例低于各国平均数，仅高于美国（见表 8-4）。

表 8-4 沙特与海外 5 国受访者遇到过中国游客比例比较

单位：%

	沙特	美国	德国	俄罗斯	印度	日本	平均
遇到过中国游客	70.2	64.0	84.0	88.3	80.4	87.8	79.1

（二）对中国人的认知

1. 沙特人认为中国人对中华核心价值观的态度

（1）沙特人给中国人打分

沙特人眼中，中国人对中华核心价值观的态度如何呢？前文曾用 0~10 级量表调查了沙特受访者本人对 11 项价值观的认可度。问卷设计了一个问题，请沙特人根据自己的整体印象，就中国人是否赞同 11 项价值观（未告知这些是中华核心价值观）在同样的 0~10 级量表上作出判断。调查数据显示：在沙特人眼中，中国人对 11 项价值观的赞同率在 71.3%~74.4%，差别很小；以赞同均值比较，前三名为"孝"（7.50）、"礼"（7.49）、"以民为本"（7.47），倒数三名为"集体主义"（7.30）、"共同富裕"（7.30）、"仁"（7.36），排名第一与倒数第一仅差 0.20。11 项价值观均值的平均数为 7.41，众数均为 10（见表 8-5）。

表 8-5　沙特受访者认为中国人对中华核心价值观的态度

	受访者态度（%）											赞同率（%）	均值	标准差
	0	1	2	3	4	5	6	7	8	9	10			
仁	4.1	1.5	1.5	2.3	2.9	15.1	8.1	7.0	12.1	10.0	35.2	72.4	7.36	2.800
恕	3.3	1.4	2.0	1.2	2.9	15.8	7.9	6.9	11.7	13.1	33.7	73.3	7.45	2.695
孝	3.2	0.8	1.4	2.2	4.1	15.3	8.1	7.0	8.7	11.7	37.4	72.9	7.50	2.702
礼	3.4	0.7	1.2	2.1	4.8	13.5	9.0	5.8	13.4	10.0	36.2	74.4	7.49	2.678
义	3.5	1.1	0.4	1.5	5.0	14.1	8.0	8.0	12.2	13.5	32.7	74.4	7.47	2.632
和而不同	3.6	1.2	1.2	2.5	3.9	14.7	7.3	7.7	13.1	12.4	32.4	72.9	7.39	2.703
天人合一	4.5	1.4	0.8	2.0	4.7	13.1	8.0	6.7	10.6	13.1	35.1	73.5	7.42	2.805
共同富裕	3.2	1.9	1.8	2.7	3.2	16.0	7.9	9.0	9.6	12.1	32.7	71.3	7.30	2.748
和谐世界	3.9	1.3	1.1	2.3	4.1	15.6	8.0	6.0	11.5	11.4	34.9	71.8	7.38	2.766
以民为本	3.1	1.8	1.1	1.9	4.5	14.4	8.0	7.3	9.6	12.7	35.8	73.4	7.47	2.713
集体主义	4.1	1.8	1.6	2.0	4.0	14.8	8.2	7.6	9.3	13.4	33.2	71.7	7.30	2.818
平均	3.6	1.4	1.3	2.1	4.0	14.8	8.0	7.2	11.1	12.1	34.5	72.9	7.41	2.733

（2）沙特受访者给自己打分与给中国人打分对比

问卷调查沙特受访者本人对 11 项价值观的赞同度，即给自己打分；同时又让沙特受访者遵照同样的方法，判断中国人是否赞同相同的 11 项价值观，即给中国人打分。由于受访者不存在对两道题目价值观内容的理解差异，他们给自己打分与给中国人打分具有可比性，对比结果如下。有 10 项价值观，受访者给自己打分高于给中国人打分：分差最大的三项是"义""和谐世界""礼"，赞同率分别比给中国人打分高 11.5 个百分点、8 个百分点、6.5 个百分点（见表 8-6）。有 1 项价值观（集体主义）给自己打分低于给中国人打分（1.6 个百分点）。简言之，沙特人对 11 项价值观（除集体主义外）的赞同率打分略高于中国人，11 项赞同率平均数（77.6%）比中国人（72.9%）高 4.7 个百分点。

表 8-6　沙特受访者本人赞同中华核心价值观与认为
中国人赞同中华核心价值观的数据对比

		仁	恕	孝	礼	义	和而不同	天人合一	共同富裕	和谐世界	以民为本	集体主义	平均
赞同率（%）	受访者本人	76.8	75.5	78.4	80.8	85.9	78.9	73.6	75.4	79.7	78.3	70.1	77.6
	认为中国人	72.4	73.4	73.0	74.3	74.4	73.0	73.5	71.4	71.7	73.4	71.7	72.9
	相差	4.4	2.1	5.4	6.5	11.5	5.9	0.1	4.0	8.0	4.9	-1.6	4.7
均值	受访者本人	7.79	7.69	8.10	8.00	8.43	7.84	7.36	7.54	7.92	7.83	7.13	7.78
	认为中国人	7.36	7.45	7.50	7.49	7.47	7.39	7.42	7.30	7.38	7.47	7.30	7.41
	相差	0.43	0.24	0.6	0.51	0.96	0.45	-0.06	0.24	0.54	0.36	-0.17	0.37

（3）人群分析

沙特受访者的年龄、收入、受教育程度分别与对中国人 11 项价值观评估作相关分析，显示只有收入与恕有较显著差异，呈负相关；受教育程度与义、天人合一正相关（0.114^{**}、0.068^{*}）。性别、国籍与对中国人 11 项价值观评估作一元方差分析，显示都没有显著差异。省籍、职业与对中国人 11 项价值观评估作交叉列表卡方检验，显示省籍与义有较显著差异，如东部省认为中国人 80.7%赞同义，麦加省和阿尔西省为 72.4%、56.7%。职业与其认为的中国人对义、对集体主义的赞同率有较显著差异。专家或行业带头人认为中国人对义的赞同率（85.0%）与办公室职员（69.9%）、学生（67.9%）有显著差异；立法人员、领导人和管理人员认为中国人对集体主义的认同率（63.9%）与专业技术人员（77.3%）、学生（75.6%）有较显著差异。

（4）相关分析

对中国人 11 项价值观评估与中华文化 9 项评价作相关分析，99 对变量中，除了 4 对不显著相关外（天人合一与多元的、创新的，共同富裕与创新的，集体主义与创新的），其余均为显著和较显著正相关。对中国人 11 项价值观态度评估与对中华文化 9 项评价相关系数平均数相比，排名前三位的是有吸引力的（0.120）、有活力的（0.118）、有价值的（0.110）。排名前三位的价值观是：义（0.148）、孝（0.124）、仁（0.112）（见表 8-7）。简言之，对中国人 11 项价值观态度评估越高，对中华文化评价就越高。

表 8-7 对中国人价值观评估与中华文化评价的相关系数

	有吸引力	包容的	有活力的	灿烂的	多元的	爱好和平	有价值的	创新的	和谐的	平均
仁	.130**	.077**	.107**	.139**	.120**	.150**	.097**	.091**	.101**	.112
恕	.109**	.087**	.117**	.085**	.065*	.086**	.089**	.085**	.061*	.087
孝	.100**	.099**	.287**	.124**	.103**	.116**	.104**	.100**	.086**	.124
礼	.083**	.086**	.083**	.119**	.077**	.124**	.100**	.055*	.097**	.092
义	.364**	.108**	.083**	.099**	.319**	.095**	.098**	.075**	.095**	.148
和而不同	.122**	.100**	.090**	.095**	.120**	.069**	.135**	.084**	.137**	.106
天人合一	.082**	.102**	.143**	.090**	.038	.054*	.114**	.038	.101**	.085
共同富裕	.112**	.128**	.095**	.077**	.123**	.085**	.098**	.041	.080**	.093
和谐世界	.069*	.136**	.134**	.106**	.070**	.112**	.148**	.071**	.102**	.105
以民为本	.060*	.089**	.080**	.102**	.090**	.100**	.111**	.079**	.073**	.087
集体主义	.091**	.095**	.081**	.138**	.069*	.098**	.116**	.041	.071**	.089
平均	.120	.101	.118	.107	.109	.099	.110	.069	.091	.103

对中国人 11 项价值观评估与中国形象 8 项评价作相关分析，88 对变量中，除了 1 对（孝与可靠可信）不显著相关外，其余都显著和较显著正相关。对中国人 11 项价值观态度评估与对中国形象 8 项评价的相关系数平均数相比，排名前三的是：有创新力（0.120）、不断发展（0.113）、坚定不移（0.113）。相关系数排前三名的价值观是：以民为本（0.119）、和谐世界（0.113）、礼（0.113）（见表 8-8）。简言之，对中国人 11 项价值观态度评估越高，对中国形象评价就越高。

表 8-8 对中国人价值观评估与中国形象评价的相关系数

	可靠可信	令人愉悦	有领导力	充满活力	颇具魅力	坚定不移	不断发展	有创新力	平均
仁	.104**	.083**	.085**	.124**	.101**	.091**	.124**	.142**	.107
恕	.059*	.100**	.062*	.111**	.089**	.104**	.120**	.134**	.097
孝	.043	.085**	.064*	.155**	.108**	.153**	.081**	.137**	.103
礼	.098**	.056*	.113**	.142**	.136**	.153**	.104**	.100**	.113
义	.120**	.114**	.100**	.174**	.090**	.061*	.110**	.116**	.111
和而不同	.061*	.083**	.119**	.146**	.142**	.074**	.138**	.131**	.112
天人合一	.100**	.075**	.089**	.108**	.109**	.147**	.061*	.074**	.095

	可靠可信	令人愉悦	有领导力	充满活力	颇具魅力	坚定不移	不断发展	有创新力	平均
共同富裕	.089**	.111**	.084**	.102**	.116**	.077**	.138**	.108**	.103
和谐世界	.098**	.109**	.134**	.093**	.121**	.121**	.106**	.122**	.113
以民为本	.089**	.138**	.116**	.144**	.086**	.089**	.161**	.130**	.119
集体主义	.075**	.106**	.069**	.121**	.129**	.168**	.098**	.119**	.111
平均	.085	.096	.094	.129	0.112	.113	.113	.120	.108

对中国人价值观评估与对中沙关系态度作相关分析，显示对中国人义、和而不同、天人合一、共同富裕的评估与对中沙关系态度相关（0.143**、0.099**、0.068*、0.065*）。

（5）接触与认知的关系

有中国朋友数、来华次数、是否接触过中国游客与对中国人11项价值观评估是否有关联？有中国朋友数、来华次数与对中国人11项价值观评估作相关分析，显示有中国朋友数仅与认为中国人赞同义、和而不同相关（0.080**、0.071*）；有中国朋友数与对中国人11项价值观评估相关系数平均数为0.040。来华次数仅与认为中国人赞同和而不同相关（0.069*），来华次数与对中国人11项价值观评估相关系数平均数为0.018。

遇到过中国游客者（598个样本）对中国人持有11项价值观赞同率与未遇到者（254个样本）对比显示：遇到过者认为中国人对9项价值观赞同率略高于未遇到者，有2项价值观（义、和谐世界）低于未遇到过者。11项价值观赞同率平均，遇到过者（73.5%）高于未遇到过者（71.5%）（见表8-9）。简言之，遇到过中国游客者认为中国人对中华核心价值观的赞同率略微高于未遇到过者。

表8-9 沙特受访者是否遇到过中国游客与对中国人持有11价值观赞同率比较

单位：%

	仁	恕	孝	礼	义	和而不同	天人合一	共同富裕	和谐世界	以民为本	集体主义	平均
遇到过	74.2	73.6	74.4	74.6	73.7	73.1	74.7	71.4	70.9	74.4	73.6	73.5
未遇到	68.1	72.8	69.7	73.6	76.0	72.8	70.5	71.3	73.6	70.9	67.3	71.5
相差	6.1	0.8	4.7	1.0	-2.3	0.3	4.2	0.1	-2.7	3.5	6.3	2.0

（6）沙特与9国比较

中沙对比，沙特受访者认为中国人对11项价值观的赞同率都比中国受访者认为中国人的赞同率低。差距最大的三项为仁（20.6个百分点）、孝（20.4个百分点）、礼（17.2个百分点）。差距最小的是集体主义（11.9个百分点），11项平均赞同率相差16.1个百分点。

沙特与其他8个海外国家比，沙特受访者认为中国人11项价值观赞同率的平均数，高于美国、德国、日本、韩国、越南。海外9国受访者认为中国人秉持的11项价值观赞同率平均数相比，得分最高的是孝（73.0%），最低的是和谐世界（61.7%）（见表8-10）。

表8-10　沙特与9国受访者认为中国人对中华核心价值观态度比较

单位：%

	沙特	美国	德国	俄罗斯	印度	日本	韩国	越南	印尼	平均	中国
仁	72.4	66.8	63.1	84.5	73.8	31.1	37.9	73.0	90.3	65.9	93.0
恕	73.4	67.9	63.4	82.6	70.9	25.5	36.4	68.6	89.2	64.2	88.7
孝	73.0	74.7	77.5	89.1	78.1	40.5	53.2	78.7	92.0	73.0	93.4
礼	74.3	71.8	77.3	85.0	77.3	29.3	38.2	74.8	90.9	68.8	91.5
义	74.4	66.3	62.6	83.7	74.1	27.9	33.2	69.7	89.9	64.6	89.4
和而不同	73.0	60.3	66.1	82.4	72.6	30.0	35.4	72.4	89.9	64.7	89.7
天人合一	73.5	67.4	62.6	83.5	74.5	31.1	35.0	71.5	89.4	65.4	88.1
共同富裕	71.4	62.4	55.0	78.0	74.2	26.7	32.9	66.5	91.4	62.1	84.4
和谐世界	71.7	60.1	59.3	82.5	71.5	26.5	32.3	61.4	89.9	61.7	88.7
以民为本	73.4	63.8	53.8	84.1	72.0	27.0	30.5	70.2	89.3	62.7	88.3
集体主义	71.7	68.7	66.3	85.3	73.2	27.3	43.4	71.4	86.3	66.0	83.6
11项平均	72.9	66.4	64.3	83.7	73.8	29.4	37.1	70.7	89.9	65.4	89.0

2. 沙特人评估中国人思维方式情况

（1）沙特人给中国人打分

沙特人评估中国人对通俗型和定义型"辩证思维方式"的赞同率分别为62.4%、67.8%。通俗型和定义型问题可靠性分析显示，克朗巴哈系数为0.844，两者具有很高的内在一致性，可靠性较强。因而用对通俗型和定义型表述赞同率的平均数，来表示沙特人对中国人辩证思维的态度（下同）：赞同率为65.1%，均值为6.85。沙特人评估中国人对个案型和定义型"综合思维方式"态度数据的可靠性分析显示，克朗巴哈系数为 0.299，两者不具备很高的内在一致性。因而用定义型问题数值表示沙特人对中国人综合思维的态度（下同）：赞同率 69.6%，赞同均值 7.11。简言之，在沙特人眼中，中国人对两种思维方式都是基本赞同的（见表 8-11）。

表 8-11　沙特受访者评估中国人赞同中华思维方式数据

		受访者态度（%）											均值	标准差
		0	1	2	3	4	5	6	7	8	9	10		
辩证思维	通俗	6.0	1.2	2.3	3.4	4.1	20.5	8.2	8.2	11.3	12.3	22.4	6.67	2.879
	定义	4.1	1.6	1.8	2.3	3.5	18.8	7.5	9.9	11.7	13.6	25.1	7.02	2.738
	平均	5.1	1.4	2.1	2.9	3.8	19.7	7.9	9.1	11.5	13.0	23.8	6.85	—
综合思维	个案	2.7	1.4	1.6	2.0	3.4	14.9	8.6	8.1	11.7	12.2	33.3	7.44	2.640
	定义	4.0	1.5	2.1	2.7	2.2	17.7	9.7	7.7	12.1	11.5	28.6	7.11	2.762

（2）沙特人给自己打分与给中国人打分对比

问卷调查了沙特受访者对两种思维方式的态度，即给自己打分。接着又以同样问卷方法让沙特人就中国人对同样的两种思维方式，给中国人打分。受访者对前后问题的理解不存在差异，两者的数据具有可比性。比较显示：沙特人赞同辩证思维的比例（59.8%）比认为中国人赞同辩证思维的比例（65.1%）低 5.3 个百分点。沙特人赞同综合思维的比例（69.7%）比认为中国人的（69.6%）高 0.1 个百分点，可以忽略不计（见表 8-12）。

表 8-12　沙特受访者赞同与认为中国人赞同中华思维方式的数据比较

		辩证思维			综合思维	
		通俗型	定义型	平均	个案型	定义型
赞同率（%）	沙特人自己赞同	52.1	67.5	59.8	75.6	69.7
	认为中国人赞同	62.4	67.8	65.1	73.9	69.6
	两者之差	-10.3	-0.3	-5.3	1.7	0.1
均值	沙特人自己赞同	5.56	6.77	6.17	7.43	7.03
	认为中国人赞同	6.67	7.02	6.85	7.44	7.11
	两者之差	-1.11	-0.25	-0.68	-0.01	-0.08

（3）人群分析

年龄、收入、受教育程度分别与认为中国人对思维方式 4 个问题的态度作相关分析，显示都不显著相关。性别、族裔与上述同样 4 个问题的态度作一元方差分析，显示都无显著差异。省籍、职业与上述同样 4 个问题的态度作交叉列表分析，卡方显著水平显示只有省籍与综合思维个案问题的态度有较显著差异。

（4）相关分析

对中国人辩证思维和综合思维评估与中华文化评价作相关分析，显示对中国人辩证思维通俗型问题评估与 5 项中华文化评价显著或较显著相关，对辩证思维定义型问题评估与 6 项中华文化评价显著或较显著相关；两个辩证思维问题评估与中华文化 9 项评估相关系数平均数为 0.071，单项文化评价相关系数相比，排前三名的是和谐的（0.127）、有价值的（0.101）、多元的（0.075）。对中国人综合思维定义型问题评估与中华文化 8 项评价显著或较显著正相关，与中华文化 9 项评价的相关系数平均数为 0.093，单项文化评价相关系数相比，排在前三名的是和谐的（0.145）、包容的（0.113）、有价值的（0.108）（见表 8-13）。简言之，对中国人两种思维方式评估越高，对中华文化评价越高。

表 8-13　沙特受访者对中国人思维方式评估与中华文化评价的相关系数

		有吸引力	包容的	有活力的	灿烂的	多元的	爱好和平	有价值的	创新的	和谐的	平均
辩证思维	通俗型	.049	.077**	.048	.043	.076**	.044	.110**	.052*	.133**	.070
	定义型	.094**	.048	.050	.060*	.073**	.047	.092**	.052*	.121**	.071
	平均	.072	.063	.049	.052	.075	.046	.101	.052	.127	.071
综合思维	个案型	.073**	.079**	.095**	.109**	.068*	.074**	.113**	.074**	.117**	.089
	定义型	.073**	.113**	.105**	.103**	.078**	.040	.108**	.068*	.145**	.093

对中国人辩证思维和综合思维评估与中国形象评价作相关分析，显示对中国人辩证思维通俗型问题评估与中国形象 6 项评价显著或较显著正相关，两个辩证思维问题评估与中国形象 8 项评价相关系数平均数为 0.085，单项中国形象相关系数相比，排前三的是有创新力（0.127）、不断发展（0.108）、有领导力（0.103）。综合思维定义型问题评估与中国形象 8 项评价都显著相关。

8 项评价相关系数平均数 0.104，单项中国形象相关系数比较，前三名是颇具魅力（0.131）、有创新力（0.120）、充满活力（0.117）（见表 8-14）。简言之，对中国人两种思维方式评估越高，对中国形象评价越高。

表 8-14　沙特受访者对中国人思维方式评估与中国形象评价的相关系数

		可靠可信	令人愉悦	有领导力	充满活力	颇具魅力	坚定不移	不断发展	有创新力	平均
辩证思维	通俗型	.057*	.017	.091**	.054*	.064*	.050	.088**	.115**	.067
	定义型	.084**	.064*	.114**	.102**	.091**	.097**	.127**	.139**	.102
	平均	.071	.041	.103	.078	.078	.074	.108	.127	.085
综合思维	个案型	.069**	.114**	.095**	.144**	.113**	.130**	.143**	.131**	.117
	定义型	.090**	.110**	.094**	.117**	.131**	.078**	.093**	.120**	.104

对中国人思维方式 4 个问题评估与对中沙关系态度作相关分析，显示都不显著相关。

（5）接触中国人与认知中国人思维方式

有中国朋友数、来华次数与对中国人思维方式态度的相关分析显示：有中国朋友数仅与认为中国人持有辩证思维（定义型表述）相关（0.066*），有中国朋友数与中国人辩证思维通俗型与定义型表述相关系数平均数为0.050。有中国朋友数与认为中国人持有综合思维（定义型表述）不显著相关。来华次数与认为中国人持有两种思维方式都不显著相关。

是否遇到过中国游客与对中国人思维方式的态度对比显示：遇到过者对辩证思维 2 种表述的赞同率平均数（66.1%）比未遇到过者（63.0%）高3.1 个百分点。遇到过者对综合思维定义型表述的赞同率（70.4%）比未遇到过者（68.1%）高 2.3 个百分点（见表 8-15）。总之，接触中国人对认知中国人思维方式虽有正面影响，但影响不大。

表 8-15　是否遇到过中国游客与对中国人持有辩证思维和综合思维赞同率比较

单位：个，%

	样本量	辩证思维通俗型表述	辩证思维定义型表述	辩证思维平均	综合思维个案型表述	综合思维定义型表述
遇到过	598	62.9	69.2	66.1	75.1	70.4
未遇到	254	61.4	64.6	63.0	71.3	68.1

（6）沙特与9国比较

中沙对比，沙特受访者对中国人思维方式评估和中国受访者对中国人思维方式评估的对比数据显示，沙特人认为中国人对辩证思维（定义型表述）赞同率（67.8%）比中国人（86.4%）低18.6个百分点，沙特人认为中国人对综合思维（用定义型数值代表）赞同率（69.7%）比中国人（86.2%）低16.5个百分点。双方差异明显，中国人自我评估的赞同率远高于沙特人。

沙特与海外8国比较，韩国、越南和印尼只进行了定义型问题的调查。沙特受访者认为中国人对辩证思维的赞同率高于美国、德国、日本、韩国，认为中国人对综合思维的赞同率高于美国、德国、日本、韩国（见表8-16）。

表8-16　沙特与9国受访者对中国人思维方式的认知比较

单位：%

		沙特	美国	德国	俄罗斯	印度	日本	韩国	越南	印尼	平均	中国
辩证思维	定义型	67.8	62.4	56.8	77.9	74.3	22.7	49.5	72.3	90.2	63.8	86.4
综合思维	定义型	69.7	66.1	62.5	80.8	74.5	26.1	48.5	72.0	90.5	65.6	86.2

3. 沙特人与中国人的心理距离

（1）整体情况

心理距离是指个体对另一个体或群体亲近、接纳或难以相处的主观感受程度。表现为在感情、态度和行为上的疏密程度，疏者心理距离远，密者心理距离近。数据显示，沙特受访者对中国人的心理距离由近及远为：1. 同意子女与中国人结婚，占0.9%；2. 作为亲密的朋友，占20.1%；3. 做邻居，占13.5%；4. 在同一行业共事，占26.1%；5. 生活在沙特，占15.3%；6. 只能作为访问者停留在沙特，占20.4%；7. 被驱逐出境，占3.8%。均值4.11，众数为与受访者在同一行业共事（26.1%）。以选项4为分界点，将选择1、2、3比例之和作为亲近率，5、6、7比例之和作为疏远率，那么沙特受访者对中国人的亲近率为34.5%，疏远率为39.5%。总之，沙特人对中国人既不亲近也不疏远，属于中间状态。

（2）人群分析

年龄、收入、受教育程度与对中国人心理距离作相关分析，显示都不显著相关。性别、国籍、省籍、职业与对中国人心理距离作一元方差分析，显示都无显著差异。

（3）相关分析

与中国人心理距离同对中华文化、中国形象评价作相关分析，显示心理距离与中华文化评价中有价值的、有吸引力、灿烂的、多元的显著或较显著负相关，相关系数分别为 -0.074**、-0.057*、-0.067*、-0.054*。心理距离与中国形象评价中充满活力负相关，相关系数 -0.072**（见表 8-17）。对中国人亲近度测量是由"同意子女与中国人结婚"到"被驱逐出境"，所以负相关表示的是与中国人心理距离越近对中华文化有吸引力、对中国形象充满活力的评价越高，但均为弱相关。沙特人与中国人心理距离同对中沙关系态度作相关分析，显示不显著相关。

表 8-17　沙特受访者与中国人心理距离同中华文化、中国形象评价的相关系数

中华文化	有吸引力	包容的	有活力的	灿烂的	多元的	爱好和平	有价值的	创新的	和谐的	平均
心理距离	-.057*	-.009	-.040	-.067*	-.054*	-.017	-.074**	-.013	-.047	-.042

中国形象	可靠可信	令人愉悦	有领导力	充满活力	颇具魅力	坚定不移	不断发展	有创新力	平均	
心理距离	-.041	-.047	-.037	-.072**	-.039	-.018	-.049	-.043	-.043	

（4）接触中国人与对中国人的心理距离

有中国朋友数、来华次数与对中国人心理距离作相关分析，显示显著水平均不显著负相关，相关系数 -0.049、-0.013。遇到过中国游客者对中国人的亲近度（37.4%）比未遇到过中国游客者（27.5%）高 9.9 个百分点（见表 8-18）。

表 8-18　沙特受访者是否遇到过中国游客与对中国人心理距离对比

单位：个，%

	样本量	1	2	3	4	5	6	7
未遇到过	254	0	16.9	10.6	24.8	20.9	21.3	5.5
遇到过	598	1.3	21.4	14.7	26.6	12.9	20.1	3.0

（5）沙特与海外 5 国受访者对中国人亲近率比较

沙特人对中国人亲近率高于俄罗斯、日本，低于美国、德国和印度。中国问卷调查的是中国人对美国人的亲近率，对美国人的亲近率（41.9%）略高于沙特人对中国人的亲近率（见表 8-19）。

表 8-19 沙特与海外 5 国受访者与中国人的心理距离及
中国受访者与美国人的心理距离比较

单位：%

	7 种选择中，您最愿意让中国人						7 种选择中，您最愿意让美国人
	沙特	美国	德国	俄罗斯	印度	日本	中国
同意子女与中国人结婚	0.9	10.5	6.9	1.3	3.9	0.2	4.3
作为亲密的朋友	20.1	24.8	27.8	15.1	22.1	9.5	23.6
做邻居	13.5	19.7	21.2	7.8	12.1	7.7	14.0
在同一行业共事	26.1	10.4	13.7	25.1	18.3	5.2	23.6
生活在该国	15.3	25	23.9	12.4	9.0	13.6	17.9
只能作为访问者停留在该国	20.4	7.3	5.8	36.1	30.2	45.4	14.5
被驱逐出境	3.8	2.3	0.7	2.1	4.3	18.4	2.1
亲近率	34.5	55.0	55.9	24.3	38.1	17.4	41.9

4. 沙特人对中国人的印象

（1）总体情况

本次调查使用 7 级量表语义调查法，通过描绘褒贬对立的 12 对形容词，调查受访者对中国人的印象。选项 1 为贬义极，选项 7 为褒义极，请受访者在 1~7 中选择。通过计算出负面率（选择 1、2、3 比例之和）、正面率（选择 5、6、7 比例之和）、均值，显示受访者对中国人的印象（见表 8-20）。

12 对形容词负面率前三名为：唯利是图的（23.9%）、因循守旧的（18.8%）、身体羸弱的（18.7%），正面率前三名是：勤劳的（73.5%）、有创造性的（61.5%）、自信的（60.7%）。12 项平均，负面率 17.7%、中立率 23.1%、正面率 59.2%。为简化表述，12 对形容词简称如下。因循守旧的—有创造性的：创造性。不平等待人的—平等待人的：平等性。狡诈的一守诚信的：诚信性。粗野的—有教养的：教养性。懒惰的—勤劳的：勤劳性。痛苦的—幸福的：幸福感。好战的—爱好和平的：和平性。傲慢的—谦逊的：谦逊性。自卑的—自信的：自信性。唯利是图的—见义勇为的：义勇性。蛮横的—和善的：和善性。身体孱弱的—身体强健的：强健性。

均值居前三位的是：勤劳性（5.48）、自信性（5.02）、教养性（5.01）。最后三项为：义勇性（4.58）、强健性（4.75）、幸福感（4.88）。12项均值平均4.96，折合百分制70.8分。简言之，沙特人眼中的中国人形象尚好，突出优点是勤劳、自信、有教养。

表 8-20　沙特受访者对中国人的印象

	7级量表评价（%）								负面率（%）	正面率（%）	均值
	1	2	3	4	5	6	7				
因循守旧的	7.5	6.0	5.3	19.7	14.8	15.5	31.2	有创造性的	18.8	61.5	5.00
不平等待人的	6.5	4.2	4.9	25.4	19.4	13.0	26.6	平等待人的	15.6	59.0	4.93
狡诈的	6.3	4.2	7.0	23.5	18.7	12.9	27.3	守诚信的	17.5	58.9	4.92
粗野的	6.3	4.2	7.2	23.1	13.1	15.8	30.2	有教养的	17.7	59.1	5.01
懒惰的	7.2	3.2	2.9	13.1	12.3	17.7	43.5	勤劳的	13.3	73.5	5.48
痛苦的	5.9	4.7	6.9	25.2	16.4	17.0	23.8	幸福的	17.5	57.2	4.88
好战的	6.2	5.3	6.8	24.2	13.8	13.1	30.5	爱好和平的	18.3	57.4	4.96
傲慢的	7.5	3.2	7.2	22.5	16.8	14.9	27.9	谦逊的	17.9	59.6	4.94
自卑的	5.4	3.3	7.2	23.4	16.9	16.5	27.3	自信的	15.9	60.7	5.02
唯利是图的	9.5	4.3	10.1	26.2	16.1	12.2	21.6	见义勇为的	23.9	49.9	4.58
蛮横的	6.2	5.0	5.5	23.4	15.0	16.7	28.2	和善的	16.7	59.0	4.99
身体羸弱的	6.6	4.1	8.0	27.5	19.6	11.0	23.2	身体强健的	18.7	53.8	4.75
12项平均	6.8	4.3	6.6	23.1	16.1	14.7	28.4	—	17.7	59.2	4.96

（2）人群分析

年龄、收入、受教育程度与对中国人12项评价分别作相关分析，显示年龄与12项评价不显著相关。收入与6项评价相关：诚信性0.072**、教养性0.155**、自信性0.134**、和善性0.126**、勤劳性0.072*、和平性0.057*。

受教育程度与教养性、勤劳性相关（0.063*、0.070*）。性别、国籍、省籍、职业与中国人12项评价作一元方差分析，显示性别只与勤劳性有较显著差异，女性（均值5.63）比男性（5.37）更认为中国人勤劳。国籍与对中国人印象没有显著差异。省籍只与和善性有显著差异，如东部省、麦加省的印象均值（5.33、5.10）明显高于麦地那省（4.43）。职业仅与义勇性有较显著差异。例如，专业技术人员的印象均值（5.10）明显高于立法人员、领导人和管理人员（4.53），专家或行业带头人（4.65），服务业、店铺与市场工作人员（4.17）。

简言之，家庭收入越高，越认为中国人守诚信、有教养、自信、和善、勤劳、爱好和平。受教育程度越高，越认为中国人有教养、勤劳。女性比男性更认为中国人勤劳，各省对中国人和善性的看法有差异、各职业对中国人义勇性的看法有差异。

（3）相关分析

对中国人12项印象评价与中华文化9项评价相关分析显示，108对变量中显著相关的79对，较显著相关的14对，不显著正相关的15对。相关系数排前7位的为：勤劳性、和善性、教养性、自信性与有吸引力（0.388**、0.346**、0.337**、0.335**），自信性、教养性、和善性与多元性（0.340**、0.335**、0.319**）。单项印象评价与9项评价的相关系数平均数相比，前五位是勤劳性0.156、自信性0.155、和善性0.146、教养性0.144、和平性0.101。12项印象评价与单项文化评价相关系数，前三名是有吸引力0.162、多元的0.159、爱好和平0.105（见表8-21）。简言之，对中国人印象越好，对中华文化的评价越高。

表8-21 沙特受访者对中国人印象同中华文化评价的相关系数

	有吸引力	包容的	有活力的	灿烂的	多元的	爱好和平	有价值的	创新的	和谐的	平均
创造性	.041	.110**	.057*	.109**	.082**	.070**	.076**	.111**	.018	.075
平等性	.058*	.069*	.088**	.067*	.071**	.106**	.067*	.084**	.073**	.076
诚信性	.083**	.109**	.073**	.122**	.080**	.113**	.074**	.057*	.090**	.089
教养性	.337**	.109**	.093**	.039	.335**	.120**	.089**	.091**	.087**	.144

续表

	有吸引力	包容的	有活力的	灿烂的	多元的	爱好和平	有价值的	创新的	和谐的	平均
勤劳性	.388**	.118**	.093**	.071*	.287**	.134**	.127**	.075**	.112**	.156
幸福感	.118**	.083**	.078**	.093**	.146**	.108**	.047	.081**	.103**	.095
和平性	.084**	.096**	.117**	.118**	.088**	.113**	.088**	.061*	.140**	.101
谦逊性	.084**	.085**	.073**	.056*	.071**	.145**	.038	.115**	.066*	.081
自信性	.335**	.108**	.100**	.099**	.340	.120**	.077**	.116**	.101**	.155
义勇性	.034	.012	.036	.093**	.051	.051	.029	.080**	.071**	.051
和善性	.346**	.132**	.094**	.044	.319**	.112**	.091**	.091**	.084**	.146
强健性	.036	.063*	.110**	.098**	.032	.069*	.036	.098**	.088**	.070
平均	.162	.091	.084	.084	.159	.105	.070	.088	.086	.103

对中国人 12 项印象评价与中国形象 8 项评价作相关分析，显示 96 对变量中显著相关的 56 对，较显著相关的 25 对，不显著正相关的 15 对。相关系数排名前 5 对变量是：勤劳性与充满活力（0.141**），谦逊性与颇具魅力、令人愉悦（0.128**、0.111**），教养性、创造性与可靠可信（0.122**、0.112**）。单项印象评价与中国形象 8 项评价的相关系数平均数，前五名是谦逊性 0.088、自信性 0.084、勤劳性 0.083、平等性 0.083、创造性 0.079。12 项印象评价与单项中国形象评价的相关系数平均数，前三名是可靠可信 0.090、不断发展 0.085、颇具魅力 0.077（见表 8-22）。简言之，对中国人印象越好，对中国形象评价越高。

表 8-22　沙特受访者对中国人印象同中国形象评价的相关系数

	可靠可信	令人愉悦	有领导力	充满活力	颇具魅力	坚定不移	不断发展	有创新力	平均
创造性	.112**	.058*	.042	.099**	.098**	.071**	.095**	.058*	.079
平等性	.083**	.082**	.082**	.039	.099**	.100**	.117**	.063*	.083
诚信性	.074**	.073**	.077**	.040	.061*	.090**	.066*	.106**	.073
教养性	.122**	.071**	.068*	.069**	.081**	.055*	.087**	.060*	.077
勤劳性	.069**	.078**	.046	.141**	.081**	.080**	.107**	.064*	.083
幸福感	.071**	.090**	.062*	.030	.029	.073**	.069**	.064*	.061

续表

	可靠可信	令人愉悦	有领导力	充满活力	颇具魅力	坚定不移	不断发展	有创新力	平均
和平性	.104**	.053*	.061*	.063*	.091**	.081**	.107**	.059*	.077
谦逊性	.096**	.111**	.070**	.068*	.128**	.088**	.045	.095**	.088
自信性	.096**	.057*	.069**	.120**	.106**	.071**	.096**	.060*	.084
义勇性	.076**	.032	.013	.026	.051	.065*	.077**	.058*	.050
和善性	.101**	.074**	.069**	.089**	.052*	.064*	.059*	.037	.068
强健性	.072**	.011	.070**	.066*	.043	.064*	.096**	.048	.059
平均	.090	.066	.061	.071	.077	.075	.085	.064	.074

对中国人12项印象评价与对中沙关系态度分别作相关分析，显示自信性、义勇性、勤劳性与对中沙关系态度相关（0.102**、0.113**、0.075*）。

（4）接触中国人与对中国人印象

拥有中国朋友数与对中国人印象6项评价相关：教养性0.118**、自信性0.120**、和善性0.085**、平等性0.068*、勤劳性0.062*、和平性0.057*。来华次数与对中国人印象6项评价相关：教养性0.115**、和平性0.110**、自信性0.091**、创新性0.076*、幸福感0.068*、和善性0.063*。

遇到过中国游客者对中国人9项印象评价好于未遇到者，有3项（勤劳性、义勇性、和善性）不如未遇到者。遇到者对12项印象评价的正面率平均数（59.9%）比未遇到者（57.7%）高2.2个百分点（见表8-23）。

表8-23 沙特受访者是否遇到过中国游客与对中国人印象正面率比较

单位：%

	创新性	平等性	诚信性	教养性	勤劳性	幸福感	和平性
未遇到	58.3	56.7	58.7	58.3	74.4	54.7	51.2
遇到过	62.9	60.0	59.0	59.5	73.2	58.4	60.2

	谦逊性	自信性	义勇性	和善性	强健性	平均	
未遇到	57.1	60.6	50.0	60.6	51.2	57.7	
遇到过	60.7	60.9	49.8	59.5	55.0	59.9	

（5）沙特与6国比较

中沙对比，沙特人对中国人评价有好于、约等于、差于中国人自评3种情况。

好的有7项：创造性、平等性、诚信性、教养性、勤劳性、幸福感、自信性。从均值、负面率、正面率对比，沙特人对中国人的印象都好于中国人自评。差别最大的是平等性，沙特人的均值（4.93）比中国人（4.46）高0.47，负面率（15.6%）比中国人（27.6%）低12个百分点，正面率（59.0%）比中国人（53.5%）高5.5个百分点。

约等于的有3项：义勇性、和善性、强健性。从均值看，沙特人对中国人的印象评价略好于中国人自评，正面率则相反。

差于的有2项：和平性、谦逊性。从均值、负面率、正面率看，沙特人对中国人的印象评价都差于中国人自评。差别较大的是和平性，沙特人的均值（4.96）比中国人（5.43）低0.47，负面率（18.3%）比中国人（10.7%）高7.6个百分点，正面率（57.5%）比中国人（77.8%）低20.3个百分点。

总体而言，12项中国人印象评价平均值相比，沙特人和中国人的评价大体持平。从均值看，沙特人对中国人评价平均值（4.96）比中国人自评（4.76）高0.20，从正面率看，沙特人对中国人评价平均数（59.3%）比中国人自评（59.9%）低0.6个百分点。

沙特与其他海外5国比较，沙特受访者对中国人12项印象评价的平均数和美国、德国、印度大体持平，略高于俄罗斯，明显高于日本。海外6国对12项评价的平均数，最高的是勤劳性（65.3%）（见表8-24）。

表8-24　沙特和其他海外5国受访者对中国人的印象评价

单位：%

	沙特	美国	德国	俄罗斯	印度	日本	平均	中国
创造性	61.5	61.6	39.6	42.7	65.6	14.1	47.5	56.4
平等性	59.0	53.8	50.8	38.7	58.0	8.5	44.8	53.5
诚信性	58.9	53	36.6	46.8	53.9	9.7	43.2	54.7
教养性	59.2	63	66.8	57.6	64.2	9.0	53.3	55.0
勤劳性	73.6	73.8	80.1	77.7	70.8	16.0	65.3	70.7

续表

	沙特	美国	德国	俄罗斯	印度	日本	平均	中国
幸福感	57.3	54.9	51.5	77.7	64.7	12.4	53.1	55.2
和平性	57.5	56.4	53.0	51.3	57.0	8.4	47.3	77.8
谦逊性	59.6	58.6	65.3	54.9	59.3	8.4	51.0	68.3
自信性	60.8	58.5	49.3	35.9	66.2	41.6	52.1	54.8
义勇性	49.9	51.1	49.5	40.8	57.7	10.9	43.3	51.3
和善性	59.9	55.3	74.5	53.1	62.4	11.0	52.7	65.4
强健性	53.9	62.4	61.5	37.1	68.1	45.6	54.8	56.0
12项平均	59.3	58.5	56.5	51.2	62.3	16.3	50.7	59.9

5. 受访者对旅沙中国人的印象

（1）总体情况

852名受访者中，遇到过中国游客者（598人）对中国人的好感率65.2%（选择较好34.3%和很好30.9%之和），差感率10.7%（选择不好3.5%和很不好7.2%之和），均值3.38。

（2）人群分析

遇到过者的年龄、收入与对中国游客印象评价相关分析显示为不显著相关。受教育程度与对中国游客印象评价相关分析显示显著相关，相关系数0.100**。性别、国籍、省籍、职业与对中国游客印象的一元方差分析显示都没有显著差异。简言之，受教育程度越高对中国游客印象越好。

（3）相关分析

对中国游客印象与中华文化9项评价作相关分析，对中国游客印象评价与爱好和平、和谐的显著相关（0.104**、0.092**），与有吸引力、包容的、灿烂的、多元的、有价值的较显著相关。对中国游客印象评价同9项相关系数平均数0.078。对中国游客印象评价同中国形象8项评价作相关分析，显示对中国游客印象评价与中国充满活力、坚定不移、颇具魅力显著相关（0.172**、0.103**、0.099**），与可靠可信、令人愉悦、有领导力、不断发展较显著相关。对中国游客印象评价同8项评价相关系数平均数0.093（见表8-25）。对中国游客印象越好，对中华文化、中国形象的评价越高。

表 8-25　沙特受访者对中国游客印象评价同中华文化、

中国形象评价的相关系数

中华文化	有吸引力	包容的	有活力的	灿烂的	多元的	爱好和平	有价值的	创新的	和谐的	平均
游客印象	.084*	.080*	.055	.072*	.081*	.104**	.078*	.057	.092**	.078
中国形象	可靠可信	令人愉悦	有领导力	充满活力	颇具魅力	坚定不移	不断发展	有创新力	平均	
游客印象	.079*	.066*	.081*	.172**	.099**	.103**	.083*	.063	.093	

对中国游客印象评价与对中沙关系态度作相关分析，显示为不显著相关。

（4）沙特与 6 国比较

中国问卷调查中国受访者对到海外旅游的中国人印象的问题为："您怎样评价中国人在外国旅游时所表现的行为素质？选项为'很不好、不好、中立、较好、很好、不知道'"。该问题与在沙特调查的问题基本一致，具有可比性。去除双方回答不知道者，沙特人对到沙特的中国游客好感率（65.2%）比中国人对中国海外游客行为素质的好感率（27.1%）高 38.1 个百分点，沙特人的好感均值（3.78）比中国人的（2.88）高 0.90，前者为较好，后者为中立。

沙特对中国游客的好感率明显高于其他海外 5 国，高于平均数（45.0%）20.2 个百分点（见表 8-26）。

表 8-26　沙特与 6 国受访者对中国游客好感率比较

单位：%

	沙特	美国	德国	俄罗斯	印度	日本	平均	中国
遇到者好感率	65.2	49.1	44.2	50.6	57.1	3.5	45.0	27.1

（三）小结

沙特人与中国民众接触和对中国民众的认知概括如下：沙特人中 28.1% 有中国朋友，13.8% 来过中国，70.2% 在沙特见过中国游客。沙特人认为中国人在持有中华核心价值观上和自己差不多，都赞同，但略有逊色；中国人持有的辩证思维比沙特人强，持有综合思维方式与沙特人一致；中国人最突出的优点是勤劳，在自信性、创造性、有教养、爱好和平、平等待人等方面也不错，尚有不足的是见义勇为，幸福感不够强，身体不够强健；对中国人心理距离处在中间，愿意与中国人在同一行业共事；65.2%的沙特人对中国游客印象较好，好于中国人对中国海外游客的印象。

三　中国名人的知名度和美誉度

本部分从知名度、美誉度、知名度与美誉度对比、阅读名人著作等方面分析沙特受访者对中国名人的认知、态度和行为。

（一）知名度

1. 整体情况

852 个样本数据显示，知名度依次是成龙（87.4%）、章子怡（54.8%）、姚明（48.5%）、孔子（41.8%）、张仲景（39.8%）、老子（38.8%）、景海鹏（38.4%）、周杰伦（36.2%）、郎平（35.7%）、郎朗（35.0%）、屠呦呦（33.5%）、曹雪芹（33.2%）、莫言（32.7%）、梅兰芳（32.7%）、郑和（31.8%）、李白（31.1%）。

2. 是否知晓诸名人与对中华文化、中国形象评价

不知晓者对中华文化是否有吸引力评价（7 级量表）均值平均数（5.12），比知晓者（5.20）低 0.08。不知晓者对中国形象是否颇具魅力评价（11 级量表）均值的平均数（6.74），比知晓者（6.79）低 0.05。知晓者与不知晓者对中华文化、中国形象评价因名人而异，多数为知晓者评价优于不知晓者（见表 8-27）。

表 8-27　是否知晓中国名人与对中华文化、中国形象的评价比较

	对中华文化评价（有吸引力）			对中国形象评价（颇具魅力）		
	不知晓者	知晓者	两者之差	不知晓者	知晓者	两者之差
孔子	5.14	5.16	-0.02	6.76	6.77	-0.01
老子	5.24	5.17	0.07	6.83	6.66	0.17
张仲景	5.12	5.20	-0.08	6.65	6.92	-0.27
李白	5.14	5.17	-0.03	6.70	6.87	-0.17
曹雪芹	5.15	5.14	0.01	6.77	6.74	0.03

续表

	对中华文化评价（有吸引力）			对中国形象评价（颇具魅力）		
	不知晓者	知晓者	两者之差	不知晓者	知晓者	两者之差
郑和	5.17	5.11	0.06	6.73	6.83	-0.1
梅兰芳	5.10	5.25	-0.15	6.73	6.82	-0.09
章子怡	5.11	5.19	-0.08	6.68	6.82	-0.14
成龙	5.01	5.17	-0.16	6.82	6.75	0.07
莫言	5.18	5.10	0.08	6.68	6.93	-0.25
周杰伦	5.03	5.37	-0.34	6.75	6.78	-0.03
郎朗	5.10	5.24	-0.14	6.68	6.91	-0.23
姚明	5.02	5.29	-0.27	6.72	6.80	-0.08
郎平	5.07	5.30	-0.23	6.74	6.80	-0.06
景海鹏	5.10	5.23	-0.13	6.85	6.62	0.23
屠呦呦	5.16	5.13	0.03	6.77	6.74	0.03
平均	5.12	5.20	-0.08	6.74	6.79	-0.05

（二）美誉度

1. 整体情况

去除不知道者，用两种方法计算名人的美誉度：美誉率（较喜欢和很喜欢比例之和）和美誉均值。成龙的美誉率（85.5%）名列榜首。美誉率排名第 2 ~ 4 位的是章子怡（65.1%）、景海鹏（61.8%）和屠呦呦（61.1%）。数据显示，沙特受访者对影星、科学家比较偏爱。曹雪芹、周杰伦、李白名列倒数第 1~3（美誉率 46.0%、46.5%、46.8%），众数均为无所谓。美誉率平均 55.8%，美誉均值平均 3.58，介于无所谓和较喜欢之间（见表 8-28）。

表 8-28　受访者对中国名人美誉度评价

	很不喜欢（%）	较不喜欢（%）	无所谓（%）	较喜欢（%）	很喜欢（%）	美誉率（%）	众数	美誉均值
成龙	1.1	2.6	10.9	18.3	67.2	85.5	5	4.48
章子怡	5.1	5.4	24.4	34.3	30.8	65.1	4	3.80

续表

	很不喜欢（%）	较不喜欢（%）	无所谓（%）	较喜欢（%）	很喜欢（%）	美誉率（%）	众数	美誉均值
景海鹏	6.7	7.0	24.5	35.8	26.0	61.8	4	3.67
屠呦呦	2.8	11.9	24.2	37.2	23.9	61.1	4	3.67
姚明	5.8	7.5	26.6	35.8	24.2	60.0	4	3.65
张仲景	6.8	9.4	23.6	34.5	25.7	60.2	4	3.63
老子	4.8	13.3	27.8	34.7	19.3	54.0	4	3.50
郎平	6.9	8.9	32.2	32.6	19.4	52.0	4	3.49
孔子	5.3	13.2	28.7	34.6	18.3	52.9	4	3.47
郎朗	4.4	11.4	38.9	25.8	19.5	45.3	3	3.45
梅兰芳	7.5	9.3	34.1	29.4	19.7	49.1	3	3.44
郑和	5.9	14.7	29.8	32.0	17.6	49.6	3	3.41
莫言	6.8	11.1	34.4	31.9	15.8	47.7	3	3.39
曹雪芹	6.4	11.3	36.4	29.7	16.3	46.0	3	3.38
李白	8.5	10.6	34.0	28.7	18.1	46.8	3	3.37
周杰伦	9.4	9.4	34.7	29.9	16.6	46.5	3	3.35
平均	5.78	9.53	28.9	32.1	23.7	55.8	—	3.58

2. 人群分析

年龄、收入、受教育程度与对名人态度作相关分析：年龄只与喜欢歌手周杰伦显著负相关（-0.132**），年龄越小越喜欢他；家庭收入只与喜欢周杰伦、孔子相关（0.150**、0.112*），收入越高越喜欢他们；受教育程度与喜欢5位名人相关——老子0.131**、章子怡0.117**、周杰伦0.125*、郎朗0.130*、姚明0.095*，受教育程度越高越喜欢他们。性别、国籍、省籍、职业分别与对名人态度作一元方差分析：性别与喜欢梅兰芳、周杰伦有显著差异，女性喜欢他们胜过男性；国籍与喜欢章子怡、成龙、姚明、郎平、景海鹏有较显著差异，均为外籍人比本地人更喜欢他们；省籍与喜欢郎平、屠呦呦、周杰伦有显著或较显著差异，麦加省喜欢郎平均值（3.73）比利雅得省（3.28）高0.45，东方省喜欢屠呦呦（3.85）胜于麦加省（3.54），利雅得省喜欢周杰伦（3.38）胜于麦地那省（2.91）；职业与喜欢姚明有较显著差异，立法人员、领导人和管理人员喜欢姚明均值（4.33）明显高于专业技术人员（3.55）和服务业、店铺与市场工作人员（3.35）。

3. 相关分析

对中国名人态度同中华文化评价　对诸位名人的态度与中华文化 9 项评价作相关分析，相关系数平均数为 0.102（见表 8-29），各位名人与 9 项评价的相关系数平均数，前 8 位依次为：郎平、周杰伦、郎朗、景海鹏、老子、屠呦呦、郑和、张仲景（0.155、0.143、0.140、0.128、0.123、0.121、0.116、0.108）。诸位名人与单一文化评价相关系数平均数，前三名是有吸引力 0.117、有价值的 0.115、包容的 0.110。

表 8-29　沙特受访者对中国名人态度同中华文化评价的相关系数

	有吸引力	包容的	有活力的	灿烂的	多元的	爱好和平	有价值的	创新的	和谐的	平均
成龙	.111 **	.078 *	.050	.107 **	.074 *	.098 **	.085 **	.095 **	.089 **	.087
章子怡	.085 *	.119 **	.072	.084 *	.061	.063	.081 *	.057	.052	.075
姚明	.052	.101 *	.229 **	.051	.046	.037	.038	.055	.126 **	.082
孔子	.132 **	.040	.031	.059	.045	.064	.097 *	.070	.094 *	.070
张仲景	.133 **	.144 **	.075	.094 *	.109 *	.145 **	.185 **	.056	.031	.108
老子	.137 **	.204 **	.054	.118 **	.131 **	.091 *	.135 **	.105 *	.130 **	.123
景海鹏	.142 **	.148 **	.137 **	.061	.117 **	.090 *	.195 **	.112 **	.150 **	.128
周杰伦	.373 **	.144 **	.031	.055	.384 **	.090	.055	.094 *	.060	.143
郎平	.131 **	.159 **	.339 **	.120 *	.134 **	.105 *	.119 *	.156 **	.130 **	.155
郎朗	.175 **	.150 **	.193 **	.119 *	.091	.178 **	.126 **	.096 *	.128 **	.140
屠呦呦	.120 *	.128 **	.136 **	.123 *	.097 *	.184 **	.144 **	.127 **	.033	.121
曹雪芹	.014	.092	.036	.056	.063	.092	.069	.057	.083	.062
李白	.115 *	.037	.033	.011	.075	.053	.223 **	.109 *	.080	.082
梅兰芳	.053	.088	.033	.082	.087	.078	.124 **	.066	.095	.078
莫言	.113 *	.150 **	.090	.089	.121 *	.140 **	.009	.014	.118 *	.094
郑和	.155 **	.112 *	.076	.126 *	.129 **	.147 **	.145 **	.068	.089	.116
平均	.117	.110	.099	.094	.103	.100	.115	.088	.096	.102

对中国名人态度同中国形象评价　对诸位名人态度与中国形象 8 项评价作相关分析显示，相关系数平均数为 0.111。各位名人与 8 项评价的相关系数平均数，相关系数较高的为：郑和 0.163、景海鹏 0.141、曹雪芹 0.136、

孔子 0.129、莫言 0.118、屠呦呦 0.113、老子 0.112。诸位名人与单一评价相关系数平均数，前三名是充满活力 0.123、有创新力 0.123、不断发展 0.117（见表 8-30）。

表 8-30　沙特受访者对中国名人态度同中国形象评价的相关系数

	可靠可信	令人愉悦	有领导力	充满活力	颇具魅力	坚定不移	不断发展	有创新力	平均
成龙	.047	.120**	.083**	.089**	.105**	.087**	.092**	.053	.085
章子怡	.049	.094*	.062	.132**	.093*	.083*	.081*	.108**	.087
姚明	.053	.073	.097*	.076	.034	.109**	.110**	.131**	.085
孔子	.122**	.146**	.150**	.104*	.093*	.183**	.120**	.117**	.129
张仲景	.098*	.126**	.084	.168**	.067	.060	.167**	.110*	.110
老子	.123**	.104*	.113**	.078	.125**	.152**	.163**	.035	.112
景海鹏	.137**	.086*	.087*	.163**	.188**	.181**	.108*	.174**	.141
周杰伦	.056	.126**	.063	.155**	.113*	.141**	.051	-.005	.088
郎平	.117**	.094*	.054	.095*	.097*	.107*	.087	.149**	.100
郎朗	.099*	.129**	.134**	.106*	.072	.057	.059	.157**	.102
屠呦呦	.068	.090	.074	.103*	.124**	.136**	.163**	.147**	.113
曹雪芹	.095*	.124**	.131**	.190**	.134**	.125**	.119**	.168**	.136
李白	.049	.056	.080	.092	.069	.014	.126**	.145**	.079
梅兰芳	.046	.154**	.051	.073	.102*	.055	.116*	.144**	.093
莫言	.053	.159**	.106*	.155**	.167**	.097*	.149**	.058	.118
郑和	.132**	.084	.129**	.186**	.212**	.191**	.178**	.188**	.163
平均	.087	.111	.101	.123	.112	.112	.117	.123	.111

对中国名人态度与对中沙关系态度　对诸位中国名人的态度与对中沙关系态度作相关分析显示，与章子怡 0.149**、成龙 0.106** 显著相关，与老子 0.116*、张仲景 0.117*、曹雪芹 0.112*、周杰伦 0.115* 较显著相关。

（三）知名度与美誉率对比

各位名人的美誉率与知名度比值，最高为屠呦呦（1.82）、最低为成龙（0.98）、平均 1.38。以知名度排名与美誉率排名之差正负 4 为标准，中国名人在沙特人眼中，知名度与美誉率对比有四种情况（见表 8-31）。

知名度高，美誉率也高。影视明星（成龙、章子怡）的知名度和美誉率均分别排名前两位。两人知名度高，美誉率也高。

　　知名度与美誉率大体持平。体育明星（姚明）、古代科学家（张仲景）、古代哲学家（老子）知名度排名靠前，美誉率排名也靠前。当代艺术家文学家（梅兰芳、莫言、郎朗）、古代文学家（李白、曹雪芹）、体育明星（郎平）知名度排名靠后，美誉率排名也靠后。

　　知名度高，美誉率低。古代哲学家（孔子）、当今流行歌手（周杰伦）知名度排名远高于美誉率排名。

　　知名度低，美誉率高。科学家（屠呦呦）、宇航员（景海鹏）、知名度排名靠后，但美誉率排名靠前。

表 8-31　诸位名人知名度排名和美誉率排名差距比较

（差距＝知名度排名－美誉率排名）

		名人	知名度（%）	美誉率（%）	美誉率与知名度之比	知名度排名	美誉率排名
知名度高美誉率也高	当今影视明星	成龙	87.4	85.5	0.98	1	1
		章子怡	54.8	65.1	1.19	2	2
知名度与美誉率大体持平	当今体育明星	姚明	48.5	60.0	1.24	3	5
		郎平	35.7	52.0	1.46	9	8
	古代科学家	张仲景	39.8	60.2	1.51	5	6
	古代哲学家	老子	38.8	54.0	1.39	6	7
	当代当今文学艺术家	梅兰芳	32.7	49.1	1.50	14	11
		莫言	32.7	47.7	1.46	15	13
		郎朗	35.0	45.3	1.29	10	10
	古代文学艺术家	李白	33.1	46.8	1.41	13	15
		曹雪芹	33.2	46.0	1.39	12	14
知名度高，美誉率低	当今流行歌手	周杰伦	36.2	46.5	1.28	8	16
	古代哲学家	孔子	41.8	52.9	1.27	4	9
知名度低，美誉率高	当今科学家	屠呦呦	33.5	61.1	1.82	11	3
	当今宇航员	景海鹏	38.4	61.8	1.61	7	4
	古代航海家	郑和	31.8	49.6	1.56	16	12

（四）沙特与 9 国比较

中沙对比，诸位名人在中国的知名度都比在沙特高。差距最大的前两名是李白（62.3 个百分点）、梅兰芳（62.0 个百分点），差距最小的前两名是成龙（7.7 个百分点）、章子怡（38.2 个百分点）。诸位名人知名度平均数，在沙特（41.7%）比在中国（92.8%）低 51.1 个百分点。

沙特受访者中，对成龙、章子怡美誉率高过中国人：成龙美誉率（85.5%）比中国人（63.8%）高 21.7 个百分点；对其余中国名人美誉率低于中国人，相差最大的前 3 名是：李白（36.1 个百分点）、郎平（31.2 个百分点）、曹雪芹（30.1 个百分点）；诸位名人美誉率平均数（55.8%）比中国人（71.7%）低 15.9 个百分点。简言之，中国影视明星成龙和章子怡在沙特的美誉率高于中国，其他领域名人则相反。

沙特与海外其他 8 国比，在知名度上，孔子在沙特的知名度在 8 国中最低。诸位中国名人的美誉度平均数，沙特（55.8%）在同期调查的美国、德国、俄罗斯、印度、日本海外 6 国中最高（见表 8-32）。

表 8-32　沙特与 9 国受访者对中国名人知名度、美誉率比较

		沙特	美国	德国	俄罗斯	印度	日本	平均	中国	韩国	越南	印尼
成龙	知名度	87.4	91.6	87.2	98.2	97.8	61.6	87.3	95.1	99.2	99.3	99.4
	美誉率	85.5	75.1	56.1	84.1	87.8	40.5	71.5	63.8	75.5	87.8	93.4
章子怡	知名度	54.8	49.9	38.4	54.5	75.7	28.5	50.3	93.0	96.4	95.5	88.6
	美誉率	65.1	56.9	45.3	65.8	67.4	31.4	55.3	46.8	54.0	63.3	80.7
姚明	知名度	48.5	80.5	29.4	43.3	72.9	35.1	51.6	96.0	77.1	75.7	86.3
	美誉率	60.0	53.9	27.5	43.0	58.1	14.1	42.8	71.6	19.6	33.7	69.7
孔子	知名度	41.8	79.0	74.2	94.2	79.7	73.8	73.8	97.0	97.7	98.2	74.4
	美誉率	52.9	49.8	49.7	72.7	59.7	24.7	51.6	74.1	43.9	76.5	58.1
张仲景	知名度	39.8	31.5	24.6	38.2	64.5	22.5	36.9	87.4	41.4	64.1	70.0
	美誉率	60.2	40.3	24.7	52.1	54.5	21.1	42.2	79.9	12.6	44.1	61.5

		沙特	美国	德国	俄罗斯	印度	日本	平均	中国	韩国	越南	印尼
老子	知名度	38.8	47.8	43.5	69.7	69.1	69.1	56.3	94.7	95.8	98.2	71.3
	美誉率	54.0	44.3	43.2	60.4	52.9	21.7	46.1	75.3	37.0	58.9	55.9
景海鹏	知名度	38.4	32.3	30.2	51.5	71.9	22.0	41.1	84.4	—	—	—
	美誉率	61.8	41.3	26.7	50.4	62.0	16.2	43.1	78.4	—	—	—
周杰伦	知名度	36.2	32.9	23.6	28.1	64.8	18.8	34.1	87.0	—	—	—
	美誉率	46.5	30.6	21.9	23.2	50.3	15.8	31.4	54.3	—	—	—
郎平	知名度	35.7	35.6	25.1	28.1	67.3	35.6	37.9	95.9	—	—	—
	美誉率	52.0	38.9	22.2	27.5	57.0	10.3	34.7	83.2	—	—	—
郎朗	知名度	35.0	37.4	61.2	37.0	64.9	22.2	43.0	86.2	44.0	55.9	71.7
	美誉率	45.3	51.1	54.2	48.9	51.3	22.3	45.5	59.0	18.2	28.1	52.6
屠呦呦	知名度	33.5	29.7	26.4	25.6	64.1	21.3	33.4	86.3	—	—	—
	美誉率	61.1	31.7	31.7	30.5	46.7	13.6	35.9	78.7	—	—	—
曹雪芹	知名度	33.2	28.9	22.0	37.9	64.2	20.7	34.5	93.8	—	—	—
	美誉率	46.0	33.2	25.8	43.3	47.4	14.0	35.0	76.1	—	—	—
李白	知名度	33.1	38.0	27.4	38.3	63.7	67.2	44.6	95.4	75.4	97.2	70.4
	美誉率	46.8	41.7	29.8	39.0	46.2	21.3	37.5	82.9	30.5	73.3	50.9
梅兰芳	知名度	32.7	32.8	29.7	27.2	64.4	24.2	35.2	94.7	57.8	58.4	72.0
	美誉率	49.1	37.1	26.2	35.6	52.2	22.9	37.2	67.5	19.8	27.5	50.7
莫言	知名度	32.7	33.2	24.1	30.7	65.2	22.5	34.7	90.9	41.9	69.7	70.2
	美誉率	47.7	30.9	21.9	28.4	43.9	12.8	30.9	63.1	12.4	36.7	48.5
郑和	知名度	31.8	33.0	25.8	29.4	64.4	22.2	34.4	90.7	—	—	—
	美誉率	49.6	39.9	26.6	40.4	46.5	14.7	36.3	72.9	—	—	—
平均	知名度	41.7	44.9	38.4	48.7	70.8	40.5	47.5	92.8	74.0	84.2	78.0
	美誉率	55.8	40.0	30.0	43.8	54.1	18.1	40.3	71.7	27.5	50.0	57.6

（五）阅读名人著作情况

1. 阅读概况

在列出的哲学、文学和政治学 5 本著作①中，知晓和阅读情况都很接近，相比之下，知晓率《红楼梦》第一（33.2%），《西游记》第二（31.0%）。知晓者中，通读率《毛泽东选集》和《西游记》并列第一（3.8%）（见表8-33）。

表 8-33 沙特受访者对中国名人著作知晓和阅读情况

单位：个,%

	没听说过		从未读过		读过一点		通读过		合计	
	样本量	占比	样本量	占比	样本量	占比	样本量	占比	样本量	占比
《论语》	596	70.0	137	16.1	89	10.4	30	3.5	852	100
《道德经》	598	70.2	145	17.0	84	9.9	25	2.9	852	100
《红楼梦》	569	66.8	167	19.6	89	10.4	27	3.2	852	100
《西游记》	588	69.0	154	18.1	78	9.2	32	3.8	852	100
《毛泽东选集》	601	70.5	139	16.3	80	9.4	32	3.8	852	100
平均	590	69.3	148	17.4	84	9.9	29	3.4	852	100

2. 沙特与 9 国比较

关于 5 本著作知晓和阅读情况，问卷中沙特的问题与中国、美国、俄罗斯、印度、日本的完全一样，与韩国、越南、印尼的题干一样，但选项不完全一样（为 3 个选项：1. 没听说过；2. 听说过，读过；3. 听说过，没读过）。因而韩国、越南、印尼的阅读情况数据仅供参考。

中沙对比，沙特受访者 5 本著作知晓率和通读率都低于中国，5 本著作知晓率平均数（30.7%）比中国（86.3%）低 55.6 个百分点。知晓者 5 本著作通读率平均数（3.4%）比中国人（29.6%）低 26.2 个百分点。

沙特与海外其他 8 国比较，《论语》《道德经》《毛泽东选集》的知晓率都最低。5 本著作的知晓率平均数在海外 8 国中最低，通读率低于美国、印

---

① 5 本中国名人著作译为阿拉伯文的情况见薛庆国著《阿拉伯文化中的中国形象》，湖南文艺出版社，2022。

度，高于德国、俄罗斯和日本（见表 8-34）。

表 8-34　沙特和 9 国受访者对中国名人著作的知晓率、通读率/读过率

单位：%

		沙特	美国	德国	俄罗斯	印度	日本	平均	中国	韩国	越南	印尼
《论语》	知晓率	30.0	41.7	44.1	66.3	66.8	57.6	51.1	88.6	96.1	78.3	64.6
	通读过/读过	3.5	5.6	2.0	2.0	10.3	2.3	4.3	16.6	58.1	41.0	45.8
《道德经》	知晓率	29.8	35.5	30.7	59.7	62.3	44.4	43.7	80.7	87.3	75.5	59.2
	通读过/读过	2.9	6.3	1.8	2.4	10.9	1.6	4.3	13.9	60.7	33.0	34.0
《红楼梦》	知晓率	33.2	26.2	26.7	41.2	60.7	33.9	37.0	87.4	—	—	—
	通读过	3.2	4.9	1.8	0.8	12.3	1.8	4.1	45.3	—	—	—
《西游记》	知晓率	31.0	32.5	27.0	41.3	65.4	62.3	43.3	89.6	—	—	—
	通读过	3.8	5.9	2.2	1.3	11.7	4.8	5.0	56.8	—	—	—
《毛泽东选集》	知晓率	29.5	34.6	30.5	61.1	65.5	36.6	43.0	85.1	43.6	63.0	57.7
	通读过/读过	3.8	4.8	1.4	1.2	14.3	1.5	4.5	15.2	37.8	19.6	30.2
平均	知晓率	30.7	34.1	31.8	53.9	64.1	47.0	43.6	86.3	75.7	72.3	60.5
	通读过/读过	3.4	5.5	1.8	1.5	11.9	2.4	4.4	29.6	52.2	31.2	36.7

四　结果分析与思考

（一）中华核心价值观具有共享性再次得到证实

第四章分析受访者是否赞同 11 项中华核心价值观时，通过沙特人的赞同率与中国人的赞同率对比，表明中华核心价值观具有共享性。本章将沙特人的赞同率与其评估的中国人赞同率对比，结果也显示：在受访者心目中，这些价值观也是共享的。

以赞同率为例，七成的沙特人认为中国人都赞同 11 项价值观，沙特人评估中国人 11 项价值观赞同率平均数为 72.9%，沙特人 11 项价值观赞同率平均数为 77.6%，两者仅差 4.7 个百分点。11 项价值观赞同率有差异，但只是程度差异，而不是实质性差异。人群分析显示，11 项价值观中只有"恕"在家庭收入上，"义"在受教育水平、省籍、职业上，"天人合一"在受教育程度上有差异，其余均无差异。因而，中华核心价值观在沙特受

访者中具有普遍共享性再次得到了证实。

（二）辩证思维和综合思维具有共享性再次得到证实

第五章分析沙特受访者是否赞同辩证思维和综合思维时，通过沙特人的赞同率与中国人的赞同率对比，表明双方具有共享性。本章将沙特人的赞同率与其评估的中国人赞同率再次对比，结果显示：在受访者心目中，这些思维方式也是共享的。

以赞同率为例，65.1%的沙特受访者认为中国人都赞同辩证思维，比沙特受访者赞同率（59.8%）高5.3个百分点。69.6%的沙特受访者认为中国人都赞同综合思维，与沙特受访者赞同率（69.7%）只差0.1个百分点。沙特人认为中国人2种思维方式赞同率平均数为68.5%，比沙特人的平均赞同率（66.2%）高2.3个百分点。两种思维方式赞同率虽有差异，但只是程度差异，而不是实质性差异。沙特受访者对中国人持有辩证思维和综合思维的人群分析显示，只有省籍与综合思维个案问题的态度有较显著差异，其余皆无显著差异。因而，辩证思维和综合思维在沙特受访者中具有共享性再次得到了证实。

（三）采取措施提高中国到沙特游客的素质

沙特人与中国人的心理距离居中。沙特受访者对中国人的印象不仅好于以往在日本、韩国、越南、印尼的调查结果，而且好于中国受访者对中国人的评价。沙特人对中国人印象好于中国人自我印象的有7项、等于的有3项、差的只有2项，这是始料未及的。从对中国游客印象看，沙特人对到沙特的中国游客好感率（65.2%）比中国受访者对中国海外游客行为素质的好感率（27.1%）高38.1个百分点，好感均值（3.78）比中国的（2.88）高0.90，前者为较好，后者为中立。这种结果也是始料未及的。

分析这种较乐观的数据原因，2018年之前，沙特只给朝觐者和到沙特工作的中国人办理签证，没有旅游签证。所以沙特人对中国人的直接印象来自媒体和上述这两类人。值得注意的是，沙特政府于2019年正式宣布首次向全球49个国家签发旅游签证，中国位列其中。中国游客是传递中华文化的使者，他们的形象无疑会影响沙特民众对中国人的评价。中国宜珍惜沙特人对中国人的良好印象，相关部门宜未雨绸缪采取相应措施，特别是针对国际旅行社和导游等改进工作。还需要注意提高到沙特这个伊斯兰色彩浓重的国家旅游的中国公民的文化自觉，以维护和增进沙特民众心中较好的中国人形象。建议旅行社对中国游客加强出行前的沙特文化培训或教育。

（四）提升中国名人在沙特的美誉率

调查数据显示，是否知晓中国名人与对中华文化评价和对中国形象评价没有显著差异，而对诸位中国名人美誉率与对中华文化、中国形象评价相关系数平均数分别为 0.102、0.111，均为显著正相关。因而，提升沙特民众对中国名人的美誉率远比提升他们的知名度重要。

1. 影视名人和国际影视传播渠道的作用不容小觑

成龙和章子怡作为中国影视明星的代表，他们在沙特的知名度和美誉率居前两位，这类名人效应值得注意。以往在美国、德国、印度和俄罗斯的调查中，成龙的知名度和美誉率均为第一，印证影视名人和国际影视传播渠道（好莱坞）的作用不容小觑。在沙特的人群分析显示，除了外籍人与本地人对成龙的美誉率有较显著差异外，其他 6 项人口统计指标都没有区别，反映的是全国大体一致的态度。对于成龙这类影视明星，应充分发挥他们在沙特及其他国家传播中华文化和提升中国形象的民间大使作用。中国宜作出长期规划，注意培养这方面人才，特别注意他们在海外传递与所在国共享的中华核心价值观，而不是西方的价值观。

2. 孔子与中国核心价值观传播

孔子知名度（41.8%）排名靠前，但美誉率（52.9%）排名靠后。除了收入越高越喜欢他外，其他 6 个人群在美誉率上没有区别，反映的是沙特人的普遍态度。对孔子个人的美誉率评价不很高，但对他主张的价值观（仁、恕、孝、礼、义、和而不同、天人合一）赞同率却不低。对他的美誉率与对中华文化评价的相关系数平均数不显著相关，对中国形象评价的相关系数平均数显著相关。这种现象可能与沙特全民笃信伊斯兰教有关，穆斯林的念功为"万物非主，唯有真主，穆罕默德是真主的使者"。这无疑会影响沙特受访者对外国杰出思想家的美誉率评价。穆斯林，特别是瓦哈比教派，独尊真主，反对崇拜穆罕默德，更别说推崇其他先贤。因此，他们自然对作为外国人的孔子缺乏好感。如何处理好孔子美誉率低，但其主张的价值观赞同率高的问题值得思考。一些有识之士认为，包括儒家思想在内的中华优秀传统文化能够为解决当代人类面临的难题提供重要启示，宜予以继承和发展。中国对沙特等伊斯兰国家传播中华传统核心价值观，如何通过喜闻乐见的形式传播中华核心价值观，是改进中沙文化交流值得探讨的问题。孔子是中国古代伟大的思想家、哲学家、教育家，以孔子的这种身份定位在沙特的传播效果会更好。有中国学者也认为，在西方孔子被认为人类文明发展的先驱，孔子本身就是一个品牌。但信仰伊斯兰教的阿拉伯国家，则多多少少担心儒学中包含的宗教色彩，从而威胁阿拉伯伊斯兰文化的主导地位①。

3. 加大介绍中国科技精英的力度

科技人员对科学的贡献会造福全人类，会得到全人类的尊敬。例如，历史上阿拉伯医学家伊本·西纳，英国的牛顿，美国的富兰克林和爱迪生，法国的居里夫妇，瑞典的诺贝尔都是如此。这种情况在沙特尤其明显：本次调查中，中国医圣张仲景在沙特的知名度居然在诸位中国名人中排名靠前，张仲景的知名度、美誉率排名都超过了孔子、老子。本次调查数据还显示，有些中国科技界名人在沙特知名度低，美誉率高：当今科学家屠呦呦、当今宇航员景海鹏、古代航海家郑和知名度排名靠后，但美誉率排名靠前。因而，提升沙特民众对中国科技名人的知名度和美誉率有益于提升中国正面形象。

4. 流行歌手和文学家美誉率低的原因需探讨

中国名人来自不同领域，从美誉率来看，周杰伦、李白、曹雪芹、莫言排名倒数第1~4位，相比之下，当今流行歌手、古代诗人和古今文学家在沙特民众中不太受欢迎。人群分析显示，沙特民众对流行歌手周杰伦的态度与年龄、收入、受教育程度、性别、省籍有关，年龄越小、收入越高越喜欢他，而不是普遍一致的喜欢。周杰伦是中国台湾流行歌手，他融合了中西音乐风格，2002年举行"The One"世界巡回演唱会。2003年成为美国《时代》周刊封面人物。2006年起连续三年获得世界音乐大奖中国区最畅销艺人奖。其世界知名度和美誉度可谓不小，但在诸位中国名人中美誉率最低，这是否反映了沙特民众喜欢这类演艺作品而不喜欢其本人，这值

---

① 转引自刘欣路著《中阿关系发展中的中国软实力研究》，光明日报出版社，2014，第81页。

得进一步研究。

人群分析显示，沙特民众对李白、曹雪芹、莫言的美誉率在 7 项人口统计指标上没有区别，反映的是全国大体一致的态度。曹雪芹《红楼梦》的知晓率（33.2%）在 5 本著作中排名第一，但阅读率倒数第一，这也从一个侧面反映了沙特民众对中国文学家不够喜欢，这是否与语言翻译质量和作品内容与沙特民情不符有关？值得探讨。

第九章　对中国经济和科技发展的看法

评估中国文化在沙特的影响，"既要见树木，又要见森林"，不仅要评估沙特民众对中国文化的认知和态度，而且要评估他们对改革开放以来中国经济、科技的基本认知和态度，因为它们与文化是相互影响的。本章首先调查受访者对中国经济和科技发展的看法，继而分析这些看法与对中华文化和中国形象的评价。

一　问卷设计

1. 设计思路

经济基础决定上层建筑，海外民众对一国经济发展状况的认知和态度，会对该国文化和国家形象评价产生决定性影响。新中国成立后，特别是1978年改革开放以来，中国沿着中国特色社会主义和平发展道路，经济和社会发展取得了世界瞩目的成就，GDP 世界排名由 1978 年的第 15 位上升到 2010 年的第 2 位。沙特民众对中国改革开放以来经济发展的认知和评价如何？与对中华文化和中国形象评价是否密切相关？问卷用 4 个问题作了调查：沙特民众对这一情况是否了解？如何评价中国发展道路？对中国经济发展前景如何预期？对中国经济快速发展原因如何认识？对第四个问题，问卷列举了政治制度、改革、开放、中国人勤劳、其他等五个选项，调查受访者对中国经济发展的深层认知。

问卷用 1 个问题调查了受访者对中国科技发展的认知。科学技术是第一生产力，民众对一国科技发展状况的认知会在一定程度上影响对该国经济、文化、国家形象的看法。受访者对当今中国科技状况的印象如何？2019 年，中国的 SCI 论文数量和高引用论文数量都位居世界第二位，国内发明专利申请量和 PCT 专利申请量都居世界首位，成为全球科技创新的重要贡献者。从衡量高质量科研产出的自然指数（Nature Index）排名看，中国居世界第二位，中科院已连续 8 年在全球科教机构中居于首位。尽管中国科技取得了长足进步，但与世界顶尖水平还存在差距，中国本土诺贝尔奖（自然科学）得主只有 1 人。有学者认为，在科技水平上，美国属于第一梯队，中国与欧盟、日本属于第二梯队。尽管如此，由于排名没有国际权威机构说法，中国科技发展水平在受访者心中的世界排名数据仅供参考。

2. 问卷内容

问卷设计了 5 个问题，2 个调查认知，3 个调查态度，具体内容如下。

V42. 1978 年中国的 GDP 在世界各国中排名第 15 位，2015 年排名第几位？

1. 第 15 位或更后　2. 第 11~14 位　3. 第 7~10 位　4. 第 3~6 位　5. 第 1~2 位　88. 不知道

V45. 您认为中国科技发展水平在世界上处于何种地位？【单选】

1. 50 名之后　2. 30~49 名　3. 11~29 名　4. 6~10 名　5. 1~5 名

V42-1. 您认为近 30 年来中国所走的经济发展道路如何？

1. 非常不好　2. 较不好　3. 中立　4. 较好　5. 非常好　88. 不知道

V42-2. 您觉得中国经济发展前景乐观吗？

1. 非常不乐观　2. 不乐观　3. 中立　4. 乐观　5. 非常乐观　88. 不知道

V42-3. 您觉得中国近年来经济快速发展的原因是什么？

1. 政治制度优越　2. 改革解放了市场经济活力　3. 积极融入经济全球化　4. 中国人的勤奋努力　77. 其他

二　对中国经济和科技发展现状的认知

（一）对经济发展现状的认知

1. 概况

本部分从两方面分析：首先，调查分析受访者了解中国 GDP 2015 年排名情况；其次，排除回答"不知道"者，评估自认为了解者的认知情况，将回答"第 15 位或更后"定位为"非常不了解",赋值 1,回答"第 11~14 位"定位为"很不了解",赋值 2,回答"第 7~10 位"定位为"不太了解",赋值 3,回答"第 3~6 位"定位为"接近了解",赋值 4,回答"第 1~2 位"定位为"正确了解",赋值 5,计算出受访者对中国经济发展现状的认知均值,均值越高越了解。

852 名受访者中,回答不知道的占 48.5%、第 15 位或更后 3.5%、第 11~14 位 4.5%、第 7~10 位 7.5%、第 3~6 位 14.4%、第 1~2 位 21.6%,简言之,78.4% 的受访者不知道 2010 年之后中国 GDP 处于世界第 2 位。去除不知道者,认知均值 3.90。

2. 人群分析

年龄与对 GDP 排名认知情况如下:25~34 岁不知道率最高(51.5%),比最低的 15~24 岁(46.6%)高 4.9 个百分点,没有明显差异。去除不知道者,年龄与对中国 GDP 排名认知作交叉列表卡方检验,显示没有显著差异;相关分析也显示不显著相关(见表 9-1)。

表 9-1　沙特受访者年龄与对中国 GDP 世界排名认知情况

单位:个,%

	15~24 岁	25~34 岁	35~44 岁	45~54 岁	55~64 岁	65 岁及以上	合计
样本量	206	196	197	169	74	10	852
不知道	46.6	51.5	47.7	46.7	51.4	50.0	48.5
排名第 1~2 位	18.4	18.9	25.9	23.1	24.3	10.0	21.6

家庭年收入"少于 5 万里亚尔"的不知道率最高(51.1%),比最低的"多于 200 万里亚尔"的(42.1%)高 9.0 个百分点。去除不知道者,收入与 GDP 排名认知作交叉列表卡方检验,显示没有显著差异;相关分析也显示不显著相关。

受教育程度与对 GDP 排名认知的数据见表 9-2。小学学历的样本太少(14 个),不具备统计学意义。高中学历不知道率最高(53.6%),比最低的初中学历(36.4%)高 17.2 个百分点,差异明显;去除不知道者,受教育程度与对 GDP 排名认知作交叉列表卡方检验,显示有显著差异。对受教育程度与 GDP 排名认知(去除不知道者)作相关分析,显示为显著相关,相关系数 0.149**。

表 9-2 沙特受访者受教育程度与对中国 GDP 世界排名认知

单位：个，%

	小学	初中	高中	高等教育	合计
样本量	14	33	233	572	852
不知道	64.3	36.4	53.6	46.7	48.5
第 1~2 位	14.3	15.2	16.3	24.3	21.6

女性不知道率（51.1%）比男性（46.6%）高 4.5 个百分点。女性回答正确率（19.3%）比男性（23.2%）低 3.9 个百分点。去除不知道者，性别与 GDP 排名认知作交叉列表卡方分析，显示没有显著差异。

本地人不知道率（50.1%）比外籍人（42.5%）高 7.6 个百分点，本地人回答正确率（19.8%）比外籍人（28.2%）低 8.4 个百分点。去除不知道者，国籍与对 GDP 排名认知作交叉列表卡方分析，显示没有显著差异。

居住省份（样本不超过 30 个的省份未列入）与对 GDP 排名认知数据见表 9-3。不同省份受访者不知道率有显著差异，如麦地那省（32.1%）比塔布克省（62.2%）低 30.1 个百分点。个别省份回答正确率也有显著差异，如麦地那省（34.0%）比塔布克省（10.8%）高 23.2 个百分点。去除不知道者，省籍与对 GDP 排名认知作交叉列表卡方分析，显示没有显著差异。

表 9-3 沙特受访者省籍与对中国 GDP 世界排名认知情况

单位：个，%

	塔布克省	麦地那省	盖西姆省	麦加省	利雅得省	东部省	阿西尔省
样本量	37	53	35	221	256	150	37
不知道	62.2	32.1	40.0	48.9	46.5	53.3	54.1
排名第 1~2 位	10.8	34.0	28.6	15.4	26.2	21.3	18.9

不同职业不知道率有显著差异，不知道率最高的无职业或自由职业者（58.6%）比最低的其他行业技术工人（34.4%）高 24.2 个百分点。不同职业的回答正确率也有较显著差异，正确率最高的专业技术人员（29.1%）比最低的立法人员、领导人和管理人员（13.9%）高 15.2 个百分点。去除

不知道者，职业与对 GDP 排名认知作交叉列表卡方分析，显示没有显著差异。

　　总之，受教育程度与了解 GDP 排名有显著差异且显著相关，受教育程度越高回答正确率越高，年龄、家庭收入与了解中国 GDP 世界排名不显著相关。不同省籍、职业的不知道率差异明显。去除不知道者，性别、国籍、省籍、职业与了解 GDP 排名整体上没有显著差异。

　　3. 相关分析

　　GDP 排名认知与中华文化评价　对 GDP 排名回答正确、错误、不知道者与对中华文化 9 项评价的赞同率进行比较，以 9 项评价赞同率平均数相比，回答正确者（67.9%）比错误者（60.5%）高 7.4 个百分点，比不知道者（60.2%）高 7.7 个百分点；回答错误者与不知道者相差无几。回答正确者与回答不知道者的 9 项评价赞同率之差，前三名是和谐的（13.6%）、爱好和平（10.2%）、灿烂的（9.1%）（见表 9-4）。

表 9-4　沙特受访者对中国 GDP 世界排名认知与对中华文化评价情况

		有吸引力	包容的	有活力的	灿烂的	多元的	爱好和平	有价值的	创新的	和谐的	平均
回答正确 N=184	赞同率（%）	71.7	64.7	71.2	72.3	58.2	69.0	71.2	60.9	71.7	67.9
	均值	5.38	5.16	5.34	5.36	4.92	5.22	5.33	5.01	5.36	5.23
回答错误 N=255	赞同率（%）	65.1	58.4	62.7	58.8	53.7	63.9	63.1	56.9	62.0	60.5
	均值	5.10	4.84	5.25	5.05	4.75	5.11	5.11	4.90	4.98	5.01
不知道 N=413	赞同率（%）	64.4	56.9	64.2	63.2	52.3	58.8	66.6	56.9	58.1	60.2
	均值	5.08	4.92	5.12	5.14	4.71	4.98	5.23	4.93	4.94	5.01
回答正确与不知道之差	赞同率（%）	7.3	7.8	7.0	9.1	5.9	10.2	4.6	4.0	13.6	7.7
	均值	0.3	0.24	0.22	0.22	0.21	0.24	0.1	0.08	0.42	0.22

　　去除不知道者，将自认为知道者对中国 GDP 排名认知同中华文化 9 项评价的相关分析显示，对 GDP 排名认知与包容的、和谐的相关，相关系数

均为 0.087*；9 项相关系数平均 0.065。

GDP 排名认知与中国形象评价 对 GDP 排名回答正确、错误、不知道者与对中国形象 8 项评价的赞同率作比较，以 8 项评价赞同率平均数相比，回答正确者（70.4%）比错误者（64.3%）高 6.1 个百分点，比不知道者（61.8%）高 8.6 个百分点；回答错误者与不知道者相差不大。回答正确者与回答不知道者对 8 项评价赞同率之差的前三名是：坚定不移（12.6%）、不断发展（12.5%）、颇具魅力（10.3%）（见表 9-5）。

表 9-5　沙特受访者对中国 GDP 世界排名认知与对中国形象评价比较

		可靠可信	令人愉悦	有领导力	充满活力	颇具魅力	坚定不移	不断发展	有创新力	平均
回答正确 N=184	赞同率（%）	63.0	61.4	65.8	74.5	72.3	68.5	81.0	76.6	70.4
	均值	6.39	6.64	6.79	7.58	7.28	6.92	7.85	7.54	7.12
回答错误 N=255	赞同率（%）	55.3	62.4	62.7	70.2	65.1	62.0	66.7	69.8	64.3
	均值	5.93	6.52	6.43	7.04	6.67	6.51	6.98	6.87	6.62
不知道 N=413	赞同率（%）	52.8	58.4	61.5	68.8	62.0	55.9	68.5	66.8	61.8
	均值	5.73	6.26	6.54	6.94	6.58	6.16	6.90	6.77	6.49
回答正确与不知道之差	赞同率（%）	10.2	3.0	4.3	5.7	10.3	12.6	12.5	9.8	8.6
	均值	0.66	0.38	0.25	0.64	0.7	0.76	0.95	0.77	0.63

去除不知道者，将自认为知道者对中国 GDP 排名认知同中国形象 8 项评价的相关分析显示，GDP 排名认知与 5 项评价相关：不断发展（0.139**）、有创新力（0.114**）、充满活力（0.099**）、颇具魅力（0.093*）、坚定不移（0.087*），8 项相关系数平均数 0.088。对中国 GDP 排名认知与中华文化 9 项评价的相关系数平均数（0.065）比与中国形象 8 项评价相关系数平均数（0.088）低 0.23，对中国 GDP 的正确认知与中国形象评价相关性大于与中华文化评价相关性。

去除不知道者，将对 GDP 排名认知与对中沙关系态度作相关分析，显示不显著相关。

4. 沙特与 6 国比较

中沙对比，中国问卷关于中国 GDP 在世界排名问题与沙特问卷一样。沙特人的不知道率（48.5%）比中国人（21.7%）高 26.8 个百分点，回答的正确率（21.6%）比中国人（44.6%）低 23 个百分点，均有显著差异。

沙特与其他 5 国相比，不知道率位居第三，低于美国（67.8%）、德国（76.3%）；正确率居第三，高于印度（19.0%）、美国（12.2%）、德国（4.0%），大体与海外 6 国正确率平均数 21.7% 持平（见表 9-6）。

表 9-6　沙特和 6 国受访者对 2015 年中国 GDP 世界排名认知比较

单位：%

	沙特	美国	德国	俄罗斯	印度	日本	平均	中国
不知道	48.5	67.8	76.3	42.8	32.5	26.0	49.0	21.7
第 15 位或更后	3.5	2.1	3.4	1.1	3.8	10.8	4.1	3.8
第 11~14 位	4.5	3.4	3.7	2.8	8.5	5.1	4.7	5.2
第 7~10 位	7.5	4.3	5.7	4.0	14.4	8.0	7.3	8.4
第 3~6 位	14.4	11.8	7.0	15.6	21.9	10.4	13.5	16.3
第 1~2 位	21.6	12.2	4.0	33.8	19.0	39.6	21.7	44.6

（二）对当今中国科技发展水平的认知

1. 概况

经济发展和科技发展互为因果。由于中国科技水平世界排名没有确切说法，在数据分析部分只展示受访者对中国科技发展水平排名的评估情况，受访者选择各选项的比例：认为中国科技水平世界排名为第 50 名之后的占 3.8%、第 30~49 名 5.5%、第 11~29 名 20.5%、第 6~10 名 31.3%、第 1~5 名 38.8%。将回答"第 50 名之后"赋值 1，"第 30~49 名"赋值 2，"第 11~29 名"赋值 3，"第 6~10 名"赋值 4，"第 1~5 名"赋值 5，受访者对中国科技发展水平判断均值 3.96。

2. 人群分析

年龄与回答排名第 1~5 名的数据见表 9-7。不同年龄的认知有较显著差异，如 55~64 岁（45.9%）比 35~44 岁（35.5%）高 10.4 个百分点。年龄与对中国科技发展水平排名认知相关分析显示不显著相关。

表 9-7　沙特受访者年龄与对中国科技发展水平世界排名认知

单位：个，%

年龄	15~24 岁	25~34 岁	35~44 岁	45~54 岁	55~64 岁	65 岁及以上	合计
样本量	206	196	197	169	74	10	852
排名第 1~5 名	38.3	41.3	35.5	36.7	45.9	50.0	38.8

家庭年收入与回答排名第 1~5 名的数据见表 9-8。有的收入段之间有较显著差异，如收入 50 万~100 万里亚尔回答排名第 1~5 名（31.0%）比收入 5 万~50 万里亚尔的（43.5%）低 12.5 个百分点。收入与对中国科技发展水平排名认知相关分析显示不显著相关。

表 9-8　沙特受访者家庭年收入与对中国科技发展水平世界排名认知

单位：个，%

年收入（里亚尔）	少于 5 万	5 万~50 万	50 万~100 万	100 万~200 万	多于 200 万	合计
样本量	329	253	100	132	38	852
排名第 1~5 名	35.6	43.5	31.0	42.4	44.7	38.8

受教育程度与排名第 1~5 名的数据见表 9-9。高等教育学历者回答排名第 1~5 名比例（41.1%）比初中学历者（27.3%）高 13.8 个百分点。受教育程度与排名认知作相关分析，显示为较显著相关（0.076*）。简言之，受教育程度越高，对中国科技发展水平排名认知越正确。

表 9-9　沙特受访者受教育程度与对中国科技发展水平世界排名认知

单位：个，%

	小学	初中	高中	高等教育	合计
样本量	14	33	233	572	852
排名第 1~5 名	35.7	27.3	35.2	41.1	38.8

男性回答排名第 1~5 名比例（41.2%）比女性（35.5%）高 5.7 个百分点，性别与对中国科技世界排名认知的交叉列表分析显示没有显著差异。

本地人回答排名第 1~5 名比例（38.7%）比外籍人（39.2%）低 0.5 个百分点。国籍与对中国科技世界排名认知的交叉列表分析显示没有显著差异。

居住省籍（样本不超过 30 个的省份未列入）与回答排名第 1~5 名的数据见表 9-10。省籍与对中国科技世界排名认知作交叉列表分析，显示没有显著差异。但有的省份回答排名第 1~5 名比例有显著差异，如阿西尔省（56.8%）比盖西姆省（34.3%）高 22.5 个百分点。

表 9-10　沙特受访者省籍与对中国科技世界排名认知

单位：个，%

	塔布克省	麦地那省	盖西姆省	麦加省	利雅得省	东部省	阿西尔省
样本量	37	53	35	221	256	150	37
第 1~5 名	43.2	43.4	34.3	34.4	36.7	40.7	56.8

不同职业（样本少于 30 个的职业未列入）与回答排名第 1~5 名的数据见表 9-11。职业与对中国科技世界排名认知作交叉列表分析，显示没有显著差异，但个别职业回答排名第 1~5 名比例有显著差异，办公室职员最高（50.0%），比最低的军警（28.9%）高 21.1 个百分点。

表 9-11　沙特受访者职业与中国科技世界排名认知

单位：个，%

	立法人员、领导人和管理人员	专家或行业带头人	专业技术人员	办公室职员	服务业、店铺与市场工作人员	其他行业技术工人	军警	学生	无职业或自由职业
样本量	36	226	79	30	83	32	45	115	198
第 1~5 名	47.2	39.8	34.2	50.0	33.7	37.5	28.9	40.0	39.9

简言之，受教育程度与对中国科技世界排名认知有较显著差异且较显著相关，受教育程度越高认知正确率越高；年龄、家庭收入与对中国科技

世界排名认知无显著差异且不显著相关；性别、国籍、省籍、职业与对中国科技世界排名认知没有显著差异。

3. 相关分析

对中国科技世界排名认知同中华文化评价 对中国科技排名回答第 1~5 名者对中华文化 9 项评价的赞同率与其他回答作比较，前者与后者的赞同率之差前三名是有吸引力（5.4%）、灿烂的（4.8%）、包容的（4.2%），9 项赞同率的平均数相比，前者（63.0%）比后者（61.3%）高 1.7 个百分点（见表 9-12）。对中国科技发展排名认知与对中华文化 9 项评价的相关分析显示，排名认知与有吸引力、灿烂的较显著相关，相关系数分别为 0.069*、0.062*；9 项相关系数平均数 0.045。

表 9-12　沙特受访者对中国科技世界排名认知与对中华文化评价比较

		有吸引力	包容的	有活力的	灿烂的	多元的	爱好和平	有价值的	创新的	和谐的	平均
回答第 1~5 名 N = 331	赞同率（%）	69.5	61.6	65.6	66.8	56.2	64.4	67.1	54.7	61.3	63.0
	均值	5.28	5.05	5.27	5.32	4.86	5.15	5.30	4.90	5.06	5.13
其他回答 N = 521	赞同率（%）	64.1	57.4	65.1	62.0	52.6	61.4	66.2	59.7	62.8	61.3
	均值	5.07	4.88	5.17	5.06	4.71	5.02	5.16	4.97	5.04	5.01
两者之差	赞同率（%）	5.4	4.2	0.5	4.8	3.6	3	0.9	-5	-1.5	1.7
	均值	0.21	0.17	0.1	0.26	0.15	0.13	0.14	-0.07	0.02	0.12

对中国科技世界排名认知同中国形象评价 对中国科技世界排名回答第 1~5 名者对中国形象 8 项评价的赞同率与回答其他排名者进行比较，对 8 项评价赞同率平均数相比，前者（66.3%）比后者（63.2%）高 3.1 个百分点（见表 9-13）。对中国科技排名认知同对中国形象 8 项评价的相关分析显示，排名认知仅与有领导力、不断发展显著或较显著相关，相关系数分别为 0.096**、0.069*；8 项相关系数平均数 0.045。

表 9-13　沙特受访者对中国科技世界排名认知与对中国形象评价比较

		可靠可信	令人愉悦	有领导力	充满活力	颇具魅力	坚定不移	不断发展	有创新力	平均
回答第 1~5 名 N=331	赞同率(%)	58.3	58.3	69.5	71.9	66.2	61.0	75.2	69.8	66.3
	均值	6.17	6.40	6.96	7.23	6.72	6.47	7.50	7.08	6.82
其他回答 N=521	赞同率(%)	54.1	61.4	58.5	69.5	64.5	60.1	67.8	69.9	63.2
	均值	5.78	6.43	6.31	7.03	6.79	6.41	6.89	6.90	6.57
两者之差	赞同率(%)	4.2	-3.1	11	2.4	1.7	0.9	7.4	-0.1	3.1
	均值	0.39	-0.03	0.65	0.2	-0.07	0.06	0.61	0.18	0.25

对中国科技世界排名认知与对中沙关系态度　二者呈显著相关，相关系数 0.098**。

4. 沙特与 6 国比较

中沙对比，中国问卷中关于 2015 年中国科技世界排名的问题与沙特问卷一样，具有可比性。沙特人的正确率（38.8%）比中国人（20.2%）高 18.6 个百分点，出乎预料。

沙特与其他 5 国比较，沙特的正确率居中，低于美国（41.7%）、俄罗斯（46.4%）。海外 6 国认为中国科技世界排名第 1~5 名比例的平均数（32.2%）比中国受访者高 12.0 个百分点（见表 9-14）。

表 9-14　沙特和 6 国受访者对中国科技世界排名认知比较

单位：%

	沙特	美国	德国	俄罗斯	印度	日本	平均	中国
第 50 名之后	3.8	4.0	12.0	2.0	4.0	19.7	7.6	9.1
第 30~49 名	5.5	4.6	9.3	3.0	8.7	12.9	7.3	10.9
第 11~29 名	20.5	18.3	32.9	12.9	24.3	30.2	23.2	25.8
第 6~10 名	31.3	31.4	22.5	35.7	33.1	24.3	29.7	34.0
第 1~5 名	38.8	41.7	23.4	46.4	29.9	12.9	32.2	20.2

三 对中国经济发展道路的评价和前景预测

(一) 对经济发展道路的评价

1. 概况

1978 年到 2015 年中国改革开放到已经 37 年。受访者对 30 多年来中国经济发展道路（以下简称"经济发展道路"）如何评价？问卷用 5 级量表进行了调查。17.3% 的受访者回答不知道。去除不知道者，给出评价者的赞同率 85.1%（较好 27.4% 和非常好 57.7% 之和）、中立率 11.2%、不好率（非常不好 1.3% 与较好 2.4% 之和）3.7%，均值 4.38，介于"较好"与"非常好"之间。

2. 人群分析

去除回答不知道者，年龄、收入、受教育程度与对经济发展道路评价作相关分析，显示年龄、受教育程度与对经济发展道路评价较显著相关（0.070*、0.088*），即年龄越大、受教育程度越高，对经济发展道路的评价越高。家庭收入与对经济发展道路评价不显著相关。性别、国籍、省籍、职业与对经济发展道路评价作一元方差分析，显示没有显著差异。

3. 相关分析

对中国 GDP 排名认知与对中国经济发展道路评价　受访者对中国 GDP 排名认知与中国经济发展道路评价（均去除不知道者）作相关分析，显示对 GDP 排名认知与对经济发展道路评价显著相关（0.213**）。

对中国科技发展水平世界排名认知与对中国经济发展道路评价　受访者对中国科技发展水平世界排名认知与对中国经济发展道路评价作相关分析，显示显著相关（0.133**）。对中国科技发展世界排名认知越准确，对中国经济发展道路评价越高。

对中国经济发展道路评价与中华文化评价　对中国经济发展道路评价与对中华文化 9 项评价作相关分析，显示对经济发展道路评价与中华文化 6 项评价显著相关：有吸引力（0.145**）、灿烂的（0.093**）、包容的（0.107**）、有价值的（0.099**）、多元的（0.119**）、有活力的（0.097**）；9 项相关系数平均数 0.090。

对中国经济发展道路评价与中国形象评价　对中国经济发展道路评价

与对中国形象 8 项评价作相关分析，显示对经济发展道路评价与对中国形象 7 项评价显著相关：坚定不移（0.134**）、充满活力（0.127**）、不断发展（0.115**）、令人愉悦（0.106**）、有领导力（0.093**）、颇具魅力（0.087**）、有创新力（0.081**）；8 项相关系数平均数 0.099。

对中国经济发展道路评价与对中沙关系态度　相关分析显示，两者显著相关（0.117**）。

4. 沙特与 9 国比较

中沙对比，两国问卷中关于中国经济发展道路评价的问题一样，数据具有可比性。沙特人不知道率（17.3%）比中国人（1.7%）高 15.6 个百分点。去除不知道者，沙特人评价赞同率（85.1%）比中国人（69.8%）高 15.3 个百分点，均值（4.38）比中国人（3.82）高 0.56，沙特人对中国经济发展道路的评价胜于中国人。

沙特与其他 8 国比较，沙特的不知道率排名第二，仅低于美国（29.0%）；赞同率排名第四，低于印尼（91.5%）、俄罗斯（86.3%）、印度（85.3%）。海外 9 国中，除了日本赞同率 25.1% 外，其他 8 国的赞同率都超过了 60%（见表 9-15）。

表 9-15　沙特和 9 国受访者对中国经济发展道路评价比较

单位：%

		沙特	美国	德国	俄罗斯	印度	日本	韩国	越南	印尼	平均	中国
回答不知道者		17.3	29.0	15.4	7.2	4.5	13.7	8.8	4.9	4.3	11.7	1.7
回答知道者	1 非常不好	1.3	1.3	1.1	0.4	1.1	11.4	3.1	3.4	0.6	2.6	1.4
	2 较不好	2.4	7.1	9.4	0.9	1.8	25.9	9.3	6.1	0.5	7.0	6.8
	3 中立	11.2	29.4	26.4	12.4	11.8	37.6	24.3	20.7	7.4	20.1	22.1
	4 较好	27.4	35	45.5	33.7	35.5	18.4	50.1	41.5	48.2	37.3	47.8
	5 非常好	57.7	27.3	17.7	52.6	49.8	6.7	13.3	28.4	43.3	33.0	22.0
	赞同率	85.1	62.3	63.2	86.3	85.3	25.1	63.9	69.9	91.5	70.2	69.8

（二）对中国经济发展前景预测

1. 概况

中国经济发展前景如何？16.9% 的沙特受访者（144 人）回答不知道，

去除不知道者，明确给出预测者（708名）乐观率84.9%（乐观31.9%与非常乐观53.0%之和）、不乐观率3.8%（非常不乐观1.0%和不乐观2.8%之和）、中立率11.3%。均值4.33。

2. 人群分析

年龄、收入、受教育程度与对中国经济发展前景预测（去除不知道者）作相关分析，显示年龄、受教育程度与对中国经济发展前景预测显著相关（0.088**、0.136**）。年龄越大、受教育程度越高，对中国经济发展前景越乐观。性别、国籍、省籍、职业与对中国经济发展前景预测作一元方差分析，显示性别与对中国经济发展前景预测没有显著差异，外籍人的评价比本地人更为乐观，不同省籍受访者有较显著差异，不同职业受访者有显著差异。

3. 相关分析

对中国GDP排名认知与中国经济发展前景预测　去除对中国GDP排名及发展前景预测回答不知道者，两者的相关分析显示不显著相关。

对中国科技发展世界排名认知与中国经济发展前景预测　两者的相关分析显示显著相关（0.143**），对中国科技发展排名认知越准确，对中国经济发展前景越看好。

对中国经济发展前景预测与中华文化评价　对中国经济发展前景预测（去除不知道者）与对中华文化9项评价的相关分析显示，对中国经济发展前景预测与中华文化评价中的8项相关：有吸引力（0.302**）、多元的（0.175**）、有活力的（0.105**）、包容的（0.102**）、灿烂的（0.093**）、有价值的（0.090**）、爱好和平（0.090**）、和谐的（0.074*），9项相关系数平均数0.121。

对中国经济发展前景预测与中国形象评价　对中国经济发展前景预测（去除不知道者）与对中国形象8项评价分析显示都显著相关：充满活力（0.147**）、坚定不移（0.135**）、颇具魅力（0.128**）、有领导力（0.122**）、不断发展（0.118**）、令人愉悦（0.114**）、有创新力（0.111**）、可靠可信（0.108**），8项相关系数平均数0.123。

对中国经济发展前景预测与对中沙关系态度　分析显示两者显著相关（0.220**）。

4. 沙特与 9 国比较

中沙对比，沙特受访者不知道率（16.9%）比中国人（1.1%）高 15.8 个百分点。去除不知道者，对中国经济发展前景乐观率（84.9%）比中国人（60.7%）高 24.2 个百分点，均值（4.33）比中国人（3.55）高 0.78。沙特人对中国经济发展前景比中国人更乐观。

沙特与其他 8 国比较，不知道率居第三位，低于美国（25.7%）、德国（21.8%）。海外 9 国不知道率平均数 12.4%，比中国高 11.3 个百分点。沙特受访者乐观率排名第二，低于印尼（93.5%）（见表 9-16）。

表 9-16　沙特与 9 国受访者对中国经济发展前景预测比较

单位：%

		沙特	美国	德国	俄罗斯	印度	日本	韩国	越南	印尼	平均	中国
回答不知道者		16.9	25.7	21.8	8.2	6.4	16.7	6.8	4.3	4.8	12.4	1.1
回答知道者	1 非常不乐观	1.0	1.7	1.7	0.8	1.4	14.7	2.4	5.1	0.3	3.2	2.9
	2 不乐观	2.8	6.5	10.6	1.6	3.4	36.7	9.2	7.5	0.3	8.7	13.9
	3 中立	11.3	39.3	47.8	15.1	26.6	33.5	24.1	23.5	5.8	25.2	22.5
	4 乐观	31.9	37.4	33.2	49.6	44.6	13.2	51.1	38.7	53.3	39.2	46.3
	5 非常乐观	53.0	15	6.8	32.7	24.0	1.9	13.3	25.2	40.2	23.6	14.4
	乐观率	84.9	52.4	40.0	82.5	68.6	15.1	64.4	63.9	93.5	62.8	60.7

四　对中国经济快速发展原因的认知

1. 概况

中国经济腾飞的原因有多种，且见仁见智。问卷调查了受访者对中国经济快速发展原因的认知，让受访者从政治制度优越（简称"制度优越"）、改革解放了市场经济活力（简称"改革"）、积极融入经济全球化（简称"开放"）、中国人的勤奋努力（简称"勤劳"）、其他等五种选项中选择（可多选）。数据显示：五种原因选择占比排序依次为：勤劳（69.1%）、开放（39.9%）、改革（39.4%）、制度优越（17.8%）、其他（14.2%）。由于受访者每人至少选一种发展原因且可以多选，852 名受访者共选出 1538 项，平均每人选出 1.8 项，即选择了 1.8 个原因。

2. 人群分析

年龄、收入、受教育程度、性别、国籍、省籍、职业与对经济发展 5 种归因作交叉列表卡方检验，显示年龄、收入、受教育程度、省籍与 5 种归因均没有显著差异。性别、国籍、职业与部分归因有较显著差异：男性归因制度优越（20.4%）、改革（42.8%）比女性（14.8%、34.7%）高 5.6 个百分点和 8.1 个百分点；本地人归因勤劳（67.2%）比外籍人（76.2%）低 9.0 个百分点，归因其他（15.8%）比外籍人（8.3%）高 7.5 个百分点；职业在归因制度优越和其他上有较显著差异，如服务业、店铺与市场工作人员归因制度优越比例（28.9%）比立法人员、领导人和管理人员（19.4%）高 9.5 个百分点；专家或行业带头人归其他（8.4%）比立法人员、领导人和管理人员（27.8%）低 19.4 个百分点（见表 9-17）。

表 9-17 沙特受访者职业与对中国经济快速发展归因比较

单位：个，%

	样本	制度优越	改革	开放	勤劳	其他
立法人员、领导人和管理人员	36	19.4	41.7	38.9	66.7	27.8
专家或行业带头人	226	19.5	42.0	43.8	71.7	8.4
专业技术人员	79	19.0	45.6	31.6	64.6	20.3
办公室职员	30	20.0	40.0	40.0	66.7	23.3
服务业、店铺与市场工作人员	83	28.9	37.3	36.1	67.5	13.3
农渔业技术工人	4	0.0	50.0	25.0	75.0	0.0
其他行业技术工人	32	12.5	43.8	50.0	68.8	6.2
军警	45	22.2	35.6	24.4	57.8	13.3
宗教人士	4	0.0	50.0	0.0	75.0	0.0
学生	115	19.1	35.7	44.3	68.7	14.8
无职业或自由职业	198	10.1	36.4	40.9	72.2	16.7
合计	852	17.8	39.4	39.9	69.1	14.2

3. 中国经济发展归因与中华文化、中国形象评价分析

（1）中国经济发展归因与中华文化评价

将 5 个归因分别与对中华文化 9 项评价作交叉列表卡方检验。

制度优越 是否归因制度优越与中华文化 9 项评价的卡方检验显示，制度优越与有吸引力、有价值的、创新的有较显著差异。是否归因制度优越与这 3 项评价的数据比较显示：归因制度优越者对中华文化有吸引力、有价

值的、有创新的赞同率（选择 5、6、7 比例之和）为 75.0%、71.7%、69.8%，分别比未归因者的 64.2%、65.4%、55.2% 高 10.8、6.3、14.6 个百分点（见表 9-18）。简言之，归因制度优越者对中华文化有吸引力、有价值的、有创新的评价高于未归因制度优越者。

表 9-18　沙特受访者是否归因制度优越与中华文化评价比较

单位：个，%

是否归因制度优越	样本量	对中华文化评价							赞同率
		1 没有吸引力	2	3	4	5	6	7 有吸引力	
是	152	5.3	2.6	3.9	13.2	15.8	19.1	40.1	75.0
否	700	5.0	3.7	5.7	21.3	19.1	18.7	26.4	64.2
		1 无价值的	2	3	4	5	6	7 有价值的	
是	152	7.2	0.0	5.3	15.8	15.1	17.1	39.5	71.7
否	700	4.3	2.4	5.1	22.7	19.4	17.6	28.4	65.4
		1 守旧的	2	3	4	5	6	7 创新的	
是	152	5.9	2.0	7.9	14.5	15.8	14.5	39.5	69.8
否	700	5.9	5.6	8.6	24.9	14.3	14.0	26.9	55.2

改革　是否归因改革与中华文化 9 项评价的卡方检验显示，改革与爱好和平有显著差异：归因改革者对爱好和平的赞同率（71.7%）比未归因者（56.7%）高 15 个百分点（见表 9-19）。简言之，归因改革者对中华文化爱好和平评价高于未归因改革者。

表 9-19　沙特受访者是否归因改革与中华文化评价比较

单位：个，%

是否归因改革	样本量	对中华文化评价							赞同率
		1 侵略性的	2	3	4	5	6	7 爱好和平	
是	336	2.4	2.4	4.2	19.3	16.7	23.8	31.2	71.7
否	516	6.6	3.5	8.3	25.0	17.1	16.7	22.9	56.7

　　开放　是否归因开放与对中华文化 9 项评价的卡方检验显示都没有显著差异。

　　勤劳　是否归因勤劳与中华文化 9 项评价的卡方检验显示，归因勤劳与有价值的有较显著差异，归因勤劳者对有价值的赞同率（70.2%）比未归因者（58.2%）高 12 个百分点。简言之，归因勤劳对中华文化是有价值的评价高于未归因者。

　　其他　是否归因其他与中华文化 9 项评价的卡方检验显示，归因其他与中华文化是灿烂的、创新的有较显著差异：归因其他者对中华文化是灿烂的、创新的赞同率（57.8%、53.7%）比未归因者（64.8%、58.4%）分别低 7、4.7 个百分点。简言之，归因其他者对中华文化是灿烂的、创新的评价低于未归因其他者。

　　（2）中国经济发展归因与中国形象评价

　　5 个归因分别与对中国形象 8 项评价作交叉列表卡方检验。

　　制度优越　是否归因制度优越与对中国形象 8 项评价卡方检验显示，均没有显著差异。

　　改革　是否归因改革与中国不断发展卡方检验显示有较显著差异：归因改革者对中国不断发展的赞同率（72.0%）比未归因者（68.4%）高 3.6 个百分点。

　　开放　是否归因开放与中国有创新力卡方检验显示有较显著差异：归因开放者对中国有创新力的赞同率（74.5%）比未归因者（66.8%）高 7.7 个百分点。

　　勤劳　是否归因勤劳与其中 7 项评价的卡方检验显示有较显著差异：归因勤劳者对中国可靠可信、令人愉悦、有领导力、充满活力、颇具魅力、不断发展、有创新力的赞同率（59.2%、63.1%、67.0%、75.4%、68.6%、73.9%、73.0%）比未归因者（47.9%、53.6%、53.2%、59.3%、57.4%、63.1%、62.7%）分别高 11.3、9.5、13.8、16.1、11.2、10.8、10.3 个百分点。

　　其他　是否归因其他与其中 3 项评价有较显著差异：归因其他者对中国有领导力、充满活力、不断发展的赞同率（48.7%、61.2%、61.1%）比未归因者（65.1%、72.0%、72.3%）分别低 16.4、10.8、11.2 个百分点。

　　（3）中国经济发展归因与对中沙关系态度

　　5 个归因与对中沙关系态度卡方检验显示，仅是否归因勤劳和其他与对中沙关系态度有显著差异。归因勤劳者对中沙关系的好评率（75.6%）比未归因者（66.6%）高 9.0 个百分点，不知道率（13.1%）比未归因者（23.2%）低 10.1 个百分点；归因其他者对中沙关系的好评率（58.7%）比未归因者（75.1%）低 16.4 个百分点，不知道率（28.1%）比未归因者（14.2%）高 13.9 个百分点。

（4）是否知道中国 GDP 世界排名与中国经济快速发展归因

将回答中国 GDP 世界排名第 1~2 位的划归"知晓者"一组，将不知道中国 GDP 世界排名及回答错误者划归"不知晓者"一组，两组与对中国经济快速发展归因的数据见表 9-20。数据显示：知晓者归因改革比例（46.2%）比不知晓者（37.6%）高 8.6 个百分点，卡方检验显示有较显著差异。知晓者归因另外 4 个原因比例与不知晓者没有显著差异，尤其是知晓者与不知晓者归因制度优越的差距只有 0.1 个百分点（见表 9-20）。

表 9-20 沙特受访者是否知晓中国 GDP 世界排名与中国经济快速发展归因比较

	知晓者 （样本 184）（%）	不知晓者 （样本 668）（%）	卡方显著水平	比例之差 （个百分点）
制度优越	17.9	17.8	0.093	0.1
改革	46.2	37.6	0.045	8.6
开放	42.0	39.8	0.212	2.2
勤劳	75.0	67.5	0.928	7.5
其他	10.3	15.3	0.275	-5.0

4. 沙特与 6 国比较

中沙对比，有 3 个归因沙特人选择率低于中国人：制度优越（17.8%）、改革（39.4%）、开放（39.9%）比中国人（26.2%、73.0%、71.1%）分别低 8.4、33.6、31.2 个百分点。有 2 个归因沙特人选择率高于中国人：勤劳（69.1%）、其他（14.2%）比中国人（53.4%、3.2%）分别高 15.7、11 个百分点。

沙特与其他 5 国比较，沙特归因于改革和勤劳排名第一。归因于制度优越排名第三，低于印度（23.6%）、俄罗斯（22.8%）。海外 6 国 5 种归因平均数相比，归因中国人勤劳排名第一（46.9%）（见表 9-21）。

表 9-21 沙特与 6 国受访者对中国经济快速发展归因比较

单位：%

	沙特	美国	德国	俄罗斯	印度	日本	平均	中国
制度优越	17.8	7.5	4.1	22.8	23.6	8.5	14.1	26.2
改革	39.4	23.0	25.4	25.5	35.9	27.4	29.4	73.0
开放	39.9	35.7	44.3	55.8	51.4	35.3	43.7	71.1
勤劳	69.1	41.4	42.9	67.1	54.0	6.6	46.9	53.4
其他	14.2	28.4	21.9	5.5	9.1	40.0	19.9	3.2

五 结果分析与思考

（一）对中国经济现状的认知正确率有提升空间

2017 年初，只有 21.6% 的沙特人知道中国 GDP 世界排名第 2，比中国人（44.6%）低 23 个百分点。然而，38.8% 的沙特人知道中国科技发展水平在世界处于第 1~5 名，比中国人（20.2%）高 18.6 个百分点，出乎意料。

去除不知道者，对中国 GDP 排名和科技发展排名的正确认知，在性别、国籍、省籍、职业上没有显著差异；年龄、家庭收入与对中国 GDP 排名认知没有显著差异且不显著相关；只有受教育程度与对中国 GDP 排名认知有显著差异且显著正相关、与对中国科技发展水平排名认知有较显著差异且较显著正相关。这些数据说明，多数沙特人不知道中国 GDP 世界排名主要与受教育程度相关，加强中国 GDP 世界排名宣传，能有效提升沙特民众对中国经济现状认知的正确率。

（二）沙特人对中国经济发展道路评价高于中国人

沙特人对中国经济发展道路的赞同率远胜过中国人自我评价。17.3% 的沙特人不知道中国经济发展道路是好是坏，比中国人的不知道率（1.7%）高 15.6 个百分点。去除不知道者，沙特人评价的赞同率（85.1%）比中国人（69.8%）高 15.3 个百分点，评价均值（4.38）比中国人（3.82）高0.56，折合百分制 87.6 分比中国人的 76.4 分高 11.2 分。简言之，沙特人给出的评价是优秀，中国人给出的评价是良好，这也出乎意料。中国经济发展成就为"墙内开花墙外香"。沙特受访者的性别、省籍、职业、国籍对中国经济发展道路评价没有显著差异。家庭收入与对中国经济发展道路评价不显著相关。年龄、受教育程度与对中国经济发展道路评价均为较显著相关，均为弱正相关，即年龄越大、受教育程度越高，对中国经济发展道路评价越高。对中沙关系态度与对中国经济发展道路评价显著相关，即认为中沙关系越好，对中国经济发展道路评价越高，反之亦然。这些数据说明，沙特民众对中国经济发展道路普遍赞同，只是年纪大的、受教育程度高的、认为中沙关系好的受访者评价更高一些。对中国经济发展前景的预期（乐观均值 4.33，折合百分制为 86.6 分），进一步印证了沙特人对中国经济发展道路的好评。

值得注意的是，对中国 GDP 排名和对中国科技世界排名的认知越准确，对中国经济发展道路评价越高。因而，提升沙特民众对中国 GDP 世界排名和中国科技发展水平世界排名的认知，会巩固甚至提升对中国经济发展道路的评价。

（三）中国经济快速发展的主因仍需准确说明

中国经济腾飞的原因是什么？沙特人选择五种原因比例依次为：勤劳（69.1%）、开放（39.9%）、改革（39.4%）、制度优越（17.8%）、其他（14.2%）。

受访者年龄、收入、受教育程度、省籍在 5 种归因上都没有显著差异；性别、国籍、职业与部分归因有较显著差异，如男性归因制度优越（20.4%）、改革（42.8%）高于女性（14.8%、34.7%）5.6 个百分点和 8.1 个百分点；本地人归因勤劳（67.2%）比外籍人（76.2%）低 9.0 个百分点，归因其他（15.8%）比外籍人（8.3%）高 7.5 个百分点；不同职业归因制度优越和其他有较显著差异，如服务业、店铺与市场工作人员归因制度优越比例（28.9%）比立法人员、领导人和管理人员（19.4%）高 9.5 个百分点，专家或行业带头人归于其他（8.4%）比立法人员、领导人和管理人员（27.8%）低 19.4 个百分点。除了上述差异外，整体上，各人群对中国经济快速发展的归因没有显著差异。

沙特人与中国人对中国经济快速发展归因有不小差距。首先，5 种归因比例的排序，沙特人的排序（勤劳、开放、改革、制度优越、其他）中前三名与中国人不一样，中国人的排序为：改革（73.0%）、开放（71.1%）、勤劳（53.4%）、制度优越（26.2%）、其他（3.2%）。其次，有 3 种归因沙特人选择比例低于中国人，差距由小到大是："制度优越"比中国人低 8.4 个百分点、"开放"比中国人低31.2个百分点、"改革"比中国人低33.6个百分点。再次,有2种归因沙特人选择比例高于中国人,"勤劳"比中国人高15.7个百分点、"其他"比中国人高11个百分点。

沙特人认为中国经济快速发展的首因是"勤劳"(69.1%),比第二名开放(39.9%)高29.2个百分点。中国经济快速发展有多种原因,其中包括中国人民勤劳的因素,但将其归结为主要原因缺乏说服力,因为中国人民一直以勤劳勇敢著称。新中国成立前没有创造经济奇迹,在新中国成立特别是改革开放后创造了经济奇迹,说明勤劳不是最主要原因。中国官方认为改革开放以来我们取得一切成绩和进步的根本原因是:开辟了中国特色社会主义道路,形成了中国特色社会主义理论体系,确立了中国特色社会主义制度,发展了中国特色社会主义文化。

因而,客观准确地向沙特和中国民众解释中国经济奇迹的主因,是今后与沙特交流和国内宣传需要考虑的问题。

(四)认知是基础,态度比认知更有助于提升中华文化吸引力和中国魅力

本章探讨了沙特人对中国GDP世界排名和中国科技世界排名的认知、对中国经济发展道路评价和前景预测的态度。比较这4个变量与中华文化9项评价、中国形象8项评价的相关系数大小,明确认知和态度对提升中华文化、中国形象好评率的作用。比较显示:态度比认知更有助于提升中华文化吸引力和中国魅力(见表9-22)。

表9-22 沙特受访者对中国经济和科技世界排名的认知和态度与对
中华文化评价、中国形象评价的相关性比较

中华文化评价	有吸引力	包容的	有活力的	灿烂的	多元的	爱好和平	有价值的	创新的	和谐的	平均
对中国经济前景预测	.302**	.102**	.105**	.093**	.175**	.090**	.090**	.054	.074*	.121
对中国发展道路评价	.145**	.107**	.097**	.093**	.119**	.062	.099**	.051	.035	.090
对中国GDP排名认知	.073	.087*	.045	.075	.022	.073	.069	.051	.087*	.065
对中国科技排名认知	.069*	.052	.033	.062*	.053	.054	.054	.004	.021	.045
平均	.147	.087	.070	.081	.092	.070	.078	.040	.054	.080

续表

中国形象评价	可靠可信	令人愉悦	有领导力	充满活力	颇具魅力	坚定不移	不断发展	有创新力	平均	
对中国经济前景预测	.108 **	.114 **	.122 **	.147 **	.128 **	.135 **	.118 **	.111 **	.123	
对中国发展道路评价	.045	.106 **	.093 **	.127 **	.087 **	.134 **	.115 **	.081 **	.099	
对中国 GDP 排名认知	.071	.048	.055	.099 **	.093 *	.087 *	.139 **	.114 **	.088	
对中国科技排名认知	.052	.015	.096 **	.034	.022	.016	.069 *	.052	.045	
平均	.069	.071	.092	.102	.083	.093	.110	.090	.089	

对中国 GDP 世界排名认知、对中国科技世界排名认知、对中国经济发展道路评价（态度）、对中国经济前景预测（态度）与中华文化 9 项评价中，分别有 2 项、2 项、6 项、8 项与中华文化评价显著或较显著相关，与 9 项评价相关系数平均数分别为 0.065、0.045、0.090、0.121。

对中国 GDP 世界排名认知、对中国科技世界排名认知、对中国经济发展道路评价、对中国经济前景预测与中国形象 8 项评价中，分别有 5 项、2 项、7 项、8 项与中国形象评价显著或较显著相关，与 8 项评价相关系数平均数分别为 0.088、0.045、0.099、0.123。

提升沙特民众对中国 GDP 世界排名的正确认知率，有助于提升中国魅力。同时，提升沙特民众对中国 GDP 世界排名的正确认知率与对中国发展道路评价、对中国经济前景预测都正相关，都有助于提升对中国经济发展道路和经济前景预期的好评率，而这又有助于提升中华文化和中国形象。对中国科技发展水平世界排名的认知效果与对中国 GDP 排名认知效果大体一致，因而提升沙特民众对中国 GDP 和科技水平世界排名的认知，对提升中国魅力具有基础性作用，这是中国软实力的优势。2009 年华盛顿战略与国际问题研究所发布研究报告——《中国软实力及其对美国的影响：两国在发展中国家的合作与竞争》，指出中国经济实力和发展模式比美国更具优势，"中国的经济实力和发展模式，使其对发展中国家更具吸引力，而吸引力，正是软实力的关键指标"。2008 年阿联酋大学的穆罕默德·本·胡维德教授在《阿拉伯人与中国的经济发展模式》一文中指出，中国模式对阿拉伯国家的意义首先在于："西方国家认为西方模式是解决发展中国家各种复杂问题的唯一途径，而中国以自己的实践证明没有西方模式发展中国家同样可以成功……因而与中国具有相似发展基础的阿拉伯国家有了更好的选择……阿联酋、沙特、卡塔尔、约旦近年来的成功实际上就是借鉴了中国发展模式的结果。"①

总之，认知和态度都对中华文化评价、中国形象评价产生了积极影响，但数据显示，态度的影响远大于认知，态度最终决定对中华文化和中国形象的评价。经济基础决定上层建筑，海外民众对一国经济发展状况的认知和态度，会对该国文化评价和国家形象产生重要影响。中国与沙特的交流交往中，宜加强对中国经济和科技发展进步的宣传力度，让那些占总人口60%~70%不了解中国经济发展状况和科技发展水平的人，认知中国所取得的伟大成就，这有助于增强他们对中国经济发展道路的认可，提升中国文化吸引力和国家魅力。

---

① 转引自刘欣路著《中阿关系发展中的中国软实力研究》，光明日报出版社，2014，第49、56页。

第十章　中华文化在沙特的吸引力

一　问卷设计

前文不仅从文化各要素分析了受访者对中华文化的认知、态度和行为，也探讨了受访者对中国经济、科技等的认知和评价，这些认知和评价都影响着受访者对中华文化的看法。然而，文化是复杂的社会现象，前文的分析可能遗漏了一些影响受访者对中华文化看法的其他因素。鉴于此，问卷用两个问题直接调查了中华文化在沙特的影响力：一个是通过形容词调查受访者对中华文化的整体评价或整体印象，这个问题在前面各章论述中涉及过，本章将进行深入分析；另一个是调查受访者喜欢世界各主要文化的情况，以及中华文化在其中的排名。

1. 对中华文化的整体评价

（1）设计思路

如何调查受访者对中华文化的整体印象？根据心理学刻板印象理论和测量方法，使用 9 对褒贬对立的中华文化形容词，通过 7 级语义量表调查受访者对中华文化的评价（请受访者在以 1 为贬义词一极、7 为褒义词一极的每对词 1~7 间打分）。9 项评价中，最重要的是中华文化"没有吸引力——有吸引力"，因为有无吸引力实际上就是有无文化影响力，有吸引力就是有文化影响力。这项评价是中华文化是否有影响力的表现，是对一国文化印象的总概括。其余 8 项都是对中华文化特征的评价："排外的——包容的"是宽容性、"衰落的——有活力的"是生命力、"平淡无奇的——灿烂的"是成就性、"单一的——多元的"是多样性、"侵略性——爱好和平"是和平性、"无价值的——有价值的"是有用性、"守旧的——创新的"是创造性、"不和谐的——和谐的"是和谐性，它们会影响中华文化的吸引力。

（2）问卷内容

V50. 总体来说，您如何评价中华文化？【循环出示，行单选】

1. 没有吸引力　　1 2 3 4 5 6 7　有吸引力
2. 排外的　　　　1 2 3 4 5 6 7　包容的
3. 衰落的　　　　1 2 3 4 5 6 7　有活力的
4. 平淡无奇的　　1 2 3 4 5 6 7　灿烂的
5. 单一的　　　　1 2 3 4 5 6 7　多元的
6. 侵略性　　　　1 2 3 4 5 6 7　爱好和平
7. 无价值的　　　1 2 3 4 5 6 7　有价值的
8. 守旧的　　　　1 2 3 4 5 6 7　创新的
9. 不和谐的　　　1 2 3 4 5 6 7　和谐的

2. 中华文化在世界文化喜欢率中的排名

（1）设计思路

调查问卷请受访者在列出的包括中华文化在内的多国文化中选出最喜欢的文化，可以直观地看到中华文化在受访者心中的地位。候选名单是基于以下考虑：受访者所在国家文化作为选项之一，根据常识，受访者会最爱自己的祖国，但有一些人不一定最喜欢本国文化，如近代史上亚洲有些国家曾出现过全盘西化的思潮，其他国家文化包括联合国5个常任理事国（中国、美国、英国、俄罗斯、法国）、金砖国家（中国、俄罗斯、巴西、印度、南非）、亨廷顿文明冲突论中八大文明的代表国，三者之间有重叠。这样形成了12国文化名单以及其他共13个选项。12个国家以英文字母为序排列，请受访者最多从13个选项中选出最喜欢的5个。

（2）问卷内容

V51. 在以下各国文化中，您喜欢哪些国家的文化？（最多选5个）
1. 巴西　2. 中国　3. 德国　4. 法国　5. 印度　6. 日本　7. 俄罗斯
8. 沙特　9. 南非　10. 英国　11. 美国　12. 墨西哥　77. 其他

二 对中华文化的整体评价

1. 对中华文化的评价

用两种方法计算对中华文化的评价。一是计算褒奖率。以 4 为中立值，以 1~3 为赞同贬义，5~7 为赞同褒义，选择 1、2、3 的比例之和作为贬责率，选择 5、6、7 的比例之和作为褒奖率。二是计算 7 级量表的褒奖均值，4 为中立值，均值越高，说明评价越高。为行文简练，将评价中华文化的各对形容词分别简称为"有吸引力""包容的""有活力的""灿烂的""多元的""爱好和平""有价值的""创新的""和谐的"。

852 位受访者对 9 对形容词的 7 级语义量表评价情况见表 10-1。褒奖率排名前三位是有价值的（66.6%）、有吸引力（66.2%）、有活力的（65.3%），倒数第一位是多元的（54.0%），9 项平均 61.9%。贬责率前三名是守旧的（19.3%）、单一的（16.7%）、排外的（15.5%），最低的是无价值的（12.0%），9 项平均 14.6%。极差最大的前三名是有活力的（26.9%）、有价值的（25.6%）、灿烂的（25.1%），最小的为多元的（14.1%）。9 项平均 22.2%。

从均值看，得分最高的前三位是有价值的（5.21）、有活力的（5.21）、灿烂的（5.16），有吸引力排名第四（5.15），最低的是多元的（4.77），9 项平均 5.06。转化成百分制，从高到低为：有价值的（74.4 分）、有活力的（74.4 分）、灿烂的（73.7 分）、有吸引力（73.6 分）、爱好和平（72.4 分）、和谐的（72.0 分）、包容的（70.7 分）、创新的（70.6 分）、多元的（68.1 分）。

表 10-1 沙特受访者对中华文化 9 项评价的态度

对中华文化评价（%）								贬责率（%）	褒奖率（%）	极差（%）	均值	标准差
	1	2	3	4	5	6	7					
无价值的	4.8	2.0	5.2	21.5	18.7	17.5	30.4	有价值的	12.0	66.6	25.6	5.21	1.649
没有吸引力的	5.0	3.5	5.4	19.8	18.5	18.8	28.9	有吸引力	13.9	66.2	23.9	5.15	1.692
衰落的	4.7	2.5	6.0	21.6	16.3	17.4	31.6	有活力的	13.2	65.3	26.9	5.21	1.681
平淡无奇的	3.9	3.3	5.6	23.4	16.9	18.0	29.0	灿烂的	12.8	63.9	25.1	5.16	1.641
侵略性	4.9	3.1	6.7	22.8	16.9	19.5	26.2	爱好和平	14.7	62.6	21.3	5.07	1.673

续表

	对中华文化评价（%）								贬责率 （%）	褒奖率 （%）	极差 （%）	均值	标准 差
	1	2	3	4	5	6	7						
不和 谐的	4.8	3.8	5.3	23.9	19.1	16.7	26.4	和谐的	13.9	62.2	21.6	5.04	1.668
排外的	5.6	4.1	5.8	25.5	16.4	18.5	24.1	包容的	15.5	59.0	18.5	4.95	1.704
守旧的	5.9	4.9	8.5	23.0	14.6	14.1	29.1	创新的	19.3	57.8	23.2	4.94	1.805
单一的	6.2	2.8	7.7	29.2	19.5	14.2	20.3	多元的	16.7	54.0	14.1	4.77	1.660
9项平 均数	5.1	3.3	6.2	23.4	17.4	17.2	27.3	9项平 均数	14.6	61.9	22.2	5.06	1.686

2. 人群分析

年龄、家庭收入、受教育程度分别与9项评价作相关分析：显示年龄与9项评价都不显著相关；家庭收入仅与2项相关——有吸引力（0.068*）、多元的（0.091**）；受教育程度与2项相关——有吸引力（0.098**）、包容的（0.071*）。性别、国籍、省籍、职业分别与9项评价的一元方差分析显示，只有4对有显著或较显著差异：性别与多元的，省籍与有吸引力，职业与有吸引力、多元的。性别与多元的有显著差异，女性的均值（4.95）明显高于男性（4.64）。省籍与有吸引力有较显著差异，麦地那省均值（5.60）比麦加省（5.00）高0.60，即麦地那省受访者比麦加省受访者更认同中华文化有吸引力（见表10-2）。

表 10-2　沙特受访者省籍与对中华文化有吸引力评价均值比较

省份	焦夫省	北部 边疆 省	塔布 克省	哈伊 勒省	麦地 那省	盖西 姆省	麦加 省	利雅 得省	东部 省	巴哈 省	阿西 尔省	吉赞 省	奈季 兰省	总数
样本量 （个）	8	12	37	15	53	35	221	256	150	6	37	19	3	852
均值	4.25	5.83	5.70	5.00	5.60	5.20	5.00	5.11	5.39	5.00	4.65	4.37	4.33	5.15
标准差	2.493	1.115	1.777	1.648	1.780	1.568	1.743	1.628	1.501	2.280	2.111	1.461	1.155	1.692

职业与有吸引力、多元的有显著差异，专家或行业带头人认同有吸引力的均值（5.43）比服务业、店铺与市场工作人员（4.47）高0.96，即

前者比后者更认同中华文化有吸引力。专家或行业带头人认同多元性的均值（5.05）比军警（3.93）高1.12，前者比后者更认同中华文化是多元的。

3. 中华文化评价与中国形象评价相关分析

对中华文化9项评价与中国形象8项评价共72对变量作相关分析，72对均为显著相关，相关系数在0.081~0.203，平均数0.138。灿烂的和不断发展相关系数（0.203**）最大，创新的和有领导力相关系数（0.081**）最小。单项国家形象评价与9项中华文化评价相关系数平均数，前三名是：不断发展（0.152）、充满活力（0.150）、颇具魅力（0.149）。单项中华文化评价与8项国家形象评价相关系数平均数，排名前三位是：灿烂的（0.159）、有价值的（0.156）、和谐的（0.153）（见表10-3）。

表 10-3　沙特受访者对中国形象评价与中华文化评价相关数据

	可靠可信	令人愉悦	有领导力	充满活力	颇具魅力	坚定不移	不断发展	有创新力	平均
有吸引力	.110**	.119**	.103**	.157**	.128**	.139**	.175**	.132**	.133
包容的	.151**	.110**	.123**	.158**	.146**	.149**	.152**	.124**	.139
有活力的	.110**	.134**	.120**	.168**	.190**	.149**	.142**	.181**	.149
灿烂的	.157**	.102**	.122**	.187**	.171**	.145**	.203**	.183**	.159
多元的	.121**	.126**	.098**	.132**	.118**	.126**	.151**	.093**	.121
爱好和平	.103**	.083**	.124**	.098**	.117**	.148**	.114**	.133**	.115
有价值的	.141**	.121**	.154**	.155**	.164**	.144**	.172**	.193**	.156
创新的	.105**	.102**	.081**	.141**	.118**	.123**	.109**	.123**	.113
和谐的	.134**	.132**	.144**	.153**	.185**	.163**	.146**	.167**	.153
平均	.126	.114	.119	.150	.149	.143	.152	.148	.138

4. 沙特与9国比较

中沙对比，9项评价中，对"单一的——多元的"褒奖率差距最大，沙特人（54.0%）比中国人（85.3%）低31.3个百分点；对"衰落的——有活力的"褒奖率差距最小，沙特人（65.3%）比中国人（77.9%）低12.6个百分点。对概括性评价"没有吸引力——有吸引力"，沙特人（66.2%）

比中国人（89.1%）低22.9个百分点。9项褒奖率平均，沙特人（62.0%）比中国人（83.6%）低21.6个百分点。

沙特与其他8国比，沙特对"没有吸引力——有吸引力"褒奖率排名第四，低于俄罗斯（77.0%）、印尼（68.2%）、印度（66.7%）。9项评价褒奖率的平均数相比，沙特排名第二，仅低于俄罗斯（68.7%），比日本（17.7%）高44.3个百分点。海外9国对9项评价褒奖率平均数前三名为：有价值的（55.1%）、有吸引力（55.0%）、有活力的（53.4%）。最低的两项是包容的（39.4%）、爱好和平（42.2%）（见表10-4）。

表10-4　沙特和9国受访者对中华文化9项评价褒奖率比较

单位：%

	沙特	美国	德国	俄罗斯	印度	日本	韩国	越南	印尼	平均	中国
有吸引力	66.2	51.8	61.6	77.0	66.7	18.9	31.0	53.5	68.2	55.0	89.1
包容的	59.0	36.1	40.2	53.6	54.0	8.4	17.1	37.6	48.8	39.4	85.5
有活力的	65.3	49.9	51.4	67.2	64.1	34.3	37.5	50.0	60.9	53.4	77.9
灿烂的	63.9	49.5	53.6	69.8	63.8	22.6	40.7	37.0	60.0	51.2	85.6
多元的	54.0	32.2	37.4	74.2	56.2	17.6	29.9	33.4	68.2	44.8	85.3
爱好和平	62.6	47.5	52.4	67.9	55.9	8.0	9.5	16.5	59.3	42.2	86.8
有价值的	66.6	57.1	61.5	82.6	67.9	22.8	35.6	42.6	59.2	55.1	87.6
创新的	57.8	52.4	38.0	46.8	67.4	15.2	22.4	51.5	67.1	46.5	72.1
和谐的	62.2	48.8	62.1	79.1	60.5	11.1	16.9	34.9	62.2	48.6	82.2
平均	62.0	47.3	50.9	68.7	61.8	17.7	26.7	39.7	61.5	48.5	83.6

三　中华文化在世界主要文化中的喜欢率排名

1. 概况

33.1%的沙特受访者喜欢中华文化（282人），在候选的13个选项中名列第三。排在沙特文化（58.2%）、日本文化（38.4%）之后。由于可以多选，852名受访者一共投出了2223张选票，平均每人投了2.6张票，即每人选了2.6个作为自己最喜欢的文化（见表10-5）。

表 10-5　沙特受访者对各国文化喜欢率情况

单位：人，%

	沙特	日本	中国	印度	法国	德国	美国	英国	其他	巴西	墨西哥	俄罗斯	南非	合计
人数	496	327	282	182	178	164	130	127	106	77	58	52	44	2223
喜欢率	58.2	38.4	33.1	21.4	20.9	19.2	15.3	14.9	12.4	9.0	6.8	6.1	5.2	260.9

2. 人群分析

通过各类人群中选择喜欢中华文化者占整个喜欢中华文化者样本（282个）比例（简称"喜欢中华文化占比"）与各类人群占全体样本（852个）比例（简称"全样本占比"），来比较各人群对中华文化喜欢率呈现的差异，以两种比例相差 5% 为有显著差异的标准，各类人群对中华文化的喜欢率情况如下。

年龄　25～34 岁受访者喜欢中华文化占比（17.7%）比全样本占比（23.0%）低 5.3 个百分点，喜欢中华文化者显著偏少；35～44 岁受访者喜欢中华文占比（27.3%）比全样本占比（23.1%）高 4.2 个百分点，喜欢中华文化者偏多；其他年龄段没有显著差异（见表 10-6）。

表 10-6　不同年龄受访者选择喜欢中华文化情况

		15～24 岁	25～34 岁	35～44 岁	45～54 岁	55～64 岁	65 岁及以上	合计
喜欢中华文化者	样本数（个）	68	50	77	58	25	4	282
	占比（%）	24.1	17.7	27.3	20.6	8.9	1.4	100
全体受访者	样本数（个）	206	196	197	169	74	10	852
	占比（%）	24.2	23.0	23.1	19.8	8.7	1.2	100

收入　年收入少于 5 万、5 万～50 万、50 万～100 万、100 万～200 万、多于 200 万里亚尔的受访者喜欢中华文化占比（41.8%、25.9%、10.6%、17.4%、4.3%）与相应的全样本占比（38.6%、29.7%、11.7%、15.5%、4.5%）之差中，最高为年收入 5 万～50 万里亚尔受访者喜欢中华文化占比低于全样本占比 3.8 个百分点。简言之，不同收入人群选择喜欢中华文化没有显著差异。

受教育程度　小学、初中、高中、高等教育学历的受访者喜欢中华文化占比（2.5%、3.2%、20.6%、73.8%）与相应的全样本占比（1.6%、

3.9%、27.3%、67.1%）之差中，受过高中教育受访者低 6.7 个百分点，喜欢中华文化者显著较少，受过高等教育的受访者高 6.7 个百分点，喜欢中华文化者显著较多。

性别　女性和男性受访者喜欢中华文化占比（40.8%、59.2%）与全样本占比（41.3%、58.7%）之差只有 0.5 个百分点，简言之，女性和男性受访者喜欢中华文化没有显著差异。

国籍　本地人和外籍人喜欢中华文化占比（80.1%、19.9%）与全样本占比（78.8%、21.2%）之差只有 1.3 个百分点，简言之，本地人与外籍人喜欢中华文化没有显著差异。

省籍　麦地那省受访者喜欢中华文化占比（9.6%）比全样本占比（6.2%）高 3.4 个百分点，喜欢中华文化者多一些；东部省受访者喜欢中华占比（12.8%）比全样本占比（17.6%）低 4.8 个百分点，喜欢中华文化者明显较少（见表 10-7）。

表 10-7　不同省籍受访者选择喜欢中华文化情况

单位：%

省份	喜欢中华文化占比	全样本占比	两者之差	省份	喜欢中华文化占比	全样本占比	两者之差
焦夫省	0.7	0.9	-0.2	利雅得省	29.8	30.0	-0.2
北部边疆省	1.4	1.4	0	东部省	12.8	17.6	-4.8
塔布克省	7.1	4.3	2.8	巴哈省	0	0.7	-0.7
哈伊勒省	1.1	1.8	-0.7	阿西尔省	5.0	4.3	0.7
麦地那省	9.6	6.2	3.4	吉赞省	2.1	2.2	-0.1
盖西姆省	6.4	4.1	2.3	奈季兰省	0.4	0.4	0
麦加省	23.8	25.9	-2.1	合计	100	100	0

职业　专家或行业带头人喜欢中华文化占比（31.9%）比全样本占比（26.5%）高 5.4 个百分点，喜欢中华文化者显著较多。服务业、店铺与市场工作人员喜欢中华文化占比（5.7%）比全样本占比（9.7%）低 4 个百分点，喜欢中华文化者显著较少。其他职业在喜欢中华文化上没有显著差异（见表 10-8）。

表 10-8 不同职业受访者选择喜欢中华文化情况

单位：%

职业	喜欢中华文化占比	全样本占比	两者之差	职业	喜欢中华文化占比	全样本占比	两者之差
立法人员、领导人和管理人员	5.0	4.2	0.8	其他行业技术工人	5.3	3.8	1.5
专家或行业带头人	31.9	26.5	5.4	军警	3.2	5.3	-2.1
专业技术人员	9.6	9.3	0.3	宗教人士	0.4	0.5	-0.1
办公室职员	3.2	3.5	-0.3	学生	12.1	13.5	-1.4
服务业、店铺与市场工作人员	5.7	9.7	-4	无职业或自由职业	23.8	23.2	0.6
农渔业技术工人	0	0.5	-0.5	合计	100	100	0

总之，35~44岁、受过高等教育、麦地那省、职业为专家或行业带头人的受访者选择喜欢中华文化的人数较多。25~34岁，受教育程度为高中，中东部省，职业为服务业、店铺与市场工作人员的受访者选择喜欢中华文化的人数较少。其他人群选择喜欢中华文化人数上没有显著差异。

3. 交叉分析

是否选择喜欢中华文化与对中华文化评价 852名受访者中，选择喜欢中华文化者（简称"选择者"）有282人，未选择喜欢中华文化者（简称"未选者"）有570人。选择者和未选者对中华文化评价是否有差异？将选择者、未选者与中华文化9项评价作交叉列表分析，卡方显著水平显示有3类。①有显著差异。选择者与未选者对中华文化4项评价（没有吸引力——有吸引力、排外的——包容的、单一的——多元的、不和谐的——和谐的）的卡方显著水平显示有显著差异。选择者的均值分别比未选者高1.28、0.41、1.10、0.53。②有较显著差异。选择者与未选者对3项评价（平淡无奇的——灿烂的、侵略性——爱好和平、守旧的——创新的）的卡方显著水平显示有较显著差异。选择者的均值比未选者分别高0.33、0.35、0.43。③没有显著差异。选择者与未选者对2项评价（衰落的——有活力的、无价值的——有价值的）的卡方显著水平显示没有显著差异（见表10-9）。

表 10-9　沙特受访者是否选择喜欢中华文化与对中华文化 9 项评价比较

对中华文化评价（%）									贬责率（%）	褒奖率（%）	均值
		1	2	3	4	5	6	7			
没有吸引力	未选者	7.5	5.3	8.1	22.6	20.2	15.1	21.2	有吸引力 20.9	56.5	4.73
	选择者	0.0	0.0	0.0	14.2	15.2	26.2	44.3	0	85.7	6.01
排外的	未选者	5.8	4.2	7.0	27.9	17.2	16.7	21.2	包容的 17.0	55.1	4.81
	选择者	5.3	3.9	3.2	20.6	14.9	22.3	29.8	12.4	67	5.22
衰落的	未选者	4.7	2.5	6.5	21.4	16.5	17.9	30.5	有活力的 13.7	64.9	5.18
	选择者	4.6	2.5	5.0	22.0	16.0	16.3	33.7	12.1	66	5.26
平淡无奇的	未选者	3.9	3.5	6.7	24.7	17.4	18.4	25.4	灿烂的 14.1	61.2	5.05
	选择者	3.9	2.8	3.5	20.6	16.0	17.0	36.2	10.2	69.2	5.38
单一的	未选者	8.6	4.0	9.8	33.3	18.8	11.1	14.4	多元的 22.4	44.3	4.40
	选择者	1.4	0.4	3.5	20.9	20.9	20.6	32.3	5.3	73.8	5.50
侵略性	未选者	5.4	3.0	7.7	23.3	18.8	18.8	23.0	爱好和平 16.1	60.6	4.95
	选择者	3.9	3.2	4.6	21.6	13.1	20.9	32.6	11.7	66.6	5.30
无价值的	未选者	5.4	2.3	5.8	22.1	18.8	17.7	27.9	有价值的 13.5	64.4	5.11
	选择者	3.5	1.4	3.9	20.2	18.4	17.0	35.5	8.8	70.9	5.41
守旧的	未选者	6.1	5.8	9.8	24.4	14.2	13.3	26.3	创新的 21.7	53.6	4.80
	选择者	5.3	3.2	5.7	20.2	15.2	15.6	34.8	14.2	65.6	5.23
不和谐的	未选者	5.8	4.6	6.1	25.1	20.5	14.7	23.2	和谐的 16.5	58.4	4.87
	选择者	2.8	2.1	3.5	21.6	16.3	20.6	33.0	8.4	69.9	5.40
9 项平均	未选者	5.9	3.9	7.5	25.0	18.0	16.0	23.7	9 项平均 17.3	57.7	4.88
	选择者	3.4	2.2	3.7	20.2	16.2	19.6	34.7	9.2	70.5	5.41
	差选者	2.5	1.7	3.8	4.8	1.8	-3.6	-11	8.1	-12.8	-0.53

是否选择喜欢中华文化与中国形象评价的交叉分析　选择者与未选者与对中国形象 8 项评价作交叉列表分析，卡方显著水平显示有 2 类。①有显著差异。选择者与未选者对中国形象 3 项评价（充满活力、颇具魅力、不断发展）的卡方值显示有显著差异。选择者的均值比未选者分别高 0.84、0.78、0.81。②没有显著差异。选择者与未选者对 5 项评价（可靠可信、令人愉悦、有领导力、坚定不移、有创新力）的卡方显著水平显示没有显著差异（见表 10-10）。

表 10-10　沙特受访者是否选择喜欢中华文化与对中国形象 8 项评价比较

| | | 对中国形象的看法（%） | | | | | | | | | | | 赞同率（%） | 均值 |
		0	1	2	3	4	5	6	7	8	9	10		
可靠可信	未选者	8.6	5.1	3.7	5.6	7.2	17.2	8.4	11.4	10.4	10.2	12.3	52.7	5.72
	选择者	5.0	2.5	3.5	5.3	5.7	16.0	10.6	9.6	13.8	13.5	14.5	62.0	6.36
令人愉悦	未选者	4.7	3.2	4.6	5.1	6.5	18.2	10.2	6.3	13.2	10.2	17.9	57.8	6.26
	选择者	3.9	2.8	3.2	2.8	6.7	15.2	8.9	8.5	11.7	14.2	22.0	65.3	6.75
有领导力	未选者	3.5	4.2	2.5	3.7	7.0	17.5	9.1	7.0	17.2	11.1	17.2	61.6	6.49
	选择者	4.3	2.1	2.5	3.5	7.4	14.9	9.2	7.8	13.8	16.3	18.1	65.2	6.70
充满活力	未选者	3.5	3.3	3.9	2.6	5.8	15.3	7.9	7.0	13.9	11.1	25.8	65.7	6.83
	选择者	2.8	2.5	0.7	2.5	1.8	9.6	6.0	8.2	18.8	14.9	32.3	80.2	7.67
颇具魅力	未选者	4.0	2.6	3.7	6.0	6.5	16.1	8.4	6.8	13.5	13.5	18.8	61.0	6.50
	选择者	4.6	1.8	1.4	3.9	1.8	13.1	7.8	4.6	18.1	14.2	28.7	73.4	7.28
坚定不移	未选者	5.3	2.6	4.4	6.0	5.4	18.9	8.2	7.5	14.4	9.3	17.9	57.3	6.26
	选择者	4.6	1.8	3.2	3.5	5.3	14.9	10.3	7.8	13.1	12.8	22.7	66.7	6.78
不断发展	未选者	4.0	2.6	3.5	3.7	5.8	14.6	6.7	8.2	11.8	13.5	25.6	65.8	6.86
	选择者	4.3	0.7	3.2	1.8	1.1	8.5	5.7	9.6	15.6	14.5	35.1	80.5	7.67
有创新力	未选者	4.0	2.6	3.5	3.2	4.2	13.7	8.1	8.4	15.3	14.6	22.5	68.9	6.89
	选择者	5.7	1.8	2.5	2.8	4.6	10.6	5.0	7.8	17.4	17.0	24.8	72.0	7.12
8 项平均	未选者	4.7	3.3	3.7	4.5	6.1	16.4	8.4	7.8	13.7	11.7	19.8	61.4	6.48
	选者	4.4	2	2.5	3.2	4.3	12.9	7.9	8.0	15.3	14.7	24.8	70.7	7.04
	差选者	0.3	1.3	1.2	1.3	1.8	3.5	0.5	-0.2	-1.6	-3	-5	-9.3	-0.56

是否选择喜欢中华文化与对中沙关系态度交叉分析　对是否选择喜欢中华文化与对中沙关系态度、中国发展对沙特利弊分别作交叉列表卡方检验，显示都没有显著差异。

4. 沙特与 9 国比较

中沙对比，33.1% 的沙特受访者喜欢中华文化，2.2% 的中国受访者喜欢沙特文化，在 13 个选项中分别排名第 3 位、第 12 位。喜欢率排名前五位对比，沙特为：沙特文化（58.2%）、日本文化（38.4%）、中国文化（33.1%）、印度文化（21.4%）、法国文化（20.9%）。中国为：中国文化（62.6%）、德国文化（31.8%）、法国文化（31.7%）、英国文化（30.4%）、美国文化（22.0%）。对比显示：两国受访者喜欢祖国文化均排名第一；在祖国文化外，沙特人喜欢东亚文化，中国人喜欢欧美文化。

沙特与其他 8 国比，沙特受访者对中国文化喜欢率排名第五，高于美国、德国、日本、韩国受访者对中国文化的喜欢率。沙特受访者对美国文化喜欢率（15.3%）仅高于俄罗斯、印尼受访者对美国文化的喜欢率（见表 10-11）。

表 10-11　沙特和 9 国受访者对各国文化喜欢率比较

单位：%

	沙特	美国	德国	俄罗斯	印度	日本	韩国	越南	印尼	平均	中国
巴西文化	9.0	16.7	10.7	9.2	15.6	2.9	9.0	9.3	4.6	9.7	7.2
中国文化	33.1	28.4	25.3	43.1	38.3	5.9	21.6	41.5	60.4	33.1	62.6
德国文化	19.2	26.5	72.2	16.2	26.7	29.4	38.6	11.1	10.8	22.3	31.8
法国文化	20.9	32.8	33.0	31.6	26.9	32.7	46.6	36.8	14.7	30.7	31.7
印度文化	21.4	15.6	14.8	25.2	81.3	5.7	11.5	18.4	13.5	15.7	7.7
日本文化	38.4	34.1	17.7	41.4	36.0	71.1	21.6	70.3	66.0	40.7	21.1
墨西哥文化	6.8	16.1	13.2	6.5	7.2	1.8	—	—	—	8.6	2.3
俄罗斯文化	6.1	11.2	10.9	64.0	18.0	2.1	18.0	16.2	2.1	10.6	14.0
沙特文化	58.2	3.1	0.9	2.0	9.8	1.1	2.2	0.4	23.1	5.3	2.2
南非文化	5.2	10.7	8.7	2.2	9.3	0.8	3.7	0.8	0.5	4.7	1.1
英国文化	14.9	38.0	27.8	20.7	31.8	31.9	46.6	29.7	18.0	28.8	30.4

	沙特	美国	德国	俄罗斯	印度	日本	韩国	越南	印尼	平均	中国
美国文化	15.3	58.1	21.6	7.8	38.0	33.6	41.0	35.5	13.5	25.8	22.0
其他文化	12.4	13.9	17.8	8.6	2.7	13.9	9.0	3.81	3.5	9.5	2.8
韩国文化	—	—	—	—	—	—	56.1	46.8	37.8	42.3	—
越南文化	—	—	—	—	—	—	6.7	76.3	2.2	4.5	—
印尼文化	—	—	—	—	—	—	2.5	1.8	86.8	2.3	

说明：表中的"平均"为去除喜欢本国文化比例后的平均数。

四　结果分析与思考

（一）中华文化在沙特具有吸引力

中华文化在沙特具有吸引力　沙特受访者对中华文化"有吸引力"的褒奖率为66.2%，均值5.15，换算成百分制为73.6分。对比中国受访者对中华文化"有吸引力"的褒奖率89.1%（84.3分）、均值5.90，中华文化在沙特的吸引力不低。

不同人群与对中华文化有吸引力的态度分析显示，受教育程度、家庭收入与有吸引力正相关（相关系数0.098**、0.068*），即学历越高、收入越多越认为中华文化有吸引力。省籍、职业对评价中华文化是否有吸引力有显著或较显著差异，专家或行业带头人、办公室职员认为中华文化有吸引力均值（5.43）比服务业、店铺与市场工作人员（4.47）高0.96，塔布克省和麦地那省受访者认为中华文化有吸引力均值（5.70、5.60）比麦加省（5.00）分别高0.70、0.60。这些信息表明，高学历、较富裕、知识分子和白领职员，塔布克省、麦地那省受访者比其他受访者更认同中华文化有吸引力。

对中华文化多样性特征的评价较低　对有吸引力之外的其他8项评价排名从高到低为：生命力（74.4分）、有用性（74.4分）、成就性（73.7分）、和平性（72.4分）、和谐性（72.0分）、宽容性（70.7分）、创新性（70.6分）、多样性（68.1分）。虽然各项评价分差不大，但多样性得分偏低还是比较明显的。将沙特受访者对中华文化特征打分与中国受访者打分比较，沙特受访者打分都低于中国受访者给自己打分。分差最大的是多样性（13.8分）、宽容性（12.2分）、和平性（11.5分），这说明沙特人与中国人对这些文化特征的评价差异较大；分差最小的是"生命力"，相差3.0分，其次是创新性（4.1分），这说明沙特人与中国人对这些文化特征的评价基本一致（见表10-12）。

表 10-12　沙特和中国受访者对中华文化评价对比

	文化特征	沙特			中国		沙特与中国得分之差（分）
		排名	均值	得分（分）	均值	得分（分）	
没有吸引力——有吸引力	吸引力	4	5.15	73.6	5.90	84.3	10.7
衰落的——有活力的	生命力	1	5.21	74.4	5.42	77.4	3.0
无价值的——有价值的	有用性	1	5.21	74.4	5.84	83.4	9.0
平淡无奇的——灿烂的	成就性	3	5.16	73.7	5.72	81.7	8.0
侵略性——爱好和平	和平性	5	5.07	72.4	5.87	83.9	11.5
不和谐的——和谐的	和谐性	6	5.04	72.0	5.61	80.1	8.1
排外的——包容的	宽容性	7	4.95	70.7	5.80	82.9	12.2
守旧的——创新的	创新性	8	4.94	70.6	5.21	74.7	4.1
单一的——多元的	多样性	9	4.77	68.1	5.73	81.9	13.8
9项平均	—	—	5.06	72.2	5.68	81.1	8.9

进一步提升沙特人对中华文化的评价，可参考人群与9项中华文化特征评价提供的信息：家庭收入与多元的显著相关（0.091**），受教育程度与包容的较显著相关（0.071*），女性更认同中华文化是多元的，均值（4.95）明显高于男性（4.64），专家或行业带头人更认同中华文化具有多元性，均值（5.05）比军警（3.93）高1.12。这些信息说明，9项评价中，除了多元的和包容的不同人群有差异外，对其他评价具有普遍性。

（二）中华文化吸引力与经济相关性更强

中华文化吸引力与政治、经济、科技、外交等方面密切相关，相互影响。其中哪些方面与中华文化吸引力相关性更大呢？以下用10个问题探讨了中华文化吸引力的相关因素（见表10-13）。首先，这些因素都与中华文化吸引力呈显著正相关，相关系数从 0.302 到 0.038。其次，经济、科技、政治、外交、军事 5 个方面 10 个具体问题的相关情况差别较大。相关系数平均数排名显示，对中华文化吸引力相关系数大小先后为：中国经济（0.173）、中国外交（0.090）、中国政治（0.087）、中国科技（0.069）、中国军事（0.046）。最后，相关系数排在前三名的是：对中国经济发展前景预期（0.302）、对"一带一路"的态度（0.222）、对中国经济发展道路评价（0.145）。简言之，中国经济中沙特受访者对中国经济发展前景的预期和对中国经济发展道路评价、中国外交中沙特受访者对"一带一路"的态度这 3 个问题，与中华文化吸引力相关性最强，沙特受访者对这 3 个问题作出正面回答，则中华文化吸引力就越大。

表 10-13　中国经济、科技、政治、外交、军事与中华文化吸引力相关系数

影响方面	具体问题	与中华文化吸引力相关情况		
		显著水平	相关系数	相关系数排名
中国经济	对中国经济发展道路评价	0.000	0.145	3
	对中国经济发展前景预期	0.000	0.302	1
	平均	—	0.173	—
中国科技	对中国科技发展水平认知	0.014	0.069	6
中国政治	中国政治制度的评价	0.010	0.087	5
中国外交	中国发展对沙特的意义	0.072	0.052	7
	当今中沙关系好坏	0.002	0.098	4
	对 5 年来中国外交评价	0.185	0.038	10
	对命运共同体的态度	0.167	0.040	9
	对"一带一路"的态度	0.000	0.222	2
	平均	—	0.090	—
中国军事	中国军力建设对世界和平的意义	0.176	0.046	8

（三）中华文化在沙特传播具有民众基础

沙特人喜欢中华文化胜过西方文化。在 13 种文化中，沙特受访者喜欢率排名前五位的是：沙特文化（58.2%）、日本文化（38.4%）、中国文化

（33.1%）、印度文化（21.4%）、法国文化（20.9%），中国受访者喜欢率前五名为：中国文化（62.6%）、德国文化（31.8%）、法国文化（31.7%）、英国文化（30.4%）、美国文化（22.0%）。对比显示：两国受访者喜欢自己的祖国文化均排名第一；在祖国文化外，沙特人喜欢东亚文化，中国人喜欢欧美文化。历史上，欧洲国家与阿拉伯国家进行过多次历时较长的宗教战争，世界史上闻名的十字军东征就是其中之一。第二次世界大战结束以来，美国等西方国家在中东地区不断挑起战争。历史和现实无疑会影响沙特人对欧美文化的态度。

沙特 852 名受访者喜欢中华文化的有 282 人，占总人数的 33.1%，在 13 个调查对象中名列第 2。虽排在日本（38.4%）之后，但差距不大，况且日本传统文化中的很多因素源自中国，如日本当今还使用汉字。数据还显示：喜欢中华文化的受访者受教育程度同喜欢中华文化有显著差异。受过高等教育的受访者喜欢中华文化的比例高于教育程度为初中和高中的受访者。随着社会的发展，沙特接受高等教育的民众比例会不断提高。据此推断，只要中国进一步改进文化交流工作，中华文化在沙特的喜欢率会逐渐超过日本。2013 年调查印尼民众喜欢哪国文化时，60.4% 的受访者选择喜欢中华文化，在 15 个调查对象中排名第三，比对沙特文化喜欢率（23.1%）高 37.3 个百分点。印尼是个穆斯林人口在伊斯兰世界排名第一的国家。本次在沙特的调查和 2013 年在印尼的调查都显示，中华文化在两国受访者中的喜欢率都超过了欧美文化。两国的穆斯林多数属于逊尼派，调查结果至少说明，中华文化在逊尼派穆斯林民众中传播具有广泛的基础。

第十一章　中国在沙特的整体国家形象

前面各章从文化、经济、科技等方面分析了沙特受访者对文化中国的认知和评价，但对中国的认识是个复杂的心理现象，上述各章的分析可能遗漏了一些影响中国整体形象的因素。为此，本章从宏观角度调查受访者对中国的整体印象，探讨国家整体形象与中华文化吸引力的关系。

一　问卷设计

本次调查尝试从受访者对中国整体形象的评价、喜欢中国的投票率与喜欢世界其他国家的投票率排名比较及喜欢中国的原因、对中国的亲近度等三个方面，调查受访者对中国整体形象的认知与态度。

1. 受访者对中国整体形象的评价

（1）设计思路

本调查借用 BAV（杨·罗必凯品牌资产评估机构）使用的维度（指标）调查中国的国家形象。国家形象直接关系到一国在国际社会的"声誉资本"，而这种资本的缺乏会放大改革的风险。如何评估外国民众眼中的中国形象？美国《时代》杂志国际版前编辑雷默在《淡色中国》一文中引用了 2004～2006 年 BAV 采用 8 个维度"可靠可信、令人愉悦、有领导力、充满活力、颇具魅力、坚定不移、不断发展、有创新力"在 18 个国家的调查结果。8 个维度中"颇具魅力"实际上是对一国形象的总体评价，其他 7 个维度都是对国家形象某一方面的评价。本次调查使用上述 8 个维度来测量沙特民众眼中的中国形象，在具体测量中依然使用 11 级量表（0～100%）。

（2）问卷内容

V47. 下面有一些关于中国的说法，请用 0~10 的数字表明你对这些说法的认同程度【循环出示，行单选】。

评价内容	0 = 0, 1 = 10%, 2 = 20%, 3 = 30%, 4 = 40%, 5 = 50%, 6 = 60%, 7 = 70%, 8 = 80%, 9 = 90%, 10 = 100%										
1. 中国可靠可信	0	1	2	3	4	5	6	7	8	9	10
2. 中国令人愉悦	0	1	2	3	4	5	6	7	8	9	10
3. 中国有领导力	0	1	2	3	4	5	6	7	8	9	10
4. 中国充满活力	0	1	2	3	4	5	6	7	8	9	10
5. 中国颇具魅力	0	1	2	3	4	5	6	7	8	9	10
6. 中国坚定不移	0	1	2	3	4	5	6	7	8	9	10
7. 中国不断发展	0	1	2	3	4	5	6	7	8	9	10
8. 中国有创新力	0	1	2	3	4	5	6	7	8	9	10

2. 喜欢中国的排名及原因

（1）设计思路

第一步是测量喜欢中国与喜欢世界其他国家的情况，请受访者在列出的多个国家中选出 1 个最喜欢的国家。根据常识，绝大多数受访者会最喜欢自己的祖国，所以沙特问卷选项中不包括沙特。列出的候选国包括欧盟和沙特之外的所有 G20 国家，并按照国际惯例以英文字母排序。第二步是请受访者选择最喜欢该国的原因（可多选），包括政治、经济、社会、外交、文化、科技、环境、公民素质、国防、其他等 10 个选项。

（2）问卷内容

V48. 除了您的国家外，您最喜欢以下哪个国家？（只选一项）
1. 阿根廷　2. 澳大利亚　3. 巴西　4. 加拿大　5. 中国　6. 法国
7. 德国　8. 印度　9. 印尼　10. 意大利　11. 日本　12. 墨西哥
13. 俄罗斯　14. 南非　15. 韩国　16. 土耳其　17. 英国　18. 美国
V48-1. 您最喜欢该国的原因是什么？（可多选）
1. 社会稳定　2. 环境优美　3. 灿烂文化　4. 政治制度优越
5. 经济发达　6. 外交和平　7. 公民素质高　8. 科技发达

9. 巩固的国防　77. 其他

3. 受访者对中国的亲近度

（1）设计思路

如何测量受访者对中国的亲近度？借鉴心理学中测量人与人心理距离的思路，自创了测量个人对中国亲近度的量表。为受访者提供 7 个选项的定序量表（与中国没有任何来往、与中国做生意、到中国旅游、短期到中国工作、较长时间到中国工作、获得永久居住中国许可证、移民中国），以"与中国没有任何来往"表示亲近度最低的一极，以"移民中国"表示亲近度最高的另一极，请受访者选择最倾向的一项。

（2）问卷内容

V49. 在以下 7 种选择中，选择您最愿意的一项：

1. 与中国没有任何来往

2. 与中国做生意

3. 到中国旅游

4. 短期到中国工作

5. 较长时间到中国工作

6. 获得永久居住中国许可证（中国绿卡）

7. 移民中国

二　对中国整体形象的评价

1. 数据分析

受访者对中国形象 8 项评价见表 11-1。各项指标的认同率都超过 55%，颇具魅力认同率 65.1%。认同率最高的是不断发展（70.7%），最低的是可靠可信（55.8%），8 项平均 64.4%。8 项评价的均值折合成百分制，得分由高到低为：不断发展 71.3 分、充满活力 71.1 分、有创新力 69.7 分、颇具魅力 67.6 分、有领导力 65.6 分、坚定不移 64.3 分、令人愉悦 64.2 分、可靠可信 59.3 分，平均 66.6 分。

表 11-1 沙特受访者对中国形象 8 项评价的态度

	认同程度（%）											认同率（%）	均值	标准差
	0	1	2	3	4	5	6	7	8	9	10			
颇具魅力	4.2	2.3	2.9	5.3	4.9	15.1	8.2	6.1	15.0	13.7	22.1	65.1	6.76	2.875
不断发展	4.1	2.0	3.4	3.1	4.2	12.6	6.3	8.7	13.0	13.8	28.8	70.7	7.13	2.878
充满活力	3.3	3.1	2.8	2.6	4.5	13.4	7.3	7.4	15.5	12.3	27.9	70.4	7.11	2.828
有创新力	4.6	2.3	3.2	3.1	4.3	12.7	7.0	8.2	16.0	15.4	23.2	69.8	6.97	2.866
有领导力	3.8	3.5	2.5	3.6	7.2	16.7	9.2	7.3	16.1	12.8	17.5	62.8	6.56	2.787
坚定不移	5.0	2.3	4.0	5.2	5.4	17.6	8.9	7.6	14.0	10.4	19.5	60.4	6.43	2.901
令人愉悦	4.5	3.1	4.1	4.3	6.6	17.3	9.7	7.0	12.7	11.5	19.2	60.2	6.42	2.894
可靠可信	7.4	4.2	3.6	5.5	6.7	16.8	9.2	10.8	11.5	11.3	13.0	55.8	5.93	2.984
平均	4.6	2.9	3.3	4.1	5.5	15.3	8.2	7.9	14.2	12.7	21.4	64.4	6.66	2.877

2. 人群分析

年龄、收入、受教育程度与 8 项评价作相关分析，显示年龄仅与 1 项评价较显著相关：可靠可信（0.053*），受教育程度仅与 2 项评价显著或较显著相关：充满活力（0.113**）、令人愉悦（0.060*），收入与 8 项评价都不显著相关。性别、国籍、省籍、职业分别与 8 项评价作交叉列表卡方检验，显示都没有显著差异。

3. 沙特与 9 国比较

中沙对比，8 项评价中，沙特人对颇具魅力的认同率（65.1%）比中国人（76.8%）低 11.7 个百分点。对可靠可信的认同率差距最大，沙特人（55.8%）比中国人（72.2%）低 16.4 个百分点；对有创新力的认同率差距最小，沙特人（69.8%）比中国人（72.2%）低 2.4 个百分点；8 项认同率平均，沙特人（64.4%）比中国人（74.3%）低 9.9 个百分点。

　　沙特与其他 8 国比，沙特对中国颇具魅力的认同率排名第三，低于印尼（78.2%）、俄罗斯（67.2%）；8 项认同率平均，排名第四，低于俄罗斯（69.2%）、印度（65.4%）和印尼（79.6%）。海外 9 国对中国形象的认同率平均数，中国颇具魅力为 51.0%，排名前三的是不断发展（63.6%）、有创新力（57.1%）、充满活力（55.2%），最低的是可靠可信（39.6%）（见表 11-2）。

表 11-2　沙特和 9 国受访者对中国形象 8 项评价的认同率和均值比较

		沙特	美国	德国	俄罗斯	印度	日本	韩国	越南	印尼	平均	中国
颇具魅力	认同率（%）	65.1	35.2	62.3	67.2	62.8	9.4	28.5	49.9	78.2	51.0	76.8
	均值	6.76	4.71	6.28	6.77	6.23	2.54	5.10	6.31	7.93	5.85	7.02
可靠可信	认同率（%）	55.8	42.9	34.2	55.0	53.0	6.5	19.5	19.6	69.9	39.6	72.2
	均值	5.93	5.25	4.56	5.99	5.62	2.13	4.54	4.42	7.46	5.10	6.77
令人愉悦	认同率（%）	60.2	41.5	33.5	57.7	59.3	7.0	16.8	22.5	76.4	41.7	69.8
	均值	6.42	5.21	4.73	6.15	6.02	2.31	4.53	4.51	7.73	5.29	6.63
有领导力	认同率（%）	62.8	51.6	62.3	68.9	69.1	15.5	31.0	45.9	78.4	54.0	70.8
	均值	6.56	5.66	6.16	6.73	6.61	3.06	5.17	6.12	7.95	6.00	6.77
充满活力	认同率（%）	70.4	44.9	50.4	76.0	64.9	22.3	39.8	47.3	81.1	55.2	74.9
	均值	7.11	5.41	5.64	7.30	6.34	3.52	5.65	6.21	8.10	6.14	6.87
坚定不移	认同率（%）	60.4	50.2	44.9	72.4	67.1	14.9	30.8	37.1	81.2	51.0	76.2
	均值	6.43	5.69	5.44	7.03	6.48	3.1	5.29	5.58	8.16	5.91	7.03
不断发展	认同率（%）	70.7	63.3	66.1	80.2	73.9	17.3	52.0	62.0	86.3	63.6	81.5
	均值	7.13	6.41	6.40	7.69	6.98	3.31	6.37	7.05	8.65	6.67	7.39
有创新力	认同率（%）	69.8	57.0	57.3	76.3	73.0	10.9	27.3	57.4	85.1	57.1	72.2
	均值	6.97	5.98	5.90	7.28	6.88	2.82	5.01	6.79	8.48	6.23	6.72
平均	认同率（%）	64.4	48.3	51.4	69.2	65.4	13.0	30.7	42.7	79.6	51.6	74.3
	均值	6.66	5.54	5.64	6.87	6.40	2.85	5.21	5.87	8.06	5.90	6.90

三 喜欢中国的世界排名及原因

(一) 喜欢中国的世界排名

1. 概况

852 名受访者除了自己国家外，选出最喜欢的国家（只选一项），96 人选择中国，占比 11.3%，在 18 个国家里中国排名第 2。第 1 位是土耳其（24.3%）。排名第 3 到第 6 分别为：日本（9.6%）、加拿大（8.0%）、德国（6.7%）、美国（5.6%）。中国的得票率高于欧美各国（见表 11-3）。

表 11-3 沙特受访者选择最喜欢的国家情况

国家	人数（人）	占比（%）	排名	国家	人数（人）	占比（%）	排名
土耳其	207	24.3	1	意大利	36	4.2	11
中国	96	11.3	2	韩国	33	3.9	12
日本	82	9.6	3	澳大利亚	22	2.6	13
加拿大	68	8.0	4	巴西	13	1.5	14
德国	57	6.7	5	俄罗斯	9	1.1	15
美国	48	5.6	6	墨西哥	6	0.7	16
法国	46	5.4	7	阿根廷	3	0.4	17
印尼	45	5.3	8	南非	2	0.2	18
英国	42	4.9	9	合计	852	100.0	—
印度	37	4.3	10				

2. 人群分析

通过各类人群选择喜欢中国者在整个喜欢中国者样本（96 个）中占比（简称"喜欢中国占比"）与各类人群在全体样本（852 个）中占比（简称"全样本占比"），来比较各人群在选择喜欢中国上的差异，以两种占比相差 5% 为有显著差异的标准，各人群选择喜欢中国的情况如下。

年龄 45~54 岁受访者中喜欢中国占比（24.0%）比全样本占比（19.8%）高 4.2 个百分点，喜欢中国者较多；25~34 岁受访者中喜欢中国占比（17.1%）比全样本占比（23.0%）低 5.9 个百分点，喜欢中国者明显较少；其他年龄段选择喜欢中国没有显著差异（见表 11-4）。

表 11-4　不同年龄受访者选择喜欢中国情况

		15~24 岁	25~34 岁	35~44 岁	45~54 岁	55~64 岁	65 岁及以上	合计
喜欢中国者	样本数（个）	26	17	21	23	7	2	96
	占比（%）	27.1	17.1	21.9	24.0	7.3	2.1	100
全体受访者	样本数（个）	206	196	197	169	74	10	852
	占比（%）	24.2	23.0	23.1	19.8	8.7	1.2	100

收入　年收入少于 5 万、5 万~50 万里亚尔受访者喜欢中国占比（32.3%、20.8%）比相应的全样本占比（38.6%、29.7%）分别低 6.3、8.9 个百分点；收入 50 万~100 万、100 万~200 万里亚尔受访者喜欢中国占比（17.7%、22.9%）比相应的全样本占比（11.7%、15.5%）分别高 6.0、7.4 个百分点。简言之，收入 50 万里亚尔以上者喜欢中国明显较多，收入 50 万里亚尔以下者喜欢中国明显较少（见表 11-5）。

表 11-5　不同家庭年收入受访者选择喜欢中国情况

		少于 5 万	5 万~50 万	50 万~100 万	100 万~200 万	多于 200 万	合计
喜欢中国者	样本数（个）	31	20	17	22	6	96
	占比（%）	32.3	20.8	17.7	22.9	6.2	100
全体受访者	样本数（个）	329	253	100	132	38	852
	占比（%）	38.6	29.7	11.7	15.5	4.5	100

受教育程度　小学、初中、高中、高等教育学历受访者喜欢中国占比（3.1%、2.1%、25.0%、69.8%）与相应的全样本占比（1.6%、3.9%、27.3%、67.1%）之差最大为 2.7 个百分点，不同受教育程度受访者在喜欢中国上均没有显著差异。

性别　女性和男性受访者喜欢中国占比（40.6%、59.4%）与全样本占比（41.3%、58.7%）之差只有 0.7 个百分点，简言之，女性和男性受访者在喜欢中国上没有显著差异。

国籍　本地人和外籍人喜欢中国占比（79.2%、20.8%）与全样本占比（78.8%、21.2%）之差只有 0.4 个百分点，简言之，本地人与外籍人受访者在喜欢中国上没有显著差异。

省籍 麦加省受访者喜欢中国占比（31.2%）比全样本占比（25.9%）高5.3个百分点，喜欢中国者明显较多；东部省受访者喜欢中国占比（12.5%）比全样本占比（17.6%）低5.1个百分点，喜欢中国者明显较少（见表11-6）。

表11-6 不同省籍受访者选择喜欢中国情况

	喜欢中国占比（%）	全样本占比（%）	两者之差	省份	喜欢中国占比（%）	全样本占比（%）	两者之差
焦夫省	1.0	0.9	0.1	利雅得省	26.0	30.0	-4.0
北部边疆省	2.1	1.4	0.7	东部省	12.5	17.6	-5.1
塔布克省	5.2	4.3	0.9	巴哈省	1.0	0.7	0.3
哈伊勒省	1.0	1.8	-0.8	阿西尔省	6.2	4.3	1.9
麦地那省	6.2	6.2	0	吉赞省	1.0	2.2	-1.2
盖西姆省	6.2	4.1	2.1	奈季兰省	0	0.4	-0.4
麦加省	31.2	25.9	5.3	合计	100	100	0

职业 各种职业者中，喜欢中国占比与全样本占比之差较大的有两类，一是学生喜欢中国占比（16.7%）比全样本占比（13.5%）高3.2个百分点，二是无职业或自由职业者喜欢中国占比（19.8%）比全样本占比（23.2%）低3.4个百分点，都没有超过5%。简言之，不同职业受访者喜欢中国没有显著差异（见表11-7）。

表11-7 不同职业受访者选择喜欢中国情况

	喜欢中国占比（%）	全样本占比（%）	两者之差	职业	喜欢中国占比（%）	全样本占比（%）	两者之差
立法人员、领导人和管理人员	6.2	4.2	2	其他行业技术工人	2.1	3.8	-1.7
专家或行业带头人	29.2	26.5	2.7	军警	4.2	5.3	-1.1
专业技术人员	7.3	9.3	-2	宗教人士	0	0.5	-0.5
办公室职员	5.2	3.5	1.7	学生	16.7	13.5	3.2

职业	喜欢中国占比	全体样本占比	两者之差	职业	喜欢中国占比	全体样本占比	两者之差
服务业、店铺与市场工作人员	9.4	9.7	-0.3	无职业或自由职业	19.8	23.2	-3.4
农渔业技术工人	0	0.5	-0.5	合计	100	100	0

总之，45~54岁、年收入50万里亚尔以上、麦加省的受访者选择喜欢中国明显较多。25~34岁、年收入50万里亚尔以下、东部省的受访者选择喜欢中国明显较少。其他人群选择喜欢中国没有显著差异。

3. 选择与未选择喜欢中国受访者的态度比较

是否选择喜欢中国与对中华文化评价　将喜欢中国的受访者96个样本及未选择喜欢中国的受访者756个样本对中华文化9项评价的褒奖率和均值作比较发现，①选择中国的受访者有4项褒奖率明显高于未选择者：有吸引力、包容的、灿烂的、多元的褒奖率（77.1%、70.8%、80.2%、62.5%）比未选择者（64.8%、57.5%、61.8%、52.9%）分别高12.3、13.3、18.4、9.6个百分点。②其余5项双方褒奖率基本持平。9项褒奖率平均，选择者（67.7%）比未选择者（61.2%）高6.5个百分点。

是否选择喜欢中国与对中国形象评价　选择喜欢中国的受访者96个样本与未选择喜欢中国的受访者756个样本对中国形象8项评价认同率和均值作比较，选择中国的受访者8项认同率都高于未选择者，8项认同率平均数（73.9%）比未选择者（63.2%）高10.7个百分点（见表11-8）。

表11-8　沙特受访者是否选择喜欢中国与对中国形象评价比较

中国形象	选择情况	认同率（%）	均值	中国形象	选择情况	认同率（%）	均值
可靠可信	选择喜欢中国	71.9	7.02	坚定不移	选择喜欢中国	71.9	7.20
	未选择中国	53.7	5.79		未选择中国	59.0	6.33
	两者之差	18.2	1.23		两者之差	12.9	0.87
令人愉悦	选择喜欢中国	62.5	6.76	不断发展	选择喜欢中国	79.2	7.50
	未选择中国	59.9	6.38		未选择中国	69.6	7.08
	两者之差	2.6	0.38		两者之差	9.6	0.42

续表

中国形象	选择情况	赞同率（%）	均值	中国形象	选择情况	赞同率（%）	均值
有领导力	选择喜欢中国	74.0	7.32	有创新力	选择喜欢中国	78.1	7.60
	未选择中国	61.4	6.46		未选择中国	68.8	6.89
	两者之差	12.6	0.86		两者之差	9.3	0.71
充满活力	选择喜欢中国	79.2	7.67	平均	选择喜欢中国	73.9	7.31
	未选择中国	69.3	7.04		未选择中国	63.2	6.58
	两者之差	9.9	0.63		两者之差	10.7	0.73
颇具魅力	选择喜欢中国	74.0	7.42	—	—	—	—
	未选择中国	64.0	6.68		—	—	—
	两者之差	10.0	0.74		—	—	—

是否选择喜欢中国与对中沙关系评价对比　去除对中沙关系回答不知道者，将喜欢中国的受访者83个样本数据及未选择中国的受访者631个样本数据对中沙关系评价的良好率和均值进行比较：选择喜欢中国的受访者的良好率（84.3%）比未选择中国的受访者（87.2%）低2.9个百分点，但均值（4.40）比未选择中国的受访者（4.33）高0.07。简言之，是否选择喜欢中国在中沙关系态度上没有显著差异。

4. 中华文化喜欢率与中国喜欢率比较

第十章调查了受访者喜欢中华文化在世界主要文化中的排名。中华文化与中国这两个概念既有联系也有区别，中国包括经济、科技、政治、社会、外交、军事、文化等多个方面，中华文化是中国整体形象中的一个方面。因而，比较受访者对中华文化和中国喜欢率的排名，有助于进一步了解中华文化在受访者心目中的地位。喜欢一国文化比例与喜欢一国的比例之差越大，说明越喜欢该国文化。需要说明的是，关于国家的问卷只允许受访者选一个选项且选项中不包括本国，而关于一国文化的问卷允许受访者多选，且选项中包括本国文化；国家选项有18个，国家文化选项有13个；所以一国和一国文化的数据可比性存在不足，比较数据仅供参考。

沙特受访者对中华文化喜欢率（33.1%）比中国喜欢率（11.3%）高

21.8 个百分点，在 11 国文化喜欢率与对该国喜欢率之差排名中，名列第二。日本排名第一（28.8 个百分点），印度排名第三（17.1 个百分点）。法国（15.5 个百分点）、德国（12.5 个百分点）、英国（10.0 个百分点）、美国（9.7 个百分点）分别排名第四到第七位（见表 11-9）。简言之，沙特人认为中华文化比中国更有魅力。

表 11-9　沙特受访者喜欢一国文化比例与喜欢一国比例对比

	喜欢其文化（%）	喜欢其国家（%）	两者之差（个百分点）	两者之比
日本	38.4	9.6	28.8	4.0
中国	33.1	11.3	21.8	2.9
印度	21.4	4.3	17.1	5.0
法国	20.9	5.4	15.5	3.9
德国	19.2	6.7	12.5	2.9
英国	14.9	4.9	10.0	3.0
美国	15.3	5.6	9.7	2.7
巴西	9.0	1.5	7.5	6.0
墨西哥	6.8	0.7	6.1	9.7
俄罗斯	6.1	1.1	5.0	5.5
南非	5.2	0.2	5.0	26.0
平均	17.3	4.7	12.6	3.7

5. 沙特与 9 国比较

中沙对比，沙特受访者喜欢中国、美国的分别占 11.3%、5.6%，在 18 国中排名第 2、6，中国受访者喜欢沙特、美国的占 0.5%、10.3%，在 18 国中排名第 16 和第 3。

沙特与其他 8 国比较，沙特受访者喜欢中国比例排名第五，低于印尼、俄罗斯、越南、印度的受访者喜欢中国的比例 27.0%、20.5%、12.0%、11.5%。沙特受访者喜欢美国比例在海外 9 国中排名倒数第二（5.6%），仅高于印尼 5.1%，即沙特和印尼最不喜欢美国（见表 11-10）。

表 11-10 沙特与 9 国受访者除了祖国外最喜欢的国家比较

单位：%

	沙特	美国	德国	俄罗斯	印度	日本	韩国	越南	印尼	中国
阿根廷	0.4	0.3	0.6	0.7	0.7	0.1	—	—	—	1.6
澳大利亚	2.6	11.6	12.3	10.7	10.6	13.6	—	—	—	16.3
巴西	1.5	2.3	1.5	2.1	0.8	0.3	1.5	1.9	1.2	1.5
加拿大	8.0	22.2	12.6	4.4	9.6	8.5				10.2
中国	11.3	7.1	4.1	20.5	11.5	1.7	5.8	12.0	27.0	—
法国	5.4	5.6	13.4	9.5	5.0	5.3	15.1	8.5	2.3	10.2
德国	6.7	5.9	—	6.4	8.4	13.3	15.3	2.4	3.7	22.2
印度	4.3	2.2	1.6	5.0	—	1.5	2.8	1.8	3.0	0.4
印尼	5.3	0.5	0.7	1.4	0.1	1.3	0.2	0.4	—	0.7
意大利	4.2	6.6	15.6	13.8	2.7	6.7	—		—	2.3
日本	9.6	7.2	5.3	9.5	8.4	—	7.2	32.5	33.2	4.5
墨西哥	0.7	3.2	0.3	0.6	0.5	0.1				0.7
俄罗斯	1.1	1.0	3.1	—	4.1	0.3	2.1	5.4	1.0	10.0
沙特	—	0.5	0.5	0.3	2.8	0	0.4	0.5	7.3	0.5
南非	0.2	1.2	2.4	0.1	0.6	0.3	0.6	0.6	0	1.1
韩国	3.9	1.7	1.0	2.7	1.3	2.9	—	12.4	9.7	1.5
土耳其	24.3	0.1	1.9	0.8	0	3.8	—	—	—	0.4
英国	4.9	20.9	11.1	5.7	8.0	7.1	15.5	6.6	3.8	5.6
美国	5.6	—	12.1	5.8	25.3	33.3	22.4	13.3	5.1	10.3
越南	—	—	—	—	—	—	2.5	—	0.7	—
其他	—	—	—	—	—	—	8.7	2.0	2.2	—
合计	100	100	100	100	100	100	100	100	100	100

（二）喜欢中国的原因及中华文化国际竞争力

1. 喜欢中国的原因

96 个最喜欢中国的受访者选择喜欢中国的原因：47.9%（46 人）选择了"灿烂文化"，在 10 个选项中排名第一，比第二名"经济发达"（43.8%）和第三名环境优美（42.7%）分别高 4.1、5.2 个百分点。96 人共投出 285

张选票，平均每人投出 3.0 张选票，即平均每人喜欢中国有 3 个原因（见表 11-11）。

表 11-11　沙特受访者中最喜欢中国的原因占比情况

喜欢原因	灿烂文化	经济发达	环境优美	科技发达	社会稳定	政治制度优越	外交和平	公民素质高	巩固的国防	其他	合计
人数（人）	46	42	41	37	36	24	22	20	10	7	285
占比（%）	47.9	43.8	42.7	38.5	37.5	25.0	22.9	20.8	10.4	7.3	296.8

2. 人群分析

年龄、收入、受教育程度、性别、国籍、省籍、职业等 7 个人群分别与喜欢中国的 10 个原因作卡方检验，70 个显著水平值中，只有年龄与外交和平、国籍与经济发达和巩固的国防有显著或较显著差异。由于中国外交和平而喜欢中国，不同年龄受访者差距悬殊：15～24 岁的占比 34.6%，而35～44 岁的占比为 0（见表 11-12）。

表 11-12　沙特受访者年龄与喜欢中国是由于外交和平的情况比较

	15～24 岁	25～34 岁	35～44 岁	45～54 岁	55～64 岁	65 岁及以上	合计
选择外交和平人数（人）	9	3	0	5	3	2	22
总样本量（个）	26	17	21	23	7	2	96
占比（%）	34.6	17.6	0.0	21.7	42.9	100	22.9

国籍上，本地人由于中国经济发达而喜欢中国的占比（38.5%）比外籍人（20.0%）高 18.5 个百分点，由于中国巩固的国防而喜欢中国的占比（6.6%）比外籍人（25.0%）低 18.4 个百分点。

3. 沙特与 9 国比较

沙特与海外其他 8 国比，沙特受访者喜欢中国是因为环境优美的比例为42.7%、社会稳定的为 37.5%，分别比海外 9 国平均数（33.7%、28.3%）高 9 个百分点、9.2 个百分点。其余原因与 9 国平均数差别不大。9 国平均数中，喜欢中国占比前三名的是灿烂文化（51.5%）、经济发达（44.2%）、环境优美（33.7%）。

中沙对比，127 名中国受访者选择喜欢美国，占比排名第三，喜欢的前三个原因是科技发达（67.0%）、经济发达（63.0%）、公民素质高（42.5%），受访者平均每人选了 3 个原因。沙特有 48 人选择喜欢美国，占比排名第六，喜欢原因前三名是科技发达（47.9%）、环境优美（43.8%）、经济发达（41.7%），受访者平均每人也选了 3 个原因（见表 11-13）。

表 11-13　沙特和海外 8 国受访者喜欢中国的原因
及中沙选择喜欢美国的原因占比

单位：%

| | 喜欢中国 | | | | | | | | | 喜欢美国 | |
	沙特	美国	德国	俄罗斯	印度	日本	韩国	越南	印尼	平均	中国	沙特
灿烂文化	47.9	51.4	58.5	58.0	32.8	22.2	70.0	54.5	68.5	51.5	11.0	35.4
经济发达	43.8	25.0	24.4	55.1	45.7	22.2	45.0	69.9	66.7	44.2	63.0	41.7
环境优美	42.7	23.6	24.4	50.2	31.0	3.7	36.7	41.5	49.6	33.7	37.0	43.8
科技发达	38.5	29.2	39.0	44.4	44.8	3.7	—	—	—	33.3	67.0	47.9
社会稳定	37.5	27.8	14.6	37.7	39.7	7.4	11.7	41.5	37.2	28.3	28.3	37.5
政治制度优越	25.0	15.3	24.4	32.4	31.0	3.7	10.0	27.6	17.4	20.8	35.4	25.0
外交和平	22.9	27.8	24.4	41.1	45.7	7.4	11.7	21.1	24.6	25.2	5.5	10.4
公民素质高	20.8	34.7	34.1	22.2	39.7	18.5	5.0	25.2	31.9	25.8	42.5	20.8
巩固的国防	10.4	6.9	7.3	29.0	24.1	0	—	—	—	13.0	17.3	8.3
其他	7.3	27.8	7.3	2.9	6.0	11.1	10.0	21.1	10.9	11.6	1.6	16.7

四　受访者对中国的亲近度

1. 整体情况

本次调查尝试用递进式 7 种选择（定序变量）来测量受访者对中国的亲近度。亲近度由远到近比例为：1 与中国没有任何来往（2.2%）、2 与中国做生意（32.7%）、3 到中国旅游（40.4%）、4 短期到中国工作（7.4%）、5 较长时间到中国工作（4.6%）、6 获得永久居住中国许可证（7.9%）、7 移民中国（4.8%）。均值为 3.22，位于到中国旅游和短期到中国工作之间，倾向到中国旅游。

2. 人群分析

年龄、收入、受教育程度与对中国亲近度相关分析显示，只有收入与对中国亲近度显著相关（0.127**），即收入越高，对中国越亲近。性别、国籍、省籍、职业分别与对中国亲近度作一元方差分析，只有国籍与对中国亲近度有显著差异。本地人的均值（3.10）比外籍人（3.67）低0.57，即本地人对中国的亲近度明显低于外籍人。

3. 相关分析

对中国亲近度与中华文化评价　对中国亲近度与中华文化9项评价作相关分析，仅与2项评价相关：多元的（0.127**）、和谐的（0.062*）。

对中国亲近度与中国形象评价　对中国亲近度与中国形象8项评价作相关分析，显示都不显著相关。

喜欢中国的受访者与对中国亲近度　852名受访者中，最喜欢中国的96人和其余756人对中国的亲近度比较显示：最喜欢中国的受访者对中国亲近均值（3.27）比其余人（3.22）高0.05（见表11-14）。

表11-14　沙特喜欢中国的受访者、喜欢他国的受访者与中国亲近度比较

	亲近度（%）							均值
	1 与中国没有任何来往	2 与中国做生意	3 到中国旅游	4 短期到中国工作	5 较长时间到中国工作	6 获得永久居住中国许可证	7 移民中国	
喜欢中国	0	27.1	45.8	10.4	8.3	6.3	2.1	3.27
喜欢他国	2.5	33.5	39.7	7.0	4.1	8.1	5.2	3.22

对中国亲近度与对中沙关系态度　相关分析显示两者不显著相关。

4. 沙特与6国比较

中沙对比，中国问卷中没有调查中国人对沙特的亲近度，调查了对美国的亲近度。亲近度为选择较长时间到贵国工作、获得永久居住贵国许可证、移民贵国三者比例之和。沙特受访者对中国的亲近度17.3%、均值3.22，中国人对美国的亲近度16.8%，均值3.26。沙特人对中国的亲近度与中国人对美国的亲近度很接近。

沙特与其他海外5国比较，沙特受访者对中国的亲近度最高，比第二名印度（10.2%）高7.1个百分点。海外6国中，日本受访者对中国的亲近度最低（1.8%）（见表11-15）。

表 11-15　沙特和其他海外 5 国受访者对中国的亲近度与
中国受访者对美国的亲近度比较

	沙特	美国	德国	俄罗斯	印度	日本	平均	中国
1. 与贵国没有任何来往（%）	2.2	50.5	28.7	21.2	21.6	67.2	31.9	9.7
2. 与贵国做生意（%）	32.7	8.9	17.3	9.9	13.3	6.9	14.8	16.1
3. 到贵国旅游（%）	40.4	34.7	48.2	52.7	45.1	21.6	44.2	48.9
4. 短期到贵国工作（%）	7.4	2.6	2.2	6.8	9.6	2.5	5.2	8.5
5. 较长时间到贵国工作（%）	4.6	2.3	0.9	5.5	6.9	0.8	3.5	3.1
6. 获得永久居住贵国许可证（%）	7.9	0.5	1.7	3.0	2.0	0.4	2.6	7.6
7. 移民贵国（%）	4.8	0.5	1.0	0.9	1.3	0.6	1.5	6.1
亲近度（%）	17.3	3.3	3.6	9.4	10.2	1.8	7.6	16.8
均值	3.22	2.01	2.38	2.78	2.78	1.66	2.5	3.26

五　结果分析与思考

（一）中国整体形象良好，仍需改进不足

1990 年中国和沙特建交，沙特民众眼中的中国是什么形象？国内学者的相关研究匮乏。2020 年初，在中国国家图书馆和北京大学图书馆以"中国与沙特"为关键词检索查询，居然没有查到一本馆藏专著（虽然有一些中国与阿拉伯国家、中国文化与伊斯兰文化的文献）。中国国家图书馆只有一篇关于中沙关系的硕士学位论文①。在北京大学图书馆以"沙特"为检索词，仅查到 10 本书。可以说国内学术界对沙特民众眼中的中国形象是不清楚的，本次调查大致勾勒了沙特民众心中的中国形象。

1. 调查显示中国整体形象良好

沙特人对中国形象 8 项评价的认同率都超过 55%，认同率最高的是不断发展 70.7%，最低的是可靠可信 55.8%，8 项平均为 64.4%。均值折合成百分制排名前四位是：不断发展 71.3 分、充满活力 71.1 分、有创新力 69.7分、颇具魅力 67.6 分，得分最低的是可靠可信 59.3 分，8 项平均 66.6 分。沙特人给中国形象打分与中国人给中国形象打分相比，8 项认同率平均，沙

① 李彩阳：《中国—沙特阿拉伯关系研究（1990-2009）》，2010 年云南大学硕士学位论文。

特人（64.4%）比中国人（74.3%）低9.9个百分点。对有创新力认同率差距最小，沙特（69.8%）比中国（72.2%）低2.4个百分点；对可靠可信认同率差距最大，沙特（55.8%）比中国（72.2%）低16.4个百分点。7个人群对中国形象8项评价，除了年龄越大越认为中国可靠可信，受教育程度越高越认为中国充满活力、令人愉悦之外，其余都没有显著差异。总之，在沙特人眼里中国整体形象良好。这与呈现在阿拉伯现当代文化中的中国形象，即"总体上对中国持较为正面的叙述方式"，经历了从现代的"怜悯、同情、困惑"到当代的"欣赏、称羡、反观自我"的变化相一致[1]。

2. 改进中国形象的美中不足

在沙特人心中，中国形象虽然不错，但与其他被调查国家相比依然存在不足。选择喜欢中国者对中国可靠可信的赞同率（71.9%）比未选择者（53.7%）高18.2个百分点，在国家形象8项评价中赞同率差距最大。可见在沙特民众眼中，中国在可靠可信方面还有待提高，从这个方面加以改进更有助于提升中国魅力。

（二）中华文化比西方文化在沙特更具吸引力

18个G20国家中沙特人喜欢中国排名第二。852名受访者中有11.3%（96人）选择中国为最喜欢的国家，在18个候选国（G20中不包括欧盟和沙特本国）中得分排名第二，高于美国（5.6%）、英国（4.9%）、德国（6.7%）、法国（5.4%）、加拿大（8.0%）欧美大国和东亚的日本（9.6%）。这个结果出乎意料。沙特人喜欢中国远胜过中国人喜欢沙特。中国人喜欢沙特者占0.5%，在18个国家中排名第16。中国人喜欢的国家中，前5名均为西方欧美国家，沙特喜欢的前5名分别为伊斯兰国家、东亚国家、欧美国家。

形成这种状况有多重原因，首先，这与近年来沙特与美国等西方国家的关系紧张有关。自2001年"9·11"事件以来，美国对阿拉伯和伊斯兰世界发动了反恐战争。沙特与美国关系受到重大冲击，美国有不少人认定沙特是该事件的罪魁祸首，是恐怖主义的支持者，沙特与美国的摩擦增多，渐生嫌隙。以美国为首的西方国家在反恐战争中奉行的政策，使西方成为对阿拉伯

① 薛庆国著《阿拉伯文化中的中国形象》，湖南文艺出版社，2022，第472页。

和伊斯兰世界人民的安全、价值观和生活方式的最大威胁。近年来，为缓解来自西方的压力，沙特一直在推进"东进"战略，加强了与包括中国在内的广大亚洲国家的合作①。

在沙美关系紧张外，喜欢中华文化是沙特受访者喜欢中国的主要原因之一。喜欢中国的 10 个原因中，沙特受访者喜欢中国"灿烂文化"的占比 47.9%，排名第一。沙特受访者喜欢中国与喜欢美国的各种原因相比，喜欢中国者喜欢中国的灿烂文化和外交和平（47.9%、22.9%）比喜欢美国者（35.4%、10.4%）分别高 12.5、12.5 个百分点。这些数据说明，喜欢中国诸原因中，喜欢中华文化是主因之一。

软实力理论的提出者约瑟夫·奈在《软实力——世界政治的成功之道》一书中，用两个章节列举了世界主要国家和地区的软实力资源，其中用较大篇幅讨论中国日益增长的经济实力的影响力以及中国发展模式的吸引力②。中国学者也多在中国经济成就和发展模式上谈论中国对阿拉伯国家的吸引力③。本次研究也发现，除了中国经济成就和发展模式比美国更有吸引力外，在沙特中华文化比美国文化也更具吸引力。

本次调查证实了中华文化比西方文化在伊斯兰世界更具共享性。1993年，哈佛大学教授塞缪尔·亨廷顿提出了"文明冲突论"。1996 年他出版了《文明的冲突与世界秩序的重建》一书。他提出，冷战后文化问题在国际关系中发挥着重要作用，导致未来冲突的根本原因是"文明的差异，文明之间的分界线将成为未来的战线。世界将由七八种主要文明相互作用而形成，其中伊斯兰文明与西方文明、东正教文明（俄罗斯）、印度文明、非洲文明冲突性较重，与中华文明（中国）冲突性较轻（见图 11-1）。本次调查显示，中华文化在沙特民众中是除伊斯兰文化外最受欢迎的域外文化。这说明中华文化比西方文化等其他六种文化在伊斯兰世界更具共享性。本次实证调查的发现对中华文化走进伊斯兰国家提供了支持。

---

① 周烈著《风云变幻的阿拉伯世界》，外语教学与研究出版社，2021，第 49、70、71 页。

② Joseph S. Nye, Jr. *Soft Power*: *The Means to Success in World Politics*, New York, Public Affairs, 2004, pp. 33-89.

③ 〔约旦〕萨米尔·赫伊尔·艾哈迈德、〔中〕刘欣路著《东方的复兴：一带一路与中阿关系的未来》，刘欣路、刘辰等译，北京师范大学出版社，2021，第 109~119 页。

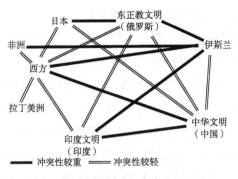

图 11-1　8 种文明之间冲突的程度

（三）经济收益边际效应递减再次得到证实

美国学者罗纳德·英格尔哈特提出经济收益边际效应递减现象。以一个国家的人均国民生产总值在 6000~7000 美元（以 1990 年美元为基准）为界，在它之下，经济收益更易引起民众的关注，在它之上，民众更关注生活方式和生活质量①。2011 年和 2013 年本课题组的调查显示：受访者喜欢中国的 8 个因素中，美国、德国、俄罗斯、日本、韩国五国灿烂文化都名列第一；而在印度、越南和印尼三个发展中国家，喜欢中国的 8 个因素中，"经济发达"则名列第一。2015 年沙特人均国民生产总值 20482 美元。本次调查显示，沙特受访者喜欢中华文化对中国形象的良好贡献率居第一位。本次调查再次印证了英格尔哈特论断的有效性。

（四）对中国亲近度的问卷设计有待改进

本次调查尝试用递进的七种选择组成定序变量，来测量受访者对一国的亲近度。调查显示，沙特受访者对中国的亲近度均值为 3.22，与中国受访者对美国的亲近均值 3.26 接近，均值位于到中国旅游和短期到中国工作之间，倾向到中国旅游。沙特人的家庭收入与对中国亲近度为显著相关（0.127**），年龄、受教育程度与对中国亲近度不显著相关；国籍与对中国

① 〔美〕罗纳德·英格尔哈特：《现代化与后现代化》，严挺译，社会科学文献出版社，2013，第 66 页。

亲近度有显著差异,本地人对中国亲近度的均值 3.10,外籍人为 3.67;性别、省籍、职业与对中国亲近度没有显著差异。

然而,有两点暴露出设计存在不足。其一,对中国亲近度与国家形象 8 项评价的相关分析显示,对中国的亲近度与可靠可信、令人愉悦、有领导力、充满活力、颇具魅力、坚定不移、不断发展和有创造力,都不显著相关。这不符合逻辑,即与一国没有任何来往到移民该国应是一个与亲密度递进的逻辑。其二,将受访者中选择最喜欢中国的 96 人和其余 756 人对"中国亲近度"比较显示:选择最喜欢中国的受访者对中国的亲近均值 3.27 比其余 756 人对中国的亲近均值 3.22 仅高 0.05,这对选择最喜欢中国的受访者对中国的亲近度体现不足。

因而,该量表的效度仍需进一步检验,与中国做生意和到中国旅游两项中,究竟哪一个应排在"与中国没有任何来往"之后,或许与中国做生意是否合适作为一个层级的选项都需要进一步探讨。何为"短期到中国工作",何为"较长时间到中国工作",时间长短不明确。去除第 2 个选项(与中国做生意)和第 5 个选项(较长时间到中国工作),将 7 级量表改为 5 级量表的调查效果可能会更好。一国的旅游资源不同,做生意的互补性和机会不同,一个国家是移民输出国还是移民输入国,问卷填写者祖国的人均收入与被调查国的差距,都是影响与对方国做生意、到对方国旅游、工作、移民的因素,都会影响对选择某个选项的考虑,而不仅仅是受访者对该国的亲近度决定的。

第十二章　影响文化中国形象的关键因素

本书主旨是研究沙特人心中的文化中国，探讨对中华文化评价、对中国形象评价产生更大影响的因素。如何有所作为，改进这些因素，提升沙特人对中华文化和中国形象的评价？对这些因素的认知、态度、行为是否与对中沙关系的看法相关？这是本书要回答的两个核心问题。下面作一个总结。

一　可与文化中国作相关分析的因素

本次调查使用了包括 6 个一级指标、12 个二级指标的评估体系，二级指标下设置 57 个三级指标，三级指标下设置了 221 个测量点，分别用 4 级、5 级、7 级、11 级量表评估了沙特人心中的中华文化、中国形象和中沙关系。在第 2~11 章的分析中，分别用了 205、206、213 个因素[①]与中华文化评价、中国形象评价、中沙关系评价作相关分析[②]。

将 205 个因素与中华文化 9 项评价的相关系数大小进行比较，可以找出与中华文化评价相关性更大的因素。为简化比较分析，以诸因素与中华文化 9 项评价相关系数的平均数（简称"文化评价综合系数"）比较为主，以诸因素与中华文化"是否有吸引力"相关系数比较为辅，找出与中华文化评价相关性较大的因素。

将 206 个因素与中国形象 8 项评价的相关系数大小进行比较，可以找出与中国形象评价相关性更大的因素。为简化比较分析，以诸因素与中国形象 8 项评价相关系数的平均数（简称"中国形象综合系数"）比较为主，以诸因素

---

①　说明：个别因素与中华文化评价、中国形象评价、中沙关系的相关分析在书中未作展开论述，仅在附录 2 中呈现相关系数。

②　少量定性因素无法作相关分析，如二级指标中华文化的全球排名、二级指标中国全球排名及原因，能否接触到某类文化产品等问题。

与中国"是否颇具魅力"相关系数比较为辅，找出与中国形象评价相关性较大的因素。

将 213 个因素与对中沙关系评价相关系数大小进行比较，找出与中沙关系评价相关性较大的因素。

诸因素与中华文化评价、中国形象评价、中沙关系评价的相关系数汇总见附录 2。

二　与中华文化评价和中国形象评价相关因素总结

（一）与中华文化评价相关性较强的因素

205 个因素的文化评价综合系数与 205 个因素的中华文化"有吸引力"单项系数相比，有较大差别。205 个因素中，对中国产品有创新的文化评价综合系数最大（0.167），中国人勤劳与有吸引力的单项系数最大（0.388），差异显著。

51 个显著相关因素由高到低排序见表 12-1。排名前 15 位的依次是：中国产品有创新、中国人勤劳、中国人自信、喜欢郎平、中国不断发展、喜欢"欢乐春节"、中国充满活力、中国颇具魅力、中国有创新力、中国人秉持"义"、中国人和善、中国人有教养、喜欢中国画、中国坚定不移、喜欢周杰伦。

表 12-1　与中华文化 9 项评价相关系数平均数大于 0.1 的 51 个因素

序号	影响因素	相关系数	序号	影响因素	相关系数
1	中国产品有创新	.167	11	中国人和善	.146
2	中国人勤劳	.156	12	中国人有教养	.144
3	中国人自信	.155	13	喜欢中国画	.144
4	喜欢郎平	.155	14	中国坚定不移	.143
5	中国不断发展	.152	15	喜欢周杰伦	.143
6	喜欢"欢乐春节"	.152	16	喜欢景海鹏	.142
7	中国充满活力	.150	17	喜欢郎朗	.140
8	中国颇具魅力	.149	18	中国产品声誉高	.136
9	中国有创新力	.148	19	喜欢布达拉宫	.134
10	中国人秉持"义"	.148	20	喜欢中国出版图书	.134

续表

序号	影响因素	相关系数	序号	影响因素	相关系数
21	赞同和谐世界	.130	37	中国人秉持仁	.112
22	中国可靠可信	.126	38	对中国政治制度好评	.112
23	中国人秉持孝	.124	39	喜欢中国电影	.112
24	喜欢央视中文节目	.124	40	喜欢张仲景	.108
25	喜欢老子	.123	41	喜欢北京故宫博物院	.107
26	中国经济发展前景看好	.121	42	中国产品有吸引力	.107
27	喜欢屠呦呦	.121	43	赞同国家富强	.106
28	喜欢中央电视台	.120	44	中国人秉持和而不同	.106
29	对中医服务兴趣	.120	45	中国人秉持和谐世界	.105
30	赞成"一带一路"	.119	46	赞同义	.104
31	中国有领导力	.119	47	喜欢中国烹饪	.103
32	喜欢兵马俑	.119	48	喜欢央视阿语节目	.103
33	对中国产品广告态度	.118	49	中国产品价格高低	.103
34	喜欢郑和	.116	50	中国产品中国风格	.102
35	赞同价值观孝	.116	51	中国人爱和平	.101
36	中国令人愉悦	.114			

（二）　与中国形象评价相关性较强的因素

为简化比较分析，以 206 个因素与中国形象 8 项评价相关系数的平均数大小为主，与中国"是否颇具魅力"单项相关系数的大小为辅（"颇具魅力"是对一国形象的总体评价，其他 7 项评价是对一国某一方面的评价），作为评比标准，找出与中国形象评价相关性较强的因素。

206 个因素的国家形象综合系数，与 206 个因素的中国"颇具魅力"单项系数有较大差别。206 个因素中，喜欢郑和的国家形象综合系数最高（0.163），喜欢春节与中国"颇具魅力"单项相关系数最高（0.249），两者相差 0.086。

51 个显著相关因素由高到低排序见表 12-2。排名前 15 位的依次是：喜欢郑和、中华文化成就性、中华文化有用性、中华文化有吸引力、中华文化和谐性、中华文化生命力、喜欢景海鹏、中华文化包容性、喜欢曹雪芹、喜欢邓小平、喜欢孔子、中国经济发展前景看好、喜欢孙中山、喜欢毛泽东、中华文化多样性。

表 12-2　与中国形象 82 项评价相关系数平均数大于 0.1 的 51 个因素

序号	影响因素	相关系数	序号	影响因素	相关系数
1	喜欢郑和	.163	27	中国人秉持和而不同	.112
2	中华文化成就性	.159	28	中国人秉持集体主义	.111
3	中华文化有用性	.156	29	中国人秉持义	.111
4	中华文化有吸引力	.155	30	喜欢中阿博览会	.111
5	中华文化和谐性	.153	31	喜欢张仲景	.110
6	中华文化生命力	.149	32	赞同礼	.109
7	喜欢景海鹏	.141	33	赞同和谐	.109
8	中华文化包容性	.139	34	对中国政治制度评价	.108
9	喜欢曹雪芹	.136	35	中国人秉持仁	.107
10	喜欢邓小平	.131	36	喜欢淘宝	.105
11	喜欢孔子	.129	37	喜欢中国电影	.105
12	中国经济发展前景看好	.123	38	中国人秉持综合思维方式	.104
13	喜欢孙中山	.123	39	赞同义	.104
14	喜欢毛泽东	.121	40	赞同公正	.104
15	中华文化多样性	.121	41	赞同以民为本	.103
16	赞同国家富强	.119	41	赞同文明	.103
17	中国人秉持以民为本	.119	43	赞同友善	.103
18	喜欢莫言	.118	44	喜欢马云	.103
19	赞同自由	.117	45	中国人秉持孝	.103
20	喜欢央视中文节目	.115	46	中国人秉持共同富裕	.103
21	中华文化和平性	.115	47	赞同恕	.102
22	中华文化创造性	.113	48	喜欢郎朗	.102
23	中国人秉持礼	.113	49	中国人秉持辩证思维	.102
24	中国人秉持和谐世界	.113	50	喜欢春节	.101
25	喜欢屠呦呦	.113	51	赞同和谐世界	.101
26	喜欢老子	.112			

（三）对中华文化评价和中国形象评价相关性都较强的因素

有 197 个因素可以与中华文化评价和中国形象评价作相关性比较。有些因素与中华文化评价的相关系数大，但与中国形象评价的相关系数小，如喜欢布达拉宫与中华文化的单项系数和综合系数分别是 0.254 和 0.134，而与中国形象的单项系数和综合系数却仅为 0.041 和 0.064。有些因素与中国形象评价的相关系数大，但与中华文化评价的相关系数小，如喜欢春节与中华文化的单项系数和综合系数分别是 0.081 和 0.066，而与中国形象的单项系数和综合系数却仅为 0.249 和 0.101。多数因素都是这种情况。

　　有些因素与中华文化评价的相关系数和与中国形象评价的相关系数都较大，以综合系数都大于 0.07、单项系数均显著相关为标准，这样的双料因素有 58 个（见表 12-3）。

表 12-3　与中华文化和中国形象评价相关性都较强的 58 个因素

中华文化影响力因素				与中华文化相关系数		与中国形象相关系数		与中沙关系相关系数
一级指标	二级指标	三级指标	测量点	有吸引力	综合	颇具魅力	综合	
一、文化的物化形式	1. 文化符号	（3）生活类	旗袍/唐装	.249**	.087	.097**	.081	.089*
		（4）体育类	功夫或太极拳	.199**	.081	.102**	.075	.080*
		（5）艺术类	瓷器	.116**	.089	.150**	.095	.052
			兵马俑	.223**	.119	.108**	.080	.022
		（7）教育类	北京大学	.148**	.085	.147**	.085	.099*
			清华大学	.120**	.092	.134**	.095	.088
		（9）科技类	中华医药	.273**	.098	.102**	.084	.019
	2. 文化产品与服务	（17）文化服务	对中华医药感兴趣	.243**	.120	.108**	.077	.041
二、文化精神内核	3. 价值观	（19）中华核心价值观	仁	.111**	.091	.139**	.096	.038
			恕	.119**	.085	.122**	.102	.059
			孝	.283**	.116	.080**	.097	.092**
			礼	.095**	.073	.132**	.109	.072*
			义	.258**	.104	.076**	.104	.083*
			天人合一	.130**	.082	.080**	.081	.050
			和谐世界	.078**	.130**	.130**	.101	.048
			集体主义	.076**	.077	.073**	.084	.041
			以民为本	.076**	.074	.106**	.103	.083**

| 中华文化影响力因素 | | | | 与中华文化相关系数 | | 与中国形象相关系数 | | 与中沙关系相关系数 |
一级指标	二级指标	三级指标	测量点	有吸引力	综合	颇具魅力	综合	
二、文化精神内核	3. 价值观	(20) 中国社会主义核心价值观	富强	.122 **	.106	.123 **	.119	.054
			文明	.093 **	.094	.084 **	.103	.055
			和谐	.085 **	.085	.122 **	.109	.023
			自由	.073 **	.091	.110 **	.117	.002
			平等	.077 **	.092	.123 **	.092	.050
			公正	.144 **	.077	.075 **	.104	.094 **
			爱国	.115 **	.083	.101 **	.093	.133 **
			敬业	.150 **	.085	.134 **	.100	.041
			诚信	.080 **	.068	.083 **	.098	.000
		(21) 中国梦	民族振兴	.106 **	.079	.124 **	.099	.066 *
			人民幸福	.077 **	.074	.099 **	.089	.017
	4. 思维方式	(23) 综合思维	文字叙述	.093 **	.083	.086 **	.109	.085 **
三、文化传播渠道	5. 中国人	名人						
		(24) 当今明星	成龙	.111 **	.087	.105 **	.085	.106 **
		(28) 当今航天员	景海鹏	.142 **	.128	.188 **	.141	.087
		(30) 古代哲学家	老子	.137 **	.123	.125 **	.112	.116 *
		(31) 古代航海家	郑和	.155 **	.116	.212 **	.163	.049
		普通民众						
		(34) 对中国人持中华传统价值观的看法	仁	.130 **	.112	.101 **	.107	.052
			恕	.109 **	.087	.089 **	.097	.055
			孝	.100 **	.124	.108 **	.103	.013
			礼	.083 **	.092	.136 **	.113	.023
			义	.364 **	.148	.090 **	.111	.143 **
			和而不同	.122 **	.106	.142 **	.112	.099 **
			天人合一	.082 **	.085	.109 **	.095	.068 *

续表

中华文化影响力因素				与中华文化相关系数		与中国形象相关系数		与中沙关系相关系数
一级指标	二级指标	三级指标	测量点	有吸引力	综合	颇具魅力	综合	
三、文化传播渠道	5. 中国人	(34) 对中国人持中华传统价值观的看法	共同富裕	.112**	.093	.116**	.103	.065*
			集体主义	.091**	.089	.129**	.111	.021
		(35) 对中国人思维方式的看法	辩证思维	.094**	.071	.091**	.102	.039
			综合思维	.073**	.093	.131**	.104	.041
		(38) 对中国人的整体印象	教养性	.337**	.144	.081**	.077	.039
			勤劳性	.388**	.156	.081**	.083	.075*
			和平性	.084**	.101	.091**	.077	.034
			谦逊性	.084**	.081	.128**	.088	-.016
			自信性	.335**	.155	.106**	.084	.102**
	6. 文化团体/企业	(40) 教育团体	孔子学院	.131**	.088	.126**	.097	.107*
		(42) 中国企业及产品	有无创新	.364**	.167	.070**	.088	.053
			善用资源	.102**	.100	.095**	.087	.042
	7. 大众传媒		吸引力大小	.133**	.107	.076**	.080	.072*
			中国风格	.087**	.102	.074**	.074	.064*
			对中国产品广告态度	.202**	.118	.164**	.093	.048
		(44) 中国传统大众传媒	图书接触次数	.231**	.134	.207**	.084	.053
四、中国非文化领域发展状况	8. 经济与科技	(47) 经济影响力	经济发展道路	.145**	.090	.087**	.099	.117**
			经济发展前景	.302**	.121	.128**	.123	.220**

（四）总结：提升文化中国形象的关键因素

沙特受访者对中华文化 9 项评价的褒奖率平均 61.9%，对单项评价中华文化有吸引力褒奖率 66.2%；对中国形象 8 项评价的认同率平均 64.4%，对单项评价颇具魅力的认同率 65.1%。调查结果显示，对中华文化评价褒奖率和中国形象评价认同率尚有不小提升空间。筛选后找到的与中华文化评价、中国形象评价显著相关的因素有哪些特点？如何改进这些因素，在中沙文化交流中助力提升中华文化和中国形象评价？下面作一总结。

1. 显著相关因素的特点

205 个因素中 51 个与中华文化评价综合相关系数超过 0.100，206 个因素中 51 个与中国形象综合相关系数超过 0.100。比较这些经过筛选获得的与中华文化评价、与中国形象评价显著相关的因素，总结出以下特点。

（1）提升中华文化评价和提升中国形象评价都涉及方方面面

文化符号、文化产品与服务、价值观、思维方式、大众传媒、文化团体/企业、中国人、经济和科技等方面的因素都有与中华文化评价、中国形象评价显著相关的因素。这表明，提升海外的中华文化和中国形象需要多方面形成合力，这是个系统工程。有的学者认为，中国国家形象传播工作目前缺乏系统性的国家形象战略规划。在具体工作中，各类资源缺乏有效整合，难以形成合力①。可见今后中国在提升海外中华文化和中国形象中要进一步做好系统工程工作。

（2）中国形象评价与中华文化评价密切相关

中国形象 8 项评价与中华文化综合相关系数都为显著相关，中华文化 9 项评价与中国形象综合相关系数都为显著相关。这充分说明中国形象评价与中华文化评价紧密相关。

（3）提升中华文化和中国形象有双料核心要素

18 个因素不仅与提升中华文化评价而且与提升中国形象评价显著相关，它们包括：指标 3 价值观 3 个（赞同和谐世界、义、国家富强），指标 5 中国人 11 个（喜欢名人 6 位：郑和、景海鹏、郎朗、老子、屠呦呦、张仲景，认为中国民众秉持 5 项价值观：义、孝、仁、和而不同、和谐世界），指标 8 经济与科技 1 个（看好中国经济发展前景），指标 9 政治 1 个。改进这些因素可以同时提升中华文化评价和中国形象评价，一举两得。

---

① 张楠：《新时代中国国家形象传播研究》，中国社会科学出版社，2020，第 160 页。

（4）"义"和"和谐世界"是核心价值观中的关键因素

指标 3 中，沙特人本人赞同的价值观"义"和"和谐世界"与中华文化评价、中国形象评价都显著相关；指标 5 中，沙特人认为中国民众秉持"义"和"和谐世界"与中华文化评价、中国形象评价都显著相关。这说明"义"和"和谐世界"两项价值观在沙特民众心中的分量，启示做好这两项价值观的宣传工作对沙特民众提高中华文化和中国形象评价的重要性。

（5）中国人是提升中华文化和中国形象评价的突出要素

在提升中华文化评价的 51 个显著相关因素中，与中国人有关的因素 18 个，占 35.3%；在提升中国形象评价的 51 个显著相关因素中，与中国人有关的因素 24 个，占 47.1%；既能提升中华文化评价又能提升中国形象评价的 18 个因素中，与中国人有关的因素 11 个，占 61.1%。可见提升中国民众在沙特民众心中的印象、秉持的价值观和思维方式，提升中国名人喜欢率对提升中华文化和中国形象具有举足轻重的作用。

（6）与两种评价的显著相关因素有显著差别

在文化符号、大众传媒、文化团体/企业的因素中，与中华文化相关因素明显多于与中国形象相关因素。在价值观和中国人领域正相反，与中国形象相关因素明显多于同中华文化相关因素。这显示：在建构中国形象的因素中，价值观、思维方式、名人更为重要。

2. 具有提升中华文化评价和中国形象评价潜力的因素

找出与中华文化评价、中国形象评价显著相关因素，并非本研究最终目的，更重要的是从实践视角，找出改进这些因素、促使它们在中沙文化交流中发挥作用、提升中华文化和中国形象评价的实际操作办法。这样研究才更有实践意义。通过中方的主动作为改变相关因素需要注意以下方面：首先，看相关系数的大小，其次看知晓率大小（无知晓率因素除外），最后看喜欢率/赞同率的大小。

（1）提升中华文化评价的可为因素

与中华文化评价显著相关的 51 个因素中（见表 12-4），8 个属于国家形象 8 项评价，对中华文化评价是因，对中国形象评价是果，难以在实际操作中作为。其他 43 个因素都与中华文化是因果或互为因果关系，可以在实际中不同程度有所作为，要综合思考 3 个方面。

表 12-4　51 个与中华文化评价综合相关系数大于 0.1 的因素

	因素	知晓率（%）	喜欢率/赞同率（%）	相关系数		因素	知晓率（%）	喜欢率/赞同率（%）	相关系数
文化符号	喜欢兵马俑	68.9	48.2	.119	中国人	喜欢老子	38.8	54.0	.123
	喜欢北京故宫博物院	44.6	54.7	.107		喜欢张仲景	39.8	60.2	.108
	喜欢中国画	71.7	55.5	.144		喜欢屠呦呦	33.5	61.1	.121
	喜欢中国烹饪	87.8	58.4	.103		喜欢景海鹏	38.4	61.8	.128
	喜欢布达拉宫	54.0	64.1	.134		中国人秉持和谐世界	—	71.8	.105
产品与服务	对中华医药服务兴趣	—	62.4	.120		中国人秉持仁	—	72.4	.112
价值观	赞同价值观孝	—	78.4	.116		中国人秉持和而不同	—	72.9	.106
	赞同和谐世界	—	79.7	.130		中国人秉持孝	—	72.9	.124
	赞同国家富强	—	80.6	.106		中国人秉持义	—	74.4	.148
	赞同义	—	85.9	.104		中国人爱和平	—	57.4	.101
大众传媒	喜欢中央电视台	67.6	45.0	.120		中国人有教养		59.1	.144
	喜欢中国出版图书	13.1	66.1	.134		中国人和善		59.9	.146
	喜欢中国电影	36.6	74.1	.112		中国人自信		60.7	.155
	喜欢央视阿语节目	21.7	84.3	.103		中国人勤劳		73.5	.156
	喜欢央视中文节目	16.7	88.1	.124	经济科技	中国经济发展前景看好	83.1	84.9	.121
文化团体/企业	喜欢欢乐春节	46.1	48.8	.152	政治	对中国政治制度好评	70.1	69.2	.112
	中国产品声誉高	—	49.3	.136	外交军事	赞成"一带一路"	39.0	38.2	.119
	中国产品中国风格	—	52.9	.102	国家形象	中国可靠可信	—	55.8	.126
	对中国产品广告态度	52.0	59.8	.118					
	中国产品有创新	—	64.8	.167		中国令人愉悦	—	60.2	.114

续表

因素		知晓率（%）	喜欢率/赞同率（%）	相关系数	因素		知晓率（%）	喜欢率/赞同率（%）	相关系数
文化团体/企业	中国产品有吸引力	—	65.7	.107	国家形象	中国坚定不移	—	60.4	.143
	中国产品价格贵贱	—	68.3	.103		中国有领导力	—	62.8	.119
	喜欢郎朗	35.0	45.3	.140		中国颇具魅力	—	65.1	.140
	喜欢周杰伦	36.2	46.5	.143		中国有创新力	—	69.8	.148
	喜欢郑和	31.8	49.6	.116		中国充满活力	—	70.4	.150
	喜欢郎平	35.7	52.0	.155		中国不断发展	—	70.7	.152

首先，看相关系数大小。43 个因素相关系数在 0.101 ~ 0.167，相关系数越大，改进该因素对中华文化评价越高，前 15 名依次是：中国产品有创新（0.167）、中国人勤劳（0.156）、中国人自信（0.155）、喜欢郎平（0.155）、喜欢欢乐春节（0.152）、中国人秉持价值观"义"（0.148）、中国人和善（0.146）、中国人有教养（0.144）、喜欢中国画（0.144）、喜欢周杰伦（0.143）、喜欢郎朗（0.140）、中国产品声誉高（0.136）、喜欢布达拉宫（0.134）、喜欢中国出版图书（0.134）、喜欢景海鹏（0.128）。

其次，看知晓率或接触率。23 个因素有知晓率，在 0 ~ 100%，数值越小，可提升的空间越大，影响提升"中华文化评价"的空间可能性越大。例如，北京故宫博物院和中国烹饪与中华文化评价相关系数（0.107、0.103）很接近，但故宫的知晓率为 44.6%，今后通过努力知晓率可以提高到 60%，从而相应提升中华文化评价。而中国烹饪的知晓率 87.8%，自身提升的空间有限，从而带动对中华文化评价的提升也有限。知晓率或接触率的因素中低于 60% 的有 18 个，由小到大前 10 名为：中国出版图书接触率（13.1%）、央视中文节目接触率（16.7%）、央视阿语节目接触率（21.7%）、郑和知晓率（31.8%）、屠呦呦知晓率（33.5%）、郎朗知晓率（35.0%）、郎平知晓率（35.7%）、周杰伦知晓率（36.2%）、中国电影接触率（36.6%）、景海鹏知晓率（38.4%）。

最后，看喜欢率或赞同率。43 个因素喜欢率或赞同率在 38.2% ~ 88.1%，数值越小，可提升的空间越大，影响提升"中华文化评价"的空间可能性越大。例如，老子的知晓率（38.8%）和"一带一路"的知晓率（39.0%）很接近，二者与中华文化评价相关系数（0.123、0.119）也很接近，但老子的喜欢率 54.0% 比"一带一路"的赞同率 38.2% 高 15.8 个百分点，通过努力，"一带一路"的赞同率可以提高到 60%，从而相应提升中华文化评价。而老子喜欢率提升到 60% 增加空间有限，从而带动对中华文化评价的提升也有限。43 个喜欢率/赞同率低于 70% 的，有 29 个，低于 50% 的有 8 个："一带一路"赞成率（38.2%）、中央电视台喜欢率（45.0%）、郎朗喜欢率（45.3%）、周杰伦喜欢率（46.5%）、兵马俑喜欢率（48.2%）、欢乐春节喜欢率（48.8%）、中国产品声誉高赞同率（49.3%）、郑和喜欢率（49.6%）。

综合考虑上述各方面，从各类别中选出最有潜力的因素。举例说明，文化符号中，尽管北京故宫博物院的相关系数稍差，但其知晓率低、喜欢率低，且故宫作为世界文化遗产，是中华五千年文明的承载者、中华优秀传统文化的汇聚地、多元文化交流融合的见证者（紫禁城既是中国传统宫殿建筑的代表，也是中外建筑技艺交流融合的舞台，如武英殿西北部的浴德堂，是一座典型的中亚阿拉伯式穹顶建筑），充分彰显了中华文化的连续性、创新性、统一性、包容性、和平性。和平性体现在馆藏 186 万多件文物中的 1.3 万件外国文物，没有一件是掠夺而来的珍宝，多数是作为国与国和平友好交往的见证物。这与英国大英博物馆、美国大都会博物馆、法国卢浮宫博物馆等西方著名博物馆不同。基于这三方面的原因可以认定，在有助于提升沙特民众对中华文化评价最具潜力的中华文化符号中，故宫是首选。大众传媒类中，中央电视台知晓率高，但喜欢率低，可以考虑在提高喜欢率上下功夫。央视阿语节目接触率低（21.7%）但喜欢率高（84.3%），可以考虑在提高接触率上多做工作。4 种价值观中，赞同率都超过 78%，要进一步提升有难度，但仍需在交流中不断阐述这些价值观，使赞同率不下降。在中国人的各种因素中，中国人在 4 方面给沙特人印象偏低：爱和平（57.4%）、有教养（59.1%）、和善（59.9%）、自信（60.7%），中国宜在这些方面提高形象。

（2）提升中国形象评价的潜力因素

与中国形象评价显著相关的 51 个因素见表 12-5，可据此有所为有所不为，宜综合思考 3 个方面。

表 12-5　51 个与中国形象综合相关系数大于 0.1 的因素

	因素	知晓率（%）	喜欢率/赞同率（%）	相关系数		因素	知晓率（%）	喜欢率/赞同率（%）	相关系数
文化符号	喜欢春节	86.7	51.9	.101		喜欢屠呦呦	33.5	61.1	.113
文化产品与服务	喜欢淘宝	36.0	44.3	.105		喜欢景海鹏	38.4	61.8	.141
	喜欢中阿博览会	50.8	58.7	.111		喜欢马云	56.2	72.7	.103
价值观	赞同恕	—	75.5	.102	中国人	中国人秉持辩证思维	—	65.1	.102
	赞同自由	—	75.5	.117		中国人秉持综合思维方式	—	69.6	.104
	赞同以民为本	—	78.3	.103		中国人秉持共同富裕	—	71.3	.103
	赞同和谐世界	—	79.7	.101		中国人秉持集体主义	—	71.7	.111
	赞同国家富强	—	80.6	.119		中国人秉持和谐世界	—	71.8	.113
	赞同礼	—	80.8	.109		中国人秉持仁	—	72.4	.107
	赞同和谐	—	81.3	.104		中国人秉持和而不同	—	72.9	.112
	赞同文明	—	83.0	.103		中国人秉持孝	—	72.9	.103
	赞同义	—	85.9	.104		中国人秉持以民为本	—	73.4	.119
	赞同友善	—	87.5	.103		中国人秉持礼	—	74.4	.113
	赞同公正	—	89.3	.104		中国人秉持义	—	74.4	.111
大众传媒	喜欢中国电影	36.6	74.1	.115	经济与科技	中国经济发展前景看好	83.1	84.9	.123
	喜欢央视中文节目	16.7	88.1	.115	政治	对中国政治制度好评	70.1	69.2	.108

续表

因素	知晓率(%)	喜欢率/赞同率(%)	相关系数		因素	知晓率(%)	喜欢率/赞同率(%)	相关系数
喜欢郎朗	35.0	45.3	.102		中华文化有吸引力	—	66.2	.128
喜欢曹雪芹	33.2	46.0	.136		中华文化包容性	—	59.0	.146
喜欢莫言	32.7	47.7	.118		中华文化生命力	—	65.3	.196
喜欢郑和	31.8	49.6	.163		中华文化成就性	—	63.9	.171
喜欢邓小平	39.1	52.2	.131		中华文化多样性	—	54.0	.118
喜欢孔子	41.8	52.9	.129		中华文化和平性	—	62.6	.117
喜欢毛泽东	50.8	53.4	.121		中华文化有用性	—	66.6	.164
喜欢老子	38.8	54.0	.112		中华文化创造性	—	57.8	.118
喜欢孙中山	34.7	54.3	.123		中华文化和谐性	—	62.2	.185
喜欢张仲景	39.8	60.2	.110					

注：左侧因素归为"中国人"，右侧因素归为"中华文化"。

首先，看相关系数大小。51个因素相关系数在 0.101~0.196，相关系数越大，改进该因素对中国形象评价越高。

其次，看知晓率或接触率。有知晓率或接触率的因素 20 个，在 16.7%~86.7%，数值越小，可提升的空间越大，影响提升"中国形象评价"的空间可能性越大。

最后，看喜欢率、赞同率或乐观率。51 个因素的喜欢率、赞同率或乐观率在 44.3%~89.3%，数值越小，可提升的空间越大，影响提升"中国形象评价"的空间可能性越大。例如，春节的知晓率（66.7%）和中国经济发展看好的知晓率（83.1%）有差距，前者的喜欢率（51.9%）比后者的乐观率（84.9%）低 33 个百分点，但前者的喜欢率、后者的乐观率二者与中国形象评价相关系数（0.101、0.111）却很接近，今后通过努力，春节的喜欢率可以提高到 70%，从而有助于提升中国形象评价。而对中国经济发展前景的乐观率再向上提升到 90% 增加空间有限，从而带动对中国形象评价的提升也有限。

综合考虑上述各方面，从各自类别中选出最有潜力的因素。举例说明，13 位名人中，郑和知晓率低、喜欢率低，相关系数名列第一（0.163），可以考虑他是名人中最有潜力的变量。大众传媒类中，央视中文节目接触率低（16.7%）但喜欢率高（88.1%），可以考虑在提高接触率上多做工作，但接触中文节目需要懂中文，因而中文在沙特的普及率一时难以提升。电影的接触率（36.6%）偏低，在提升接触率上还是可以有所作为的。11 种价值观中，赞同率都超过 75%，要想进一步提升有难度，但仍需在交流中不断阐述这些价值观，使赞同率不下降。沙特人认为中国民众秉持的 4 种价值观义、礼、以民为本、和谐世界的比例（74.4%、74.4%、73.4%、71.8%）比沙特本人的赞同率（85.9%、80.8%、78.3%、79.7%）分别低11.5、6.4、4.9、7.9 个百分点。中国可以在这 4 项价值观上提升自己的形象，至少使沙特人认为中国人赞同率与沙特本人赞同率大体持平。认为中国民众秉持的辩证思维和综合思维的比例（65.1%、69.6%）都没有超过70%，也有提升的空间。从中华文化评价上，中华文化生命力、和谐性、有用性、包容性与中国形象评价相关系数名列前茅（0.196、0.185、0.164、0.146），赞同率都未超过 70%（分别为 65.3%、62.2%、66.6%、59.0%），在中沙文化交流中突出这些文化特点也有助于提升中国形象评价，此外中华文化多样性尽管相关系数不高（0.118），但赞同率在 9 项评价中最低（54.0%），也是有潜力的因素。

（3）可一同提升中华文化评价和中国形象评价的潜力因素

18 个因素与中华文化评价和中国形象评价都显著相关（见表 12-6），3 个为沙特人赞同的价值观，2 个为大众传媒，11 个为对中国人看法（6个为喜欢中国名人，5 个为认为中国人秉持的价值观），1 个为中国经济，1 个为中国政治。它们都便于操作。

表 12-6　18 个与中华文化评价、中国形象评价综合系数都大于 0.1 的因素

	因素	知晓率（%）	喜欢率/赞同率（%）	相关系数平均		因素	知晓率（%）	喜欢率/赞同率（%）	相关系数平均
价值观	赞同和谐世界	—	79.7	.116	中国人	喜欢屠呦呦	33.5	61.1	.117
	赞同义	—	85.9	.104		喜欢张仲景	39.8	60.2	.109
	赞同国家富强	—	80.6	.113		中国人秉持义	—	74.4	.130
大众传媒	喜欢中国电影	36.6	74.1	.114		中国人秉持孝	—	72.9	.114
	喜欢央视中文节目	16.7	88.1	.120		中国人秉持仁	—	72.4	.110
中国人	喜欢郑和	31.8	49.6	.140		中国人秉持和而不同	—	72.9	.109
	喜欢景海鹏	38.4	61.8	.135		中国人秉持和谐世界	—	71.8	.109
	喜欢郎朗	35.0	45.3	.121	经济	中国经济发展前景看好	83.1	84.9	.122
	喜欢老子	38.8	54.0	.118	政治	对中国政治制度好评	70.1	69.2	.110

说明：表中的"相关系数平均"是指中华文化评价综合相关系数与中国形象评价综合相关系数的平均数。

首先，看相关系数大小。18 个因素相关系数在 0.104～0.140，前 5 名依次是：喜欢郑和（0.140）、喜欢景海鹏（0.135）、中国人秉持义（0.130）、中国经济发展前景看好（0.122）、喜欢郎朗（0.121）。

其次，看知晓率或接触率。10 个因素有知晓率或接触率，低于 60% 的 8 个，由小到大前 3 名为：央视中文节目接触率（16.7%）、郑和知晓率（31.8%）、屠呦呦知晓率（33.5%）。

最后，看喜欢率或赞同率。18 个喜欢率或赞同率在 45.3%～88.1%，低于 70% 的 7 个，由小到大分别为：郎朗喜欢率（45.3%）、郑和喜欢率（49.6%）、老子喜欢率（54.0%）、张仲景喜欢率（60.2%）、屠呦呦喜欢率（61.1%）、景海鹏喜欢率（61.8%）、中国政治制度赞同率（69.2%）。

综合考虑各方面，可以从各类别中优中选优，找出最有潜力的双料因素，以达事半功倍的效果。举例来说，6 位名人都是潜力因素，但郑和知晓率低、喜欢率低，相关系数名列第一（0.140），可以考虑他在名人中更有潜力。另一位富有潜力的名人是景海鹏，笔者认为他和其他名人有所不同，

他是中国航天员英雄群体中的一个代表。大众传媒类中，央视中文节目接触率低（16.7%）但喜欢率高（88.1%），可以考虑在提高接触率上多做工作，但接触中文节目需要懂中文，受到中文在沙特普及率限制，一时提升难度较大。电影的接触率（36.6%）偏低，在提升接触率上还可以有所作为，因而电影是首选有潜力因素。3 种价值观赞同率都超过 79%，难分高下，但和谐世界赞同率略低，相关系数略高，宜为首选。认为中国民众秉持的 5 种价值观中，"义"和"和而不同"与沙特人认同的价值观相同，但比例都比沙特本人赞同率低 11.5、7.9 个百分点，因而展现中国人坚持义和和而不同价值观，在树立中国人价值观形象中是首选。

三　与中沙关系评价相关因素总结

（一）显著相关因素

对 213 个因素与中沙关系评价作相关分析，其中 29 个因素与对中沙关系态度的相关显著水平小于 0.01，显著相关，相关系数 0.220～0.083。相关系数排名前 10 位的是：对中国经济发展前景判断、对"一带一路"态度、是否喜欢影星章子怡、是否喜欢中国画、是否认为中国人秉持义的价值观、对中国政府媒体信任度、沙特媒体报道中国信息倾向、是否赞同爱国、是否认为中华文化具有多样性、是否喜欢"欢乐春节"（见表 12-7）。

表 12-7　29 个与中沙关系评价显著相关因素

序号	影响因素	系数	序号	影响因素	系数
1	中国经济发展前景预测	.220 **	10	喜欢"欢乐春节"	.130 **
2	对"一带一路"态度	.191 **	11	中华文化有包容性	.127 **
3	喜欢章子怡	.149 **	12	对中国文化演出兴趣	.123 **
4	喜欢中国画	.146 **	13	对中国政治制度评价	.123 **
5	中国人秉持义	.143 **	14	喜欢中国烹饪	.122 **
6	对中国政府媒体信任度	.136 **	15	对中国经济发展道路评价	.117 **
7	沙特报道中国信息倾向	.135 **	16	中国人印象义勇性	.113 **
8	赞同爱国	.133 **	17	对中国纪录片兴趣	.107 **
9	中华文化多样性	.133 **	18	喜欢成龙	.106 **

续表

序号	影响因素	系数	序号	影响因素	系数
19	中国发展对沙特利弊[①]	.104**	25	赞同公正	.094**
20	中国人印象自信性	.102**	26	中国充满活力	.094**
21	中国人秉持和而不同	.099**	27	赞同孝	.092**
22	中华文化有吸引力	.098**	28	中国不断发展	.087**
23	拥有中国朋友数	.098**	29	赞同以民为本	.083**
24	中国科技发展世界排名认知	.098**			

① 沙特受访者对"中国的发展对贵国而言具有积极意义还是消极意义"态度如下：积极率70.5%（积极47.4%和很积极23.1%比例之和），不消极也不积极25.6%，消极率3.9%（很消极1.8%与消极2.1%比例之和），均值为3.88，折合百分制为77.6分。人群分析显示，这是不同人群的一致看法。

（二）总结：影响中沙关系的关键因素

29个显著相关因素呈现哪些特点？如何改进这些因素，促使它们在文化交流中助力中沙关系良性发展？下面作一总结。

1. 显著相关因素的特点

对29个与中沙关系态度显著相关因素有以下特点（见图12-1）。

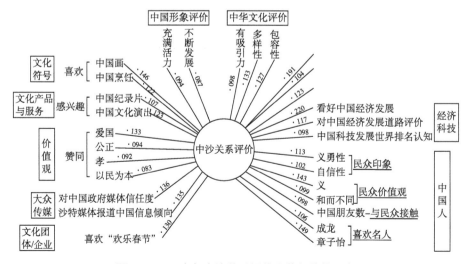

图12-1 29个与中沙关系评价显著相关的因素

（1）受访者认同的价值观与对中沙关系态度显著相关。受访者越赞同爱国、公正、孝、以民为本等价值观，对中沙关系的评价越高。

（2）这些因素分布在除思维方式之外所有二级指标中。指标 1 文化符号 2 个、指标 2 文化产品与服务 2 个、指标 3 价值观 4 个、指标 5 中国人 7 个、指标 6 文化团体/企业 1 个、指标 7 大众传媒 2 个、指标 8 经济与科技 3 个、指标 11 中华文化评价 3 个、指标 12 国家形象 2 个。简言之，对中沙关系态度与对中国政治、经济、外交、文化、国家形象态度都是显著相关因素。

（3）受访者对经济、政治问题态度与中沙关系态度相关性较强。问卷中关于经济问题有 4 个，1 个是对中国 GDP 世界排名的认知问题，3 个是对中国经济态度问题（对中国所走的经济发展道路评价、对中国经济发展前景是否乐观、中国经济快速发展的原因），这 3 个态度问题（因素）与中沙关系态度都显著相关，且对中国经济发展前景是否乐观与中沙关系态度的相关系数最高（0.220），是唯一超过 0.200 的相关系数。

2. 提升中沙关系评价的潜力因素

找出与中沙关系态度显著相关因素具有一定理论意义。如何在这些因素上有所作为，促进中沙关系良性发展，具有实践意义。与中沙关系评价显著相关的 29 个因素中（见表 12-8），2 个中华文化符号，2 个中国文化产品与服务，4 个沙特人赞同的价值观，3 项中华文化评价，1 项国家形象评价，这些因素在实践中，哪些可以通过中方主动作为而促进中沙关系良性发展呢？

首先看孰因孰果。一因素与对中沙关系态度相关，哪方是因哪方是果，需要厘清。国际关系现实主义和建构主义理论和国际关系现实都显示，国家利益和人们的价值观是关乎国际关系态度的根本因素。尤其是国家利益更为重要，国家之间没有永恒的友谊，只有永恒的利益。因而，喜欢中国画、喜欢中国烹饪与对中沙关系态度相关，对中沙关系态度是因，喜欢中国画、喜欢中国烹饪是果。对中国文化演出感兴趣、对中国纪录片感兴趣、喜欢"欢乐春节"、喜欢成龙、喜欢章子怡与对中沙关系态度相关，更可能前者是果，对中沙关系的态度是因。只有中国发展对沙特利弊、对 4 项价值观赞同（爱国、公正、以民为本、孝）与对中沙关系态度，前者是因，后者是果。其余因素与对中沙关系态度互为因果的可能性更大。

表 12-8　29 个与中沙关系评价显著相关的因素

分类	因素	知晓率（%）	喜欢率/赞同率（%）	相关系数	分类	因素	知晓率（%）	喜欢率/赞同率（%）	相关系数
文化符号	喜欢中国画	71.7	55.5	.146	中国人	认为中国人秉持义	—	74.4	.143
	喜欢中国烹饪	87.8	58.4	.122		中国民众印象义勇性	—	49.9	.113
产品与服务	对中国文化演出感兴趣	—	49.5	.123		中国民众印象自信性	—	60.7	.102
	对中国纪录片感兴趣	—	51.2	.107	经济科技	中国经济发展前景看好	83.1	84.9	.220
价值观	赞同以民为本	—	78.3	.083		对中国经济发展道路评价	82.7	85.1	.117
	赞同孝	—	78.4	.092		中国科技世界排名认知	70.1	—	.098
	赞同爱国	—	86.9	.133	政治	对中国政治制度好评	70.1	69.2	.123
	赞同公正	—	89.3	.094	外交军事	对"一带一路"态度	39.0	38.2	.197
大众传媒	沙特媒体报道中国信息倾向	—	46.2	.135		中国发展对沙特利弊	—	70.5	.104
	对中国政府媒体信任度	74.1	60.0	.136	中华文化	多样性	—	54.0	.133
文化团体/企业	喜欢"欢乐春节"	46.1	48.8	.130		包容性	—	59.0	.127
中国人	喜欢章子怡	54.8	65.1	.149		有吸引力	—	66.2	.098
	喜欢成龙	87.4	85.5	.106		中国充满活力	—	70.4	.094
	中国朋友数	28.1%有	1.31位	.098	中国形象	中国不断发展	—	70.7	.087
	认为中国人秉持和而不同	—	72.9	.099					

其次看相关系数大小，虽然 29 个因素与中沙关系为显著相关，但相关系数超过和接近 0.200 的只有 1 个，超过 0.100 的有 20 个。排名前 10 名为：中国经济发展前景看好（0.220）、对"一带一路"态度（0.197）、喜

欢章子怡（0.149）、喜欢中国画（0.146）、认为中国人秉持义（0.143）、对中国政府媒体信任度（0.136）、沙特媒体报道中国信息倾向（0.135）、中华文化具有多样性（0.133）、赞同爱国（0.133）、喜欢"欢乐春节"（0.130）。

再次看知晓率或接触率。知晓率或接触率在0~100%，数值越小，可提升的空间越大，影响改进中沙关系空间的可能性越大。有知晓率或接触率的因素（12个）中低于70%的有4个，排名由小到大为：有中国朋友比例（28.1%）、对"一带一路"态度（39.0%）、喜欢"欢乐春节"（46.1%）、喜欢章子怡（54.8%）。

最后看喜欢率或赞同率。喜欢率或赞同率在0~100%，数值越小，可提升的空间越大，影响提升"中沙关系态度"的空间可能性越大。例如，赞同价值观爱国、公正与对中沙关系态度显著相关，但沙特民众对爱国和公正的赞同率已经高达86.9%、89.3%，提升这两项价值观的赞同率空间很小，因而提升对中沙关系态度的空间就小。27个因素（不包括中国朋友数、对中国科技世界水平认知，因为它们都不是态度问题）喜欢率/赞同率中低于70%的有15个，低于50%的有5个：对"一带一路"赞同率（38.2%）、沙特媒体报道中国信息正面率（46.2%）、对"欢乐春节"喜欢率（48.8%）、对中国文化演出的兴趣率（49.5%）、对中国民众印象义勇性（49.9%）。

综合考虑上述诸方面，从29个因素中选出有潜力的因素如下。在价值观方面，以民为本和孝的赞同率都超过78%，提升虽有难度但尚有提升空间。在大众传媒类中，对中国政府媒体信任度（60.0%）是有潜力的因素，对中国政府媒体是否值得信任，25.9%的沙特人回答不知道，减少这一比例，同时增加其信任度，有益于提升对中沙关系良好率。在中国人的各种相关因素中，中国人在2方面给沙特人印象值偏低：义勇性（49.9%）、自信性（60.7%），中国应在这方面提高民众形象。沙特受访者中28.1%有中国朋友，平均每人1.31位，可以多交朋友，这也是个潜力因素。对中华文化评价中，沙特人认为其多样性和包容性的赞同率（54.0%、59.0%）偏低，也有提升的空间。总之，在上述因素上有所作为，会有利于中沙关系良性发展。

附录 1 沙特版调查问卷

说明：*斜体字不出现在受访者填答的问卷中，呈现在受访者面前的为阿拉伯语问卷。*

中华文化印象调查问卷

استطلاع رأي حول الانطباع عن الثقافة الصينية

配比项（自变量）

V1-1. 您的年龄？【*单选*】

١-١. كم عمرك؟

下拉菜单：年龄 15~75 岁

القائمة الشاملة: الأعمار من ١٥ إلى ٧٥ عاما

V1-2. 您的性别？【*单选*】

١-٢. ما جنسك؟

1. 女性 2. 男性

١. أنثى   ٢. ذكر

V1-3. 去年您家庭的税前年收入是多少？【*单选*】

١-٣. كم دخل أسرتك السنوي للسنة الماضية قبل دفع الضرائب؟

1. 少于 50000 SAR 2. 50000~500000 SAR 3. 500000~1000000 SAR
4. 1000000~2000000 SAR 5. 多于 2000000 SAR

١. أقل من ٥٠٠٠٠ ريال ٢. بين ٥٠٠٠٠ و٥٠٠٠٠٠ ريال ٣. بين ٥٠٠٠٠٠ و١٠٠٠٠٠٠ ريال
٤. بين ١٠٠٠٠٠٠ و٢٠٠٠٠٠٠ ريال ٥. أكثر من ٢٠٠٠٠٠٠ ريال

V1-4. 您是沙特本地人还是旅居沙特的外籍人？【*单选*】

١-٤. أأنت سعودي أصلي أم أجنبي مقيم في السعودية؟

1. 沙特本地人 2. 旅居沙特的外籍人

١. سعودي أصلي ٢. أجنبي مقيم في السعودية

V1-5. 您现在住在哪个地区？（选一项）

٥ـ١. في أية منطقة تقيم الآن؟ (اختر خياراً واحداً)

1. 焦夫省　2. 北部边疆省　3. 塔布克省　4. 哈伊勒省　5. 麦地那省
6. 盖西姆省　7. 麦加省　8. 利雅得省　9. 东部省　10. 巴哈省　11. 阿西尔省　12. 吉赞省　13. 奈季兰省

١. الجوف　٢. الحدود الشمالية ٣. تبوك　٤. حائل　٥. المدينة المنورة ٦. القصيم　٧. مكة المكرمة
٨. الرياض　٩. المنطقة الشرقية　١٠. الباحة　١١. عسير　١٢. جازان ١٣. نجران

文化符号

V2. 以下都是中国文化符号，您知道吗？若知道，喜欢它们吗？【循环出示，单选】

٢. كل ما يلي رمز للثقافة الصينية، هل تعرفه؟ هل هو يعجبك إذا عرفته؟

中国文化符号 رمز للثقافة الصينية		0 没听说过 ٠ لم أسمع عنه	听说过 قد سمعت عنه				
			1 很不喜欢 ١ لا يعجبني إلى حد كبير	2 较不喜欢 ٢ لا يعجبني نسبيا	3 中立 ٣ محايد	4 较喜欢 ٤ يعجبني نسبيا	5 很喜欢 ٥ يعجبني كثيرا
1. 长城 ١. سور الصين العظيم		0 ٠	1 ١	2 ٢	3 ٣	4 ٤	5 ٥
2. 布达拉宫 ٢. قصر بوتالا		0 ٠	1 ١	2 ٢	3 ٣	4 ٤	5 ٥
3. 红河哈尼梯田 ٣. حقول هونغ خه المدرجة لقبيلة هاني		0 ٠	1 ١	2 ٢	3 ٣	4 ٤	5 ٥
4. 中国园林 ٤. الحدائق الصينية		0 ٠	1 ١	2 ٢	3 ٣	4 ٤	5 ٥
5. 兵马俑 ٥. تماثيل الجنود والخيول		0 ٠	1 ١	2 ٢	3 ٣	4 ٤	5 ٥
6. 中国烹饪 ٦. خبطلا الصيني		0 ٠	1 ١	2 ٢	3 ٣	4 ٤	5 ٥

续表

中国文化符号 رمز للثقافة الصينية	0 没听说过 ، لم أسمع عنه	听说过 قد سمعت عنه				
		1 很不喜欢 ١ لا يعجبني إلى حد كبير	2 较不喜欢 ٢ لا يعجبني نسبيا	3 中立 ٣ محايد	4 较喜欢 ٤ يعجبني نسبيا	5 很喜欢 ٥ يعجبني كثيرا
7. 中华医药 ٧. الطب الصيني التقليدي	0 ،	1 ١	2 ٢	3 ٣	4 ٤	5 ٥
8. 丝绸 ٨. الحرير	0 ،	1 ١	2 ٢	3 ٣	4 ٤	5 ٥
9. 旗袍/唐装 ٩. فستان تشيباو \ أزياء عصر أسرة تانغ الملكية	0 ،	1 ١	2 ٢	3 ٣	4 ٤	5 ٥
10. 瓷器 ١٠. الخزف الصيني	0 ،	1 ١	2 ٢	3 ٣	4 ٤	5 ٥
11. 汉语 ١١. اللغة الصينية	0 ،	1 ١	2 ٢	3 ٣	4 ٤	5 ٥
12. 唐诗宋词 ١٢. شعر أسرة تانغ ونثر أسرة سونغ	0 ،	1 ١	2 ٢	3 ٣	4 ٤	5 ٥
13. 中国画 ١٣. الرسم الصيني التقليدي	0 ،	1 ١	2 ٢	3 ٣	4 ٤	5 ٥
14. 中国民乐 ١٤. الموسيقى الصينية التقليدية	0 ،	1 ١	2 ٢	3 ٣	4 ٤	5 ٥
15. 京剧 ١٥. أوبرا بكين	0 ،	1 ١	2 ٢	3 ٣	4 ٤	5 ٥

续表

中国文化符号 رمز للثقافة الصينية		0 没听 说过 لم أسمع عنه	听说过 قد سمعت عنه				
			1 很不喜欢 لا يعجبني إلى حد كبير	2 较不喜欢 لا يعجبني نسبيا	3 中立 محايد	4 较喜欢 يعجبني نسبيا	5 很喜欢 يعجبني كثيرا
16. 功夫或太极拳 ١٦. الكونغ فو وتايجي تشوان		0 .	1 ١	2 ٢	3 ٣	4 ٤	5 ٥
17. 道教 ١٧. الطاوية		0 .	1 ١	2 ٢	3 ٣	4 ٤	5 ٥
18. 儒家思想 ١٨. أفكار المذهب الكونفوشي		0 .	1 ١	2 ٢	3 ٣	4 ٤	5 ٥
19. 春节 ١٩. عيد الربيع		0 .	1 ١	2 ٢	3 ٣	4 ٤	5 ٥
20. 北京大学 ٢٠. جامعة بكين		0 .	1 ١	2 ٢	3 ٣	4 ٤	5 ٥
21. 清华大学 ٢١. جامعة تشينغهوا		0 .	1 ١	2 ٢	3 ٣	4 ٤	5 ٥
22. 大熊猫 ٢٢. الباندا		0 .	1 ١	2 ٢	3 ٣	4 ٤	5 ٥
23. 茶 ٢٣. الشاي		0 .	1 ١	2 ٢	3 ٣	4 ٤	5 ٥
24. 太极阴阳图 ٢٤. رسم تايجي لمفهومي يين ويانغ		0 .	1 ١	2 ٢	3 ٣	4 ٤	5 ٥
25. 中国高铁 ٢٥. السكك الحديدية فائقة السرعة في الصين		0 .	1 ١	2 ٢	3 ٣	4 ٤	5 ٥

续表

中国文化符号 رمز للثقافة الصينية	0 没听说过 · لم أسمع عنه	听说过 قد سمعت عنه				
		1 很不喜欢 ١ لا يعجبني إلى حد كبير	2 较不喜欢 ٢ لا يعجبني نسبيا	3 中立 ٣ محايد	4 较喜欢 ٤ يعجبني نسبيا	5 很喜欢 ٥ يعجبني كثيرا
26. 书法 ٢٦. الخط الصيني	0 ·	1 ١	2 ٢	3 ٣	4 ٤	5 ٥
27. 围棋 شطرنج ويتشي	0 ·	1 ١	2 ٢	3 ٣	4 ٤	5 ٥

V3. 龙在贵国的寓意是什么？【单选】

٣. إلى ماذا يرمز التنين في بلادكم؟ (الأرقام من ١ إلى ٧ تشير إلى نسبة تقييمك بدءا من الصفة الأدنى إلى الصفة الأعلى)

邪恶　1 2 3 4 5 6 7　吉祥

شرّ　١　٢　٣　٤　٥　٦　٧　بركة

V3-1. 您喜欢龙吗？【单选】

٣-١. هل يعجبك التنين؟

1. 很不喜欢　2. 较不喜欢　3. 中立　4. 较喜欢　5. 很喜欢

١. لا يعجبني إلى حد كبير　٢. لا يعجبني نسبيا　٣. محايد　٤. يعجبني نسبيا　٥. يعجبني كثيرا

V4. 近五年中，您哪年参加过春节活动？（可多选）

٤. في أي سنة من السنوات الخمس المنصرمة اشتركت في نشاطات احتفالية بعيد الربيع؟ (تعدد الخيارات مقبول)

1. 2012 年　2. 2013 年　3. 2014 年　4. 2015 年　5. 2016 年　6. 从未参加

١. ٢٠١٢　٢. ٢٠١٣　٣. ٢٠١٤　٤. ٢٠١٥　٥. ٢٠١٦　٦. لم أشترك

V5. 您学习过汉语吗？（如果选择 1 和 2，请跳到 V6）【单选】

٥. هل درست اللغة الصينية؟ (اذهب إلى السؤال السادس إذا اخترت ١ و٢)

1. 没学过，不想学　2. 没学过，但将来想学　3. 学过

١. لم أدرس ولا أرغب في دراستها.　٢. لم أدرس وأرغب في دراستها في المستقبل.　٣. درست.

V5-1. 若学过，您使用汉语的情况是：【单选】

٥-١. كيف تستخدم اللغة الصينية إذا كان لك سبق في دراستها؟

1. 不使用　2. 偶尔使用　3. 经常使用　4. 每周使用　5. 每天使用

١. لا أستخدمها ٢. قليلا ٣. كثيرا ٤. كل أسبوع ٥. كل يوم

V6. 在过去一年中，您吃过中餐吗？【单选】

٦. هل أكلت أطعمة صينية في السنة المنصرمة؟

1. 没有　2. 很少吃　3. 每月都吃　4. 每周都吃　5. 每天都吃

١. لم آكل ٢. قليلا ٣. كل شهر ٤. كل أسبوع ٥. كل يوم

V7. 您认为中医药能治疗疾病吗？【单选】

٧. في رأيك، هل لدى الطب الصيني التقليدي فعالية علاجية؟

1. 根本不能　2. 较不能　3. 中立　4. 较能　5. 很能　88. 不知道

١. لا على الإطلاق ٢. لا نسبيا ٣. محايد ٤. نعم نسبيا ٥. نعم وفعاليته قوية ٨٨. لا أعرف

V7-1. 您看过中医，或用过中药，或扎针灸/拔火罐吗？【单选】

٧. هل لجأت إلى الطب الصيني التقليدي أو دوائه أو طرق علاجه مثل الوخز والحجامة؟

1. 从不　2. 偶尔　3. 经常

١. لا، على الإطلاق ٢. في بعض الأحيان ٣. دائما

V8. 在过去一年中，您练习过中国功夫或太极拳吗？【单选】

٨. هل مارست تمارين الكونغ فو أو تايجي تشوان في السنة المنصرمة؟

1. 从不　2. 很少　3. 经常　4. 每周都练　5. 每天都练

١. لا، على الإطلاق ٢. قليلا ٣. كثيرا ٤. كل أسبوع ٥. كل يوم

文化产品

V9. 您对以下中国文化产品和服务感兴趣的程度如何？生活中可以接触到吗？（可多选）【循环出示，行单选】

٩. ما قدر رغبتك فيما يلي من المنتجات والخدمات الثقافية الصينية؟ هل يمكنك التوصل إليه ؟

	感兴趣程度 قدر رغبتك فيه					能否接触到 إمكانية التوصل إليه	
	1 很不感兴趣 ١ لا أرغب فيه على الإطلاق	2 较不感兴趣 ٢ لا أرغب فيه نسبيا	3 中立 ٣ محايد	4 较感兴趣 ٤ أرغب فيه نسبيا	5 很感兴趣 ٥ أرغب فيه كثيرا	1 否 ١ غير ممكن	2 能 ٢ ممكن
1. 绘画作品 ١. أعمال الرسم							
2. 书法作品 ٢. أعمال الخط							

	感兴趣程度 قدر رغبتك فيه					能否接触到 إمكانية التوصل إليه	
	1 很不感 兴趣 ۱ لا أرغب فيه على الإطلاق	2 较不感 兴趣 ۲ لا أرغب فيه نسبيا	3 中立 ۳ محايد	4 较感 兴趣 ٤ أرغب فيه نسبيا	5 很感 兴趣 ٥ أرغب فيه كثيرا	1 否 ۱ غير ممكن	2 能 ۲ ممكن
3. 手工艺品 ۳. التحف اليدوية							
4. 文化展览 ٤. المعارض الثقافية							
5. 文化演出 ٥. العروض الثقافية							
6. 图书 ٦. الكتب							
7. 功夫或太极拳 ۷. الكونغ فو أو تايجي تشوان							
8. 电视剧 ۸. المسلسلات التلفزيونية							
9. 电影 ۹. الأفلام							
10. 动漫 ۱۰. الرسوم المتحركة والقصص المصورة							
11. 音乐 ۱۱. الموسيقى							
12. 纪录片 ۱۲. الأفلام الوثائقية							
13. 电子游戏 ۱۳. الألعاب الإلكترونية							
14. 文化旅游 ۱٤. السياحة الثقافية							

续表

	感兴趣程度 قدر رغبتك فيه					能否接触到 إمكانية التوصل إليه	
	1 很不感 兴趣 ١ لا أرغب فيه على الإطلاق	2 较不感 兴趣 ٢ لا أرغب فيه نسبيا	3 中立 ٣ محايد	4 较感 兴趣 ٤ أرغب فيه نسبيا	5 很感 兴趣 ٥ أرغب فيه كثيرا	1 否 ١ غير ممكن	2 能 ٢ ممكن
15. 中华医药 ١٥. الطب الصيني التقليدي وأدويته							
16. 中国烹饪 ١٦. الطبخ الصيني							
17. 广告 ١٧. الإعلانات							
18. 时尚设计产品 ١٨. المنتجات العصرية							

V10. 您购买过以下中国文化产品吗？若没购买过请填写 "0"，若购买过，买过几件？（下拉菜单 0-100）【行单选】

١٠. هل اشتريت ما يلي من المنتجات الثقافية الصينية؟ إذا لم تشتر فاختر "٠"، إذا اشتريت فكم العدد؟

(القائمة شاملة من ٠ إلى ١٠٠)

1. 图书　0 1 2 3 4 5 6 7 8 9 10 11 12 13 14 15 …… 100

١. الكتب 　 ٠ ١ ٢ ٣ ٤ ٥ ٦ ٧ ٨ ٩ ١٠ ١١ ١٢ ١٣ ١٤ ١٥ ... ١٠٠

2. 电影音像制品　0 1 2 3 4 5 6 7 8 9 10 11 12 13 14 15 …… 100

٢. المنتجات السمعية البصرية - الأفلام 　 ٠ ١ ٢ ٣ ٤ ٥ ٦ ٧ ٨ ٩ ١٠ ١١ ١٢ ١٣ ١٤ ١٥ ... ١٠٠

3. 音乐制品　0 1 2 3 4 5 6 7 8 9 10 11 12 13 14 15 …… 100

٣. المنتجات الموسيقية 　 ٠ ١ ٢ ٣ ٤ ٥ ٦ ٧ ٨ ٩ ١٠ ١١ ١٢ ١٣ ١٤ ١٥ ... ١٠٠

4. 电视剧音像制品　0 1 2 3 4 5 6 7 8 9 10 11 12 13 14 15 …… 100

٤. المنتجات السمعية البصرية - المسلسلات التليفزيونية 　 ٠ ١ ٢ ٣ ٤ ٥ ٦ ٧ ٨ ٩ ١٠ ١١ ١٢ ١٣ ١٤ ١٥ ... ١٠٠

5. 工艺美术品　0 1 2 3 4 5 6 7 8 9 10 11 12 13 14 15 …… 100

٥. التحف الفنية ٠. ١ ٢ ٣ ٤ ٥ ٦ ٧ ٨ ٩ ١٠ ١١ ١٢ ١٣ ١٤ ١٥ ... ١٠٠

6. 动漫游戏产品　0 1 2 3 4 5 6 7 8 9 10 11 12 13 14 15 …… 100

٦. منتجات الرسوم المتحركة والقصص المصورة والألعاب الإلكترونية

٠.١.٢.٣.٤.٥.٦.٧.٨.٩.١٠.١١.١٢.١٣.١٤.١٥ ... ١٠٠

7. 中国原创玩具（例如，风筝、空竹等） 0 1 2 3 4 5 6 7 8 9 10 11 12 …… 100

٧. اللعب الصينية المبتكرة (مثل الطائرة الورقية ولعبة الشيطان)

٠.١.٢.٣.٤.٥.٦.٧.٨.٩.١٠.١١.١٢.١٣.١٤.١٥ ... ١٠٠

8. 中国字画 0 1 2 3 4 5 6 7 8 9 10 11 12 13 14 15 …… 100

٨. أعمال الخط والرسم الصينية ٠.١.٢.٣.٤.٥.٦.٧.٨.٩.١٠.١١.١٢.١٣.١٤.١٥ ... ١٠٠

V10-1. 若购买过，您通过哪种渠道？【多选】

١٠.١. إذا اشتريت، فعن أي طريق قمت بالشراء ؟

1. 在本国　 2. 到中国旅游或旅行　 3. 网上购买　 4. 托朋友从中国购买

١. في بلادي　 ٢. في سفري للصين　 ٣. الإنترنت　 ٤. عن طريق أصدقائي في الصين

V10-2. 您将来有购买中国文化产品的意愿吗？【单选】

١٠.٢. هل لديك رغبة في شراء منتجات ثقافية صينية في المستقبل؟ (الأرقام من ١ إلى ٥ تشير إلى نسبة تقييمك بدءا من الصفة الأدنى إلى الصفة الأعلى)

没有　 1　 2　 3　 4　 5　 非常强烈

لا　 ١　 ٢　 ٣　 ٤　 ٥　 نعم، لي رغبة شديدة

V11. 您知道以下中国文化产品或服务的品牌吗？若知道喜欢吗？【循环出示，行单选】

١١. هل تعرف ما يلي من ماركات المنتجات أو الخدمات الثقافية الصينية؟ هل هو يعجبك إذا عرفته؟

中国文化产品或服务品牌 ماركة من ماركات المنتجات أو الخدمات الثقافية الصينية	0 不知道 لا أعرفها	知道				
		1 很不喜欢 ١ لا تعجبني إلى حد كبير	2 较不喜欢 ٢ لا تعجبني نسبيا	3 中立 ٣ محايد	4 较喜欢 ٤ تعجبني نسبيا	5 很喜欢 ٥ تعجبني كثيرا
1. 孔子学院 ١. معهد كونفوشيوس	0	1	2	3	4	5
2. 北京同仁堂 ٢. تونغ رن تانغ ببكين	0	1	2	3	4	5

续表

中国文化产品或服务品牌 ماركة من ماركات المنتجات أو الخدمات الثقافية الصينية		0 不知道 ٠ لا أعرفها	知道				
			1 很不喜欢 ١ لا تعجبني إلى حد كبير	2 较不喜欢 ٢ لا تعجبني نسبيا	3 中立 ٣ محايد	4 较喜欢 ٤ تعجبني نسبيا	5 很喜欢 ٥ تعجبني كثيرا
3. 中央电视台 ٣. تلفزيون الصين المركزي (CCTV)	CCTV	0	1	2	3	4	5
4. 中阿博览会 ٤. معرض الصين والدول العربية		0	1	2	3	4	5
5. 北京全聚德烤鸭 ٥. بط بكين المشوي تشيوان جيوي ده		0	1	2	3	4	5
6. 华为手机 ٦. موبايل هواوي	HUAWEI	0	1	2	3	4	5
7. 北京故宫博物院 ٧. متحف المدينة المحرمة ببكين		0	1	2	3	4	5
8. 景德镇瓷器 ٨. خزف جينغدتشن	CHINA·爱德镇	0	1	2	3	4	5
9. 欢乐春节 ١٠. عيد الربيع السعيد		0	1	2	3	4	5
10. 淘宝 ١١. موقع تاوباو	淘宝网 Taobao.com	0	1	2	3	4	5

价值观

V12. 您是否赞同下列价值观？【行单选】

١٢. هل توافق على القيم التالية؟

价值观 القيم	非常不赞同 لا أوافق عليها على الإطلاق	非常赞同 أوافق عليها كثيرا
1. 仁：人与人之间相互友爱、同情、互助 ١. "رن": التحابّ والتعاطف والتعاون بين الناس	0—1—2—3—4—5—6—7—8—9—10	
2. 恕：己所不欲，勿施于人 ٢. "شو" أو الغفران: لا تفرض ما لا تحبه لنفسك على الآخرين	0—1—2—3—4—5—6—7—8—9—10	
3. 孝：尊敬和善待父母，奉养老人 ٣. "شياو" أو البرّ: احترام الوالدين والإحسان إليهما والاعتناء بكبار السن	0—1—2—3—4—5—6—7—8—9—10	
4. 礼：尊重他人、礼貌，遵守社会生活中的风俗和社会仪式 ٤. "لي": معاملة الآخرين بالاحترام والأدب، والالتزام بالعادات والطقوس في الحياة الاجتماعية	0—1—2—3—4—5—6—7—8—9—10	
5. 义：公正、合乎公益 ٥. "يي": العدالة والتوافق مع المصلحة العامة	0—1—2—3—4—5—6—7—8—9—10	
6. 和而不同：尊重彼此的差异，和睦相处 ٦. الوئام مع بقاء الاختلافات: احترام الاختلافات والتعايش المنسجم	0—1—2—3—4—5—6—7—8—9—10	
7. 天人合一：尊崇自然，人与自然和谐 ٧. الوحدة بين السماء والإنسان: احترام الطبيعة وتحقيق الوئام بينها وبين الإنسان	0—1—2—3—4—5—6—7—8—9—10	
8. 共同富裕：消除经济上的两极分化，走向共同富裕 ٨. الرخاء المشترك: التخلص من الاستقطاب الاقتصادي وتحقيق الثراء والرخاء المشتركين	0—1—2—3—4—5—6—7—8—9—10	
9. 和谐世界：国与国之间和平共处、彼此尊重、共同发展 ٩. انسجام العالم: التعايش السلمي والاحترام المتبادل والنمو المشترك بين الدول	0—1—2—3—4—5—6—7—8—9—10	

价值观 القيم	非常不赞同 لا أوافق عليها على الإطلاق	非常赞同 أوافق عليها كثيرا
10. 以民为本：尊重人民、依靠人民、为了人民 ١٠. اعتبار الشعب هو الأصل: احترام الشعب والاعتماد عليه والعمل من أجل مصلحته		0—1—2—3—4—5—6—7—8—9—10
11. 集体主义：在集体和个人关系中，当个人利益与集体利益发生冲突时，在兼顾二者的同时，个人应服从集体 ١١. النزعة الجماعية: خضوع الفرد للجماعة وقت تضارب مصالحهما مع الاهتمام بهما معا		0—1—2—3—4—5—6—7—8—9—10

V13-V15. 您是否认为在国家、社会和公民三个层次上应当倡导以下价值观？【行单选】

١٣ـ١٥. هل تعتقد أن القيم التالية تنبغي الإشادة بها على مستويات الوطن والمجتمع والمواطنين؟

		非常不赞同 لا أوافق عليها على الإطلاق	非常赞同 أوافق عليها كثيرا
国家 الوطن	V13-1. 富强 ١٣ـ١. القوة والرخاء		0—1—2—3—4—5—6—7—8—9—10
	V13-2. 民主 ١٣ـ٢. الديموقراطية		0—1—2—3—4—5—6—7—8—9—10
	V13-3. 文明 ١٣ـ٣. التحضر		0—1—2—3—4—5—6—7—8—9—10
	V13-4. 和谐 ١٣ـ٤. التناغم		0—1—2—3—4—5—6—7—8—9—10
	V13-5. 振兴 ١٣ـ٥. النهضة		0—1—2—3—4—5—6—7—8—9—10
社会 المجتمع	V14-1. 自由 ١٤ـ١. الحرية		0—1—2—3—4—5—6—7—8—9—10
	V14-2. 平等 ١٤ـ٢. المساواة		0—1—2—3—4—5—6—7—8—9—10
	V14-3. 公正 ١٤ـ٣. العدالة		0—1—2—3—4—5—6—7—8—9—10
	V14-4. 法治 ١٤ـ٤. سيادة القانون		0—1—2—3—4—5—6—7—8—9—10

续表

		非常不赞同 非常赞同 لا أوافق عليها على الإطلاق أوافق عليها كثيرا
公民 **المواطنون**	V15-1. 爱国 ١-١٥. حب الوطن	0—1—2—3—4—5—6—7—8—9—10
	V15-2. 敬业 ٢-١٥. التفاني في العمل	0—1—2—3—4—5—6—7—8—9—10
	V15-3. 诚信 ٣-١٥. الإخلاص	0—1—2—3—4—5—6—7—8—9—10
	V15-4. 友善 ٤-١٥. المودة	0—1—2—3—4—5—6—7—8—9—10
	V15-5. 幸福 ٥-١٥. السعادة	0—1—2—3—4—5—6—7—8—9—10

思维方式

V16. 您是否赞同下列思维方式？【行单选】

١٦. هل توافق على أنماط التفكير التالية

思维方式 أنماط التفكير	非常不赞同 非常赞同 لا أوافق عليها على الإطلاق أوافق عليها كثيرا
1. 在一定条件下，好事可以变成坏事，坏事也可以变成好事 ١. إمكانية التحول بين الخير و الشر في بعض الظروف	0—1—2—3—4—5—6—7—8—9—10
2. 辩证思维：以全面的、联系的、发展变化的观点，而不是非此即彼的观点看待事物 ٢. **التفكير الديالكتيكي**: النظر إلى الأمور نظرة شاملة تهتم بترابطها وتطورها وتغيرها بدلاً من الاهتمام بالتفاصيل الصغيرة	0—1—2—3—4—5—6—7—8—9—10
3. 一种医学观点认为，人生活于自然环境中，当自然环境发生变化时，人体也会发生与之相应的变化 ٣. هناك اعتقاد طبي يقول بتكيف الجسم البشري مع البيئة الطبيعية التي يعيش فيها	0—1—2—3—4—5—6—7—8—9—10
4. 综合思维：认知方式上，以综合性倾向对事物的整体作出反应，而不仅仅是对细节作理性的分析 ٤. التفكير الشامل: إدراك الأمور بشكل عام بدلاً من تحليل تفاصيلها	0—1—2—3—4—5—6—7—8—9—10

中国人

V17. 根据您的整体印象，中国人赞同以下价值观吗？【行单选】

١٧. طبقا لانطباعك العام، هل الصينيون　يوافقون على القيم التالية؟

价值观 القيم	非常不赞同　　　　　　　　　非常赞同 يوافقون عليها كثيراً　لا يوافقون عليها على الإطلاق
1. 仁：人与人之间相互友爱、同情、互助 ١. "رن": التحابّ والتعاطف والتعاون بين الناس	0—1—2—3—4—5—6—7—8—9—10
2. 恕：己所不欲，勿施于人 ٢. "شو" أو الغفران: لا تفرض ما لا تحبه لنفسك على الآخرين	0—1—2—3—4—5—6—7—8—9—10
3. 孝：尊敬和善待父母，奉养老人 ٣. "شياو" أو البرّ: احترام الوالدين والإحسان إليهما والاعتناء بكبار السن	0—1—2—3—4—5—6—7—8—9—10
4. 礼：礼貌、尊敬他人，遵守社会生活中的风俗和社会仪式 ٤. "لي": معاملة الآخرين بالأدب والاحترام والالتزام بالعادات والطقوس في الحياة الاجتماعية	0—1—2—3—4—5—6—7—8—9—10
5. 义：公正、合乎公益 ٥. "يي": العدالة والموافقة مع المصلحة العامة	0—1—2—3—4—5—6—7—8—9—10
6. 和而不同：尊重彼此的差异，和睦相处 ٦. الوئام مع بقاء الاختلافات: احترام الاختلافات والتعايش المنسجم	0—1—2—3—4—5—6—7—8—9—10
7. 天人合一：尊崇自然，人与自然和谐 ٧. الوحدة بين السماء والإنسان: احترام الطبيعة وتحقيق الوئام بينها وبين الإنسان	0—1—2—3—4—5—6—7—8—9—10
8. 共同富裕：消除经济上的两极分化，走向共同富裕 ٨. الرخاء المشترك: التخلص من الاستقطاب الاقتصادي وتحقيق الثراء والرخاء المشتركين	0—1—2—3—4—5—6—7—8—9—10
9. 和谐世界：国与国之间和平共处、彼此尊重、共同发展 ٩. انسجام العالم: التعايش السلمي والاحترام المتبادل والنمو المشترك بين الدول	0—1—2—3—4—5—6—7—8—9—10

价值观 القيم	非常不赞同 لا يوافقون عليها على الإطلاق	非常赞同 يوافقون عليها كثيراً
10. 以民为本：尊重人民、依靠人民、为了人民 ١٠. اعتبار الشعب هو الأصلَ: احترام الشعب والاعتماد عليه والعمل من أجل مصلحته	0—1—2—3—4—5—6—7—8—9—10	
11. 集体主义：在集体和个人关系中，当个人利益与集体利益发生冲突时，在兼顾二者的同时，个人应服从集体 ١١. النزعة الجماعية: خضوع الفرد للجماعة وقت تضارب مصالحهما مع الاهتمام بهما معا	0—1—2—3—4—5—6—7—8—9—10	

V18. 根据您的整体印象，中国人赞同以下思维方式吗？【行单选】

١٨. طبقا لانطباعك العام، هل الصينيون يوافقون على أنماط التفكير التالية؟

思维方式 أنماط التفكير	非常不赞同 لا يوافقون عليها على الإطلاق	非常赞同 يوافقون عليها كثيرا
1. 在一定条件下，好事可以变成坏事，坏事也可以变成好事 ١. إمكانية التحول بين الخير و الشر في بعض الظروف	0—1—2—3—4—5—6—7—8—9—10	
2. 辩证思维：以全面的、联系的、发展变化的观点，而不是非此即彼的观点看待事物 ٢. التفكير الديالكتيكي: النظر إلى الأمور نظرة شاملة تهتم بترابطها وتطورها وتغيرها بدلاً من الاهتمام بالتفاصيل الصغيرة	0—1—2—3—4—5—6—7—8—9—10	
3. 一种医学观点认为，人生活于自然环境中，当自然环境发生变化时，人体也会发生与之相应的变化 ٣. هناك اعتقاد طبي يقول بتكيف الجسم البشري مع البيئة الطبيعية التي يعيش فيها	0—1—2—3—4—5—6—7—8—9—10	
4. 综合思维：认知方式上，以综合性倾向对事物的整体作出反应，而不仅仅是对细节作理性的分析 ٤. التفكير الشامل: إدراك الأمور بشكل عام بدلاً من تحليل تفاصيلها	0—1—2—3—4—5—6—7—8—9—10	

V19. 以下都是中国名人，您听说过他们吗？若听说过，喜欢他们吗？【循环出示，行单选】

١٩. هل سمعت عن مَن يلي من الصينيين المشهورين؟ إذا سمعت ، هل يعجبك؟

0. 没听说过　听说过：　1. 很不喜欢　2. 较不喜欢　3. 无所谓

4. 较喜欢　5. 很喜欢

٠. لم أسمع عنه　سمعت عنه: ١. لا يعجبني إلى حد كبير　٢. لا يعجبني نسبيا　٣. لا أبالي به

٤. يعجبني نسبيا　٥. يعجبني كثيرا

1. 古代哲学家　孔子	2. 古代哲学家　老子	3. 古代医学家　张仲景	4. 古代诗人　李白
١. الفيلسوف القديم كونفوشيوس	٢. الفيلسوف القديم لاوتسي	٣. عالم الطب القديم تشانغ تشونغ جينغ	٤. الشاعر القديم لي باي
0 1 2 3 4 5	0 1 2 3 4 5	0 1 2 3 4 5	0 1 2 3 4 5

5. 古代文学家 曹雪芹	6. 古代航海家 郑和	7. 新中国创建者 毛泽东	8. 中国改革开放 领导人　邓小平
٥. الأديب القديم تساو شيويه تشين	٦. الملاح القديم تشينغ خه	٧ مؤسس الصين الجديدة ماو تسي تونغ	٤ قائد إصلاح وانفتاح الصين دنغ شياو بينغ
0 1 2 3 4 5	0 1 2 3 4 5	0 1 2 3 4 5	0 1 2 3 4 5

9. 中国民主革命 开拓者　孙中山	10. 京剧艺术家 梅兰芳	11. 影星　章子怡	12. 影星　成龙
٩. رائد الثورة الديموقراطية الصينية سون يات سين	١٠. فنان أوبرا بكين مي لان فانغ	١١. نجمة السينما تشانغ تسي يي	١٢. نجم السينما تشنغ لونغ (جاكي شان)
0 1 2 3 4 5	0 1 2 3 4 5	0 1 2 3 4 5	0 1 2 3 4 5

13. 当代文学家　莫言	14. 歌手　周杰伦	15. 钢琴家　郎朗	16. 篮球明星　姚明
١٣. الأديب المعاصر موه يان	١٤. المطرب تشو جيه لون	١٥. عازف البيانو لانغ لانغ	١٦. نجم كرة السلة ياو مينغ
0 1 2 3 4 5	0 1 2 3 4 5	0 1 2 3 4 5	0 1 2 3 4 5

17. 女排教练　郎平	18. 航天员　景海鹏	19. IT 企业家　马云	20. 医药学家　屠呦呦
١٧. مدربة الكرة الطائرة للنساء لانغ بينغ	١٨. رائد الفضاء تشينغ هاي بنغ	١٩. صاحب الأعمال في مجال – التكنولوجيا المعلوماتية ما يون(علي بابا)	٢٠. عالمة الصيدلة تو يو يو
0　1　2　3　4　5	0　1　2　3　4　5	0　1　2　3　4　5	0　1　2　3　4　5

V20. 您听说过下列中国名人的著作吗？若听说过，您读过吗？【行单选】

٢٠. هل سمعت عن ما يلي من مؤلفات المشاهير الصينيين؟ إذا سمعت عنه هل قرأته؟

	0. 没听说过 ٠. لم أسمع عنه	听说过 سمعت عنه		
		1. 从未读过 ١. لم أقرأه بعد	2. 读过一点 ٢. قرأت بعضه	3. 通读过 ٣. قرأته كله
1. 孔子的《论语》 ١. كتاب «الحوار» لكونفوشيوس				
2. 老子的《道德经》 ٢. كتاب «داوده جينغ» للاوتسي				
3. 曹雪芹的《红楼梦》 ٣. «حلم القصور الحمراء» لتساو شيويه تشين				
4. 吴承恩的《西游记》 ٤. «الحج إلى الغرب» لوو تشنغ أن				
5. 毛泽东的《毛泽东选集》 ٥. مختارات ماو تسي تونغ				

V21. 您有几位中国朋友或熟人？　【数值填空】

٢١. كم صديقاً لك أو شخصاً تعرفه من الصين؟ اختر "٠" إذا لم يكن لك صديق أو شخص تعرفه من الصين.

（下拉菜单：0-100）

(القائمة الشاملة من ٠ إلى ١٠٠)

V22. 您会用以下哪些词语来形容中国人？【循环出示，行单选】

٢٢. كيف تصف الصينيين بما يلي من الصفات؟ (الأرقام من ١ إلى ٧ تشير إلى نسبة تقييمك بدءا من الصفة الأدنى إلى الصفة الأعلى)

1. 因循守旧的　　1 2 3 4 5 6 7　　有创造性的

١. متمسكون بالتقاليد　٧ ٦ ٥ ٤ ٣ ٢ ١　ذوو طبيعة إبداعية

2. 不平等待人的　　1 2 3 4 5 6 7　　平等待人的

٢. ليسوا عادلين في معاملة الناس ١　٧ ٦ ٥ ٤ ٣ ٢　عادلون في معاملة الناس

3. 狡诈的　　1 2 3 4 5 6 7　　守诚信的

٣. خبيثون خدّاعون　٧ ٦ ٥ ٤ ٣ ٢ ١　صادقون أمناء

4. 粗野的　　1 2 3 4 5 6 7　　有教养的

٤. غِلاظ الطبع ١　٧ ٦ ٥ ٤ ٣ ٢　مهذبون

5. 懒惰的　　1 2 3 4 5 6 7　　勤劳的

٥. كسالى ١　٧ ٦ ٥ ٤ ٣ ٢　مجتهدون

6. 痛苦的　　1 2 3 4 5 6 7　　幸福的

٦. تعساء ١ ٢ ٣ ٤ ٥ ٦ ٧　سعداء

7. 好战的　　1 2 3 4 5 6 7　　爱好和平的

٧. ميالون إلى الحرب ١ ٢ ٣ ٤ ٥ ٦ ٧　محبون للسلام

8. 傲慢的　　1 2 3 4 5 6 7　　谦逊的

٩. متغطرسون ١ ٢ ٣ ٤ ٥ ٦ ٧　متواضعون

9. 自卑的　　1 2 3 4 5 6 7　　自信的

١٠. لديهم مركبات نقص ١ ٢ ٣ ٤ ٥ ٦ ٧　يشعرون بالثقة في الذات

10. 唯利是图的　　1 2 3 4 5 6 7　　见义勇为的

١٠. يلهثون وراء الربح ١ ٢ ٣ ٤ ٥ ٦ ٧　لا يترددون أمام الواجب والقضايا العادلة

11. 蛮横的　　1 2 3 4 5 6 7　　和善的

١١. متعسفون ١ ٢ ٣ ٤ ٥ ٦ ٧　لطفاء

12. 身体羸弱的　　1 2 3 4 5 6 7　　身体强健的

١٢. ضعفاء الأجسام ١ ٢ ٣ ٤ ٥ ٦ ٧　أقوياء الأجسام

V23. 您对到贵国旅游的中国人印象如何？【单选】

٢٣. ما انطباعك عن المسافرين الصينين إلى بلادكم؟

0. 从没遇到过　1. 很不好　2. 不好　3. 中立　4. 较好　5. 很好

٠. لم ألتق بهم　١. ليس جيدا إلى حد كبير　٢. ليس جيدا　٣. محايد　٤. جيد نسبيا　٥. جيد جداً

V24. 在以下 7 种选择中，请您选择最同意的一项。您愿意让中国人：【单选】

٢٤. اختر واحداً من الخيارات السبعة التالية. تود أن يصبح الصينيون:

1. 同您的子女结婚

١. متزوجين من أولادك أو بناتك.

2. 作为您亲密的朋友

٢. أصدقاءك المقربين

3. 做您的邻居

٣. جيرانك.

4. 与您在同一行业共事

٤. زملاءك في سلك مهني واحد.

5. 生活在您的国家

٥. يعيشون في بلادكم.

6. 只能作为访问者停留在您的国家

٦. يقيمون في بلادكم كزوار فقط.

7. 被驱逐出境

٧. يطردون من بلادك.

V25. 您去过几次中国？（下拉菜单：0-100）【数值填空】

٢٥. كم مرة زرت الصين؟ اختر "٠" إذا لم تزر الصين. (القائمة الشاملة من ٠ إلى ١٠٠)

团体与企业

V26. 您听说过中国文化团体在贵国举办过文化交流活动吗？如听过，您喜欢这种活动吗？【单选】

٢٦. هل سمعت عن فعاليات التبادل الثقافي التي نظمتها جماعات ثقافية صينية في بلادك؟ هل أعجبتك مثل هذه الفعاليات إذا كنت قد سمعت عنها؟

0. 没听过　若听过，1. 很不喜欢　2. 较不喜欢　3. 无所谓　4. 较喜欢　5. 很喜欢

٠. لم أسمع عنها　إذا سمعت عنها، ١. لم تعجبني إلى حد كبير ٢. لم تعجبني نسبيا

٣. لا أبالي بها　٤. أعجبتني نسبيا　٥. أعجبتني كثيرا

V26-1. 您参加过几次中国与贵国之间的文化交流活动？【数值填空】

٢٦. كم مرة اشتركت في فعاليات التبادل الثقافي بين الصين وبلادك؟ اختر "٠" إذا لم تشترك فيها.

0-100 次（下拉菜单）

من ٠ إلى ١٠٠ (القائمة الشاملة)

V27. 在过去一年中，您在线上或线下观看过以中国文化为主题的展览吗？【数值填空】

٢٧. في عام ٢٠١٦، كم مرة زرت معارض موضوعها الثقافة الصينية سواء عبر الإنترنت أم في الواقع؟ (اختر "٠" إذا لم تزر.)

0-100 次（下拉菜单）

من ٠ إلى ١٠٠ (القائمة الشاملة)

V28. 在过去一年中，您在线下或线上看过几次来自中国的演出？【数值填空】

٢٨. في السنة المنصرمة، كم عرضا صينيا شاهدت سواء عبر الإنترنت أم في الواقع؟ (اختر "٠" إذا لم تشاهد.)

0-100 次（下拉菜单）

من ٠ إلى ١٠٠ (القائمة الشاملة)

V28-1. 若没看过，原因是什么？（可多选）（V28 选 0 者回答）【多选】

٢٨ـ١. إذا لم تشاهد، ما هو السبب؟ (تعدد الخيارات مقبول)

1. 没有获得演出信息　2. 没时间　3. 对中国不感兴趣　4. 对演出主题不感兴趣　5. 听说演出的内容不吸引人　6. 听说翻译的阿文质量差　7. 推介方式难以接受　8. 价格高　9. 以前看过，印象不好　77. 其他

١. لم تتوفر لي معلومات عنه　٢. ليس عندي وقت　٣. ليس عندي رغبة في الصين　٤ لم يعجبني موضوعه　٥. سمعت أن مضمونه غير جذاب　٦. سمعت أن الترجمة العربية مستواها منخفض　٧. أسلوب نشره وتقديمه غير مقبول　٨. سعر التذكرة غالٍ　٩. سبق لي أن شاهدته وانطباعي عنه ليس جيدا　٧٧. غير ما ذكر أعلاه

V29. 中国体育在国际赛场上表现出色吗？【单选】

٢٩. كيف ترى أداء المنتخبات الصينية الرياضية والرياضيين الصينيين في الملاعب الدولية

1. 非常差　2. 比较差　3. 一般　4. 较出色　5. 非常出色　88. 不知道

١. ضعيف جدا　٢. ضعيف نسبيا　٣. عادي　٤. رائع نسبيا　٥. رائع جدا　٨٨. لا أعرف

V30. 以下是中国的跨国企业，您知道它们吗？（可多选）【循环出示，多选】

٣٠. هل تعرف ما يلي من الشركات الصينية المتعددة الجنسيات؟

1. 海尔　2. 联想　3. 华为　4. 百度　5. 新浪　6. 中兴　7. 中国银行　8. 中国航天科技集团公司　9. 中国国际航空公司　10. 阿里巴巴（淘宝）　11. 腾讯（微信）　12. 中石化　13. 中国中车　14. 中国中铁股份有限公司　15. 万达文化产业集团　16. 中国移动　88. 以上都不知道

١. هاير   ٢. لينوفو   ٣. هواوي   ٤. بايدو   ٥. سينا   ٦. زد تي إي ٧. بنك الصين   ٨. شركة الصين للعلوم والتقنيات الجوفضائية   ٩. طيران الصين   ١٠. مجموعة علي بابا القابضة (تاوباو) ١١. تينسنت (وي شات)

١٢. شركة الصين للبتروكيماويات   ١٣. شركة خطوط السكك الحديدية الصينية (CRRC)

١٤. شركة السكك الحديدية المحدودة الصينية   ١٥. مجموعة واندا للصناعة الثقافية

١٦. شركة الصين للاتصالات المتنقلة   ٨٨. لا أعرف أياً مما ذكر أعلاه

V30-1. 您对中国企业的总体印象如何？【单选】

٣٠-١. ما انطباعك العامّ عن الشركات الصينية؟

1. 很不好   2. 不好   3. 不好不坏   4. 较好   5. 很好   88. 不知道

١. ليس جيداً إلى حد كبير   ٢. ليس جيداً   ٣. بين بين   ٤. جيد نسبيا ٥. جيد جدا   ٨٨. لا أعرف

V31. 您在日常生活中使用过中国制造的产品吗？【单选】

٣١. هل استعملت منتجات مصنوعة في الصين في حياتك اليومية؟

1. 从未使用   2. 很少使用   3. 有时使用   4. 经常使用   5. 天天使用

١. لم أستعملها قط   ٢. قليلا   ٣. في بعض الأحيان   ٤. كثيرا   ٥. كل يوم

V32. 您如何评价中国制造的产品？【循环出示，行单选】

٣٢. كيف تقيم المنتجات المصنوعة في الصين؟ (الأرقام من ١ إلى ٧ تشير إلى نسبة تقييمك بدءا من الصفة الأدنى إلى الصفة الأعلى)

1. 质量差   1 2 3 4 5 6 7   质量好

١. رديئة الجودة   ١   ٢   ٣   ٤   ٥   ٦   ٧   فائقة الجودة

2. 没有创新   1 2 3 4 5 6 7   有创新

٢. غير مبتكرة   ١   ٢   ٣   ٤   ٥   ٦   ٧   مبتكرة

3. 浪费资源   1 2 3 4 5 6 7   节省资源

٣. تبدد الموارد   ١   ٢   ٣   ٤   ٥   ٦   ٧   توفّر الموارد

4. 价格高   1 2 3 4 5 6 7   价格便宜

٤. غالية الثمن   ١   ٢   ٣   ٤   ٥   ٦   ٧   رخيصة الثمن

5. 没有吸引力   1 2 3 4 5 6 7   有吸引力

٥. غير جذابة   ١   ٢   ٣   ٤   ٥   ٦   ٧   جذابة

6. 售后服务差   1 2 3 4 5 6 7   售后服务好

٦. خدمة ما بعد البيع سيئة   ١   ٢   ٣   ٤   ٥   ٦   ٧   خدمة ما بعد البيع جيدة

7. 声誉差   1 2 3 4 5 6 7   享有盛誉

٧. تتمتع بسمعة سيئة   ١   ٢   ٣   ٤   ٥   ٦   ٧   تتمتع بسمعة جيدة

8. 没有中国风格　　1 2 3 4 5 6 7　　具有中国风格

٨. لا تتمتع بسمات صينية　　٧　٦　٥　٤　٣　٢　١　　تتمتع بسمات صينية

9. 您在意中国产品具有中国风格吗？

根本不在意　　1 2 3 4 5 6 7　　非常在意

٩. هل يهمّك أن تتمتع المنتجات الصينية بسمات صينية؟ لا يهمني على الإطلاق　١　٢　٣　٤　٥　٦　٧
يهمني كثيرا

V33. 您在过去的一年看过几次中国产品广告？喜欢吗？【数值填空，单选】

٣٣. كم مرة شاهدت إعلاناً عن المنتجات الصينية في السنة المنصرمة؟ هل أعجبك؟

0—100 次（下拉菜单）

من ٠ إلى ١٠٠ (القائمة الشاملة)

1. 很不喜欢　2. 较不喜欢　3. 中立　4. 较喜欢　5. 很喜欢

١. لم يعجبني إلى حد كبير　٢. لم يعجبني نسبيا　٣. محايد　٤. أعجبني نسبيا　٥. أعجبني كثيرا

媒体

V34. 您主要是通过哪种渠道了解中国信息的？（可多选）【循环出示，多选】

٣٤. ما الطرق الرئيسية التي تتلقى عبرها أخبارا عن الصين؟ (تعدد الخيارات مقبول)

1. 本国线下报纸　2. 本国线上报纸　3. 本国线下电视　4. 本国线上电视　5. 本国线下电影　6. 本国线上电影　7. 本国广播　8. 中国线下报纸 9. 中国线上报纸　10. 中国线下电视　11. 中国线上电视　12. 中国线下电影　13. 中国线上电影　14. 中国广播　15. 其他国家的媒体　16. 国内的朋友（本国人）　17. 在本国的中国人　18. 去过中国　19. 中国商品　20. 中国在当地举办的活动　21. 中餐馆　22. 孔子学院　23. 手机其他 App 客户端　24. 推特　25. 脸书　26. 微信　27. 快照（Snapchat）　28. 优兔（YouTube）　77. 其他

١. جرائد ورقية في بلادي　٢. جرائد إلكترونية في بلادي　٣. قنوات تليفزيونية تبث في بلادي　٤. قنوات تليفزيونية على الإنترنت في بلادي　٥. أفلام سينمائية في بلادي　٦. أفلام على الإنترنت في بلادي　٧. إذاعات في بلادي　٨. جرائد ورقية صينية　٩. جرائد إلكترونية صينية　١٠. قنوات تليفزيونية تبث من الصين　١١. قنوات تليفزيونية صينية على الإنترنت　١٢. أفلام سينمائية من الصين　١٣. أفلام صينية على الإنترنت　١٤. إذاعات صينية　١٥. وسائل إعلام لدول أخرى　١٦. أصدقائي من بلادي　١٧. صينيون يقيمون في بلادي　١٨. سفري إلى الصين　١٩. منتجات صينية　٢٠. فعاليات أقامتها الصين في بلادي　٢١. مطاعم صينية　٢٢. معاهد كونفوشيوس　٢٣. تطبيقات محمولة　٢٤. تويتر　٢٥. فيس بوك　٢٦. وي شات　٢٧. سناب شات　٢٨. يوتيوب　٧٧. غير ما ذكر أعلاه

V35. 您所看到的本国媒体传播的中国信息是正面的还是负面的？【单选】

٣٥. ما تبثه وسائل الإعلام في بلادك من الأخبار عن الصين إيجابي أم سلبي؟

    1. 非常负面   2. 负面   3. 中立   4. 正面   5. 非常正面

١. سلبي جدا ٢. سلبي ٣. محايد ٤. إيجابي ٥. إيجابي جدا

V36.   在过去一年中，您使用过多少次下列中国的传统媒介？【数值填空】喜欢这些媒介上的内容吗？【单选】

٣٦. كم مرة استخدمت ما يلي من وسائل الإعلام التقليدية الصينية في السنة المنصرمة؟ هل أعجبك مضمونه؟

	下拉菜单 （0-100） القائمة الشاملة （٠ - ١٠٠）	1. 很不 喜欢 ١. لم يعجبني إلى حد كبير	2. 较不 喜欢 ٢. لم يعجبني نسبيا	3. 中立 ٣. محايد	4. 较 喜欢 ٤. أعجبني نسبيا	5. 很 喜欢 ٥. أعجبني كثيرا
1. 中国出版的图书 ١. كتب نشرت في الصين	_本 — من الكتب	1	2	3	4	5
2. 中国生产的电影 ٢. أفلام صورت في الصين	_部 — من الأفلام	1	2	3	4	5
3. 中国的电视台的外语节目 ٣. برامج بلغات أجنبية بثتها قنوات تلفزيون صينية	_次 — من المرات	1	2	3	4	5
4. 中国的电视台的中文节目 ٤. برامج باللغة الصينية بثتها قنوات تلفزيون صينية	_次 — من المرات	1	2	3	4	5
5. 中国国际广播电台的节目 ٥. برامج أذاعتها إذاعة الصين الدولية	_次 — من المرات	1	2	3	4	5

V37. 2016 年中，下列中文网站您接触过多少次？若没有请填 0。【数值填空】

٣٧. كم مرة زرت المواقع التالية باللغة الصينية في عام ٢٠١٦؟ اختر "٠" إذا لم تزر.

1. 百度 Bai**百**度 http：//www.baidu.com/	١. بايدو	0-100 次（下拉菜单） ١٠٠-٠ مرة （القائمة الشاملة）
2. 新浪 sina 新浪网 sina.com.cn	٢. سينا	0-100 次（下拉菜单） ١٠٠-٠ مرة （القائمة الشاملة）

V38. 在过去一年中，您接触过哪些下列网站？【*循环出示，数值填空*】

٣٨. هل تصفحت ما يلي من المواقع في السنة المنصرمة؟

1. 中国网 中国网 http：//arabic.china.org.cn	١. شبكة الصين	0—100 次（下拉菜单），下同
2. 新华网 新华网 NEWS http：//arabic.news.cn/	٢. شبكة وكالة أنباء شينخوا	
3. 人民网 人民网 arabic.people.cn http：//arabic.people.com.cn	٣. شبكة صحيفة الشعب اليومية	
4. 中国文化产业网 中国文化产业网 www.cnci.gov.cn http：//www.cnci.gov.cn	٤. شبكة صناعة الثقافة الصينية	
5. 中国文化网 CHINACULTURE.ORG 中国文化网 http：//www.chinaculture.org	٥. شبكة الثقافة الصينية	
6. 中国日报网 CHINADAILY.com.cn www.chinadaily.com.cn	٦. شبكة الصين يوميا	

续表

7. CCTV http：//arabic.cctv.com	٧. تلفزيون الصين المركزي
8. 网络孔子学院 http：//www.chinese.cn/	٨. معهد كونفوشيوس على الإنترنت
9. 中国国际广播电台 http：//arabic.cri.cn	٩. إذاعة الصين الدولية

V39. 您是否在脸书或推特上关注过以下媒体的账号？（可多选）【循环出示，行单选】

٣٩. هل تابعت ما يلي من وسائل الإعلام في تويتر أو فيس بوك؟ (تعدد الخيارات مقبول)

	脸书 فيس بوك		推特 تويتر	
	1. 没有 ١. لم أتابع	2. 关注过 ٢. تابعت	1. 没有 ١. لم أتابع	2. 关注过 ٢. تابعت
1. 中央电视台 ١. تلفزيون الصين المركزي				
2.《人民日报》 ٢. صحيفة الشعب اليومية				
3. 新华社 ٣. وكالة أنباء شينخوا				
4. 中国网　China.org.cn ٤. شبكة الصين				
5.《中国日报》 ٥. شبكة الصين يوميا				
6.《环球时报》 ٦. جلوبال تايمز				
7. 国际广播电台 CRI ٧. إذاعة الصين الدولية				

V40. 您对下面各类大众传媒的信任程度如何?【循环出示,行单选】

٤٠. ما قدر ثقتك بما يلي من أنواع الوسائل الاجتماعية؟

内容 النوع	很不信任 لا أثق به إلى حد كبير	不太信任 لا أثق به نسبيا	信任 أثق به	很信任 أثق به كثيرا	不知道 لا أعرف
1. 新闻出版业 ١. صناعة الإعلام والنشر	1	2	3	4	88
2. 电视台 ٢. محطات التلفزيون	1	2	3	4	88
3. 网络新媒体 ٣. وسائل الإعلام الجديدة على الإنترنت	1	2	3	4	88
4. 政府媒体 ٤. وسائل الإعلام الحكومية	1	2	3	4	88
5. 公共媒体 ٥. وسائل الإعلام العامة	1	2	3	4	88
6. 商业媒体 ٦. وسائل الإعلام التجارية	1	2	3	4	88

V41. 您对下面这些中国大众传媒的信任程度如何?【循环出示,行单选】

٤١. ما قدر ثقتك بما يلي من أنواع الوسائل الاجتماعية في الصين؟

内容 النوع	很不信任 لا أثق به إلى حد كبير	不太信任 لا أثق به نسبيا	信任 أثق به	很信任 أثق به كثيرا	不知道 لا أعرف
1. 新闻出版业 ١. صناعة الإعلام والنشر	1	2	3	4	88
2. 电视台 ٢. محطات التلفزيون	1	2	3	4	88
3. 网络新媒体 ٣. وسائل الإعلام الجديدة على الإنترنت	1	2	3	4	88

续表

内容 النوع	很不信任 لا أثق به إلى حد كبير	不太信任 لا أثق به نسبيا	信任 أثق به	很信任 أثق به كثيرا	不知道 لا أعرف
4. 政府媒体 ٤. وسائل الإعلام الحكومية	1	2	3	4	88
5. 公共媒体 ٥. وسائل الإعلام العامة	1	2	3	4	88
6. 商业媒体 ٦. وسائل الإعلام التجارية	1	2	3	4	88

经济

V42. 1978 年中国的 GDP 在世界各国中排名第 15 位，2015 年排名第几位？
【单选】

٤٢. احتل إجمالي الإنتاج الوطني للصين المرتبة الـ١٥ من بين دول العالم في ١٩٧٨، فما هي المرتبة التي احتلتها في ٢٠١٥؟

1. 第 15 位或更后　2. 第 11~14 位　3. 第 7~10 位　4. 第 3~6 位

5. 第 1~2 位　88. 不知道

١. الـ١٥ أو ما بعدها　٢. بين الـ١١ والـ١٤　٣. بين السابعة والعاشرة　٤. بين الثالثة والسادسة
٥. الأولى أو الثانية　٨٨. لا أعرف

V42-1. 您认为近 30 年来中国所走的经济发展道路如何？【单选】

٤٢.١. كيف تنظر إلى مسيرة تطور اقتصاد الصين خلال العقود الثلاثة الأخيرة؟

1. 非常不好　2. 较不好　3. 中立　4. 较好　5. 非常好　88. 不知道

١. سيئة جدا　٢. سيئة نسبيا　٣. محايدة　٤. جيدة نسبيا　٥. جيدة جدا　٨٨. لا أعرف

V42-2. 您觉得中国经济发展前景乐观吗？【单选】

٤٢.٢. كيف ترى مستقبل تطور اقتصاد الصين؟

1. 非常不乐观　2. 不乐观　3. 中立　4. 乐观　5. 非常乐观　88. 不
知道

١. ليس متفائلا إلى حد كبير　٢. ليس متفائلا　٣. محايد　٤. متفائل　٥. متفائل جدا
٨٨. لا أعرف

V42-3. 您觉得中国近年来经济快速发展的原因是什么？（可多选）【多选】

٤٢.٣. في رأيك، ما هي أسباب التطور السريع لاقتصاد الصين في السنوات الأخيرة؟ (تعدد الخيارات مقبول)

1. 政治制度优越　2. 改革解放了市场经济活力　3. 积极融入经济全球化　4. 中国人的勤奋努力　77. 其他

١. تفوق نظامها السياسي　٢. الإصلاح الذي فعّل نشاط اقتصاد السوق　٣. مشاركتها النشطة في العولمة الاقتصادية
٤. اجتهاد الصينيين　٧٧. غير ما ذكر أعلاه

整体形象

V43. 下面有一些关于中国的说法，请用 0-10 的数字表明你对这些说法的认同程度。【循环出示，行单选】

٤٧. اختر عددا من بين ٠ و ١٠ يشير إلى قدر موافقتك على ما يلي من المقولات التقييمية.

评价内容 مضمون التقييم	0=0, 1=10%, 2=20%, 3=30%, 4=40%, 5=50%, 6=60%, 7=70%, 8=80%, 9=90%, 10=100% ٠=٠٪، ١=١٠٪، ٢=٢٠٪، ٣=٣٠٪، ٤=٤٠٪، ٥=٥٠٪، ٦=٦٠٪، ٧=٧٠٪، ٨=٨٠٪، ٩=٩٠٪، ١٠=١٠٠٪
1. 中国可靠可信 ١. الصين مأمونة وموثوق بها	0 1 2 3 4 5 6 7 8 9 10 ١٠ ٩ ٨ ٧ ٦ ٥ ٤ ٣ ٢ ١ ٠
2. 中国令人愉悦 ٢. الصين مُرضِية للآخرين	0 1 2 3 4 5 6 7 8 9 10
3. 中国有领导力 ٣. الصين تملك القُدرة القيادية	0 1 2 3 4 5 6 7 8 9 10
4. 中国充满活力 ٤. الصين تتمتع بالنشاط والحيوية	0 1 2 3 4 5 6 7 8 9 10
5. 中国颇具魅力 ٥. الصين جذابة	0 1 2 3 4 5 6 7 8 9 10
6. 中国坚定不移 ٦. الصين ثابتة وحازمة	0 1 2 3 4 5 6 7 8 9 10
7. 中国不断发展 ٧. الصين متطورة باستمرار	0 1 2 3 4 5 6 7 8 9 10
8. 中国有创新力 ٨. الصين تملك القدرات الإبداعية	0 1 2 3 4 5 6 7 8 9 10

V44. 除了您的国家外，您最喜欢以下哪个国家？（只选一项）

٤٨. أي دولة من الدول التالية أحب إليك، إضافة إلى دولتك؟ (اختر خيارا واحدا)

1. 阿根廷　2. 澳大利亚　3. 巴西　4. 加拿大　5. 中国　6. 法国　7. 德国　8. 印度　9. 印度尼西亚　10. 意大利　11. 日本　12. 墨西哥　13. 俄罗斯　14. 南非　15. 韩国　16. 土耳其　17. 英国　18. 美国

١. الأرجنتين ٢. أستراليا ٣. البرازيل ٤. كندا ٥. الصين ٦. فرنسا ٧. ألمانيا ٨. الهند ٩. إندونيسيا ١٠. إيطاليا

١١. اليابان ١٢. المكسيك ١٣. روسيا ١٤. جنوب أفريقيا ١٥. كوريا الجنوبية ١٦. تركيا ١٧. المملكة المتحدة

١٨. الولايات المتحدة

V44-1. 您最喜欢该国的原因是什么？（可多选）【多选】

٤٨. لماذا تحب هذه الدولة أكثر ؟ (تعدد الخيارات مقبول)

1. 社会稳定　2. 环境优美　3. 灿烂文化　4. 政治制度优越　5. 经济发达　6. 外交和平　7. 公民素质高　8. 科技发达　9. 巩固的国防　77. 其他

١. استقرار المجتمع ٢. جمال البيئة ٣. ازدهار الثقافة ٤. تفوق النظام السياسي ٥. تقدم الاقتصاد

٦. الدبلوماسية السلمية ٧. علوّ كفاءة المواطنين ٨. تقدم العلوم والتكنولوجيا ٩. متانة الدفاع الوطني

٧٧. غير ما ذكر أعلاه

V45. 在以下 7 种选择中，选择您最愿意的一项：【单选】

٤٩. اختر واحداً من الخيارات السبعة تريده أكثر.

1. 与中国没有任何来往

١. عدم التواصل مع الصين

2. 与中国做生意

٢. التبادل التجاري مع الصين

3. 到中国旅游

٣. السياحة في الصين

4. 短期到中国工作

٤. العمل في الصين لمدة قصيرة

5. 较长时间到中国工作

٥. العمل في الصين لمدة طويلة

6. 获得永久居住中国许可证（中国绿卡）

٦. الحصول على الإقامة الدائمة في الصين (البطاقة الخضراء الصينية)

7. 移民中国

٧. الهجرة إلى الصين

整体文化形象

V46. 总体来说，您如何评价中华文化？【循环出示，行单选】

٥٠. **كيف تقدر الثقافة الصينية بشكل عام؟** (الأرقام من ١ إلى ٧ تشير إلى نسبة تقييمك بدءا من الصفة الأدنى إلى الصفة الأعلى)

1. 没有吸引力　　1　2　3　4　5　6　7　　有吸引力

١. غير جذابة ١ ٢ ٣ ٤ ٥ ٦ ٧ جذابة

2. 排外的　　1　2　3　4　5　6　7　　包容的

٢. معادية لكل ما هو أجنبي ١ ٢ ٣ ٤ ٥ ٦ ٧ متسامحة متساهلة

3. 衰落的　　1　2　3　4　5　6　7　　有活力的

٣. متردية ١ ٢ ٣ ٤ ٥ ٦ ٧ نشطة

4. 平淡无奇的　　1　2　3　4　5　6　7　　灿烂的

٤. متواضعة ١ ٢ ٣ ٤ ٥ ٦ ٧ باهرة

5. 单一的　　1　2　3　4　5　6　7　　多元的

٥. أحادية ١ ٢ ٣ ٤ ٥ ٦ ٧ تعددية

6. 侵略性　　1　2　3　4　5　6　7　　爱好和平

٦. تميل إلى الاعتداء ١ ٢ ٣ ٤ ٥ ٦ ٧ تحب السلام

7. 无价值的　　1　2　3　4　5　6　7　　有价值的

٧. لا قيمة لها ١ ٢ ٣ ٤ ٥ ٦ ٧ قيّمة

8. 守旧的　　1　2　3　4　5　6　7　　创新的

٨. محافظة على التقاليد ١ ٢ ٣ ٤ ٥ ٦ ٧ مبتكرة

9. 不和谐的　　1　2　3　4　5　6　7　　和谐的

٩. غير منسجمة ١ ٢ ٣ ٤ ٥ ٦ ٧ منسجمة

V47. 在以下各国文化中，您喜欢哪些国家的文化？（最多选5个）【多选，限选五项】

٥١. **ما هي الثقافات الأحب إليك من ثقافات الدول التالية؟** (خياراتك لا تتعدى ٥)

1. 巴西　2. 中国　3. 德国　4. 法国　5. 印度　6. 日本　7. 俄罗斯
8. 沙特　9. 南非　10. 英国　11. 美国　12. 墨西哥　77. 其他

١. البرازيل ٢. الصين ٣. ألمانيا ٤. فرنسا ٥. الهند ٦. اليابان ٧. روسيا ٨. السعودية ٩. جنوب أفريقيا ١٠. المملكة المتحدة ١١. الولايات المتحدة ١٢. المكسيك ٧٧. أخرى

非配比项自变量

V48. 您的受教育程度是什么？

٥٣. ما مستواك التعليمي؟

   1. 小学　2. 初中　3. 高中　4. 高等教育

١. ابتدائي　٢. متوسط　٣. ثانوي　٤. عالٍ

V49. 您的职业是什么？

٥٤. ما تصنيف مهنتك؟

1. 立法人员、领导人和管理人员　2. 专家或行业带头人　3. 专业技术人员
4. 办公室职员　5. 服务业、店铺与市场工作人员　6. 农渔业技术工人　7.
其他行业技术工人　8. 军警　9. 宗教人士　10. 学生　11. 无职业或自由
职业

١. رجال التشريع وكبار المسؤولين والمديرين ٢. الأخصائيون - أصحاب المهن العلمية ٣. الفنيون ومساعدو الأخصائيين

٤. الكتّاب ٥. العاملون في الخدمات والمحلات والأسواق ٦. العمال المهرة في الزراعة والصيد ٧. الحرفيون ومن إليهم

٨. الشرطة و القوات المسلحة ٩. رجال الدين ١٠. الطلبة ١١. العاطلون أو أصحاب الأعمال الحرة

问卷到此结束，谢谢。

انتهى الاستطلاع، وشكراً على المشاركة.

附录2　诸因素与中华文化、中国形象、中沙关系的相关系数比较

影响因素				与中华文化相关系数		与中国形象相关系数		与中沙关系相关系数
一级指标	二级指标	三级指标	测量点	有吸引力	综合	颇具魅力	综合	
一、文化的物化形式	1. 文化符号	(1) 建筑类	长城	.079**	.058	.120**	.061	-.004
			布达拉宫	.254**	.134	.041	.064	.073
		(2) 神兽与动物类	龙	.030	.024	.079**	.044	.010
			大熊猫	.167**	.077	.067*	.051	.069*
		(3) 生活类	烹饪	.255**	.103	.063*	.056	.122**
			茶	.117**	.075	.055	.061	.029
			春节	.081*	.066	.249**	.101	.092*
			中国丝绸	.064*	.057	.074*	.088	.068
			旗袍/唐装	.249**	.087	.097*	.081	.089*
		(4) 体育类	功夫或太极拳	.199**	.081	.102**	.075	.080*
		(5) 艺术类	书法	.196**	.091	.075*	.068	.028
			瓷器	.116**	.089	.150**	.095	.052
			京剧	.001	.038	.032	.060	-.002
			中国画	.300**	.144	.071*	.098	.146**
			中国园林	.098**	.068	.113**	.052	.078*
			兵马俑	.223**	.119	.108**	.080	.022
			中国民乐	.097**	.073	.062*	.070	.034
		(6) 哲学思想类	儒家思想	.191**	.093	.072	.040	.104*
			道教	.182**	.084	.012	.031	.107*
			太极阴阳图	.044	.048	.063	.056	.045

影响因素				与中华文化相关系数		与中国形象相关系数		与中沙关系相关系数
一级指标	二级指标	三级指标	测量点	有吸引力	综合	颇具魅力	综合	
一、文化的物化形式	1. 文化符号	（7）教育类	北京大学	.148 **	.085	.147 **	.085	.099 *
			清华大学	.120 **	.092	.134 **	.095	.088
		（8）语言文学类	汉字/汉语	.061 *	.062	.042	.053	.016
			诗词	.215 **	.070	.023	.035	.055
		（9）科技类	中华医药	.273 **	.098	.102 **	.084	.019
			中国高铁	.077 *	.063	.099 **	.075	.074 *
		（10）农耕文明类	红河哈尼梯田	.048	.071	.076 *	.066	.080
		（11）游戏	中国围棋	.076 *	.056	.054	.052	.044
	2. 文化产品与服务	（12）中国艺术商品	对时尚设计产品感兴趣	.035	.056	.094 **	.082	.060
			对书法作品感兴趣	.132 **	.067	.061 *	.042	.054
			对绘画作品感兴趣	.205 **	.091	.076 **	.044	.060
			对手工艺品感兴趣	.054	.052	.063 *	.065	.062
			中国字画购买数	.134 **	.050	.024	.009	.014
			工艺品购买数	.155 **	.057	.063 *	.039	.083 *
		（13）中国娱乐商品	对中国电子游戏感兴趣	.040	.044	.062 *	.045	.022
			对中国音乐感兴趣	.013	.039	.001	.038	.009
			中国音乐制品购买数	.138 **	.039	-.016	.011	.050
		（14）中国书刊商品	对中国图书感兴趣	.071 *	.054	.025	.036	.014
			中国图书购买数	.080 **	.033	.016	.009	.061
		（15）中国影视商品	对中国电影感兴趣	.044	.040	.076 **	.047	.002
			对中国纪录片感兴趣	.178 **	.079	.063 *	.041	.107 **
			对中国动漫感兴趣	.146 **	.072	.078 **	.046	.066 *
			对中国电视剧感兴趣	.033	.013	.032	.023	-.014
			电影音像制品购买数	.149 **	.056	.036	.033	.066
			动漫游戏产品购买数	.143 **	.042	.047	.030	.052
			电视剧音像制品购买数	.105 **	.032	.030	.015	.061

续表

影响因素				与中华文化相关系数		与中国形象相关系数		与中沙关系相关系数
一级指标	二级指标	三级指标	测量点	有吸引力	综合	颇具魅力	综合	
一、文化的物化形式	2. 文化产品与服务	(16) 中国玩具	原创玩具购买数	.139**	.068	-.006	.024	.057
		(17) 中国文化服务	对文化展览感兴趣	.065*	.051	.067*	.059	.044
			对文化演出感兴趣	.182**	.091	.093**	.054	.123**
			对文化旅游感兴趣	.047	.044	.070**	.053	.018
			对中华医药感兴趣	.243**	.120	.108**	.077	.041
			对中华烹饪感兴趣	.154**	.077	.027	.013	.032
			对功夫或太极拳感兴趣	.170**	.066	.064*	.031	.071*
			对广告感兴趣	.052	.050	.031	.035	-.009
		(18) 中国文化品牌	北京同仁堂	.046	.073	.113*	.090	.094
			中阿博览会	.089*	.078	.142**	.111	.114*
			北京故宫博物院	.044	.107	.061	.093	.061
			北京全聚德烤鸭	.093*	.094	.053	.086	.074
			华为手机	.039	.064	.126**	.098	.015
			景德镇瓷器	.019	.065	.111**	.084	.051
			淘宝	.113*	.073	.117*	.105	.081
二、文化精神内核	3. 价值观	(19) 中华核心价值观	仁	.111**	.091	.139**	.096	.038
			恕	.119**	.085	.122**	.102	.059
			孝	.283**	.116	.080**	.097	.092**
			礼	.095**	.073	.132**	.109	.072*
			义	.258**	.104	.076**	.104	.083*
			和而不同	.058*	.057	.107**	.100	.027
			天人合一	.130**	.082	.080**	.081	.050
			共同富裕	.117**	.056	.079**	.076	.047
			和谐世界	.078**	.070**	.130**	.101	.048
			集体主义	.076**	.077	.073**	.084	.041
			以民为本	.076**	.074	.106**	.103	.083**

续表

影响因素				与中华文化相关系数		与中国形象相关系数		与中沙关系相关系数
一级指标	二级指标	三级指标	测量点	有吸引力	综合	颇具魅力	综合	
二、文化精神内核	3. 价值观	(20) 中国社会主义核心价值观	富强	.122**	.106	.123**	.119	.054
			民主	.064*	.085	.088**	.092	-.005
			文明	.093**	.094	.084**	.103	.055
			和谐	.085**	.085	.122**	.109	.023
			自由	.073**	.091	.110**	.117	.002
			平等	.077**	.092	.123**	.092	.050
			公正	.144**	.077	.075**	.104	.094**
			法治	.106**	.083	.050	.077	.031
			爱国	.115**	.083	.101**	.093	.133**
			敬业	.150**	.085	.134**	.100	.041
			诚信	.080**	.068	.083**	.098	.000
			友善	.068*	.076	.103**	.103	.040
		(21) 中国梦	民族振兴	.106**	.079	.124**	.099	.066*
			人民幸福	.077**	.074	.099**	.089	.017
	4. 思维方式	(22) 辩证思维	定义问法	.073**	.059	.056*	.063	.011
		(23) 综合思维	定义问法	.056*	.079	.070**	.077	.026
三、文化传播渠道	5. 中国人		名人					
		(24) 当今明星	成龙	.111**	.087	.105**	.085	.106**
			章子怡	.085*	.075	.093*	.087	.149**
			姚明	.052	.082	.034	.085	.033
			郎平	.131**	.155	.097*	.100	.075
			周杰伦	.373**	.143	.113*	.088	.115*
		(25) 当今文学艺术家	莫言	.113*	.094	.167**	.118	.069
			郎朗	.175**	.140	.072	.102	-.034
			梅兰芳	.053	.078	.102*	.093	.087

续表

影响因素				与中华文化相关系数		与中国形象相关系数		与中沙关系相关系数
一级指标	二级指标	三级指标	测量点	有吸引力	综合	颇具魅力	综合	
三、文化传播渠道	5. 中国人	(26) 古代文学家	李白	.115*	.082	.069	.079	.083
			曹雪芹	.014	.062	.134**	.136	.112*
		(27) 当今科学家	屠呦呦	.120*	.121	.124**	.113	.081
		(28) 当今航天员	景海鹏	.142**	.128	.188**	.141	.087
		(29) 古代医学家	张仲景	.133**	.108	.067	.110	.117*
		(30) 古代哲学家	孔子	.132**	.070	.093*	.129	.052
			老子	.137**	.123	.125**	.112	.116*
		(31) 古代航海家	郑和	.155**	.116	.212**	.163	.049
		(32) 当代政治家	毛泽东	.068	.096	.128**	.121	.047
			邓小平	.115*	.098	.113**	.131	.071
			孙中山	.061	.091	.091*	.123	.119*
		(33) 当今企业家	马云	.063	.099	.118**	.103	.067
			普通民众					
		(34) 对中国人持中华传统价值观的看法	仁	.130**	.112	.101**	.107	.052
			恕	.109**	.087	.089**	.097	.055
			孝	.100**	.124	.108**	.103	.013
			礼	.083**	.092	.136**	.113	.023
			义	.364**	.148	.090**	.111	.143**
			和而不同	.122**	.106	.142**	.112	.099**
			天人合一	.082**	.085	.109**	.095	.068*
			共同富裕	.112**	.093	.116**	.103	.065*
			和谐世界	.069*	.105	.121**	.113	.034
			以民为本	.060	.087	.086**	.119	.019
			集体主义	.091**	.089	.129**	.111	.021
		(35) 对中国人思维方式的看法	辩证思维定义问法	.094**	.071	.091**	.102	.039
			综合思维定义问法	.073**	.093	.131**	.104	.041

影响因素				与中华文化相关系数		与中国形象相关系数		与中沙关系相关系数
一级指标	二级指标	三级指标	测量点	有吸引力	综合	颇具魅力	综合	
三、文化传播渠道	5. 中国人	(36) 对中国人的亲近感	博加德斯量表	-.057*	-.042	-.039	-.043	.006
		(37) 与中国人的接触	中国朋友个数	.136**	.052	.035	.034	.098**
			来过中国次数	.118**	.055	.014	.018	.047
		(38) 对中国人的整体印象	创造性	.041	.075	.098**	.079	.054
			平等性	.058*	.076	.099**	.083	.042
			诚信性	.083**	.089	.061*	.073	.025
			教养性	.337**	.144	.081**	.077	.039
			勤劳性	.388**	.156	.081**	.083	.075*
			幸福性	.118**	.095	.029	.061	.017
			和平性	.084**	.101	.091**	.077	.034
			谦逊性	.084**	.081	.128**	.088	-.016
			自信性	.335**	.155	.106**	.084	.102**
			义勇性	.034	.051	.051	.050	.113**
			和善性	.346**	.146	.052*	.068	.047
			身体强健性	.036	.070	.043	.059	.000
			对中国游客印象	.084*	.078	.099**	.093	-.001
	6. 文化团体/企业	(39) 文化团体	喜欢"欢乐春节"	.377**	.152	.043	.083	.130**
			喜欢文化交流活动	.083	.060	.063	.053	.090
			参加文化交流活动次数	-.026	-.002	-.001	-.001	.041
			观看文化演出次数	.188**	.052	.026	.027	.017
			参观文化展览次数	.014	.022	.041	.017	.010
		(40) 教育团体	孔子学院	.131**	.088	.126**	.097	.107*
		(41) 体育团体	中国体育国际赛事表现	.093**	.067	.057	.064	.075*

续表

影响因素				与中华文化相关系数		与中国形象相关系数		与中沙关系相关系数
一级指标	二级指标	三级指标	测量点	有吸引力	综合	颇具魅力	综合	
三、文化传播渠道	6. 文化团体/企业	（42）中国企业及产品	对中国企业的评价	.032	.066	.107 **	.092	.046
			使用中国制造的产品	.023	.028	.064 *	.047	.072
			产品评价　质量好坏	.041	.061	.037	.042	.038
			有无创新	.364 **	.167	.070 **	.088	.053
			善用资源	.102 **	.100	.095 **	.087	.042
			价格高低	.121 **	.103	.060 *	.073	.021
			吸引力大小	.133 **	.107	.076 **	.080	.072 *
			售后服务优劣	.069 *	.089	.074 **	.071	-.012
			声誉高低	.276 **	.136	.048	.058	.045
			中国风格	.087 **	.102	.074 **	.074	.064 *
			看中国产品广告次数	.026	.032	.030	.056	.014
			对中国产品广告态度	.202 **	.118	.164 **	.093	.048
	7. 大众传媒	（43）沙特媒体	报道中国信息倾向	.049	.076	.101 **	.087	.135 **
		（44）对中国传统大众传媒的接触与态度	图书接触次数	.005	.032	.020	.017	.026
			电影接触次数	.069 *	.064	.058 *	.058	.033
			央视阿语节目接触次数	.144 **	.059	-.004	.005	.023
			央视中文节目接触次数	.039	.012	-.003	.007	-.023
			国际广播电台节目接触次数	.049	.034	-.017	.009	.052
			对央视的认知与态度	.305 **	.120	.065 *	.063	.058
			对图书的态度	.231 **	.134	.207 **	.084	.053
			对电影的态度	.055	.112	.131 **	.105	-.019
			对央视阿拉伯语节目的态度	.080	.103	-.001	.046	.097
			对央视中文节目的态度	.205 **	.124	.102	.115	.130
			对中国国际广播电台节目态度	.097	.033	.050	.063	.221 *

续表

影响因素				与中华文化相关系数		与中国形象相关系数		与中沙关系相关系数
一级指标	二级指标	三级指标	测量点	有吸引力	综合	颇具魅力	综合	
三、文化传播渠道	7. 大众传媒	（45）中国传统媒体网络版和网络新媒体浏览次数	人民网	-.040	.000	.042	.007	.037
			新华网	.161**	.048	.028	.008	.020
			中国网	.038	.037	-.008	.025	.040
			中国日报网	.139**	.028	.001	-.018	-.013
			央视网	.039	.030	.052	.039	.080*
			中国国际广播电台	.179**	.070	.032	.006	.047
			网络孔子学院	.051	.032	.030	.043	.035
			中国文化产业网	.149**	.039	.002	.006	.037
			中国文化网	.152**	.054	.035	.008	.029
			百度	.131**	.033	-.014	-.004	.068
			新浪	.136**	.046	.046	-.000	.062
		（46）对中国媒介的信任度	新闻出版业	.225**	.097	.065*	.064	.058
			电视台	.094**	.063	.036	.044	.051
			网络新媒体	.060	.060	.076*	.067	-.023
			政府媒体	.229**	.095	.078*	.069	.136**
			公共媒体	.084*	.072	.080*	.079	.030
			商业媒体	.066*	.066	.113**	.067	.026
四、中国非文化领域发展状况	8. 经济与科技	（47）经济影响力	中国GDP世界排名	.073	.065	.093*	.088	.070
			中国经济发展道路	.145**	.090	.087**	.099	.117**
			中国经济发展前景	.302**	.121	.128**	.123	.220**
		（48）科技影响力	中国科技发展世界排名	.069*	.045	.022	.045	.098**
	9. 社会制度与政治制度	（49）政治影响力	对中国政治制度的评价	.087*	.112	.113**	.108	.123**

续表

影响因素				与中华文化相关系数		与中国形象相关系数		与中沙关系相关系数
一级指标	二级指标	三级指标	测量点	有吸引力	综合	颇具魅力	综合	
四、中国发展状况	10. 外交与军力建设	（50）中国外交影响力	中国外交对世界和平发展的影响	.038	.052	.040	.052	.055
			对构建人类命运共同体的态度	.040	.030	.006	.019	.058
			对"一带一路"的态度	.222 **	.119	.062	.093	.191 **
		（51）两国关系	对中沙关系的判断	.098 **	.072	.071 *	.071	—
			中国发展对沙特利弊	.052	.076	.095 **	.078	.104 **
		（52）军事影响力	中国军力建设对世界和平的作用	.046	.082	.046	.050	.069
五、中华文化整体形象	11. 中华文化整体形象	（53）对中华文化的总体评价	有吸引力			.128 **	.133	.098 **
			包容的			.146 **	.139	.127 **
			有活力的			.190 **	.149	.029
			灿烂的			.171 **	.159	.071 *
			多元的			.118 **	.121	.133 **
			爱好和平			.117 **	.115	.049
			有价值的			.164 **	.156	.049
			创新的			.118 **	.113	.025
			和谐的			.185 **	.153	.068 *
		（54）全球排名	在 12 种文化中排名	—	—	—	—	—
六、中国国家整体形象	12. 中国整体形象	（55）对中国的整体评价	可靠可信	.110 **	.126			.023
			令人愉悦	.119 **	.114			.078 *
			有领导力	.103 **	.119			.071 *
			充满活力	.157 **	.150			.094 **
			颇具魅力	.128 **	.149			.071 *
			坚定不移	.139 **	.143			.074 *
			不断发展	.175 **	.152			.087 **
			有创新力	.132 **	.148			.072 *
		（57）对中国亲近度	对中国的亲近度	.055	.030	.013	.001	.021

附录3 访谈记录

时间：2021 年 5 月 31 日（星期一）下午 12：30~13：30

地点：阿卜杜勒·阿齐兹国王公共图书馆北京大学分馆 2 楼 阿贝德办公室

交流语言：汉语普通话

访谈人：关世杰、刘杨

被访谈人：阿贝德·阿里·艾哈迈德·沙利夫博士（副馆长，简称阿贝德）、阿卜杜拉·费萨尔·阿司力博士（馆员，简称阿司力）

访谈整理人：关世杰（记录中括号里的内容是关世杰为便于读者理解而补充的）

阿司力：你给我们的书稿中有很多数字，大部分内容看不懂，我们翻了一下，然后我们请中国朋友来帮我们。我们发现一些很小的问题：第 26 页中说，《古兰经》受到《圣经》的影响，我们认为这种说法不对，逻辑方面不行。第 58、59 页所引用的话，不是来自先知，而是来自《古兰经》。关于数字，我们不知道对不对。第 118 页所说的最大的清真寺，其实是麦加的天房，因为麦加也有比天房更大的清真寺，天房不是最大的，但它是最重要的。你们是调查了 800 多个人得出的数据？

关世杰：我们通过调查公司调查了 852 个沙特人，就是 852 个样本。

阿司力：第 182 页这个错是中国朋友发现的，"年青"应该是"年轻"。

阿贝德：这本书我觉得好，对在沙特做生意的人很有用。我认为这本书对在沙特做生意的人真的会有用，我建议应把它翻译成阿拉伯文，可以同在沙特的中国大使馆文化处说说。

阿司力：关于昨天你发过来的访问提纲的最后一个问题（第 7 个问题：若想进一步听听沙特人对本书稿的意见，你们认为有哪些人可以继续请教），我建议：可以联系在中国驻沙特的使馆，他们了解很多事情；也可以联系沙特在中国的使馆。两边使馆的文化处都可以请教，他们都了解很多实际问题，他们对沙中文化问题比较清楚。

关世杰：中国驻沙特大使馆，我们可以联系。沙特驻华使馆能够联系哪些人？我们也不认识。

阿司力：沙特驻中国大使馆我们可以给你们联系方式，我建议跟沙特驻华使馆文化处这边联系，在北京文化处其工作人员必定要关心文化方面的问题，了解沙中双方的文化。找他们也不要介绍信，直接找他们就可以了，对吧？沙特驻中国使馆里好像有 16 个中国人工作，他们都会双语：阿拉伯语和汉语，看问题会更专业一些。他们会用中国人的想法给你提建议，与我们用我们的想法提建议不同，这些在沙特使馆文化处工作的中国雇员比较重要，他们对中国人比较了解，是吧？同时他们跟阿拉伯人一起工作可能很多年了，沙特文化处翻译了好多阿文译中文的书，翻译了好多故事，先是由文化处沙特人翻译，然后由中国雇员校对，都是合同制。双方合同到期可以离开使领馆。这方面就说这些，就是说有些事找他们比较专业一些。

阿司力：针对第 6 个问题："对今后进一步加强中沙两国民众对彼此文化的理解，中沙文化交流互鉴更好进行，你们对中国民众有何建议？"问卷中个别中文译阿文翻译得不准确。第 378、382 页，"中华烹饪"给翻译成中国厨房，就把第三个字母去掉就 OK。第 379 页的"唐诗宋词"阿拉伯语中没有这个词，我想这么翻译不太合适，这个跟歌手有关系。第 383 页第 7 项"中国原创玩具"（如风筝、空竹等）翻译也不很准确。第 384 页的"中央电视台"译文在最边上多了一个字母。

阿司力：你提的第 5 个问题（第四章"中国价值观在沙特的共享性"，探讨各项价值观的汉语含义与阿拉伯语含义是否有差异？"结果分析与思考"中，所论述的观点能否接受？）这个问题是什么意思？

关世杰：第四章是中国的价值观在沙特是否有共享性问题，就是说书稿中说的中国价值观，比如说"仁""义""和而不同"，翻译成阿拉伯语之后，原文的含义和译文的含义是不是有差别？因为一种文化核心价值观翻译成外文时，有时候挺困难。有时候你们阿拉伯人理解的和我们中国人理解的同一概念可能不太一样或者有差异，中国核心价值观翻译成阿拉伯语后，其意义有没有大的差别？我们在问卷中翻译的这些价值观，翻译成阿拉伯语之后，这两个概念是不是 equal（对等）？

阿司力：意思明白了，其实是一样的。这些价值观能不能接受？有区别，大部分能接受。比如说，你们特别尊敬老人（父母、爷爷、奶奶），我们也是，百分之百是一样的。但也有不一样的，要仔细说清楚哪些一样、哪些不一样。我觉得也不能说百分之多少可以接受，但大部分能接受。中国历史和我们自己国家的历史也差不多，无论是阿拉伯的伊斯兰，其他的伊斯兰，如土耳其、巴基斯坦他们不是阿拉伯人，但他们的价值观大部分和你们是相同的。

我们跟西方人不一样，在价值观这个方面，我们挺讨厌他们，我们不跟着他们。他们按照个人优先来行事，我们是家人、社会优先。所以应该第5个就没问题，我看了好多关于价值观的书，没发现有大问题。我们刚来中国的时候也发现，我们两个国家有很多相同的观念、价值观。

阿司力：第二个问题（中国文化符号中，你们认为沙特人最喜欢哪个？龙在沙特文化中的含义是什么？）的意思是？

关世杰：有很多的中国文化符号，比如说长城、故宫、兵马俑、汉语，这么多文化符号中，沙特民众最喜欢哪个？

阿司力：我们沙特人对中国文化了解不是很多，我觉得是媒体的问题，媒体没有给阿拉伯人介绍中国。中国人也不太了解沙特、沙特文化。中国也没有沙特的电视节目，也没有人关注这个。所以这是两个方面的欠缺。但是在沙特一提到中国就知道长城，长城的知名度世界各地都是如此，除了长城，我们还知道熊猫。

关世杰：你们喜欢熊猫吗？

阿司力：喜欢，特别喜欢，觉得很可爱，特别是小孩子、女孩子都喜欢。除熊猫外还有长城。

阿贝德：还有功夫。

阿司力：对，还有功夫。沙特人从哪里知道这些的呢？大部分都是通过电影，你们电影演员 Jackie Chan，他在中国叫什么？

关世杰：叫成龙。

阿司力：对，是成龙。对文化符号大概就有这些。

其实我觉得我和阿贝德的工作是多做和做好文化交流活动。两年前，我们送15个北大学生和付老师去沙特，带他们到沙特各地参观，南方北方各地走走。同时我们也两次带沙特学生来中国，去参观故宫，去很多地方，我们已经做了，虽然不多，但做得很好，三年就做了 3 次活动。现在由于新冠疫情这类活动暂停了，以后我们还要做，所以我觉得这也是跟第 6 题有关系的答案，多做文化活动是最好的。对因为媒体有时候人们都不关注，光通过电视跟沙特人说中国是这样那样，但人们都不看。好多年了，沙特人都往西看，我们国家就这样，往西看以来，我们比较了解美国文化，不太了解东方的文化，不论是中国、日本、韩国，还是印度尼西亚，这些国家我们不太了解。我个人的经历就说明我们不了解中国。我刚来中国的时候——我是 2009 年来北京的，2 月份太冷了，我都不知道北京那么冷，我是穿短裤来的。我一下飞机，看见下雪了，我说怎么东方有雪，原来以为没有雪，跟马来西亚一样。我在机场就买了外套。我都不知道 2 月份北京会那么冷，这是我自己的错，我应该提前上网看一下。所以沙特人对中国文化不太了解，到现在还是这样。最有名的中华文化符号还有中国茶。现在沙特人喜欢喝中国茶。我每次回国太麻烦了，他们跟我说要这种茶那种茶，铁观音、普洱茶……以前沙特人喝锡兰茶（斯里兰卡红茶），现在沙特人开始喝中国茶。他们越来越了解文化差异。这也是一个概念，因为我们那边的消息来自西方。沙特人开始喝中国茶的时候就发现不同文化之间有区别。在沙特有中国的 CCTV，有的是阿拉伯语的，但是他们不看。好多人都是看来自西方的消息，对中国的文化不怎么了解。

关世杰：为什么沙特看西方的消息不看东方的消息？我们的调查结果显示，沙特人在喜欢本国文化外，不喜欢西方文化，喜欢东方文化。

阿司力：他们心里不喜欢西方文化，但是沙特电视里有什么就看什么。现在好多沙特人在看韩国的电视节目，现在开始看好多好多的韩剧，因为节目中有浪漫故事，许多都是爱情故事。所以他们现在开始看东方。为推广韩国节目采取了好多对策，他们开始照相，放很多韩国明星照片，去年韩国明星去沙特搞了一个唱歌跳舞活动。所以说现在去沙特是最合适的。咱们这本书要尽快出版，现在沙特对中国开始开放，开放后有许多需要了解。我觉得这 4 年来，各个方面有好多部门在关注文化，其他方面也有活动。

第 6 个问题，也是一个跟阿拉伯语有关的问题，我发现中国会说阿拉伯语的人比较了解沙特文化，因为他们看了新闻，看了很多，所以这个也跟学习阿拉伯语有关系。跟我们现在学好了汉语，我们就知道了更多关于中国的知识一样。5 年以来，1000 个沙特学生到中国学校学习毕业，毕业的学生可能每个人回家跟家人说一说中国文化，那些小社会就开始知道中国社会。所以我觉得如果有更多的沙特学生来中国这边学习会更好，会了解中国文化。多少沙特学生来中国，我们不能控制，这是由文化处负责的，文化处负责学生教育。您知道也是因为新冠疫情，美国的媒体一直说病毒来自中国，所以沙特也受这种影响。看到这种报道我很生气，我都跟他们说，不是这样。美国媒体说中国一直出问题，沙特人就受美国媒体的影响，这东西不是沙特自己知道的，都是受美国的影响，或者受到西方那些人一直在说的影响。两个月前中国发射空间站天和核心舱，沙特媒体说那个叫什么的东西（指长征五号 B 遥二运载火箭末级残骸）丢了？中国又出事了，一直说这个。这个事他们怎么知道？他们不知道，就是听美国媒体说的。中国好不好，沙特媒体人不知道，所以我们应该为他们提供解释：中国不是那样，如果你们来中国就会发现，中国一切方面实际上非常好。中国驻沙特大使馆非常好，中国大使文化处的人非常好。他们会阿拉伯语，很积极的，哪里都去，参加很多的本地活动，照相，很积极。一位其实是清华大学毕业的，他会说阿拉伯语。大使也很好，他会说阿拉伯语，他很积极的，他参加好多本地的活动，对沙特文化特别友好、很了解。你若有重要的问题，可以找他解决，我觉得你可以直接问他。

我没有弄懂，你说的特别是 2016 年 2017 年有什么改变？（指问题 3. 你们来中国留学之前，对文化中国的认知主要通过哪些渠道？在 2016~2017 年时，主要是通过什么渠道？有变化吗？）

关世杰：你们来中国是 2009 年，是吧？我做这个调查是 2016 年底 2017 年初。两个时间间隔有八年了。现在信息科技发展比较快，了解中国的渠道有没有什么大的变化呢？比如说，2009 年时了解国内外新闻一般通过看电视，现在大多数人则是通过看手机了解新闻。在沙特是不是有大的变化呢？在中国我原来都是看纸质的报纸，慢慢现在很多人都看手机和电子报纸？沙特是不是也跟中国的情况差不多？是同步变化吗？

阿司力、阿贝德：整个世界都是一样的，我们发现有很大的变化。

阿司力：我们 2009 年来中国，刚来中国时，我们几个外国人在路上走，很多中国人都看我们，他们觉得很奇怪。现在好多外国人在路上走，中国人就不看外国人了。以前我们是很特别的，现在中国人也比较开放，对外比较开放。

阿贝德：现在你的钱也不用现金，都是用手机，整个中国都是这样，都用这个。

阿司力：我感觉中国科技方面可以说是发展最快的，我们现在身上都不带一点现金，都通过微信支付。在服务方面，也是比较好的，我在家里用淘宝商店，想买什么就能很快买到，外卖30分钟就能到。这些方面沙特就开始跟着中国学，而且最好的案例就是小区门口的"蜂巢"，有快递送到，你不在家的时候，快递员就放在蜂巢里，那个方法非常好，沙特也开始搞这个。他们也开始弄那个网上支付，跟支付宝差不多，上个月出现一个好的软件。

所以我觉得沙特人来中国以后，发现中国技术有非常好的东西。为什么2016年2017年我们沙特国王来访问中国三次，他接见了我们，我们的运气很好。在2014年来一次，2016年来一次，2017年来一次，2018年又来一次，要么王储，要么国王，他们访问中国时签了很多合同，我觉得大部分合同是科技方面的，回国后他们签署了很多沙特文件。新冠疫情出现后，沙特也得到了不少中国的帮助，如中国医生到沙特那边，教给沙特医务人员如何做核酸检测。所以觉得中国这些方面发展得很快。

2016年那时候，我也觉得中国人开始关注外面的网上新媒体，比如说Facebook、YouTube、Twitter，开始注册，以前没有。现在大部分沙特人都用中国环球电视网CGTN，我知道一个主持人叫李刚，李刚是一个中国人，阿拉伯语说得非常好，他在YouTube，还有推特上做节目，一直在介绍中国情况，我其实从他那里学习了很多东西。发现有什么问题，沙特人从他那里有了很好的答案。他说中国不是那样，是这样。所以他主持节目会改变沙特人的印象或者阿拉伯人的印象。我觉得应该有很多个像李刚一样的人，大家对他的印象非常好。阿拉伯语说得非常标准，然后他依据逻辑来介绍。

阿贝德插话：他工作在CGTN，不是CCTV。

阿司力：他非常好，我向他学了很多东西，而且很多人从推特关注他说什么，从他那里大家知道中国怎么样。其他的媒体沙特人用得不多。

关世杰：就是说现在沙特，电视作用不大，报纸作用不大，就是用推特？

阿司力：沙特人用推特，像埃及人他们用Facebook一样。我们很少用

Facebook，所有的沙特人都在用推特，你要知道沙特的情况，就上推特。

关世杰：沙特人不用 Facebook。

阿贝德：用手机展示李刚主持阿语节目的视频。

阿司力：他现在很有名，他的阿语说得非常好。

关世杰：我第一次听说李刚，可不知道他（关世杰用自己的手机对阿贝德手机上的李刚视频照了一张相）。李刚主持的是什么节目呢？

阿司力：他在 YouTube 做节目，在推特上也有账号（访谈后阿贝德发来了关于李刚节目的两个网址：1. https：//www. youtube. com/channel/UC6pj3I0 Cck9XD9-PNZOeswA 2. https：//twitter. com/ligang2020？ lang＝en）。

沙特很多人开始听他说的，因而我们也不要说关于中国的消息都是从西方听来的、没有直接从中国人听来的。其实我觉得你们也应该这样做。你原谅我说阿拉伯新闻消息也应该是听我们的，可我发现咱们（中国的）的很多阿拉伯新闻就来自 *New York Times*、《华盛顿邮报》，说阿拉伯人怎么样怎么样，听它们的。你要获得阿拉伯方面的信息，要来听我们说什么，不要听西方的。有的西方媒体，你在上面登信息要收费，你给它钱，它做的消息相当好，你不给钱，它就做不好。所以刚才讲的李刚，我很喜欢他，他的阿拉伯语说得非常好，真的不简单。所以要独立思考。

还有什么问题我能解答？第 4 个问题（4. 目前，关于沙特人介绍中国文化或中国最有影响的阿拉伯文或英文文献有哪些？），我觉得除了电影以外，好像都没有。

关世杰：在沙特是否有书籍或者论文介绍过沙特人眼中的中国？我通过北大图书馆沙特分馆的管理员查询，在我们中国国家图书馆和沙特国王图书馆好像也都没有这方面的文献。沙特人怎么看中国，怎么看中国文化？因为你们是沙特人，会接触沙特各种各样的媒体——报纸、广播、电视、图书、杂志文章，你们看过这方面的书籍或文章吗？

阿司力：其实没有，其实我们沙特人看书不多，对中国文化的了解，基本是零，除了长城、熊猫不知道别的，现在也是。他们刚开始，因为中国现在比较开放，所以他们慢慢就会了解，但是以前到现在还没有。他们对中国文化特别不了解。

关世杰：我们问卷调查的结果显示，沙特人关于中国文化知道的还挺多。比如说，问卷里问，你知道中国长城、龙这些东西，受访者回答说我知道啊，还表示喜欢或不喜欢。是不是有可能这些回答问卷的人对中国更感兴趣一些？

阿司力：有可能吧，长城是最受欢迎的，其他他们不认识，不是什么喜欢不喜欢。中国是一个光亮球，他们不知道里面有什么东西，除了我们从中国毕业的留学生，会讲给他们，介绍中国怎么样。他们现在刚开始懂一些，以前一点都不懂。没有别的人讲出的相关信息，文献也不是那么多，有是有，没看到，有也不多。

龙在沙特文化中，是一种脑袋里想象中的动物，他们一看龙，就知道龙跟中国有关系，是什么样的，表示什么，不知道，就知道这东西不是真实的动物。

关世杰：龙的寓意在沙特文化中是中性的、负面的，还是正面的？

阿司力：龙的寓意没有好的，也没有坏的。就知道跟长城一样，龙表示中国。一种文化象征，龙的寓意不知道，大部分人都不知道。

关世杰：我不懂阿拉伯语，但是龙翻译成英文，叫 dragon，dragon 在英国在美国等西方文化中是指一种恶魔。

阿司力：有一种解释，……我们叫蛇，因为龙原来是蛇，但是后来发生了变化。因为龙这个动物没有，所以我们文化中也没有，但是我们一听到 dragon 就想到中国，dragon 跟中国文化有关系，具体究竟什么意思，沙特人不知道，认为它和你们的节日有一些关系。

关世杰：蛇在你们阿拉伯文化中，在沙特文化中是好的还是不好的？

阿司力：蛇是不好的。但 dragon 是好的，对它没有不好的印象，就一种动物。Dragon 出现在卡通片中，是很多很可爱动物的一种，不是好不好。

关世杰：那 dragon 就是中性的？

阿司力：可以用它来表示一些产品的品牌，或者卖东西可以用它做标识，人们不会说好和不好，dragon 是 0，不是优点也不是缺点。它没有其他意思，就是一种动物，一种好的动物，但蛇不好，龙应该没问题。龙就是奇特，实际上动物界没有龙，我们的商店里售卖商品的牌子用 dragon，没问题。我希望我们的中文更好，是为了能介绍更深入、更丰富的内容，但我只能用我们知道的词来表达我们的概念。所以你要谅解。

关世杰：你的中文讲得挺好的。我理解没什么问题。谢谢。因为中国人中学阿拉伯语的人数比较少一些，很少，不像学英语、学日语、学德语那样多，懂阿拉伯语的人少。

阿司力：我觉得第 5 个问题（指中沙价值观共享性）其实是最重要的。做这个研究是非常好的。中国价值观这个方面要多研究，这个研究非常好，

关世杰：针对我书稿中关于中沙价值观具有共享性的论述，有的中国学者建议我应该慎重思考。书稿中所说的那些中国人的价值观，沙特人是否赞同，这些价值观在中国人和沙特人之间是不是真有共享性？

阿司力：有，有很多，比与西方价值观有更多。我们自己来中国以后发现，中国的价值观与伊斯兰国家阿拉伯人的价值观是接近的，比与西方的更近。为什么我们跟着他们西方，为什么我们受他们的影响，让我们现在阿拉伯人中的年轻人有点慢慢越来越坏，因为这类年轻人跟着美国的价值观，就只看自己、爱自己，看不起别人，这样那样，中国没有这个。以前听我们沙特驻中国大使也提到这个事，他说，我发现我们离中国文化特别近，有很多相同的地方，不能说 100%，但有很多，可能 70%、80% 是相同的，在这个方面有很多相同的。那我们怎么以前不知道这个事，如果我们利用这个方面，两个国家可以在各个方面都会有比较好的合作。我们不能控制人们信奉什么价值观，也不能控制人们可以做这个做那个，价值观指导人们做正确的事。中国价值观跟我们文化很多方面相同，太多了，这个非常重要。

你用这个（中沙之间有共享价值观）可以影响你在沙特人心里的印象，中国价值观会受到很多人欢迎，所以无论你做生意，还是做什么，还是做文化交流方面的工作，我觉得中国价值观会有影响。这里讲的是千真万确的，不是开玩笑的。简单地说，沙特人就喜欢这些价值观，我们特别喜欢价值观这个方面的东西。所以一看这个人有这样的价值观，这是非常好的，他有这样的文化，我会很想跟他做朋友，没有这个的话，我就不想跟他做朋友，我觉得这个是最重要的。

其他没了，如果还有什么问题，你可以问。这个书稿我要还给你吗？

关世杰：你们还有一本是吧？你们可以再看，再过一段时间，如果你们觉得方便了，我若有新问题，还想做进一步的访谈。咱们要把这本书做得比较扎实，不要出错误。访谈一开始的时候，你们就指出了书稿中的一些错误，说明我还有很多工作要做。

阿司力：您说是通过联合公司来做研究，是吧？这些公司在哪里？

关世杰：（翻到书稿中关于数据调查的公司那一页）我们的调查数据是用我们自己设计的调查问卷，交给北京益派数据有限公司，益派和法国的益普索（IPSOS）、美国的 Lightspeed Research（光速调研公司）合作获得的。以前的问卷调查通常是调查员拿着调查问卷到各个被访者家里或工作单位，请受访者当面答问卷。现在随着网络的发展，出现了网络调查公司，这种公司从网络上召集了一些人，问他们愿不愿意回答网上问卷，有人愿意填答。这样调查公司就组建了由不同年龄、不同性别、不同收入、不同受教育程度等特征构成的网上样本群。调查公司通过 e-panel（在线可访问样本库）方法收集受访者的数据。调查公司给这些人发网上问卷，这些受访者填完后提交给调查公司。相对来讲，通过这种方法在国外做调查比较方便一些，如果让调查员到一个一个地方面对面请受访者填答问卷，效率低、费用高，获得一份有效问卷要花费 100 美元。通过 e-panel 调查也有缺点，只有能够上网的，通常是受过较好教育的人才能上网答问卷，这在网络相对发达的国家才行。否则的话，获取的样本就不能有很好的代表性。"益派"、益普索和 Lightspeed Research 都是这样的调查公司。我们将问卷交给益派，益派通过和益普索、Lightspeed Research 联系，供给益派在线可访问样本。由益派发给受访者问卷，受访者答完问卷后，提交给益派。益派将获取样本的原始数据给我们，我们进行分析。这次我们调查的沙特数据来自益普索提供的在线可访问样本库，美国、德国、印度、俄罗斯、日本等国的数据来自 Lightspeed Research 提供的在线可访问样本库。

阿司力：有没有更多的公司来做？

关世杰：有，现在还有使用其他调查方法（面对面访问、电话采访）的调查公司。使用 e-panel 调查的公司也不止一家，也有一些，比如以前我们曾用 SSI 调查公司在国外用 e-panel 进行问卷调查。各调查公司之间也有竞争，有发展变化，比如合并。这次我们调查用的 Lightspeed Research 还算比较有名的调查公司。这类调查公司之间有业务往来，如外国要调查中国，外国的调查公司和中国的益派联系。我们要在沙特做问卷调查，先和中国益派联系，益派再与益普索、Lightspeed Research 联系，通过在线可访问样本库调查。否则的话，让我们去沙特调查，到美国调查非常难，是不是？

阿司力：是的。特别是在疫情的情况下。（看到书稿中的太极图后）我发现阴和阳概念在沙特也有，关心来世的人，就是这个太极图，有一小部分人相信，也有。

关世杰：（针对第一个问题：1. 谈谈你们对本书稿的总体印象？有没有调查数据显示的沙特人对文化中国态度与你们心目中的文化中国很不一致的地方？差距很大的是哪些？本调查报告有没有沙特读者难以接受的内容？）你们看了书稿，调查数据是否反映了沙特的真实情况，因为在本次问卷调查中，样本取得不好，获得的数据就不能完全代表沙特人，可能代表某一部分人，比如说是不是代表了对中国比较友好的或者是知识结构比较高的人，可能不是代表一般的群众？

阿司力、阿贝德：对，这是个很大的问题。

关世杰：就是说，你们看了书稿之后，觉得数据是否代表了广大沙特民众的看法，还是说数据有一定偏向？

阿司力、阿贝德：没有大的问题。

阿司力：对一般人最重要的是什么？你不要涉及他们的宗教观念，而是要利用价值观，中国这些价值观和伊斯兰教的价值观有很多是相同的，通过这个方法会很受益。对一般人来说，没问题。沙特很欢迎吸收其他文化的观念，只要不涉及宗教就 OK，一般大部分人是这样。所以为什么我开始说，我们不太喜欢美国文化，因为他们主要是攻击我们的宗教信仰，而不管价值观。常常看美国电影的第一秒钟时，就开始说伊斯兰教的坏话，所以我们就不喜欢，我们受他们的影响，但是心里不喜欢，因为我们认为他们故意来打击伊斯兰教。

关世杰：阿贝德副馆长还有什么补充？

阿贝德：没有了。

阿司力：能看出这本书花了很多时间，这本书太好了。书中提供了好多数字就不简单，能收到这些数字我觉得已经非常好了。

关世杰：谢谢你们的鼓励。我们共同努力把这本书做好，不要出什么错。你们的意见对我很有启发。

阿司力：我们的一个中国朋友也帮我们看书稿，帮我们解释我们看不懂的东西，我们有讨论。因为书稿中的数字比较多，这位中国朋友在旁边看了这些数字，说没有问题。我们想应该就没有很大问题，因为他做研究知道得比我们更多。我不敢说哪些数字不太合适，我不能说，我没有做，我没有分析，但我觉得取得这个结果，非常好。我们这本书稿可以留下吗？

关世杰：可以留下。把刚才你们指出的要修改的那些地方我已照了像。

阿司力：还有一个问题，关于孔子学院。我发现很多国家有孔子学院，受到欢迎，这个非常好，我建议在沙特也建孔子学院。通过孔子学院，沙特人可以对中国文化多了解一点。因为在埃及，我看了很多埃及人对中国文化感觉不错，喜欢中国文化。我问他们，你们怎么知道这些知识呢，电视上看的吗？他们说，他们经常去孔子学院，他们做了一些活动，介绍龙和什么的，做拉面什么的，通过孔子学院了解了这些中国文化。要推动中国的文化，孔子学院是非常好的途径，现在世界很多地方都有，沙特现在好像没有，我希望沙特也能有孔子学院。

关世杰：据说前不久，中国山东某大学和沙特某大学刚签订了合作意向书。

阿司力：沙特开了孔子学院以后，我觉得沙特本地人会有印象，有助于他们多了解中国文化。好，就这样。

关世杰：谢谢你们，谢谢！。如果方便，能够帮助联系一下沙特大使馆文化处，我们进一步向他们请教。

阿司力、阿贝德：好的，你们不用谢。好，再见。

关世杰、刘杨：谢谢！再见。

附：

2021 年 4 月 15 日下午，关世杰、阿贝德和阿司力在北京大学图书馆沙特分馆 2 楼阿贝德办公室初次见面，关世杰将本书的书稿第四稿，书稿名为"'数'说沙特人心中的文化中国"，正式出版改为《沙特人眼中的文化中国》送交给阿贝德和阿司力。2021 年 5 月 30 日下午 3：09 将第二天中午访谈他们时要请教的问题发给了阿贝德。问题如下：

阿贝德先生，你好！我想在明天中午见面的时候，关于书稿就以下问题，向你们请教：

1. 谈谈你们对本书稿的总体印象，有没有调查数据显示的沙特人对文化中国态度与你们心目中的文化中国很不一致的地方？差距很大的是哪些？本调查报告有没有沙特读者难以接受的内容？

2. 中国文化符号中，你们认为沙特人最喜欢哪个？龙在沙特文化中的含义是什么？

3. 你们来中国留学之前，对文化中国的认知主要通过哪些渠道？在 2016~2017 年时，主要是通过什么渠道？有变化吗？

4. 目前，关于沙特人介绍中国文化或中国最有影响的阿拉伯文或英文文献有哪些？

5. 第四章"中国价值观在沙特的共享性"，探讨各项价值观的汉语含义与阿拉伯语含义是否有差异？"结果分析与思考"中，所论述的观点能否接受？

6. 对今后进一步加强中沙两国民众对彼此文化的理解，中沙文化交流互鉴更好进行，你们对中国民众有何建议？

7. 若想进一步听听沙特人对本书稿的意见，你们认为有哪些人可以继续请教？

参考文献

《古兰经》，马坚译，中国社会科学出版社，1996。

〔沙特〕阿卜杜·拉赫曼布·阿卜杜勒阿齐兹：《文化见证》，崔金鸽等译，中国对外翻译出版有限公司，2013。

〔沙特〕阿卜杜拉·法拉吉著《沙特与中国关系未来发展的 10 种情景》，李世峻译，五洲传播出版社，2023。

〔沙特〕阿里·本·易卜拉欣·哈米德·阿班：《中国与沙特阿拉伯王国》，阿布都阿齐滋国王公共图书馆，2007。

〔埃及〕艾哈迈德·爱敏著《阿拉伯—伊斯兰文化史》（第一册），纳忠译，商务印书馆，1982。

〔埃及〕艾哈迈德·爱敏著《阿拉伯—伊斯兰文化史》（第二册），朱凯、史希同译，纳忠审校，商务印书馆，1990。

〔埃及〕艾哈迈德·爱敏著《阿拉伯—伊斯兰文化史》（第三册），向培科、史希同、朱凯译，纳忠审校，商务印书馆，1991。

布哈里编《布哈里圣训实录全集》（全四卷），祈学义译，宗教文化出版社，2008。

〔美〕伯纳德·刘易斯著《历史上的阿拉伯人》，马肇椿、马贤译，华文出版社，2015。

蔡德贵主编《当代伊斯兰阿拉伯哲学研究》，人民出版社，2001。

陈德成：《论沙特阿拉伯的政治现代化》，《西亚非洲》1996 年第 6 期。

陈凤丽：《沙特的伊斯兰风貌》，《阿拉伯世界》1990 年第 2 期。

陈嘉厚著《现代伊斯兰主义》，经济日报出版社，1998。

陈娟：《沙特的软实力研究》，上海外国语大学硕士学位论文，2010。

陈沫主编《沙特阿拉伯》，中国社会科学出版社，2011。

陈中耀著《阿拉伯哲学》，上海外语教育出版社，1995。

董小舟：《伊斯兰世界联盟与沙特的内政外交》，上海外国语大学硕士学位论文，2009。

葛铁鹰：《阿拉伯文化中的中国形象》（古代卷上、下），湖南文艺出版社，2022。

国少华：《阿拉伯—伊斯兰文化研究——文化语言视角》，时事出版社，2009。

黑文蕾：《"一带一路"视域下中国与沙特的人文交流研究》，大连外国语大学硕士学位论文，2021。

黄民兴著《沙特阿拉伯：一个产油国人力资源的发展》，西北大学出版社，1998。

黄民兴：《论沙特阿拉伯现代化的阶段及其特点》，《西亚非洲》1994年第 6 期。

胡特赐著《21 世纪初中沙关系研究》，外交学院硕士学位论文，2009。

金宜久主编《伊斯兰教史》，江苏人民出版社，2006。

金宜久主编《当代伊斯兰教》，东方出版社，1995；东方出版社，2004。

〔美〕康拉德·菲利普·科塔克著《文化人类学　欣赏文化差异》，周云水译，中国人民大学出版社，2012。

雷志义、史正涛著《走向沙特阿拉伯》，世界知识出版社，2010。

李彩阳著《中国——沙特阿拉伯关系研究（1990-2009）》，云南大学硕士学位论文，2010。

李建伟著《伊斯兰文化与阿拉伯国家对外关系》，时事出版社，2007。

李丽编著《沙特阿拉伯》，北京联合出版公司，2016。

李荣建：《阿拉伯的中国形象》，人民出版社，2010。

刘洁著《黑纱下的万种风情：一个中国女性眼中的沙特》，中国广播电视出版社，2010。

刘欣路著《中阿关系发展中的中国软实力研究》，光明日报出版社，2014。

刘元培编著《沙特阿拉伯》，辽宁教育出版社，2000。

〔沙特〕穆罕默德·本·阿卜杜拉·沙维：《和解与对话：阿卜杜勒·阿齐兹国王思想中的对话视野》，朝华出版社，2013。

马福元编《马克思恩格斯论阿拉伯文化》，民族出版社，2005。

马明良著《伊斯兰文化新论》，宁夏人民出版社，2006。

马明良著《伊斯兰文明与中华文明的交往历程和前景》，中国社会科学出版社，2006。

马明良著《伊斯兰文明的历史轨迹与现实走向》，中国社会科学出版社，2012。

纳忠著《阿拉伯通史》（上、下），商务印书馆，1997、1999。

纳忠、朱凯、史希同著《传承与交融：阿拉伯文化》，浙江人民出版社，1993。

彭树智等著《中东国家通史——沙特阿拉伯卷》，商务印书馆，2000。

钱学文著《当代沙特阿拉伯王国社会与文化》，上海外语教育出版社，2003。

秦惠彬主编《伊斯兰文明》，福建教育出版社，2008。

沙特新闻部：《祖国与人民》，1996。

沙特阿拉伯高等教育部国际司编《沙特阿拉伯王国掠影》，朝华出版社，2013。

孙承熙著《阿拉伯伊斯兰文化史纲》，昆仑出版社，2001。

王俊主编《沙特阿拉伯》，东北师范大学出版社，2012。

王铁铮：《浅析 90 年代沙特阿拉伯王国的伊斯兰潮》，《西亚非洲》1996 年第 6 期。

王铁铮：《浅探沙特王国社会结构的演变及其特点》，《世界历史》1998 年第 4 期。

王铁铮、林松业著《中东国家通史 沙特阿拉伯卷》，商务印书馆，2000。

〔德〕威廉·冯·洪堡特著《论人类语言结构的差异及其对人类精神发展的影响》，姚小平译，商务印书馆，2017。

吴彦著《沙特阿拉伯政治现代化进程研究》，浙江大学出版社，2011。

薛庆国：《阿拉伯文化中的中国形象》（现当代卷，上、下），湖南文艺出版社，2022。

杨洪林著《沙特情怀》，南京师范大学出版社，2012。

叶海亚著《沙特报章对中国文化的新闻报道研究》，武汉大学硕士学位论文，2007。

郁兴志著《在沙特当大使的日子》，上海辞书出版社，2009。

〔美〕詹姆斯·温布兰特著《沙特阿拉伯史》，东方出版中心，2009。

张浩、张允编《沙特阿拉伯》，新疆人民出版社，2008。

郑达庸、李中著《中国中东大使话中东 沙特》，世界知识出版社，2014。

郑达庸著《沙漠绿洲——沙特阿拉伯》，上海锦绣文章出版社，2010。

周烈、蒋传瑛著《阿拉伯语与阿拉伯文化》，外语教学与研究出版社，1998。

朱立才著《汉语阿拉伯语言文化比较研究》，新世界出版社，2004。

邹志强著《沙特阿拉伯参与全球经济治理研究》，世界知识出版社，2015。

索 引

对中国的整体评价

图书在版编目（CIP）数据

沙特人眼中的文化中国／关世杰著. -- 北京：社
会科学文献出版社，2024.12（2025.9 重印）
ISBN 978-7-5228-0794-2

Ⅰ.①沙… Ⅱ.①关… Ⅲ.①中华文化-文化传播-
研究-沙特阿拉伯 Ⅳ.①G125

中国版本图书馆 CIP 数据核字（2022）第 179289 号

沙特人眼中的文化中国

著　　者／关世杰

出 版 人／冀祥德
责任编辑／曹长香
责任印制／岳　阳

出　　版／社会科学文献出版社（010）59367162
　　　　　地址：北京市北三环中路甲 29 号院华龙大厦　邮编：100029
　　　　　网址：www.ssap.com.cn
发　　行／社会科学文献出版社（010）59367028
印　　装／北京盛通印刷股份有限公司

规　　格／开　本：787mm×1092mm　1/16
　　　　　印　张：27.75　字　数：455 千字
版　　次／2024 年 12 月第 1 版　2025 年 9 月第 2 次印刷
书　　号／ISBN 978-7-5228-0794-2
定　　价／169.00 元

读者服务电话：4008918866